李海文 主編

周恩來家世

著名歷史學家 楊天石 章百家 聯合推薦

一部周氏家族史全面、權威的淵源考察
展現家族史與中國史映照下的時代縮影

積四十年之力・三地四方合作・近二十年首次增補修訂

周恩來家世

目錄

目錄

一版前言 ... 13

再版前言 ... 15

一、始祖 ... 23
1. 祥符周氏始祖周敦頤傳 ... 23
2. 周敦頤—周靖世系表 ... 28
3. 周敦頤之後二世、三世小傳 ... 28

二、諸暨紫岩 ... 31
1. 諸暨紫岩族始祖（周敦頤四世孫）周靖傳 ... 31
2. 周敦頤之後五世、六世小傳 ... 32
3. 諸暨紫岩族世系表 ... 34
4. 克順公紫岩譜序 ... 34
5. 諸暨和紫岩的歷史與現狀 ... 35

三、諸暨南門 ... 39
1. 諸暨南門族始祖（周敦頤七世孫）周治・周誾・周恪及八世、九世、十世小傳 ... 39
2. 諸暨南門族世系表 ... 40
3. 《南門梅軒公家乘》自序 ... 41
4. 諸暨南門概況 ... 41
5. 諸暨南門周氏的遷徙——周橋周氏和後馬周氏同為周恪之後 ... 42
6. 周謹到周慶世系表 ... 48

四、紹興周橋 ... 49
1. 紹興周橋始祖（周敦頤十世孫）周澳傳 ... 49
2. 周敦頤之後十一世、十二世小傳 ... 49

3

3. 紹興周橋族世系表 ... 51
4.《周橋（周氏）宗譜》序 ... 51
5. 歷史文化名城紹興 ... 52
6. 周橋簡介 ... 59
7. 周恩來與魯迅屬周橋同宗 ... 60
8. 周恩來與魯迅的革命友誼 ... 63

五、紹興後馬 ... 67

1. 紹興後馬始祖（周敦頤十三世孫）周茂傳 ... 67
2. 周茂之後二世、三世、四世小傳 ... 69
3. 後馬村、上午頭及其歷代名人 ... 69

六、寶祐橋周氏 ... 75

1. 寶祐橋始祖（周茂四世孫）周慶傳 ... 75
2. 周茂之後五世、六世、七世、八世、九世、十世、十一世小傳 ... 75
3. 五十房始祖周懋章 ... 77
4. 寶祐橋周氏世系表 ... 78
5. 周茂之後十二世、十三世、十四世、十五世小傳 ... 78
6.《周氏破塘祖塋祭簿》和《老八房祭簿》介紹 ... 79
7. 百歲堂（五十房）世系（從周懋章到周恩來的父輩） ... 85
8. 周恩來的太高祖父周文灝 ... 86
9. 周恩來的高祖周元棠 ... 87
10. 周元棠族弟周左泉 ... 98
11. 周恩來的曾祖父周樵水及夫人樊氏 ... 100
12. 周樵水胞弟周光熹，侄子周殿魁、周駿發及後代 ... 104
13. 寶祐橋河沿‧百歲堂‧誦芬堂 ... 107
14. 周恩來 1939 年在紹興祭祖與續譜 ... 113
15. 周起魁的堂弟周延春 ... 120
16. 周恩來的再從堂叔周嘉琛及其子女 ... 122

17. 周恩來的再從堂叔周嘉璋 ... 134
  18. 周恩來的再從堂叔周金麟 ... 135
  19. 周恩來的再從堂叔周尚麟 ... 136
  20. 五十房族人周希農 ... 137
  21. 五十房族人周文炳 ... 138

七、周恩來的祖父周起魁及其兄弟 … 141

  1. 祖父周起魁 ... 141
  2. 大祖父周晉侯 ... 146
  3. 二祖父周昂駿及夫人鄭氏 ... 148
  4. 三祖父周聯駿 ... 155
  5. 五祖父周子龐 ... 155
  6. 千古名郡淮安 ... 155
  7. 周恩來與淮安 ... 160
  8. 周恩來的故居 ... 162

八、周恩來的父親及其兄妹們 … 167

  1. 父親周劭綱 ... 167
  2. 母親萬氏（十二姑） ... 179
  3. 嗣父周貽淦 ... 184
  4. 嗣母陳氏（三姑）與她的父親陳沅 ... 186
  5. 四伯父周貽賡和夫人楊氏 ... 191
  6. 八伯父周貽奎和夫人楊氏 ... 201
  7. 大伯父周炳豫 ... 209
  8. 二伯父周龢鼐 ... 210
  9. 三伯父周濟渠與他的大舅哥錢能訓 ... 212
  10. 五伯父周貽鼎 ... 222
  11. 六伯父周嵩堯 ... 223
  12. 姑母周桂珍和姑父王子余 ... 230

周恩來家世

目錄

　　13. 表弟王貺甫 ……………………………………………………… 238

九、周恩來的外祖父家　　　　　　　　　　　　　　　　　　**245**

　　1. 外祖父萬青選 …………………………………………………… 245
　　2. 舅舅萬立鐘、萬立鈺、萬立銳、萬立鍠、萬立鋐、萬立　及後代萬敘生、萬方澍、萬芳貞 ……………………………………………………… 249
　　3. 清河萬家世系簡表 ……………………………………………… 257
　　4. 表舅龔蔭蓀和夫人蔡氏及後代 ………………………………… 258
　　5. 表哥陳式周 ……………………………………………………… 266

十、周恩來的祖母家　　　　　　　　　　　　　　　　　　　**271**

　　1. 魯登四小傳 ……………………………………………………… 271
　　2. 魯氏世系表 ……………………………………………………… 273
　　3. 皋埠鎮介紹 ……………………………………………………… 274
　　4. 魯登四的後代 …………………………………………………… 275
　　5. 周恩來父親的表叔和老師魯小和 ……………………………… 278
　　6. 周恩來的表叔魯覺侯 …………………………………………… 280
　　7. 周恩來與陶尚釗是祖表親 ……………………………………… 281
　　8. 陶堰鎮介紹 ……………………………………………………… 283

十一、周恩來的兄弟們　　　　　　　　　　　　　　　　　　**285**

　　1. 胞弟周博宇（恩溥）和夫人王蘭芳 …………………………… 285
　　2. 胞弟周同宇（恩壽）和夫人王士琴 …………………………… 290
　　3. 十堂弟周恩碩和夫人陶華 ……………………………………… 303
　　4. 大堂兄周恩濤 …………………………………………………… 307
　　5. 四堂兄周思夔 …………………………………………………… 307
　　6. 五堂兄周恩煥和九堂弟周恩宏 ………………………………… 309
　　7. 十一堂弟周恩煦 ………………………………………………… 309
　　8. 十三堂弟周恩彥 ………………………………………………… 309

9. 十四堂弟周恩霑 ... 313

十二、周恩來的岳母楊振德 ... 319

十三、周恩來與鄧穎超 ... 329

1. 相識 ... 329
2. 定情 ... 330
3. 結合 ... 332
4. 別離 ... 333
5. 遙念 ... 334
6. 恩愛 ... 335
7. 家庭 ... 338
8. 心碑 ... 340

十四、周恩來的十條家規 ... 343

1. 家庭遵循的道德規範 ... 343
2. 戀愛婚姻家庭生活 ... 346
3. 教導親屬過好「五關」 ... 349

附錄一　周嵩堯中學資料 ... 355

附錄二　周氏淵源考 ... 363

周氏本支世系 ... 363
二十世以下附記於後 ... 367

附錄三　周同宇訪談錄 ... 369

1. 我們家族親屬中對總理影響、幫助較大的幾個人 ... 369
2. 我的父親 ... 371
3. 總理旅日回國後的有關情況 ... 372
4. 總理旅日旅歐時的主要經濟來源 ... 372
5. 1928 年總理和大姐去蘇聯途中的情況 ... 373

  6. 其他 ····· 373

附錄四 周嵩堯談周恩來的親屬 ····· 375

附錄五 有關周恩來祖父的名字和官職的考證 ····· 381

附錄六 續在家譜上的「恩勤」是誰？ ····· 385

附錄七 1766—1992年周氏家族大事記 ····· 387

附錄八 世系表 ····· 417

附錄九 紹興師爺 ····· 423
  1. 佐治 ····· 424
  2. 賓師 ····· 426
  3. 遊幕 ····· 429
  4. 仁恕 ····· 434

第一版後記 ····· 439

再版後記 ····· 449

⊙ 1950年8月8日,周恩來、鄧穎超銀婚紀念日於西花廳,孫維世攝。(周秉德提供)

⊙ 1951年,周恩來三兄弟家人合影。後排左起:周榮慶、周恩來、周八太、鄧穎超、周同宇;前排左起:王蘭芳、周秉德、周秉華、周秉鈞、王士琴、周爾輝。(周秉德提供)

周恩來家世
目錄

⊙ 1950年，周恩來、鄧穎超與六伯周嵩堯合影。（周秉德提供）

⊙ 1938年攝於八路軍駐武漢辦事處樓頂陽臺。左起：葛少文（周恩彥之妻）、周保常、鄧穎超、周保芳、周保莊、趙忠綺、趙忠繼、周保章、桑春蘭（趙光宸之妻）。（周保章提供）

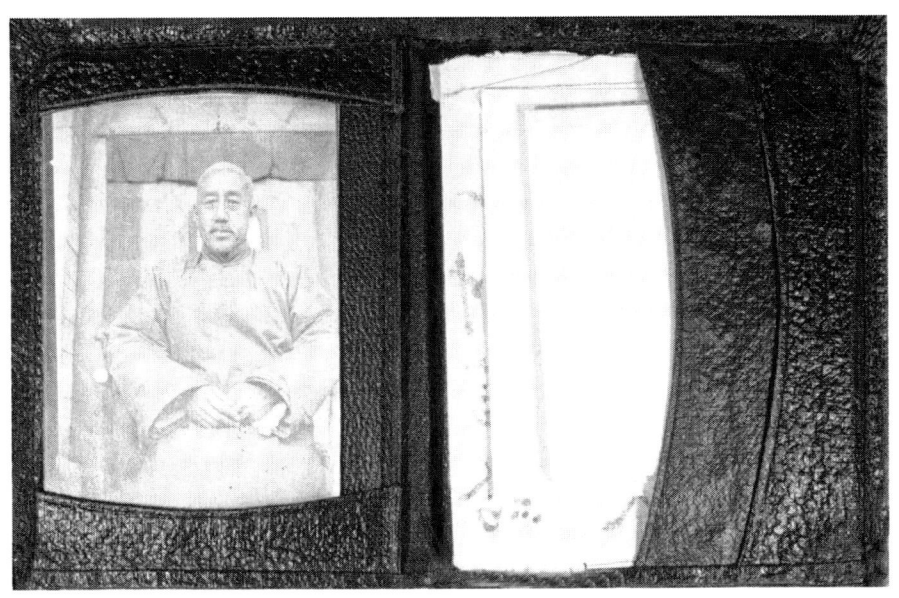
⊙周恩來黑皮夾中存放的周恩來父親遺像。（周秉德提供）

⊙周氏兄弟夫婦。後排左起：鄧穎超、周恩來、王士琴、周同宇；前排左起：周秉建、周秉和。（周秉德提供）

周恩來家世
目錄

⊙周恩來和鄧穎超在楊振德的墓前,左一為劉昂。

一版前言

　　1963 年夏天，周恩來在北京對應屆大學畢業生演講，號召學生們要樹立階級觀點、勞動觀點、革命觀點、集體觀點。他說自己出身於一個封建的大家庭，解放以後有 100 多個親戚來找他，全是鄧大姐處理的。鄧大姐處理得很好。周恩來作報告常常用自己的經歷現身說法。當時我正在大學學習。

　　周恩來出身於剝削階級家庭，這是眾所周知的事。但是，當我於 1979 年專業從事周恩來生平和思想的研究工作後，得知周恩來的父親只是個小職員，一輩子窮困潦倒。我十分驚訝，他為什麼要填自己是封建官僚家庭而不說自己出身於小職員家庭呢？我知道，在革命隊伍（在中共建國前參加革命的共產黨員）中不少出身剝削階級的人，他們填自己的出身時，並不是按照 1947 年或 1952 年土改時劃的成分（由於日本侵入許多家庭破產），而是按照自己離開家庭參加革命前的家庭狀況。可是在周恩來很小時他的父親就是個小職員，常常不能給家裡寄錢，因而他的生活十分窘迫，與官僚家庭相去甚遠。

　　周恩來的故居是他爺爺買的，那他的爺爺是不是大官呢？在中國往往有這種情況，後代就是靠祖上留下的產業生活，雖然官職沒有了，但是家裡的生活仍比較富裕，仍守著舊習慣、舊規矩生活。然而 1989 年中國人民出版社和中央文獻出版社共同出版的《周恩來傳》（我參與了這本書的寫作）根據資料和淮安同事多年的考證明確，周恩來的爺爺僅僅是個師爺，他做了多年的師爺，做過很短時間的巡檢，這個職務比區長還小，比七品芝麻官更小，何以說他是官僚？僅到晚年有很短時間做了山陽縣（今淮安）的知縣。而淮安的材料認為他僅僅是候補，因為前任一直不交印，他並沒有到任即去世了。即便當時為官的人比較少，到民國年間，縣長都是由中央政府的第一把手任命。但是，師爺並不在官僚之列。他的外祖父在淮陰當知縣 30 年，知縣相當於現在的縣長。但在周恩來出生的前一天外祖父就去世了，周恩來僅在 6 歲時在外祖父家裡生活不到一年，以後就搬出來單住。而且在這一年當中，他是依靠母親生活，並不是依靠外祖母。

周恩來家世

一版前言

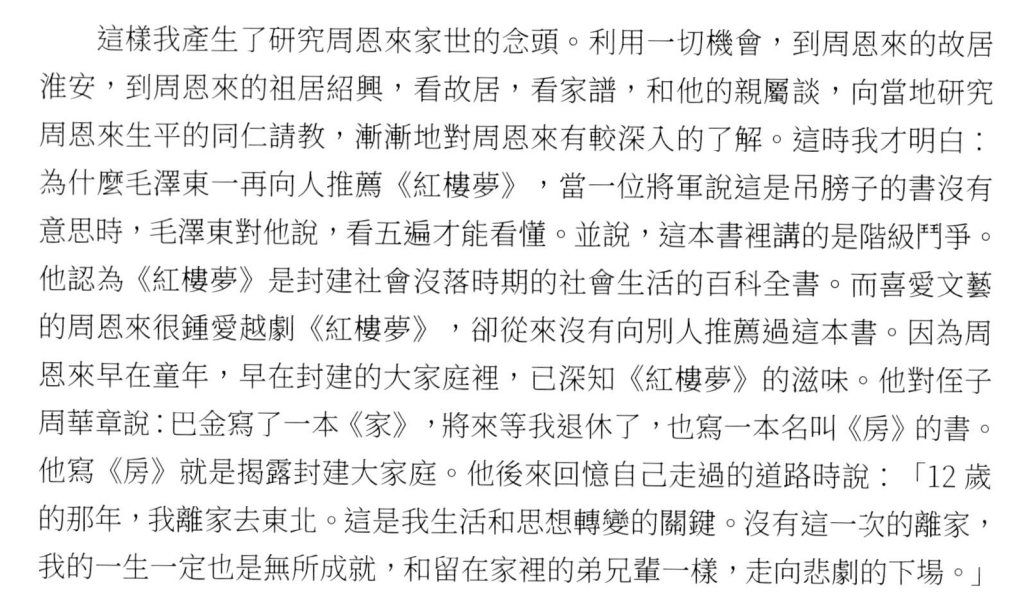

　　這樣我產生了研究周恩來家世的念頭。利用一切機會，到周恩來的故居淮安，到周恩來的祖居紹興，看故居，看家譜，和他的親屬談，向當地研究周恩來生平的同仁請教，漸漸地對周恩來有較深入的了解。這時我才明白：為什麼毛澤東一再向人推薦《紅樓夢》，當一位將軍說這是吊膀子的書沒有意思時，毛澤東對他說，看五遍才能看懂。並說，這本書裡講的是階級鬥爭。他認為《紅樓夢》是封建社會沒落時期的社會生活的百科全書。而喜愛文藝的周恩來很鍾愛越劇《紅樓夢》，卻從來沒有向別人推薦過這本書。因為周恩來早在童年，早在封建的大家庭裡，已深知《紅樓夢》的滋味。他對侄子周華章說：巴金寫了一本《家》，將來等我退休了，也寫一本名叫《房》的書。他寫《房》就是揭露封建大家庭。他後來回憶自己走過的道路時說：「12歲的那年，我離家去東北。這是我生活和思想轉變的關鍵。沒有這一次的離家，我的一生一定也是無所成就，和留在家裡的弟兄輩一樣，走向悲劇的下場。」

　　我只有在研究了周恩來的家世後，才理解他的這句話。

主編

再版前言

1989年我擔任《周恩來年譜（1898—1949）》的副主編，參與寫作的《周恩來傳》出版後，又與研究周恩來生平與思想的同仁們合作，出版了《周恩來的足跡》《周恩來研究述評》《穿過硝煙的握手》《周恩來青少年的故事》《偉人周恩來》及《周恩來家世》六本書。

在這六本書中我最鍾愛的是《周恩來家世》。原因有兩個，首先，這本書我付出的心血最多，為此住院半月有餘。

我從1995年發起組織四方（李海文、張能耿、周秉宜、秦九鳳）、三地（北京、紹興、淮安）的學者通力合作，歷經兩年半才寫出了《周恩來家世》一書。在編寫這本書的過程中，我考證了周氏家族從1017年到1983年，前後長達近千年的家族史。在這段周氏家族史中，由於人口眾多並時過境遷，不少人名不見經傳；不少地方發生變化，難以查找；不少稱謂都已經消失。這對於作為一個黨史研究者的我來說確實勉為其難。周氏家族根深葉茂，支系龐大，繁衍近千年33代家族史，文中涉及人物達數百。而我出身一個簡單的家庭，不僅要理清周氏家族龐雜的關係，還要爛熟於心，絕非易事。中國人對親戚的稱謂複雜而嚴格，是以周恩來為準，還是以回憶者為準，大不相同，常易混淆。再加上中華人民共和國成立以來社會發生巨大的變化，不少稱謂不復存在。僅舉一例，周恩來出身望族，眾多的親戚是讀書人，以前讀書人除有名外，還有字、號，在不同的場合有不同的稱謂。隨著時代變遷，人物身分的變化，有的人更是數次更名，因而要將上千個名、字、號、官階變化一一記住，實屬不易。本著厚今薄古的原則，此書寫了近200人的傳記，其中超過500字以上的就有80多人。近千年來隨著周氏家族不斷繁衍、遷徙，從湖南遷到河南，而後到浙江杭州、諸暨、紹興，最後周恩來所屬的這支才落戶於淮安。「一方水土養一方人」，為此，本書介紹了與周氏家族有關的十多個地方的歷史與現狀。

從周恩來起，上溯四代都是師爺，為他們立傳，用事實為紹興師爺正名，衝破了100多年來社會貶低、醜化紹興師爺之風。我認真閱讀了中國近代史

周恩來家世

再版前言

所研究員郭潤濤寫的《官府、幕友與書生——師爺研究》一書，並請他特為本書寫了《紹興師爺》作為附錄（見附錄九），對紹興師爺的形成、作用、思想、生活狀況及優劣做了詳細的分析，從而增強了此書的學術性和思想深度。

出版時，讀者對本書迴響比較大，這是我喜愛此書的第二原因。該書出版後盛況空前。第一次印刷二萬冊，同年便加印了。1998年2月中旬，紹興舉行了紀念周恩來百週年盛大活動。單單這次會議就訂了一千冊，發給與會者，人手一冊。浙江、杭州、紹興各報紛紛報導了此事。此外，該書出版後收到許多中外讀者及專家的來信，尤其是周氏後代的來信，鼓勵我並問詢自己那支的情況。特別是本書引起研究宋史學者的注意，中國社科院研究宋史學者吳麗娛雖然認為朱熹寫的《克順公紫岩譜序》是偽作，但是在她著文評論本書時這樣寫道：

「此書從研究周恩來的出身家族出發，詳細地排出敘述了有史可考的周代祖先世系，及有關的周恩來內外家族親屬事蹟。書中徵集引用了大量地方誌、族譜、墓誌等材料，以及報刊文章、照片與採訪記錄等，許多尚屬首次發表。本書編著者抱著十分嚴肅認真的態度，在陳述有關人物及與周恩來的關係時，盡可能做到實事求是。這使本書具有一定的史料價值。特別是各種族譜、家傳的綜合利用，使得關於周恩來總理的出身家系，有了比較完整而清晰的面貌。而這樣的寫作內容及方式，在有關國家領導人的著作中尚屬第一次。

「本書透過對周恩來家世系和家族成員事蹟的詳盡闡述，兒時及青年時代所受家族的教育、影響與薰陶，因家族變故而受到的鍛鍊，以及周恩來本人對家族譜系、家族成員的承認與尊重，清楚地呈現了周恩來個人生活經歷的另一個側面及重視傳統、尊重歷史的態度。使人對於形成周恩來人格的深厚文化底蘊有了切實的認識與了解。它的寫作和出版，說明編著者拋棄了以往關於出身的簡單概念化，而力求恢復歷史的本來面貌。」

寫作這本書，對我來說，不僅「對於形成周恩來人格的深厚文化底蘊有了切實的認識與了解」，使我對研究周恩來的性格、思想形成有了深入了解，

而且還遠遠超過黨史的範圍,透過諸多傳記,對研究中國民族的遷徙史、民俗、倫理道德、家族興衰的規律獲得大量的考證材料和依據。

現在離首次出版已經過去了十八年,時代在前進,人們的觀念在隨著時代的變化而變化,我的認識也在深化。

1997年時,我在研究周恩來上溯四代的周氏家族史時,歸納出了兩個特點:其一是緊密性;其二是世代為師爺,擅長「佐官制吏」。此次進一步研究後發現了第三個特點,這就是:他們除祖塋地外並不置地產,只有房屋若干。他們都是憑自己的才幹、學識、品行端正立足社會、謀求發展,所以有良好的家風,注重對後人的教育,並將他們培養成有道德、有真才實學的接班人,以期做一個對家庭、對國家有益的人才。

周恩來受到師爺世家的影響,在1997年時我們看到周恩來受消極影響多一些,對周恩來舊家族的批判多一些。周恩來提出人的一生要過好五關:思想關、政治關、社會關、親屬關、生活關(詳見本書第十三章)。這些是十分必要的,應該堅持,尤其是在反貪腐的今天更應該發揚光大。但是,只強調師爺世家消極的影響是片面的、錯誤的。既然師爺擅長「佐官制吏」,那麼他們的治國理念、行為方式、行事規矩等經驗就必然有可取之處,有值得後人借鑑、學習的地方,如仁恕治獄。現在我看到了師爺世家對周恩來正面的、積極的影響。這些可以概況為以下幾點:

1. 書香門弟,家傳久遠,文化底蘊深厚,文化素養高。從小養成學習的習慣和自學能力,勤學好問,善善人長,知識廣博。所以周恩來常說:「活到老,學到老。」

2. 有品德,講操守。「文革」中,他常說:「我就是八個字,『鞠躬盡瘁,死而後已』。」他言行一致,做到了鞠躬盡瘁,死而後已。他說:「文革,使我少活了十年。」他逝世後,百萬群眾冒著被「四人幫」追查、迫害的危險,自發為他送行,稱他為「人民的好總理」。縱觀歷史,放眼世界,有誰得到這樣的評價!

3. 從小耳聞目睹，知道朝廷政治、經濟體制及運行程序、規則。懂規矩，知進退，辦事有分寸。有極強的行政管理能力、組織能力。

4. 從家族的變遷，知道世事艱難。大家庭人多口雜，要取得共識，做成一件事，實在不易。他從小身處複雜的環境，養成極強的責任心。做事兢兢業業，慎始慎終。他常說：「戒慎恐懼，如履薄冰。」越是複雜越能顯現他的才華。

周恩來18歲時，四伯父到奉天（今遼寧）西豐縣工作，他寫信說，西豐「僻處奉北，政塞俗陋」，建議伯父：「大人雖欲力求真實，曲高寡和，恐不易為力。處茲濁世，唯有直道求己，枉道恕人，方可與眾共立（克見容於世）。」他一生都是「直道求己，枉道恕人」。

他深知在中國，共產黨發展壯大甚為艱難，因外有敵人的鎮壓、壓迫，內有意見紛爭，各派政治關係常常勢均力敵，相持不下，甚至反目為仇、形成分裂之勢。周恩來的思想從不走極端，他知道要取得勝利，除有正確的政策外，還要顧全大局，維護黨內的統一、團結，這是十分重要的。他在六屆四中全會、在「大躍進」失敗後的三年困難時期、特別在「文革」十年中，不計前嫌，不怕攻擊和誤解，挺身而出，忍辱負重，堅守崗位，苦撐局面，力挽狂瀾，維護了黨和國家的正常運轉，維護了黨和國家的統一和團結。剛一開始他的舉動不為激烈相爭的人們理解，被指責為中庸、調和。但是，當人們看到由於他的苦苦支撐和堅持，終於使黨度過了一次又一次危機與難關，才漸漸認識到他在黨內發揮的中和作用，穩定作用，團結作用，是難能可貴、無可替代的。周恩來在人民中的崇高威信是歷史形成的。周恩來的這些品質就是在這樣家族教育、薰陶中而形成的。

5. 師爺的理想是做像張良、諸葛亮這樣的將軍、宰相。出將入相，而沒有當劉邦、朱元璋的想法。沒有稱王稱霸的僭越之妄想，用現在的話講就是沒有個人野心。周恩來追求的不是個人的出路和前途，而是國家、民族的解放和興盛。所以他在「文革」中能說出「我不入地獄，誰入地獄」這樣驚天地、泣鬼神的話。

在此次增訂過程中,再次研讀、修訂周恩來的爺爺、外祖父、二伯、六伯等人,增寫民國總理錢能訓的傳記時,進一步發現周恩來從少年時代就與這些達官貴人有交往,透過這些日常的交往,使他認識到,統治階級內部並不是鐵板一塊,不是清一色,也是各不相同,各有千秋,統治階級內部保存著中華民族優秀文化、優良傳統,更何況隨著社會的變化、發展而進步、變化,其中不乏為民為國的志士仁人。中國共產黨的高級領導人不少是來自於舊陣營。如朱德、劉伯承、賀龍、彭德懷、葉劍英、楊度等等。朱德放棄高官厚祿,1922年7、8月間千里迢迢從四川到上海找到中國共產黨的總書記陳獨秀,提出入黨要求。「陳獨秀說,要參加共產黨的話,必須以工人的事業為自己的事業,並且準備為它獻出生命。對於像朱德這樣的人,就需要長時間的學習和真誠的申請」,以此將他拒之門外。為了尋找共產黨,同年10月朱德遠渡重洋,到德國見到周恩來。兩人徹夜長談,相見恨晚。周恩來同意他入黨的要求,並報上級得到批准後,親自做介紹人。這年周恩來僅24歲,陳獨秀43歲。這件事顯示出周恩來早在二十幾歲就從實際出發,不拘泥教條、概念,有過人的膽識和擔當。1927年周恩來親自做賀龍的工作,並任命賀龍為南昌起義的總指揮。起義軍南下,在瑞金,周恩來親自出席賀龍的入黨儀式。這些例子舉不勝舉。

馬克思在分析資本主義社會的經濟現象時,發現商品是資本主義財富的元素形態(財富的細胞)。商品和貨幣的流通發展到一定程度才產生資本。資本的產生表示著商品經濟相當高度地發展,不單一般生產物(包括生產手段與消費資料)當作商品生產出來,在商品市場上出賣,同時人的勞動力也當作商品出現在勞動市場之上。資本主義的商品不僅有使用價值和價值,而且價值中包含有剩餘價值。他在分析勞動力這種特殊商品,計算勞動力的價值時,將種種勞動化作簡單勞動(即體力勞動),說可以「把一日高級勞動還原為 X 日簡單勞動」,但是沒有展開論述。由於中國是一個商品、資本都不發達的國家,很多人由此誤解為只有體力勞動才是無產階級,腦力勞動不是無產階級,甚至認為知識越多越反動。周恩來學習馬克思主義,並不墨守成規,由於他眾多的親屬都是讀書人,這些人中有:官僚、中下層官吏、師爺、醫生、教師、學生、作家、職員、生活狀態各異的市民、甚至是革命者,

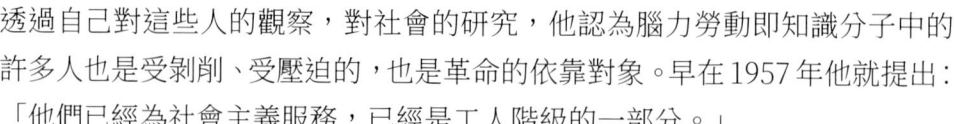

再版前言

透過自己對這些人的觀察，對社會的研究，他認為腦力勞動即知識分子中的許多人也是受剝削、受壓迫的，也是革命的依靠對象。早在1957年他就提出：「他們已經為社會主義服務，已經是工人階級的一部分。」

正是基於周恩來與社會各階層的接觸、往來，特別是與城市中各個階層的交往，使他熟悉眾多階層的社會形態、生活狀態、生活習慣、思想理念及其心理、秉性、語境、為人處事之道，知道他們在經濟、政治、思想及文化上的訴求。所以他是黨的統一戰線政策的制定者和執行者，他一生從事統一戰線工作，提出「求同存異，廣結盟友」「風雨同舟，患難與共」「榮辱與共，肝膽相照」「長期共存，互相監督」等行之有效的方針、政策，團結了大批的知識分子和民主人士。胡喬木曾經這樣評價周恩來領導的南方局的工作，他說：「沒有南方局大量的工作，就沒有後來解放戰爭時期那樣大規模的群眾運動，形成那樣強大的第二條戰線。」「南方局的統一戰線工作是很出色的。沒有南方局在大後方進行的廣泛的統一戰線工作，就很難把當時在國民黨區域的各民主黨派和各方面人士團結在我們共產黨的周圍，後來我們建立新中國的情況就會不一樣。就沒有今天的格局。因此，可以說，南方局的統戰工作從一個方面的意義上講，為新中國奠定了重要的政治基礎。南方局的統戰工作是多方面的。有中國國內的也有國際的，有上層的也有下層的，為我們黨團結爭取了許多朋友。」中華人民共和國成立後周恩來任總理。1949年10月19日毛澤東主持中央人民政府委員會會議正式通過了政務院副總理以及下屬委、部、會、院、署、行主要負責人的任命。在這次任命中，各民主黨派和無黨派民主人士占了相當大的比重：4個副總理中，民主黨派和無黨派民主人士2人；21名政務院領導中，民主黨派和無黨派民主人士11人；政務院下屬34個機構的109個正副職位中，民主黨派和無黨派民主人士49個，其中15個是正職。歷史證明他對複雜的中國社會認識是深刻的、全面的。這些都與他的家族、早年經歷有關。對這個問題的研究還需要進一步深化和發揚，本書在此僅拋磚引玉而已。

1997年時，我關注家族對周恩來的影響多些。今天，反貪腐鬥爭進行得如火如荼，使我常常思考貪腐產生的社會、家庭原因時，從而認識到周恩來率親屬、後人改造舊家族，移風易俗，對社會所起的表率作用。周恩來歷來

認為家事是社會問題的一部分，從不把家庭應承擔的責任推向社會。有族人求他要他解決更好的工作，他專門召開家庭會議，在會上對這些親屬說：「我們共產黨是唯物主義者，我們要承認家族之間的關係。問題是不能依賴它。但是，我們不能像國民黨那樣搞裙帶風。想靠我給你找個好事。這點我做不到。你只能依靠自己，要自食其力。」1950年前後，周恩來的許多親戚失業，無以為生，寫信求救，周恩來一律建議他們到當地政府登記報名，由當地政府量才錄用，做自食其力的勞動者，以期為人民服務。「自食其力，為人民服務」是他改造舊家庭的目標。

他帶頭移風易俗，堅決反對重修祖墳，一向主張平墳深葬。他說：墳地問題一定要解決，中國有六七億人口，只有16億畝耕地，平均一人二畝三分地，將來人口越多，每人平均土地就越少。為此，他身體力行，帶頭移風易俗。1958年他分別派人將自己父親和岳母在重慶的墳、將淮安的祖墳深葬，將原墓地給當地農民耕種。他去世後，鄧穎超按照他的遺願，派親戚到紹興將周恩來祖先的墓地深葬。周恩來沒有保留骨灰，撒向祖國大地。鄧穎超病逝後骨灰撒向大海。

周恩來在半個世紀前提出的過五關（思想關、政治關、社會關、親屬關、生活關）這一教誨，時至今日，仍然是那麼切合實際，它對於共產黨人的自身修養和教育，仍然有十分重要的的現實意義和深遠的歷史意義。周恩來嚴於律己，身傳言教，貫徹於他的一言一行、日常生活中的點點滴滴，做到了言行一致、表裡如一、始終如一。他永遠是我們學習的榜樣。這是此書再版的第一個意義。

此次修改，將附錄中的大事記從1791年提前到周恩來太高祖母出生的1766年。因為史學界認為康乾盛世是從1775年之後才開始走向衰敗的。那麼，1775年發生了什麼事，能成為標誌性的年份？這年乾隆65歲，重用、擢升25歲的和珅。和珅從這年起到1799年乾隆病逝，25年間大肆侵吞財物，禍害朝綱，將高達8億兩白銀的財富竊為己有。由於和珅的把持和影響，朝廷上下貪汙成風，旗人變得放蕩不羈，玩物喪志，不再能充任打仗之職。漢軍綠營喪失以往的銳氣。西方帝國主義向中國販賣鴉片，中國由上而下吸食

周恩來家世
再版前言

鴉片，逐漸遍及全社會，造成白銀外流，財政困難。同時，中國人的體魄也受到嚴重摧殘，成為「東亞病夫」。從此國力大減，完全不能抵禦帝國主義的侵略。

周恩來家族的變遷是社會的縮影。首先隨著清王朝的衰落，大家族分崩離析，各奔東西，紛紛破產。清王朝被推翻後，軍閥混戰，日本帝國主義侵入，幾十年的戰亂，民不聊生。周恩來的親屬有15人因戰亂、貧窮而病故，周恩來的八伯周貽奎、周恩來的姑父王子余、大伯父周貽豫、二伯父周嵩堯的妻子、孫媳婦、孫女，親弟弟周博宇、堂弟周恩彥的妻子、三個孩子，堂弟龔仁甫。在紹興的周金麟、延祐夫人和祥婆婆三人被餓死。到1949年前後，許多人失業，艱難度日，甚至無以為生。

中國積貪積弱，舊有的大家庭土崩瓦解。另一方面中國又在失敗、屈辱中不斷覺醒。從林則徐、太平天國、洋務運動、康有為梁啟超的改良、孫中山的革命，一直到中國共產黨的成立，到中華人民共和國建立，中國人民終於站起來了，一代又一代人地奮鬥。大事記從1791年提前到1766年，從1920年延長到1992年鄧穎超逝世。這樣，不僅涵蓋了中國從衰敗、覺醒、奮鬥、崛起的全過程，而且也使周恩來夫婦與家族的故事完整了。此書不單單從一個側面反映了中國200多年的歷史，書中人物的經歷更是時代的縮影。這是此書再版的第二個意義。

此書出版後，在一些具體問題上曾引起過爭論。我的態度是對各方觀點無論是否同意，只要言之有據，都經過認真地考量才決定取捨。一些問題因資料缺失，難以斷定的，將雙方意見擺出來，供讀者探討、研究。

李海文

一、始祖

1. 祥符周氏始祖周敦頤傳

周恩來常講：「生生不已。」「生生」是中國哲學術語，承認事物在變化中時時有新生事物產生。「生生之謂易」，宋朝理學（道學）創始人周敦頤強調「生生」是宇宙的根本，他在「太極圖說」中說：「二氣交感，化生萬物，萬物生生而變化無窮焉。」

周敦頤被紹興寶祐橋周氏尊為始祖。而周恩來是寶祐橋周氏的後代。由此看來周敦頤就是周恩來的祖先了。這有沒有根據呢？因為中國人歷來有攀名人為祖先的習慣。如姓周的常常要追溯到周文王、周武王，其實周文王、周武王姓姬並不姓周，正如大禹姓姒一樣。只是後人以國號為姓。

寶祐橋的周氏沒有尊周文王、周武王為始祖，而是尊周敦頤為始祖。這是有根據的，最主要的根據就是周敦頤的曾孫周靖的墓誌銘，墓誌銘成文具體時間無從考，但是作者李大同是南宋嘉定的進士。嘉定年間是1208—1224年，距離周敦頤去世的時間僅差100餘年，此時周敦頤已被尊為理學（道學）鼻祖，一般人也是不敢冒認其後代的。碑文的記載應該是可信的，周靖的墓碑已不復存在，但是墓誌銘全文收錄於光緒年間修訂的《諸暨縣誌·山水志》一書。

另外，周氏後裔遷徙成族者50餘處，其中包括紫岩族、南門族、豐江族、梅山族、周橋族、後馬族等等，各族宗譜，詳細記載族史，溯其源均謂係宋代理學家周敦頤之後，而且與周敦頤出生地湖南道縣樓田村的《濂溪故里周氏族譜》相符。

此外還有一個證據，國民黨元老、考試院院長于右任等社會名流也承認周敦頤是周恩來的祖先。

事情的經過是這樣的。1961年3月中旬，章士釗轉述了于右任給一位港人的信，于老先生在信中說：「今年是我老伴80壽辰，可惜我不在大陸，今

周恩來家世

一、始祖

年她的生日一定會很冷落,不會有人理睬她的。想到這一點,我十分傷心。」章在信末說「于老的這種心情,請總理給予注意」。周恩來看了信後即讓屈武以女婿名義,去為于夫人做 80 大壽。事後,屈武想把周總理關懷經過告知岳丈于老,但又不知怎麼寫為好,就與于右任的朋友邵力子商量。邵力子和于右任在抗日戰爭時期,同住陪都重慶康心之的家中,朝夕相處。邵力子在黃埔軍校和周恩來共過事,他是國民黨的主和派,被稱為和平老人,多次與周恩來談判。邵力子也是紹興人,他說:「可用『濂溪』二字代稱,因為濂溪是宋代理學家周敦頤的別號,于先生一看就知道。」果然于老先生收到信後,心領神會,對濂溪先生即周恩來表示感謝。

為何于右任見信看到「濂溪」兩字就心領神會?因為于右任知道周恩來是周敦頤的後代。周敦頤晚年在廬山濂溪學堂講學,後人稱他為濂溪先生。于老先生和邵力子在重慶時就常常以濂溪先生稱周恩來。

周敦頤,字茂叔,宋真宗天禧元年(1017 年)出生在道州營道(今湖南道縣)濂溪。原名敦實,因避宋英宗諱,改名敦頤。

周敦頤 15 歲失去父親,母親帶他到開封投奔舅父龍圖閣直學士鄭向。他因舅父的官職蔭恩為官,不是科舉出身,24 歲任洪州分寧縣主簿。周敦頤初進仕途,就不同凡響。當時,分寧縣有一個案件,拖了好長時間,不能決斷。他到任後,只傳訊了一次,便了結。經按察使推薦,他被調為南安軍司理參軍。

在南安軍司理參軍任上,又有一事震動官場。當時轉運使王逵是個酷吏,獨斷專橫。有一個罪犯,就案情說,不該判為死刑,王逵則非將他判為死刑不可,沒有人敢說個不字,獨有周敦頤敢於爭辯。王逵固執己見,毫不理會,周敦頤就將上朝用的手板交給隨從,決定棄官而去,並說:「像這種樣子,還可以做官嗎?用隨意殺人的辦法來討好上司,我可不幹!」這番話傳到王逵耳裡,王逵醒悟了,這個罪犯總算沒有死。

不久,周敦頤被調為郴州桂陽縣令,治績更加顯著。有了好名聲,推薦的人就多。他被調為洪州府南昌縣知縣。

接著，他擔任了合州通判，為官4年。當時，州內大小事情，不經周敦頤之手，下吏不敢隨便處理；即使下吏勉強發布下去，百姓也不肯執行。這時，按察使趙抃前來巡察，有人向趙抃進讒，趙抃擺出一副威嚴的樣子，察看動靜。周敦頤不以為意，泰然處之。趙抃無可奈何，但對讒言總不能釋然於懷。後來，周敦頤調任虔州通判，虔州知府正是趙抃。趙抃又仔細考察周敦頤的一言一行，才省悟進讒者的險惡用心。趙抃握住周敦頤的手說：「我幾乎要失去你了。現在我才算真正了解你。」

熙寧初年，周敦頤升任郴州知府。不久，由趙抃和呂公著推薦，他擔任廣東路轉運判官，兼任提點刑獄。他便以清理冤獄、造福百姓為己任。他視察各地，不畏勞苦，即使是瘴癘之地、險遠之所，甚至窮崖絕島、人跡罕至之處，也一個一個地走到，發現處置不當的事情，設施不夠完備的地方，他都盡力而為，讓百姓滿意。

由於長年勞累，他疾病纏身，再也不能東奔西跑了。1072年他向朝廷提出，希望擔任知南康軍。朝廷同意了他的要求，他便在廬山蓮花峰下安了家。門前有一條溪流，發源於蓮花峰，流向溢江口，潔清甘寒，沁人心脾，他就以家鄉的濂溪稱呼它，並以濂溪為自己的號。他有時徜徉廬山，樂而忘返；有時濯纓濂溪，心曠神怡。他在溪上築了書堂，名為濂溪書堂，早晚讀書、講學，怡然自得。

周敦頤為官30年，但官職比較低。他的生活並不富裕。他年輕時就信古好義，以名節自重，對自己要求嚴格。做官所得俸祿，基本上用來賙濟族中貧困的人和一些親朋好友，自己連百錢的積蓄也沒有，自己的妻子和兒女，有時甚至連粥也吃不上。他卻曠然不以為意，襟懷飄灑，雅有高趣。誠如黃庭堅所說：「茂叔人品甚高，胸中灑落，如光風霽月。」周敦頤的《愛蓮說》便是他人格的寫照：

予獨愛蓮之出淤泥而不染，濯清漣而不妖。中通外直，不蔓不枝，香遠益清，亭亭淨植，可遠觀而不可褻玩焉。

《愛蓮說》膾炙人口，「出淤泥而不染」成為千古流傳的名言。

一、始祖

周敦頤是儒家學者，為官的同時傳道授業，著名理學家程顥、程頤是他的得意門生，朱熹是他的再傳弟子。他的著作流傳下來的有《太極圖說》《通書》等，後人編為《周子全書》。

周敦頤立學的宗旨是教人如何做個聖人，注重道德修養，講正心誠意的性命之學。在哲學上，把孔孟的修心養性的理論和佛老的虛靜、無為的思想結合起來，終於推衍出唯心主義的體系，是宋明理學（道學）的創始人。

周敦頤繼承《易傳》和道家思想，提出一個簡單而系統的宇宙構成說。他認為「無極而太極。太極動而生陽，動極而靜。靜而生陰，靜極復動。一動一靜，互為其根。分陰分陽，兩儀立焉」，「萬物生生而變化無窮焉，惟人也得其秀而最靈」。又認為聖人模仿「太極」而建立「人極」，「人極」就是「誠」，「誠」是「純粹至善」的「五常之本，百行之源」，是道的最高境界。他又上承孔子、孟子，而自成理學體系，對以後理學的發展有很大影響，為理學一派哲學體系的形成奠定了基礎。

周敦頤生前社會名聲不算大，經程顥、程頤特別是朱熹的宣揚，後人認為他的哲學是孔孟的真傳，儒學的再起，其功績僅次於孔孟。南宋封他為汝南伯，元朝封道國公。從祀文廟。

熙寧六年六月七日（1073年7月14日），周敦頤逝世，享年57歲。「葬江州德化縣德化鄉清泉社」或「卜厝於德化縣清泉社（廬山）蓮花峰三起山鄭太君墓側」。這只是一種說法，李海文1997年到九江，得知至今在廬山腳下的九江市東南郊有一座周敦頤墓，此墓歷經滄桑，幾毀幾建。

此墓在栗樹嶺下，濂溪前。此濂溪，就是當年周先生講學的濂溪。曾任德化縣尉的潘興嗣與周敦頤為莫逆之交，作墓誌銘：「其家服飾之物，止有一敝篋，錢不數百，人莫不嘆服，此余之親見也。」

據說此墓開始不為常人知，到南宋由於朱熹的推崇，他的墓地得到修葺。明英宗正統元年（1436年）詔修祠墓，對墓地進行了大的修復。墓前五里處，有墓道，兩旁建墓道亭和豎墓道碑，過濂溪，小橋流水，迎面是高大的石牌

坊，墓的左右為太極圖碑和像圖石碑。墓前建濂溪祠，祠前又鑿二池種蓮，四周古樹參天，氣勢不凡，成為明代的「江州十景」之一。

清朝咸豐五年（1855年）羅澤南、李續賓出資主修濂溪墓，重建牌坊。1934年又築鋼筋水泥，使陵墓加高。

1949年後墓區保存完好。墓地古木參天，濃蔭蔽日，兩旁各有一座墓亭，中間隨著山勢修有層層的石階，拾級而上，最上一層是墓塋。

然而這個墓區在十年浩劫中遭受滅頂之災，被人用炸藥炸開墓塋，古木被砍伐，古牆、牌坊蕩然無存。據說，有人認為周敦頤官居六品，權傾一方，墓內定有不少陪葬物，炸開之後一無所獲。完全證實了潘興嗣寫的墓誌銘真實可信。

可喜的是，1988年中國上下肅貪倡廉，鄉民們敬佩周敦頤的清正廉潔，自發集資，義務獻工，重修濂溪墓。

周敦頤在九江的時間並不長，可是影響很大。至今星子縣城的東側，仍有愛蓮池，周圍數十餘丈，中築石臺，上面造觀蓮亭，內立石碑。碑上刻周敦頤的名篇《愛蓮說》。這是朱熹任知南康軍時，對亭重修，又徵得《愛蓮說》墨跡，刻石碑於亭，保存至今。

周敦頤生二子：壽、燾。

一、始祖

2. 周敦頤—周靖世系表

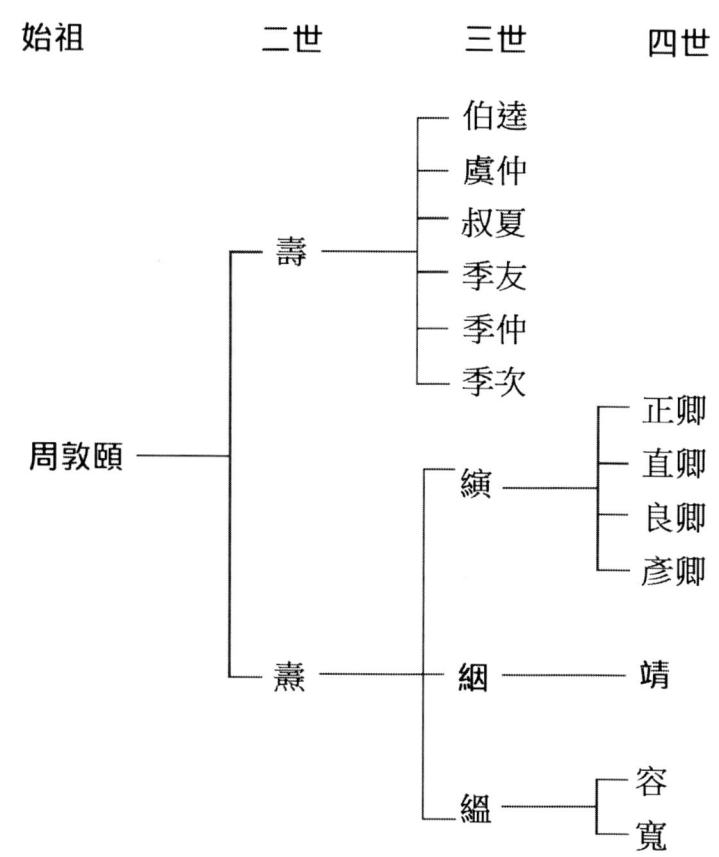

3. 周敦頤之後二世、三世小傳

二世

壽　字元翁，又字李老，宋元豐五年（1082年）黃裳榜登第，終司封郎中。生子六：伯逵、虞仲、叔夏、季友、季仲、季次。壽之後遷居江州。伯逵一作伯達。

燾　字次元，一字通老，宋元祐三年（1088年）李常寧榜登第，政和六年（1116年）以中大夫充寶文閣待制，知成都府，七月二十九日到任，政和

七年（1117年）七月罷，九月落職。落職後提舉亳州明道宮，終朝議大夫徽猷閣待制，贈通奉大夫。又云：元公44歲娶薄氏，46歲生燾。燾隨父居南康蓮花峰下。生三子：繢、絪、縕。③

三世

繢　字慶長，父蔭終奉議郎，通判蘄州，生四子：正卿、直卿、良卿、彥卿。居南康，是為南康族。

絪　奏改名彝，字慶和，宋紹聖四年（1098年）何昌言榜登第，積官禮部（一說兵部）侍郎，以言忤當道，謫守河南祥符。祥符，故汴州地，宋祥符中改今名，開封府十六縣之一。遂家於東鎮關外，娶邵氏，生一子：靖。據紹興《越城周氏支譜·祥符族》一文云：「計侍郎公居祥符當在四十內外，子博士公靖方舞象勺，越十二三年成進士，又三年而汴京陷，扈思陵居杭州，又十五年而遷紫岩，是家祥符僅十五六年，距遷紫岩三十年有奇。」

縕　字慶醇，固始丞，累世以儒為業，父蔭終承事郎。生二子：容、寬。

周恩来家世

二、诸暨紫岩

二、諸暨紫岩

1. 諸暨紫岩族始祖（周敦頤四世孫）周靖傳

周靖（1102—1163年），為周敦頤曾孫②，字天錫，生於崇寧元年（1102年），自幼聰明好學，6歲進鄉校，13歲補邑庠弟子員，19歲憲官考置優等，有司給廩餼。始以父蔭奏補承信郎，監江州（江西南昌）酒稅。宣和二年（1120年）舉進士。宣和中主中江簿，轉彬州錄事，以太常博士隨高宗南渡，居於杭州。紹興三年（1133年）詔置國子監博士二員、正錄二員，起靖為正錄，紹興甲寅（1134年）進博士。三舍弟子列幾數百人，業成而仕。後因岳武穆（岳飛）遇害，吁天泣日：「忠良之殄，邦國之禍也，中原終不復矣！」乃於紹興十一年（1141年）隱居諸暨紫岩盛厚里（今屬店口鎮），攜子亥同居。南宋隆興元年（1163年）去世，享年62歲。葬大將山，墓穴占地約30平方公尺，墳前上下兩層祭禮平臺，可站五六十人。三面群山環抱，遠眺視野開闊。墓地附近有守陵人後人居住的村莊。娶洛陽李翰林女，生一子，即亥。所著有《扈東記》，計40餘頁。周靖事略，諸暨縣誌、浙江省志均有記載。

附：

周靖墓誌銘

〔南宋〕李大同

三代盛時，聖賢繼作，道統日以修明，百姓日用而不知，蓋時雖有治亂，而道無一日不在天地也。道學之名，何自而立哉？秦漢以降千三百年，聖賢亦復不作，天下貿易而無一人能識其用，儒者何從得之以尊其身而獨立於天下耶？吾是以嘆斯道為不傳之妙物矣。濂溪先生溯源鄒魯，倡道伊洛，圖書行世，日月麗天，蓋其推明二五之尊，得天所卑，不由師傳，誠一代之醇儒而卓乎其不可尚也。已始，余在館閣時，諸公能言先生之後，每以文學致顯，至今克世其業，思欲一交其人而不得。喪亂以來，人事弗齊，文物遺獻，若周氏者，其可復見乎？一日，大理寺周子和以著作陳耆卿氏書，求銘其大父國子博士墓上之碑，因閱其家世，則開封之子，而開封則濂溪之孫也。其事

二、諸暨紫岩

有慨於心，且使疇昔向慕之私，一旦如行空谷而聞足音之跫然，適故都而見流風餘韻之存也。是我雖欲卻和之請，而心知其可以張之，矧和求之再乎。博士諱靖，字天錫，其先本南康人，自其先君彝起家至開封，因留居祥符之東鎮關。思陵南渡，博士從以遷，因僑居於杭，再遷而為諸暨人。幼通敏好古，善屬文。在汴都時始以父蔭奏補承信郎，監江州酒稅，非其好也，去。舉進士。宣和中，得出身起家，主中江簿，轉彬州錄事，遏於守帥，事多掣肘，君守法不阿，嘗預內銓已而。靖康之亂，中外共憂，家國危迫，君孤遠不恤，乃以宗社大計關白大臣，至欲投書闕下，庶幾天子一悟，當事者呵之曰：「爾所言何事而書之紙耶？」卒為其阻，君亦知勢不可為，乃遂棄歸。自是以來，環河南北，鞠為戎馬之區，大家右族棄骨肉、去墳墓，散之四方。君亦在播遷之中。紹興癸丑（1133年），鑾輿南幸，定鼎臨安，百僚奔問，官守兆庶，自發以從，始息肩錢唐，朝廷收採輿望，謂宜甄錄，以表遺直，起為國子正錄。明年進博士，三舍弟子列幾數百人，業成而仕，後多知名。居亡何力丐罷官，以諸暨有中州風，遂徙居之，故今為諸暨人焉。隆興癸未（1163年）以疾卒。距生於崇寧壬午（1102年），享年六十有二。葬邑之六都大將山。娶洛陽李翰林女，生一子亥，仕終大理評事。孫勤、謹、和。銘曰：濂溪湯湯，道久彌光；澤流演漾，派於四方。君其孫曾，五世而昌；受材孔碩，亦既含章。胡弗究竟，黼黻笙簧；橋門徹席，安車懸鄉。嗣人克世，雖逝不亡；我銘勒石，有坎斯藏。

紹興《越城周氏支譜》記載：

紫岩在浙東紹興府諸暨縣。按府自宋紹興辛亥由帥府始升，縣凡八，諸暨屬望之一。紫岩，山名，亦曰迴雁峰，鄉即以是名里，曰盛厚。距縣城西北六十餘里。紹興辛酉，博士公靖始居之。

2. 周敦頤之後五世、六世小傳

五世

亥　字仲賓，天資穎秀，讀書通大義，受訓於本鄉王紹明，講求至理，落筆成章，年17遊邑庠，19歲食廩餼，從父扈蹕南渡，紹興八年（1138年）

20歲中舉人，紹興九年（1139年）登黃度榜為進士，丁內艱服闋，授大理寺評事。讞獄詳明，行將大用，靖因慮禍促其歸隱，亥亦撫然曰：「奸相誤國，吾不能盡忠矣，不如盡孝之為愈也。」遂歸居鄉里，孝親睦里，課子訓農，角巾杖履，徜徉泉石間，老而彌飭。父靖去世，哀毀骨立，廬墓三載。紹定六年（1233年）當局表其孝後，以子和貴封大理寺少卿，卒年89歲。追贈中奉大夫，娶王氏追贈恭人，生三子：勤、謹、和。

六世

勤　字克敏，宋任州錄、軍事參軍。生三子：伯一、伯二、伯三。伯一，名榮，仍居紫岩；伯二，名華，寶祐三年（1255年）遷嵊縣西門開元；伯三，名茂，贅山陰阮港唐氏，襲其姓。

謹　字克順（慎），宋任節度行軍司馬。據清道光十七年（1837年）諸暨豐江《周氏宗譜·重修譜牒序》記載：「我族自博士公南渡遷暨，至慶元咸淳間，三世克慎公（即周謹）追本溯源得譜一卷，子朱子序之。」謹娶俞氏，繼娶廖氏諱淑，生三子：治、誾、恪。

和　字克貴，登嘉定元年（1208年）進士，任大理寺卿，娶陳氏，生一子：雍。遷江大，為江大族。

二、諸暨紫岩

3. 諸暨紫岩族世系表

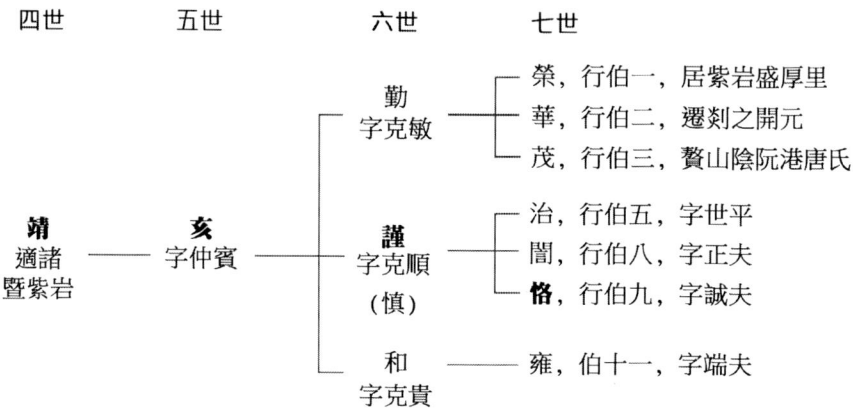

4. 克順公紫岩譜序

　　譜牒之作，所以別宗支、明世系，誠士君子有家之要務也。其意起於黃鐘，形於律呂；其法始於始祖，一世、二世以至五宗、九族，列為傍從之類。族有圖以別昭穆、明親疏，而禮制喪服行焉，尊卑、上下、等級、隆殺設焉。予觀周克慎之世系，本出姬姓，黃帝之裔，以國為氏，綿千餘年，支分派別，蔓延天下，而尤望於河南。至始遷祖諱靖，字天賜（錫），世居祥符，為國子正錄；扈蹕南渡居杭，遷於諸暨，歷四世，祖伯五、伯八、伯九遷南郭於今，凡幾世矣。其譜系所輯，燦然明備；先世之澤，至今賴以不墜者，克慎之力也。俾同源分派，人易世疏，不有譜，將使宗支世系紊亂無考。其後世之弊殆有不可勝言者矣。嗚呼！可不謹哉？

　　大宋慶元歲次丙辰秋月中浣

晦庵朱熹敘

　　《克順公紫岩譜》現已失傳。此序成文於 1196 年。朱熹（1130—1200年）字元晦，號晦偈（庵）。南宋哲學家、教育家。集北宋周敦頤、程顥、程頤之大成，為程朱學派的主要代表人物。他尊周敦頤為理學（道學）的鼻

祖。1179年到1181年任知南康軍，在任上積極修葺周敦頤的遺蹟、墓地，並主辦白鹿洞書院。1194年在宰相趙汝愚的推薦下，十月到杭州任皇帝侍讀。由於進言，閏十月被罷官，十一月回到福建。1195年南宋朝廷爆發了反理學（道學）的鬥爭，首先從罷宰相趙汝愚的官並貶到韶關開始。1198年朝廷以理學為「逆黨」，人們不敢以儒自命。此文寫於1196年，是朱熹離開杭州的第三年。朱熹迫於反理學的形勢，文中沒有提到他所尊敬的周敦頤，但是提到周敦頤之四世孫周靖。那時李大同為周靖寫的墓誌銘一定還在，在墓誌銘中將周靖與周敦頤的關係交代得十分清楚，不必朱熹贅述。文中所提克慎即周瑾，任行軍司馬。從文中看，此時周瑾的兒子伯五、伯八、伯九已遷居南門，伯九周恪與朱熹友善，常通書信。因而現在保存此本的兩個宗譜有兩個不同的題目。保存於《越城周氏支譜》的題目為《克順公紫岩譜序》，保存於《諸暨豐江周氏宗譜》的題目為《南門周氏譜序》。編者認為前者更為可靠，因為周恪為南門譜作序是在朱熹作序29年後的事。而朱熹已於1200年去世。也就是說朱熹去世後25年周恪才開始作南門譜。1633年劉宗周為《周橋（周氏）宗譜》作序，也提到朱熹的序文，認為是為克順公序。而《諸暨豐江周氏宗譜》成書於1946年，較劉宗周的序言晚了300多年。由此推斷朱熹的序文是為《克順公紫岩譜》而不是為《南門譜》作的。

5. 諸暨和紫岩的歷史與現狀

周氏四世祖周靖，因羨諸暨有中州風，遂於紹興十一年（1141年）從杭州徙居諸暨。

諸暨位於浙江中部，錢塘江以南，會稽山西麓，東鄰嵊州，北靠蕭山，南接東陽、義烏，西界浦江、桐廬，西北與富陽相連，東北與紹興接壤。「諸暨」之名，或謂因境內有諸山、概浦而名，或謂因諸侯畢及而名，或謂因神農氏大臣諸稽而名，或謂出自越語，眾說紛紜，迄無定論。

諸暨歷史悠久，遠在新石器時代即有先民在此繁衍生息，為於越文化發祥地之一。南朝宋孔靈符《會稽記》載：「諸暨東北一百七里有古越城，越之中葉，在此為都。」唐釋道世所撰《法苑珠林》載：「諸暨東北一百七里

二、諸暨紫岩

大部鄉有古越城，周回三里。」北魏酈道元《水經注》引《吳越春秋》云：「越王都埤中，在諸暨。」宋《嘉泰會稽志》：「勾乘山，在縣南五十里，《舊經》云勾踐所都也。」秦王政二十五年（西元前222年）設諸暨縣，自後雖縣名、境域稍有變動而兩千餘年建置未廢。1989年撤縣設市。境內古蹟眾多，景觀秀美。西施故里位於苧蘿山麓，唐有浣紗廟之築。境西有五泄，以一水五瀑而名，其地瀑奇寺古、谷幽林秀，為浙江省級風景名勝區。境東有小天竺，始建於明代，玲瓏剔透，頗擅林泉之勝。斗岩、湯江岩、勾乘山、越山、東白山、杭塢山等亦均為遊覽勝地。

諸暨人傑地靈，物華天寶。春秋時絕代佳人西施、鄭旦臨危受命，忍辱報國，傳為佳話。唐代高僧良價，為佛教曹洞宗之創始人，教義遠播海外。元代大畫家王冕，元末明初傑出文學家、書法家楊維楨，明末清初畫壇宗師陳洪綬，均留有寶貴文化遺產。及至近現代，哲人英賢，迭出不窮。中國早期無產階級革命家俞秀松、張秋人、宣中華、宣俠父、汪壽華、鄭復他等烈士光照千秋。著名物理學家趙忠堯、農學家金善寶、古植物學家斯行健、海洋學家毛漢禮、林學家吳中倫、魚類學家陳兼善、物理學家何增祿、航空航天專家馮綏安等科技界精英，均以其卓越貢獻而飲譽海內外，為中國及諸暨增光添彩。諸暨之重要城鎮有城關鎮、大唐鎮、楓橋鎮、草塔鎮、牌頭鎮等。1939年3月31日，周恩來以國民政府軍事委員會政治部副部長身分由紹興抵達楓橋鎮，曾在楓橋大廟群眾大會上演講，號召「團結抗日，一致對外」，極大地鼓舞了諸暨民眾抗日鬥志。

諸暨姓氏構成複雜。據1990年7月1日統計，全市有姓氏416個，而以陳、周兩姓人數為眾多。周氏分汝南族、營道族、南康族、祥符族，諸暨周氏屬祥符族。祥符，故汴州地，宋祥符中改今名，隸開封府十六縣之一。宋博士周靖為周姓遷諸始祖。朱子作序的《紫岩譜》載：「計侍郎公居祥符當在四十歲內外，子博士公靖方舞象勻，越十二三年成進士，又三年而汴京陷，扈思陵居杭州，又十五年而遷紫岩，是家祥符僅十五六年，距遷紫岩三十年有奇。」

5. 諸暨和紫岩的歷史與現狀

　　紫岩山是浙江省諸暨縣和蕭山縣交界的一座小山，因岩呈紫色而名。清《康熙諸暨縣志》載：「紫岩山，紫岩鄉，北去縣七十里。」紫岩山位於金湖港與浦陽江交匯處之東南，今湄池鎮橫山湖村王家自然村西北，西距浦陽江約 1 公里，亦稱橫山，海拔 45.3 公尺。至遲至宋代，其鄉即以「紫岩」名之。1949 年初仍稱紫岩鄉，今亦有紫東、紫西之名。

　　紫岩鄉盛厚里為諸暨周姓發祥之地。據清光緒三十三年（1907 年）重修《周氏家譜》所載《紫岩分族圖敘》云：「周氏自南渡居諸暨之紫岩，歷宋、元、明以迄昭代，子姓蕃盛，遷居成族者五十餘處。」據《周氏家譜》（1907 年重修本）載，諸暨之周氏有南門族、五指山族、豐江族、塘頭族、周家渡族、梅山族、九眼族、湖西族、新州族、楊柳堰族等等。

　　紫岩鄉盛厚，古稱盛後里，距紫岩山 13 里，1949 年後屬紫東鄉，今屬店口鎮，現已無周姓人居住。但與盛厚鄰近的下畈、花園西村則多為周姓，因為古代下畈、花園均屬盛後里。

周恩來家世

三、諸暨南門

三、諸暨南門

1. 諸暨南門族始祖（周敦頤七世孫）周治·周闇·周恪及八世、九世、十世小傳

七世

　　治　行伯五，字世平，遷居諸暨南門。娶江東張氏，生一子：文衍。伯五之子文衍無後，據明萬曆九年諸暨豐江《周氏宗譜‧續修宗譜序》記載：「伯八公、伯九公為浣城南門之祖。」浣城即諸暨縣城，從而形成了諸暨南門族。「嗣後分遷不一，皆以暨陽南門為祖貫云。」

　　闇　行伯八，字正夫，宋授宣義郎，任寧國路教授。贅諸暨南門金氏，生一女。繼娶吳氏，生三子：文溢、文侃、文敏。

　　恪　行伯九，字誠夫，號梅軒，宋紹定五年（1232年）進士，授翰林殿前承旨，已而乞歸，築清燕樓，圖書彝鼎充庋其中，昕夕吟詠，屏棄世事，時論高之。宋嘉熙四年（1240年）隨兄遷居南門，苧蘿山下三踏步村。娶俞氏，合葬苧蘿山，生三子：文喬、文郁、文實。

八世

　　文喬　字繼高，娶黃氏，生三子：敦、厚、樸。遷蕭山周家湖。

　　文郁　字繼周，任提舉。嘗寓居金華，仍歸諸暨南門。據諸暨豐江《周氏宗譜重修譜牒序》記載，周文郁曾修南門譜，「文郁公繪圖列傳記，譜三卷，馬樞密葉右承序之」。同知樞密院事馬廷鸞撰《周氏譜序》云：「金華友人周君文郁延談腧時，出譜系一帙，曰此吾家宗譜，晦庵先生考證，敢請一言以敘之。」時在宋咸淳三年（1267年）。文郁娶胡氏，生二子：茂森、茂林。

　　文實　字繼誠，娶俞氏，生一子：副。遷蕭山來蘇。

九世

　　茂森　字修盛，娶黃氏、胡氏，生四子：淵、興祖、智、睿。

三、諸暨南門

茂林　字修竹，娶陳氏，生二子：淇、澳。

十世

淇　字希謹，娶虞氏，合葬桃花嶺，生三子：禎、瑞、杰。

澳　字希衡，號楮齋，定居山陰周橋，被稱為「山陰周氏始祖」。

2. 諸暨南門族世系表

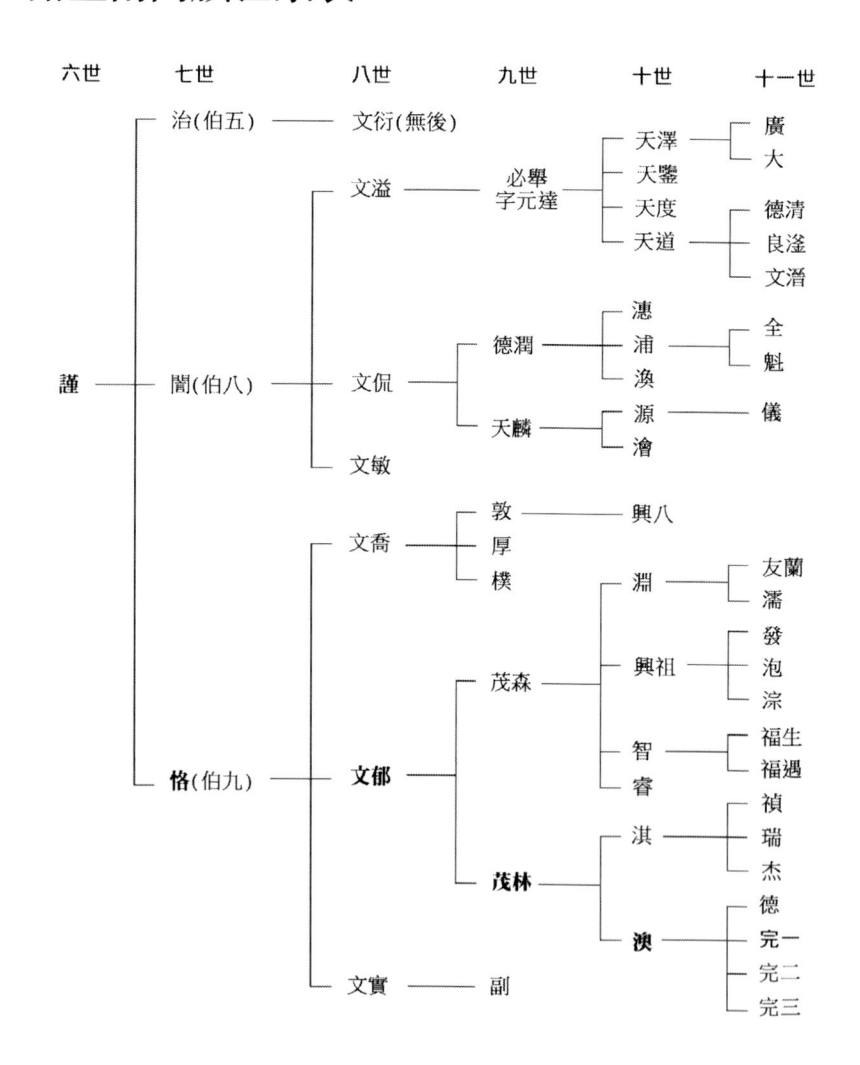

六世	七世	八世	九世	十世	十一世
謹	治(伯五)	文衍(無後)			
	闇(伯八)	文溢	必舉 字元達	天澤	廣大
				天鑒	
				天度	德清
				天道	良淦
					文濇
		文侃	德潤	漶	全魁
				浦	
				漁	
			天麟	源	儀
				澮	
		文敏			
	恪(伯九)	文喬	敦	興八	
			厚		
			樸		
		茂森	淵	友蘭	
				濡	
			興祖	發	
				泡	
				淙	
			智睿	福生	
				福遇	
		文郁	淇	禎	
				瑞	
			茂林	杰	
				德	
			澳	完一	
				完二	
				完三	
		文實	副		

3.《南門梅軒公家乘》自序

周恪

　　夫有夫婦而後有父子，有父子而後有兄弟，有兄弟而後有宗族。一家之親，始於三者而已。然自一家至於九族，上承下繼，而親親有自矣。孔子曰：「不愛其親，而愛他人者，謂之背德。不敬其親，而敬他人者，謂之悖禮。」愛敬先於吾親而後及於他人，斯不失先後之序矣。使能知一本之理，則知吾身本於親，吾親本於祖，推而上之，則愛敬之道又不止親身而已。《記》曰：「親親，以三為五，以五為九，上殺下殺旁殺，良有以夫。」吾之先本姬姓，厥後子孫以國為氏。秦漢以來，顯者歷歷，有稽而斷，自祥符來遷，則東鎮關為世居。有諱靖字天錫者，當宣和間登進士第，受太學正錄，升太常博士朝散郎，娶世戚李翰林女，生一子，諱亥，行二十，從父扈蹕，南渡於杭。登紹興九年（1139年）進士，任大理評事文林郎，卜居越之諸暨紫岩盛厚里，生三子，曰勤、謹、和。勤生三子，長居盛厚，次遷剡之開元，季贅山陰阮港唐氏，因冒其姓而居焉。和登進士，任大理卿，生二子，歸隱江大。謹，吾父也，任行軍司馬，娶廖氏，諱淑，生三子：長曰治，行伯五，遷居南隅。仲曰閻，行伯八，贅本隅金氏，受宣義郎寧國府教授。季即恪，亦叨宣義郎，遷殿前承旨，奉詔致政。從兄治，共居之，世與廖樞密親誼，暨晦庵先生友善，書札往復，及家刻警祿，皆摹石，位列於圖，以家藏舊書，考正異同。我族繁衍未詳，近以入正祿南渡於杭，為今之始祖。其族中更有知所自者，增以葺之，使子孫聞其姓，察其名，相為永之，乃曰：我之族屬也。必加禮異於路人，庶不失愛敬之義矣。斯譜傳之不朽，俾後世閱是譜而知所本焉。

　　宋寶慶改元乙酉仲春望日。四世孫恪謹序。

4. 諸暨南門概況

　　諸暨舊有城，出城牆南門近郊之地，統稱為南門。今城牆雖毀，而「南門」之名依然，並作為南門之外居民區及浣紗村（即西施故里）之泛稱。

三、諸暨南門

南門有石塔頭、三踏步、下七年、高道地、溪坑里、夏家塢、山下楊等自然村。今統稱浣紗村，即苧蘿村。

清《光緒諸暨縣志》載：「苧蘿山有翰林學士承旨周恪墓，山下三踏步村即學士里居。」周恪即周梅軒，為周氏南門三族之一。據光緒三十三年（1907年）重修《周氏家譜》載：諸暨周氏始於周靖。周靖生一子仲賓亥。周亥生三子：勤、謹、和。周和生雍，遷江大，為江大族。周勤生三子：長榮居紫岩；次華遷嵊之開元，為開元族；三茂襲山陰阮港唐克順。周謹生三子：長治，號世平；次誾，號正夫；三恪，號梅軒。周治、周誾、周恪並自紫岩遷南門，為諸暨周氏南門三族。周恪生三子：文喬、文郁、文實。周文郁生二子：茂森、茂林。周茂林生二子：淇、澳。周澳（號褚齋）為諸暨南門族遷紹興之始祖。

南門距離紫岩七八十里，南門一帶至今尚多古越遺蹟。清《光緒諸暨縣志》載：「瀕江特起者曰苧蘿山，亦白陽支峰也，山不大而端秀，宛然東向，即西施故里。」宋《嘉泰會稽志》云：「苧蘿山，在縣南五里。《輿地志》云：『諸暨縣苧蘿山，西施、鄭旦所居，其方石乃曬紗處。』《十道志》：『勾踐索美女以獻吳王，得之諸暨苧蘿山賣薪女西施，山下有浣紗石。』」苧蘿山久有西施紀念建築。唐有浣紗廟，明重修西子祠，又稱西施殿。1981年重建西施亭。1990年重修西施殿。西施殿與苧蘿山、苧蘿村、浣江、浣紗石、西施亭、范蠡岩、鸂鶒灣、金雞山等已形成西施古蹟群，成為諸暨主要旅遊勝地之一。

周氏在諸暨南門的聚居地今稱浣紗村，至今仍以周姓為主。

5. 諸暨南門周氏的遷徙——周橋周氏和後馬周氏同為周恪之後

紹興魯迅紀念館保存的《越城周氏支譜》是魚化橋周氏的族譜。紹興魚化橋周氏與紹興寶祐橋周氏，同為周敦頤十世孫周澳之後。據《越城周氏支譜》記載，諸暨南門族，嗣後分遷不一，然皆以諸暨南門為祖籍云。

5. 諸暨南門周氏的遷徙——周橋周氏和後馬周氏同為周恪之後

關於諸暨南門族後裔的遷徙,紹興《越城周氏支譜》對於伯八公與伯九公之後,有較為詳細的記載。所謂「伯八公」者,即周闇;「伯九公」者,即周恪。該譜又稱:「其先南門而徙者不載。」凡此,方彩琴均照原文謄錄。

伯八公闇之後:

山陰吳家塘下

第四世尚一公(名天澤),長子廣,遷居焉。

諸暨豐江

第二世文三公(名文侃),四世孫魁,徙居焉。

五指山

第四世尚八公(名天道)孫景濂、景陽、景中、景瑞、景榮、景昌並居焉。

清平嶺

尚八公幼孫景亨居焉。

湖西

第九世新五公(名麟),遷居於此。

新川

新三公(名文)長子愨、新八公(名武)幼子憲同居焉。

梅山

新三公次子慄、三子憫移居。即上三房新八公三子忬行鑑十何氏安人徙居焉。

楊柳堰

新三公幼子惻,新八公長子恂,次子果並居焉。

吳家橋

新九公(名復)三子驁、言、臣徙居焉。

三、諸暨南門

江灘、磨石塢、梅花潭頭

新一公（名辛）之後。

牌頭

文一公（名文溢）、文三公（名文侃）之後。

三達（踏）步

文一公、文三公、希謹公（名淇）派俱全。

平闊、拜關、竹浦、歡潭、范嚴

新二公（名雲）之後。

慕實塢朱村

新三公長子慤四世孫遷居於此。

街亭

尚八公派。

金家塢

新五公四世孫徙焉。

河漢

新八公長子移住。

里蔡

湖西更此。

張家坪

即梅山派。

董公西河

即豐江派。

5. 諸暨南門周氏的遷徙——周橋周氏和後馬周氏同為周恪之後

山陰赭川

即吳家塘下派。

廣東香山縣

第六世允五公（名允恭）次子行義三諱祚，字宗祚，由庠貢入太學，授香山縣尹，遷軍儲副使，留住任所。

北直牛欄山

梅山上三房伯傅，伯華流寓焉。

伯九公恪之後

蕭山周家湖

伯九公長子文喬偕子遷居焉。

來蘇

伯九公幼子文實之子徙焉。

東周、西周、縣前周

三周皆周家湖來蘇派。

沙里周家渡

即來蘇派。

南門

第五世完二公次子文顯遷居焉。

打鐵韓

即周家湖派。

錢塘

即周家湖派。

諸暨塘頭

三、諸暨南門

第四世希謹公長子楨之子務、玉徙居焉。

鄭塢

希謹公之後。

山陰周家橋

楮齋西元元貞中徙居焉。

橋東

楮齋公次子完一徙焉。

張川

謙甫公（名文益）第三世達居焉。

官河漓渚

楮齋公孫文成之後。

許墅

楮齋公孫文奇次子叔時居焉。

梅山

楮齋公孫文奇之子叔昱居焉。

九眼

楮齋公孫文奇之子叔璵居焉。

江墅

楮齋公孫文奇之子叔賢居焉。

瓜田（即後馬）

楮齋公孫文惠長子茂居焉。

上午

5. 諸暨南門周氏的遷徙——周橋周氏和後馬周氏同為周恪之後

楮齋公孫文惠次子莘居焉。

前梅

居安公達三子才遷居焉。

安昌

居安公七子江徙居焉。

會稽倫塘

居安公五子傑、六子並居焉。

吳江蘭溪（即車溪）

楮齋公長子德，行壽一徙居焉。

金華蘭溪縣

山陰楮齋公長子德，行壽一公之支派。

遼陽

楮齋公孫文奇長子叔垌，坐法戍遼陽，四子安貴定益從之。

這張遷徙表證明紹興周（家）橋周氏和後馬周氏，均為諸暨南門族「伯九公」即周恪之後，而且證明周橋始祖為周澳（楮齋），後馬周氏始祖即周茂，而周茂為周澳孫周文惠長子。

三、諸暨南門

6. 周謹到周慶世系表

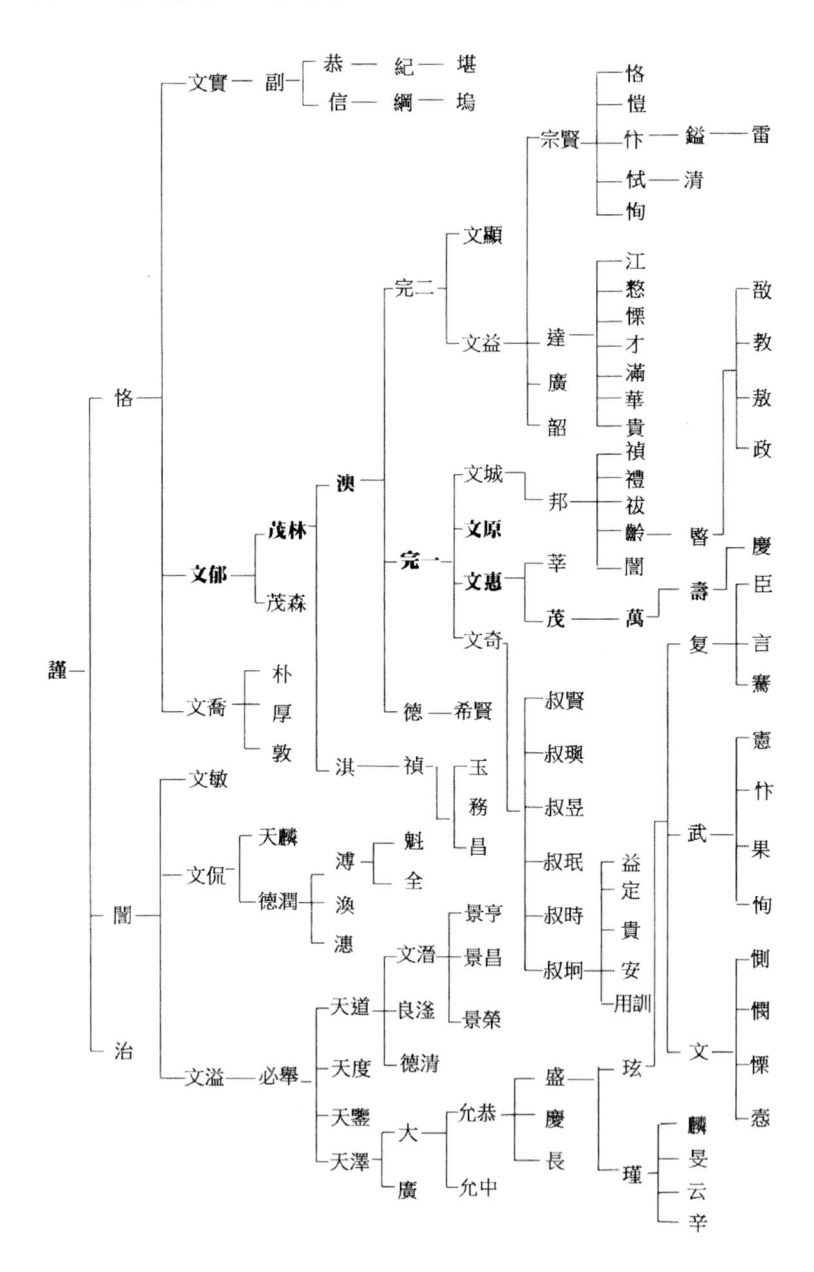

四、紹興周橋

1. 紹興周橋始祖（周敦頤十世孫）周澳傳

　　周澳（1263—1323年），行興七，字希衡，號楮齋，生於宋景定四年（1263年）。元至元中，由貢舉中選補行省令史。娶金氏，遷吳江，因藩令史以注誤，謫山陰白洋巡司。故周澳為諸暨周氏第七世，同時亦為紹興周家周氏之第一世。娶胡氏，生一子：德。元貞（1295—1297年）間，贅溫瀆俞氏，俞氏為山陰梅市鄉溫瀆村一誠公女。遂家溫瀆睦橋，後人呼為周橋，今名周家橋。癸亥（1323年）卒，葬諸暨桃花嶺，與兄希謹（淇）列葬。俞氏葬溫瀆塗頭。俞氏生三子：完一、完二、完三。

　　諸暨豐江《周氏宗譜·續修宗譜序》云：諸暨「豐江、新州、梅山、湖西、楊柳堰、五指山、清平嶺、吳家橋」，和「山陰之周橋、姑蘇之吳江、蕭山之來蘇」，俱為南門族之後裔。諸暨豐江《周氏宗譜》，還尊周澳為「山陰周氏始祖」。

　　據紹興老人朱仲華（現已去世）談，周家橋有一穴大墳頭，舊時，紹興魚化橋周氏（魯迅家族）與寶祐橋周氏（周恩來家族）都曾前往祭掃，可見周澳確為山陰周氏始祖。

2. 周敦頤之後十一世、十二世小傳

十一世

　　德　行壽一，字俊德，生於元至元十七年（1280年），贅江蘇吳江爛溪張氏院判張公女，遂居焉。爛溪一稱車溪，開族爛溪，子希賢。紹興《越城周氏支譜·周氏壽一公世系表》云：「南門譜楮齋公列傳云，宗子德，贅吳江張氏，開族爛溪，六傳吏部尚書用，諡恭肅。十六傳御史宗建，諡忠毅，裔最盛，先世相傳，逸齋公蓋出其後云。」

四、紹興周橋

完一　生於元大德三年（1299年），贅馬氏，生四子：文奇、文惠、文原、文城。遷周橋東。

完二　生於元延祐三年（1316年），配趙氏，繼娶王氏。生二子：文益、文顯。

完三　早卒。

十二世

文奇　生四子：叔昱（遷諸暨梅山）、叔時（遷許墅）、叔璵（遷九眼）、叔賢（遷江墅）。

文惠　生二子：茂、莘。茂遷後馬；莘遷上午頭。

文原　後世遷周橋東。

文城　後世居官河漓渚。

3. 紹興周橋族世系表

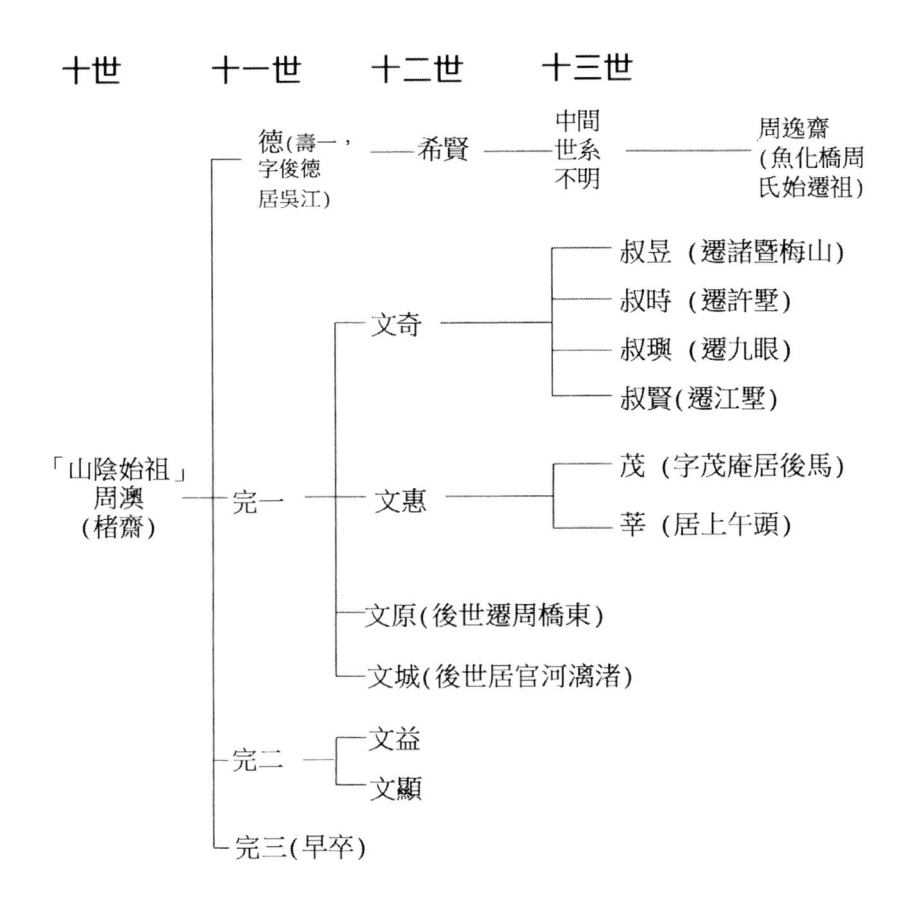

```
十世          十一世        十二世        十三世

                         ┌─ 希賢 ─── 中間     ─── 周逸齋
                         │          世系         (魚化橋周
                  ┌ 德(壽一,          不明          氏始遷祖)
                  │ 字俊德
                  │ 居吳江)
                  │                        ┌─ 叔昱 (遷諸暨梅山)
                  │                        ├─ 叔時 (遷許墅)
                  │              ┌─ 文奇 ──┤
                  │              │         ├─ 叔瑱 (遷九眼)
                  │              │         └─ 叔賢 (遷江墅)
                  │              │
「山陰始祖」       │              │         ┌─ 茂 (字茂庵居後馬)
  周澳    ──── 完一 ──┤          ├─ 文惠 ──┤
  (楮齋)           │              │         └─ 莘 (居上午頭)
                  │              │
                  │              ├─ 文原(後世遷周橋東)
                  │              │
                  │              └─ 文城(後世居官河漓渚)
                  │
                  │              ┌─ 文益
                  ├ 完二 ────────┤
                  │              └─ 文顯
                  │
                  └ 完三(早卒)
```

4.《周橋（周氏）宗譜》序

劉宗周

周氏為越望族，與予家積世姻親，往不遑述。即今劍所公為沖陽叔祖館甥，此猶外房也。伯遇乃恭寰從叔家婿，而長甥壽祺又為九華弟妹倩，是周氏與劉氏固當日秦晉也。歲癸酉（1633年），予刻劉氏家乘，而伯遇即承父命有事宗譜，予竊意其廢久難舉也，散處難稽也，且人眾難齊也，事繁難竣也，曷若我劉氏聚處一隅也。及觀其宗譜，乃知遷居府城西北隅之方塘公者，為其高祖。而求山陰之楮齋公者，為其十二世祖也。其厪蹕南渡，居諸暨紫

四、紹興周橋

岩之博士公者，為元公曾孫，乃其十八世祖也。自博士而下，散居諸暨之南門、豐江、五指、平清、梅山、湖西、江大與姑蘇之吳江、蕭邑之來蘇者，總一本之殊枝，一源之分派也。夫支繁易亂，派眾易淆，茲乃高串相承，甲乙相遞，使上下數百年，遠近數百里，燦然，秩然，如視諸掌焉。夫周氏之譜，始於有宋慶元丙辰，晦庵先生為克順公序之矣。其間修輯者具有名序，至拙庵孝子譜，則東川公序之為詳，然第皆手錄耳。乃伯遇則遵父命而鐫勒之，是上繼前人，下乘奕業，真媲美於拙庵，直等於克順公矣。獨愧宗周，不能驥尾於晦庵先生也，因其誠懇，義不容辭，乃僭為之序。

賜進士第，資政大夫，兵部左侍郎，前順天府府尹，通政司右通政，水澄劉宗周撰。

5. 歷史文化名城紹興

紹興古稱於越，1949年後，被首批公布為中國歷史文化名城。

紹興位於浙江省東北部寧紹平原的西部，南接會稽山，北瀕杭州灣，東起曹娥江，西抵浦陽江，面積7900平方公里，人口430萬，現轄越城區、紹興縣、上虞市、諸暨市、嵊州市和新昌縣。

紹興全境土地肥沃，湖泊星布，江河縱橫，交通便捷，蕭甬鐵路、杭甬高速公路、浙東運河、杭溫公路橫貫東西，可直抵杭州、寧波，聯結上海；浙贛鐵路貫通境西，南可直達江西、湖南，水運舟楫梭穿四鄉，外連蕭山、餘姚。向為八方輻輳的水陸碼頭。

紹興歷史悠久，早在距今約8000至1萬年前的新石器時代，中國人的祖先就在這塊土地上披荊斬棘，漁獵農耕，繁衍生息。北距紹興100多公里的杭州良渚鎮於1936年發掘出西元前4700多年前新石器時代晚期的實物，證實了中國人的祖先曾在這一帶創造了以黑陶為特徵的「良渚文化」。東距紹興100多公里的餘姚河姆渡村，則於1973年11月出土距今約7000年的原始村落遺址，疊壓在四個文化層中的大量文物及干欄式建築等，證實為母系氏族社會典型的「河姆渡文化」。「良渚文化」與「河姆渡文化」證明了

長江流域和黃河流域一樣，都是中華民族古老文化的發祥地。而紹興正界於這兩個新石器文化遺址之間。1958年，在紹興縣廟下村、攢宮、富盛西堡、梅山、湖南山、蓬山、里莊等地，又先後出土了石斧、石刀等新石器時代遺物。近年來更在馬鞍、袍谷、漓渚等地陸續出土了新石器時代的石器、陶器、玉器、編織物和多種遠古植物種子，從而證明4000多年前，這裡就已有了原始農業的萌芽。紹興，這片古老的土地，孕育了華夏文化的胚胎。

原始社會末期，紹興曾是「荒服國」的一部分，相傳到了堯的時代，禪讓於舜，堯之子丹朱不服，抗命作亂，舜為避丹朱之亂，率百官來到紹興，巡狩遊憩，耕耘自給。至今在紹興還留存有舜井、象田、雙江溪等遺蹟，並有後人為追念舜德而命名的舜江、舜王山、舜橋、百官、上虞等遺址，紹興縣雙江溪宏偉的舜王廟，是專為紀念舜的歷史性建築。

繼舜之後，約在西元前21世紀，鯀治水失敗，禹奉堯命承擔平澇重任。當時，洪水肆虐，九州茫茫，魚蛇橫行，生靈塗炭。禹接治水大任，焦心勞思，含辛茹苦，摩頂放踵，胼手胝足，櫛風沐雨，跋涉山河，巡視八方，登臨五嶽，十三年於外，三過家門而不入，改堵為疏，因勢引流，水分九派，導之入海，終於平定水患，大功告成。禹之治水，與紹興關係密切。禹在紹興娶塗山氏之女名嬌者為妻，治水功成後，禹又在苗山（茅山）召集各路諸侯會商計功，並將茅山改名「會稽山」（「稽」與「計」相通），這也就是紹興古稱「會稽」的由來。禹臨終又遺命歸葬會稽，根據他的生前遺志，禹葬會稽山西北五里之茅山山麓，桐木為棺，葦草作郭，穿壙七尺，墓高三尺，覆以木炭礫石，占地一畝，史稱「禹冢」，即為後世的「禹陵」。禹在紹興，留存有大量遺蹟，如夏履橋，為大禹巡行江南遺履之處；了溪為禹治水事畢最後游弋之江；禹糧山係後人追思禹之功德，賦山林以積有餘糧之意。此外還有「會稽鳥耘」「殺防風氏」等多種傳說。此後，漢司馬遷為撰寫《史記》，曾「上會稽，探禹穴」，尋求「金冊玉簡」，檢索史傳資料。《漢書·地理志》中也曾明確指出，會稽山有「禹冢」「禹井」。為祭祀禹陵，夏啟後曾有禹的一個分支長守陵旁，歲歲祭享，至今陵旁的禹陵村，即為禹的後嗣，保持禹的本姓「姒」，並有宗譜，已是100多代，與歷史記載完全吻合。禹陵左側為禹祠，始建於夏少康之時，後雖屢有興廢，但香火不斷。緊靠禹陵的還有禹

四、紹興周橋

廟，相傳最早為禹的兒子啟所建。現存禹廟始建於梁大同十一年（545年），後幾經傾圮、修葺，而禹廟始終保持著巍峨莊嚴的建築風貌，並為後世公祭大禹的正式場所。1939年3月底，周恩來巡行江南，宣傳抗日，曾返故鄉紹興省親，也來禹陵瞻仰，並於陵前攝影留念。1995年5月，江澤民也曾親臨禹陵、禹廟瞻仰，並為新闢神道題寫「大禹陵」牌坊坊額。

到西元前20世紀，紹興地區為於越部族活動的中心。於越部族的第一個酋長名無餘，是夏朝第六位帝王少康的支庶。於越部族「隨陵陸而耕種」「逐禽鹿以給食」，是刀耕火種和狩獵漁弋的典型奴隸制時代。至西周成王，於越朝聘於周，而與中原相通。《史記·越王勾踐世家》稱，越人「斷髮文身，披草萊而邑」，當時文化相對落後，經1400餘年，越傳國30餘世而至允常，越得楚國相助，逐漸強大而稱王，並與吳爭霸東南。

西元前496年，允常逝世，其子勾踐繼位，勾踐接納范蠡之言，「不處平易之都、四達之地，將焉立霸主之業」，將部族酋長駐地由會稽山北遷至山麓沖積扇狀的平陽。為爭霸，當時東南吳越之間屢興戰爭。西元前494年，吳王夫差大敗越軍於夫椒（今江蘇吳縣西南太湖中）。越請和，越王勾踐入質於吳為奴，歷盡侮辱折磨。西元前490年，越王勾踐獲釋返回會稽，立志報仇雪恥，臥薪嘗膽，矢志砥礪，同時重用范蠡、文種等賢臣能人，刷新政治；鼓勵部族士民興修水利，墾荒種地，發展生產，積糧備戰；並輕徭薄賦，寬刑撫民，鼓勵生育，繁殖人口，休養生息，積聚財貨；營造戰船，冶鑄兵器，整頓部隊，訓練士卒，以增強軍事戰鬥力。這就是歷史上著稱的「十年生聚，十年教訓」，國力由此大振。經西元前482年夏和西元前473年冬兩次激戰，越國終於滅吳稱霸，洗雪前恥。勾踐「臥薪嘗膽」「十年生聚，十年教訓」的故事，也就成為激勵華夏民族發憤圖強、雪恥復國的精神象徵。周恩來於1939年3月至紹興時，也親筆題詞「生聚教訓，廿年猶未為晚」，以激勵故鄉人民抗日救國，赴難興邦。

西元前210年，秦始皇南巡登會稽以觀滄海，並駐蹕祭禹，命李斯作文記盛，這就是有名的「李斯碑」，秦始皇登臨的山峰被命名為「秦望山」。秦以後，吳、越兩國舊地合設會稽郡，至東漢順帝永建三年（128年），吳、

會分治,並以錢塘江為界,江南置會稽郡,郡治為山陰縣(即原會稽),轄領山陰、余暨、剡、上虞、餘姚、句章、鄞、烏傷、太末、章安等13縣。226年後,轄區縮小為紹興、寧波兩地區。南北朝時期,會稽為江南大郡,與建康齊名。至南朝陳代,山陰劃分為山陰、會稽兩縣,這也是會稽作為縣名的第一次出現。隋煬帝大業元年(605年),越國公楊素在封地採石築城,並改會稽為「越州」,直至北宋,紹興地區一直以越州地名見諸史籍。南宋高宗建炎三年(1129年)三月,趙構為避金軍,駐蹕越州,並為南宋臨時首都。建炎四年後一年,宋高宗改元紹興元年(1131年),並仿「唐幸梁州故事,升州為府,冠以紀元」,越州改稱紹興府。這也就是紹興一名的由來。

紹興的名稱一直沿用到現在,只是元改紹興府為紹興路,明、清又恢復紹興府。歷史上,紹興一直是浙東寧紹平原的行政中心和經濟發達的商業都市。1949年後,紹興設行政專署,一度曾併入寧波地區,後一仍舊制,為地級行政區域中心,20世紀70年代後改為地級市,現轄三市(縣級市)、二縣和一個縣級城區。

歷史悠久的文化古城紹興,同時又是江南著名的水鄉風光城市。「千金不須買畫圖,聽我長歌歌鑑湖。」由東漢會稽太守馬臻疏鑿的鑑湖,因其水平如鏡,色可鑑人而名「鏡湖」。鑑湖匯聚會稽、山陰三十六源之水,當時周圍面積達179平方公里,橫亙80公里,後因歷代農民圍湖造田,湖面漸小。現在的鑑湖周圍仍有50餘公里,是浙東名湖之一。

與鑑湖水系相連接,紹興境內密布縱橫交錯的江河溪渠,河邊湖岸散落著大小漁村農舍,村口屋邊總有小船繫纜。這些小船兩頭尖翹,中間覆蓋著半圓的用竹片竹箬編織而成的烏篷,這便是紹興水鄉特有的「烏篷船」。烏篷船是水鄉居民的知己伴侶,水上勞作,上城趕集,走親訪友,鄉親們就是乘坐這烏篷小舟游弋四方。

紹興水鄉集鎮的主街總有一條小河穿過,沿河兩岸店鋪林立,黎明市集繁忙之際,小河便也成了街市,船隻首尾相接,桅杆櫛比,兩岸遙呼,市聲嘈雜。鎮上人家多傍河而築,烏瓦粉牆,斗拱挑檐,漏窗借景,後門臨水,下河設有石砌踏步,用以泊船迎客,淘米洗菜,搗衣浣紗。小鎮種種透發出

四、紹興周橋

了江南水鄉特有的風情。與周恩來具有祖根親緣關係的後馬、華舍、皋埠、陶堰等地，都是這樣的水鄉集鎮。

東湖西區盡頭建有「陶社」，這是為紀念反清革命志士陶成章而設。陶成章，字煥卿，1878年出生於紹興陶堰貧苦農家，一生為推翻清朝反動統治呼號奔走，1912年1月14日被人刺殺於上海廣慈醫院。陶社正中懸掛有孫中山為陶成章題寫的「氣壯山河」的橫匾，門柱楹聯曰：「半生奔走，有志竟成，開中華民主邦基，君子六千齊下拜；萬古馨香，於今為烈，是吾越英雄人物，湖山八百並爭光。」概括了陶成章從事反清革命鬥爭的一生，也表達了後人萬眾敬仰之情。憑臨陶社，更使我們見賢思齊，壯懷激烈。

紹興是水鄉，又是著名的酒鄉。「東越相逢幾醉眠，酒樓明月鏡湖邊。」在紹興，你既可以品嚐到色如琥珀、醇厚微甘的黃酒，又能領略和感受到積澱深厚的古老文化的別樣風情。

紹興釀酒的歷史已很久遠，據傳最早起於夏啟六世孫少康時代，而至春秋已流行於民間。西元前473年，越王勾踐誓師伐吳，倒酒入河犒軍同飲。「一壺解遺三軍醉」，留下了「投醪勞師」的故事。現在紹興城南的「投醪河」，便源自這個故事。

紹興黃酒採用精白糯米、麥曲和鑑湖水釀製，稱為「酒中肉、酒中骨、酒中血」，色黃澄清澈，氣濃郁芬芳，味醇厚微甘，酒精度在18至20度間，含有20多種氨基酸，被外賓稱為「液體麵包」。

紹興酒獨特的酒質主要得之於鑑湖水的恩澤。鑑湖源出於會稽山脈，那裡重金屬元素分布散落，水源礦化度低，加之湖區廣布泥煤層，內蘊多種含氧官能團，對金屬離子具有吸附交換功能，使水質更加穩定和淨化。因而，用鑑湖水釀酒，酒味獨特，這也就是為什麼外地製作的黃酒終不及紹興酒的緣故。

真正的紹興酒越陳越紅，越陳越香，越陳越醇，所以又稱「老酒」。舊時風俗，女兒呱呱墜地之日，就在地下埋存若干罈酒，待女兒出嫁時，作為

嫁妝陪嫁，俗稱「女兒酒」或「女兒紅」。中國古典小說《紅樓夢》《鏡花緣》中，都有關於紹興女兒酒的描述。

紹興人的生活，與酒為伴，「紹興無處不酒家」。在紹興，城鄉處處散布著多種多樣的酒樓、酒肆和酒店。河埠頭、橋塊下，都有酒幡高懸或酒招臨風的小酒鋪，民眾在這裡休憩買醉，縱論古今。魯迅筆下的「咸亨酒店」，更是眾多酒客經常光顧的地方。酒店用倒凸形「串筒」溫酒餉客，尤具地方特色。「吃過串筒熱老酒，跑過三江六碼頭」，人們在喝著串筒老酒時，似乎正神遊於天地之間，心馳向千山萬水，俗中寓雅，樂泡酒中。

周恩來生前也於家鄉老酒情有獨鍾，平時也愛小酌幾杯，回紹興時，都曾以酒會友，倍感親切。

「綠浪東西南北水，紅欄三百九十橋。」紹興既是河網如織的水鄉，也是越流跨空的橋城。在面積約 18 平方公里的紹興舊城區，就有各種大小橋梁兩百餘座，平均每平方公里有橋達 12 座之多。這裡有映波恰似滿月的圓洞橋，立水彷彿城關的方門橋；也有街巷兩用，高低複合的四向橋，一線貼水，迤邐湖面的纖塘橋；更有七彎九轉的曲橋，無欄無柱的平橋……紹興的橋，在中國的橋梁建築史上寫下了光輝的篇章。「垂虹玉帶門前事，萬古名橋出越州。」紹興是真正的橋的工藝「畫廊」，不僅橋式多樣，而且史傳令名，呈現出豐富的橋文化。紹興現存石橋中，以城東八字橋歷史最為悠久。它建於南宋理宗寶祐四年（1256 年），其結構獨創一格，因其南向平面成「八」字狀而得名，橋原跨三水而東西向，南北通航，水陸平行。過橋踏步，一可沿河岸北下於廣寧橋直街，一可南下於東雙橋東河沿，西墩踏步，則可從八字橋直街直上正橋踏步，同時又可南下東雙橋西河沿，可說是中國最早的「立交橋」。宋代橋梁，人們多從張擇端《清明上河圖》及李嵩的《水殿納涼圖》等宋畫中有所見外，存世實物已屬少有，歷時 700 多年的「八字橋」，就愈益顯得珍貴。

古纖道，是紹興又一著名橋梁，現已列入國家級文物保護單位。橋在柯橋鎮，與蕭紹運河並行，俗稱「百孔官塘」。始建於清同治年間，全長 386.2 公尺，共有 115 跨，每跨淨跨度為 2 公尺左右，橋寬 1.5 公尺，橋面

四、紹興周橋

用三條長石板擠鋪，橋墩用條石乾砌，礅厚1.5公尺，為當年縴夫拉船行走之用，橋底幾近貼水，橋側兩岸河水潺潺，遠望如長橋一線浮漾水面，橋頭兩端各設茶亭一座，以供縴夫水手歇息之用。這一橋型為全中國所僅見，紹興原曾有皋埠的貫虹橋類似，現已為殘蹟，因而這古縴道尤顯可貴。

紹興同時還是著名的書鄉。「想學書法到紹興，書藝精進上蘭亭。」蘭亭，是中國書法真正的「聖地」。東晉穆帝永和九年（353年）三月初三，王羲之約同當時名士孫綽、謝安等41人，在蘭亭修禊會宴，飲酒作詩。王羲之集詩成冊，作序記盛，這就是有名的《蘭亭集序》。他手寫的這篇序言，就是中國書法史上的精品《蘭亭帖》。

紹興以其秀麗山川和熱土沃野哺育和撫養了一代又一代的志士仁人、賢才豪傑。治水歸流的夏禹，臥薪嘗膽的勾踐，東漢唯物主義思想家王充，魏晉南北朝時期的名士嵇康，山水詩人謝靈運和大政治家謝安，大書法家王羲之、王獻之父子，唐代詩人賀知章，南宋偉大愛國詩人陸游，元明清時期著名書畫家王冕、徐渭和哲學家王守仁，晚清革命志士秋瑾、徐錫麟、陶成章，以及近現代著名教育家、經濟學家和科學家蔡元培、馬寅初和竺可楨、范文瀾、陳建功等，都以其照人肝膽、千秋功業，照亮了偉大祖國燦爛的歷史星空。其他像虞舜、范蠡、文種，矢志復國雪恥的西施、鄭旦，秦末楚霸王項羽，漢代著名學者蔡邕、治水專家馬臻、名臣劉寵、朱買臣，隋代開國元勛楊素，唐代大詩人李白、杜甫、白居易、元稹，宋代政治家范仲淹，明清著名學者張岱、祁彪佳、王驥德，明代志士王思任、劉宗周，近現代名醫張景岳和教育家經亨頤、詩人劉大白、新聞出版界著名人士胡愈之、徐懋庸，軍政要人邵力子、陳儀等，都在紹興留下了他們生活的蹤跡或與之相關的詩文、軼事。特別是身為革命家、思想家、文學家魯迅和身為政治家、軍事家、外交家的周恩來總理，為紹興歷史揮寫了最輝煌的篇章。

在紹興，無論你漫步街巷，或遠足郊縣，歷代偉人所遺留的史傳古蹟，都會感受一種歷史縱深感和聯翩浮想，都將激發起中國人的民族自豪感和拳拳愛國之情。紹興市現有國家級文物保護單位3處，省級文物保護單位35處，市區10多平方公里內就有文物保護點184處。所以作為歷史文化名城的紹

興市區，幾乎處處散布著遠古餘韻的回聲，瀰漫著華夏人文的馥郁氣息。紹興，是一個沒有圍牆的歷史博物館。

改革開放以來，古城紹興更以突飛猛進的步伐，開拓出了一個嶄新的時代天地。2014年，紹興緊扣轉型升級主線，積極融入「一帶一路」國家發展戰略，堅持「改革創新促發展，求真務實惠民生」工作基調，全面實施與「五水共治」相結合的「重構紹興產業，重建紹興水城」戰略部署，全力以赴防風險、穩增長、調結構、促改革、惠民生，保持了經濟社會平穩健康發展。全市實現生產總值4266億元，增長7.5%。公共財政預算收入317.27億元，增長8.3%；固定資產投資2305億元，其中工業投資1106億元，分別增長15.1%、10.6%；社會消費品零售總額1487億元，增長12.8%；外貿出口297.51億美元，增長6.6%；城鎮居民人均可支配收入43167元，增長9.1%；農村居民人均純收入23539元，增長10.5%。

紹興，作為周恩來的故鄉，將無愧於他的聲名。古城紹興人民，正以自己的實際行動告慰周恩來的英靈。

6. 周橋簡介

周橋，今名周家橋，自明代周澳從諸暨南門遷居此處，周橋便成為山陰（紹興）周氏的發祥地，至今小巷逶迤，古貌猶存。

周家橋位於紹興縣齊賢鎮的西南端，東近張家店、迎駕橋，西與華舍鎮的西岸周村隔江相望，南靠溫瀆、待駕橋，北毗張漊、光華漊。珠岩江的支流安灣江自東向西流貫全村，一座圓拱石橋南北向架在村河之上。石橋上東西兩邊欄石分別鐫有「周家橋」三個楷書大字，旁有「光緒丙午年重修」等字樣，橋洞上方兩側又各有一扇形浮雕，上有陽文石刻「周橋」兩字，證明周家橋即為古時之周橋。

村民沿河築舍，沿著河道形成南北兩岸住宅區，北岸最東端叫「作場頭」，有一石牌坊和石亭，尚存。最西端叫「水廊下」。南岸最東端叫「馬家」，最西端叫「四水歸」。西南方曾有大墳，稱作「柏樹墳頭」，現已闢為菜市場。

四、紹興周橋

南邊村口至周橋橋頭與河形成一條丁字形古街，街長130公尺，街寬2公尺，沿街開有茶店、南北雜貨水果店、小酒店、鞋店、刻印店、縫紉店，村民生活所需設施一應俱全。

清代中後期，周家橋紙扇業始興，並以產紙扇聞名，多家扇莊在天津、上海、南京設莊銷售，年產量千萬把以上。20世紀50年代以來村中建有珠岩、人民、周橋三個扇社。周家橋西南端舊有「鼎新廟」，與其他廟宇不同的是該廟塑有紙扇業祖師徐恆公塑像，一度改作周家橋小學。

臨近周家橋的溫瀆以朱姓為多，亦雜有周姓，而周家橋村民以周姓為最多，其他均為雜姓，共有村民近千人。周橋周氏，早在明末就修過宗譜，但現在周橋的周氏宗祠隨著時代的變遷，已無處尋覓。

周家橋水路交通十分發達。五更時分有吹海螺為號的去蕭山、西興、瓜瀝的「西興船」「塘頭船」。天亮時有敲著銅鑼的「紹興城裡船」，接下來有一聲高一聲低吆喝的「柯橋—陽嘉弄」船、「柯橋—安昌」船、華舍船，前後相接，蔚成景觀，現因公路交通發達，水上交通僅剩貨運，此景不再。

周家橋一日兩市，早上是附近農民來街上賣蔬菜的菜市；下午兩三點鐘，是摸魚摸蝦的漁民來賣魚蝦的魚市。村民滿足於此，有「遊遍天下，不及周家橋橋下」的自得之說。

現在周家橋屬浙江省紹興縣齊賢鎮，村中設有居民委員會。

7. 周恩來與魯迅屬周橋同宗

周恩來與魯迅（周樹人）同宗的問題，是1938年10月19日周恩來在武漢魯迅逝世兩週年紀念大會上的一篇演說中提出來的。他說：

我想在今天魯迅先生逝世二週年紀念會上大家都是誠心誠意來紀念魯迅先生的。我自己不是文學作家，然而卻參加了文藝協會，同時在血統上我也「或許」是魯迅先生的本家；因為都是出身浙江紹興城的周家，所以並不如主席所說以來賓資格講話。

7. 周恩來與魯迅屬周橋同宗

周恩來為了對自己講過的或許與魯迅同宗的話負責，次年3月順道訪問故鄉的時候，特地問他的姑丈王子餘先生：「周家跟魯迅是否同族？」王子餘答道：「同姓不同族，魯迅是魯墟周，你是後馬周。」

張異認為兩周是否均屬周敦頤後代，在周恩來方面，即寶祐橋周氏方面自然不成問題，不僅百歲堂內有「蓮溪綿世族，沂國振家聲」的門聯可以作證，而且現存的《周氏破塘祖塋祭簿》與《老八房祭簿》中也都有所記載，並明確地寫著寶祐橋周氏始祖為周敦頤十三世孫周茂。

問題是魯迅這一系，也就是魚化橋周氏的淵源，魯迅二弟周作人對此持懷疑態度，他在《魯迅的故家》第一部分第七十五節（400年前）一節中這樣寫道：

會稽姓周的大族很不少，但和我們都是同姓不同宗。他們家譜上的世系從南北宋列記下來，有的可以上達唐漢，有五六十代之多。我們的便不行，從始遷祖算造成我們這一輩才有十四代。以三十年一代計算，只有四百年的歷史。實際上也是對的，據說第一世逸齋公移至紹興城內居住是在正德年間。我們從正德元年（1506年）算起，至清末剛是四百年。一般家譜的辦法，始遷祖是晚近或微末，卻可以去別找一個闊的始祖來，最普通的是拉住那做過《愛蓮說》的周茂叔，喜歡往上爬的還可以硬說是周公之後，大家弄慣了也不以為可笑。但是我們的家譜上不曾採用此法，乾脆地說逸齋公以前不可考。其實逸齋公雖有其人，卻也不大可考了。不但從什麼地方移來，是什麼樣的人，都無從知悉，便是名字也已失傳。總之他帶了兩個兒子進城住下是事實，兒子長名壽一，次名壽二，以後世系完全存在。老太爺沒有名字不好叫，後來修譜的人便送他這一個筆名。逸齋者言逸其名也。

周作人懷疑的原因之一，是他們的《越城周氏支譜》關於魚化橋周氏的淵源沒有明確記載，如該譜在《譜例》中寫道：「吾周氏自始遷祖逸齋公於明正德間徙居越城竹園橋，而字諱生卒不詳，宗支世系亦無可考。」但周作人的祖父周福清，是肯定魚化橋周氏為周敦頤之後的，他在《浙江鄉試朱卷》中所填履歷就是這樣寫的：

始祖元公，宋封汝南伯，元封道國公，學者稱濂溪先生，從祀文廟。

四、紹興周橋

周福清的確信,並非沒有道理,因為《越城周氏支譜》在《周氏壽一公世系表》裡有這樣一段話:

澳長子——德(第十一世)又名壽一,字俊德,元至元十七年庚辰生,贅江蘇吳江爛溪張氏院判張公女,遂居焉。子希賢。爛溪一稱車溪,按南門譜楮齋公列傳云:宗子德,贅吳江張氏,開族爛溪,六傳吏部尚書用,謚恭肅,十六傳御史宗建,謚忠毅,裔最盛,先世相傳,逸齋公蓋出其後。

「逸齋公」雖是「筆名」,但「逸齋公」蓋出周德之後這一點,魚化橋支覆盆橋分支有關人物都是承認的。就是《越城周氏支譜》譜例中,也還有如下的話:關於「逸齋公」,「先世相傳,謂吳江爛溪人行德八,出暨陽南門翰林承旨伯九公派,山陰楮齋公長子德,行壽一公之後,是以糧戶有明德戶,而先世又皆以壽德二字名其堂,想有由來也,惟世遠人邈未敢遽信,然亦不敢埋沒」。所以在魚化橋周氏的《越城周氏支譜》前面,又有「周氏」淵源考。在「受族」的題目下,有關於汝南族、營道族、康族、南康族、祥符族、紫岩族、南門族的簡介。還收有諸暨(暨陽)紫岩譜、南門譜和山陰周橋譜的多種序文。又有南門派分宗和從周敦頤開始的世系表。舊時,魯迅家燈籠上所號也是「汝南周」三字。《越城周氏支譜》主編周以均自撰(年譜)上也明確寫著:「先世出道國元公之後,家世業儒。」因為有這樣一個大前提,所以1937年,由王子余主編的《紹興縣志資料》第一輯「姓氏編」中就有了如下記載:

魚化橋周氏:

先世:其先世與後馬同為澳長子名德者之後。此族支派有竹園橋、清道橋、鵝行街、廣寧橋、跨湖橋、通市橋、合壁樓、華仙弄、保枯橋、圓通寺、覆盆橋、大樹下、松林半壁街、王府莊、湖南岸、箅醪河、小任家板、商家村、謝家灣頭等處。此稱魚化橋者係就其宗祠所在地而言。

許多文章就是根據這一記載,均說兩周同為周敦頤之後。這當然是對的,但又說魚化橋周氏與寶祐橋周氏同為澳長子周德之後,這就錯了,說清這個問題要從周氏世系說起。

據記載，周敦頤四世孫周靖，隨宋室南渡住杭州，不久又遷諸暨紫岩（即紫岩族），至第七世恪，又遷諸暨南門（即南門族），至第十世周澳（楮齋）始遷山陰，定居周橋，即今周家橋。諸暨豐江《周氏宗譜》，將周澳稱為「山陰始祖」。澳生四子：德、完一、完二、完三。完一又生四子：文奇、文惠、文原、文城。文惠生二子：茂、莘。茂從周橋遷居後馬，莘居上午頭。據《周氏破塘祖塋祭簿》記載，寶祐橋周氏始祖為茂。因此，寶祐橋周氏始祖與覆盆橋周氏共同的始祖應是居於周橋的澳。澳之後分成了二系，一是德之後，即魯迅一系。澳次子完一之後就是後馬村與寶祐橋周氏一系。所以兩周同宗應屬周橋時期。由此可以得出結論，兩周確是同宗，他們五百年前確是一家。但《魯迅和周恩來的祖籍考》與《紹興縣志資料》第一輯說兩周同是周德之後卻是錯了。因為他們錯把魚化橋周氏的《越城周氏支譜》中記載的魚化橋周氏曾有一房分於寶祐橋，當作了周恩來一系的寶祐橋周氏。後來，周恩來本人繼續調查，經過調查，他與魯迅的族系終於搞得較為清楚。

　　1952年的一天，魯迅夫人許廣平到中南海周恩來家做客，當時周恩霆也在場，周恩來根據自己掌握的材料，很認真地對許廣平說：「我應該叫你嬸母呢。」許廣平笑笑說：「那可不敢當。」周恩來接著說明，已經了解到，和魯迅先生確屬本家，不過是很疏遠的關係，按輩分，魯迅要長一輩。1969年中共九大期間，周恩來又特地到北京飯店拜訪魯迅三弟周建人。周恩來用紹興腔對周建人說：「建老，我已查過了，你是紹興周氏二十世孫，我是紹興周氏二十一世孫，你是我的長輩，我要叫你叔叔嘍。」周建人忙說：「你是總理，不敢當。」

▌8. 周恩來與魯迅的革命友誼

　　1938年10月19日在武漢舉行的魯迅逝世二週年紀念會上，周恩來發表了著名演說，其中提到了與魯迅同鄉同宗的問題。周恩來鄭重地提出這個問題，並非偶然，因為他們神交已久。

四、紹興周橋

1919年五四運動前後,魯迅先後發表了《狂人日記》《孔乙己》《藥》等小說,吹響了五四文學革命的號角,引起社會極大反響。這時周恩來已是天津學生運動的領導人之一,邀請魯迅到天津演講。

在此之前,魯迅已看過周恩來參與編寫的話劇《新村正》。《魯迅日記》1919年6月19日記載道:「晚與二弟同至第一舞臺觀學生演劇,計《終生大事》一幕,《新村正》四幕,南開學校本也,夜半歸。」日記中之「二弟」即周作人。「第一舞臺」在北京前門外珠市口。北京大學新劇團演出的《新村正》,原為五幕新劇(話劇),天津南開新劇團集體創作,周恩來是編劇之一。北大新劇團排演時,將原有五幕壓縮為四幕。劇本描寫天津周家莊惡霸地主吳紳,辛亥革命後又當上新村正,即村長,強迫全村百姓給他送「萬民傘」,深刻地揭露了辛亥革命的不徹底性。關於周恩來邀請魯迅去天津演講這件事,時隔50多年後的1971年夏天的一個深夜,周恩來總理在會見日本友人尾崎秀樹時,他還深情地提到。他說:「魯迅先生到了那天,忽然有事走不開,來了代替他的人——周作人,同學們略感失望,但相談後,就說那也好吧,就請周作人先生去學校,他講的是關於新村的事,也提到武者小路實篤先生,講得非常有趣。」

查有關日記,周作人代魯迅在天津演講的時間,應是1919年11月8日。這時正是魯迅將從紹興搬家到北京的時候,為此正緊張地修理剛買下的北京八道灣房子,應周恩來之邀去天津的演講,也只好由二弟周作人去代替。周作人的講稿後載於11月23日、24日兩天的《民國日報·覺悟》和1920年1月號的《新青年》雜誌。當時魯迅和周作人都對日本武者小路實篤的作品以及他所進行的「新村」實驗很感興趣。1919年魯迅曾譯出武者小路實篤的四幕劇《一個青年的夢》。周作人在天津的演講題目當是與魯迅商量過的。當時的青年周恩來、毛澤東、惲代英都曾受過新村思想的影響。

魯迅於1926年8月離開居住了14年之久的北京,到福建廈門大學任教授。次年應聘廣州中山大學文學系主任兼教務主任。大革命失敗後,魯迅於1927年9月27日離開廣州,10月3日午後抵滬,從此定居上海。當時的上海,一片白色恐怖。這時上海的革命文學團體創造社、太陽社,包括成仿吾等人,

為適應時代潮流和革命需要，積極介紹馬克思主義理論，倡導無產階級革命文學，其革命精神和大方向是正確的，但他們卻把魯迅視為革命文學的障礙。魯迅對於太陽社和創造社的無理攻擊感到十分憤慨，認為他們將「在蘇維埃政權下才能運用的方法」，機械地搬到了白色恐怖下的中國，而且，他們「將革命使一般人理解為非常可怕的事，擺著一種極『左』的兇殘的面貌，好似革命一到，一切非革命者都得死，令人對革命只抱著恐怖。其實革命是並非教人死而是教人活的」。當時魯迅有一位在哈爾濱工作的叫任國楨的朋友，他譯過一本《蘇俄文藝論戰》。魯迅應請為他的這本書寫序，於是便寫信給他，告訴自己的處境。其時，周恩來正在莫斯科參加中國共產黨的第六次代表大會，返國途中，在哈爾濱碰到楚圖南和王德三。楚、王兩人向周匯報了魯迅給在中共黑龍江省委工作的任國楨的信，信中談到了創造社的「理論」和對這次論爭的不滿。信中還談到，由於他們的圍攻，他想找一些馬列主義關於文藝的論述看看，從理論上加深認識，也好應付對他進行圍攻的那些人，比較有把握地進行戰鬥。為此希望曾學俄文的、翻譯過《蘇俄文藝論戰》的任國楨能介紹一些書給他看看。周恩來當即表示如果情況真如魯迅來信所講的那樣，圍攻和責怪魯迅是不對的，應該團結、爭取魯迅，並表示回上海後，對團結魯迅的工作會有所安排和考慮。於是中共江蘇省委兼上海市委領導，根據周恩來指示和黨中央決定，在文藝界做了大量工作，終於消除了各文學團體之間及少數作家對魯迅的成見和誤會，提出要團結魯迅，尊重魯迅，促進了雙方在反對帝國主義、封建主義和買辦資產階級，以及倡導革命文學為無產階級工農大眾服務等基本觀點和總方向上的一致，成立了以魯迅為主要領導人的中國左翼作家聯盟。在1930年3月2日的「左聯」成立大會上，魯迅發表了《關於左翼作家聯盟的意見》的講話，指出：左翼作家如不好好改造自己的世界觀，左翼作家是很容易變成右翼作家的。

　　1935年10月19日，毛澤東、周恩來等率紅軍長征到達陝北吳起鎮，受到陝甘根據地軍民的熱烈歡迎。魯迅聽到紅軍長征到達陝北的消息後，興奮異常，他和茅盾聯合發出祝賀長征勝利的電報：「在你們身上寄託著人類和中國的將來。」

四、紹興周橋

黨中央收到魯迅祝賀長征勝利的電報後，次年春將馮雪峰派往上海，去尋找和恢復那裡的黨組織。中央對魯迅的評價是革命的硬骨頭，黨外的布爾什維克。所以馮雪峰臨走時，張聞天和周恩來關照他，到上海後務必先找到魯迅，弄清情況，然後再著手恢復黨組織的工作。

1936年4月，馮雪峰從陝北到達上海，魯迅從他那裡了解到了當時的革命形勢和黨中央的政策，也知道了陝北生活的艱苦，便託馮雪峰代買了兩隻火腿，經黨的交通站帶往陝北，一隻給毛澤東，另一隻給周恩來。

1936年7月6日，張聞天、周恩來在陝北致信中共中央在上海的特派員馮雪峰，信中表述了對魯迅的問候、關切和思念之情。信說：「你的老師與沈兄好嗎？念甚。你老師送的東西雖是因交通的關係尚未收到，但我們大家都很感激。他們為抗日救國的努力，我們都很欽佩，希望你轉致我們的敬意。對於你老師的任何懷疑，我們都是不相信的，請他也不要為一些輕薄的議論而發氣。」這裡的「你老師」就是魯迅，「沈兄」即茅盾，「送的東西」也就是魯迅送給周恩來等人的火腿。

1936年10月19日魯迅去世後，黨中央發出了對魯迅評價極高的唁電，其中當然也表達了周恩來的意思。唁電甚至建議國民黨政府將紹興縣改為「魯迅縣」。1938年10月19日，周恩來在武漢《新華日報》紀念魯迅逝世兩週年的專刊上題詞：「魯迅先生之偉大，在於一貫的為真理正義而倔強奮鬥，至死不屈，並在於從極其艱險困難的處境中，預見與確信有光明的將來，這種偉大，是我們今日堅持長期抗戰，堅信最後勝利所必須發揚的民族精神。」

1946年10月魯迅逝世十週年，周恩來在上海出席紀念會，並發表演說，高度評價魯迅。他說：「魯迅先生曾說過：『橫眉冷對千夫指，俯首甘為孺子牛。』這是魯迅先生的方向，也是魯迅先生之立場。在人民面前，魯迅痛恨的反動派，對於反對派，所謂之千夫指，我們是只有橫眉冷對的，不怕的。我們要以眼還眼，以牙還牙。假如是對人民，我們要如對孺子一樣地為他們做牛的。要誠誠懇懇，老老實實為人民服務。」

1959年周恩來夫人鄧穎超到紹興，特地參觀了魯迅紀念館，並與工作人員合影，不僅表達了她對魯迅的敬意，同時也代表了周恩來。

五、紹興後馬

1. 紹興後馬始祖（周敦頤十三世孫）周茂傳

　　周茂，周敦頤十三世孫，字元泊，號茂庵。元末明初人，由進士官至左丞相，特進金紫光祿大夫，封沂國公，贈太師。配司馬氏，繼施氏，俱封一品夫人。他被封為沂國公，這只是周氏譜牒的記錄，俞昌泰等反覆查閱《元史》《宰相志》《紹興方志》等，均未見到沂國公周茂的記載。也可能他曾任某行省的左丞。尚待進一步查考。

　　根據周文灝（1824年）遵照老簿謄錄周恩來的六伯周嵩堯1943年寫的《周氏淵源考》（見本書附錄二）介紹周茂：「茂，字元泊。元封沂口公。配司馬氏、施氏，元封一品夫人，合葬。」文中沒有寫明葬於何地。他特別註明：「按：敕命沂國公茂嫡母孫氏，元左丞相女，封太夫人，係延祐二年所封。沂口公之父失考，俟查全譜載入可也。」雖然沂口公之父失考，但是周嵩堯認為周氏發源於周朝，以國為姓，承認是周敦頤的後代，他寫道：「數傳而生元公敦頤。」「子孫繁衍分徙揚州、溢都。未幾宋南遷徙至浙東山陰、柯峰亭之陽。所居地曰螺螄湖主人，建周惠王廟，奉為香火院。」從南宋即住在浙東一帶，並不是元代來自陝西、雲南。

　　另外，在《周氏破塘祖塋祭簿》中記載他的夫人姓司馬，而在後馬世世代代卻流傳這樣一個故事。周茂與父母、弟弟周莘住在周家橋，何以遷到3公里以外的後馬？

　　後馬村有個姓繆的員外，他家裡很有錢，人家都叫他「繆百萬」。說來也怪，這繆員外只生了一個女兒，偏偏從不會說話。繆員外心裡很焦急。可是女兒已經18歲，絲毫沒有要說話的樣子，繆員外的心情越來越沉重……

　　一天，繆員外做了個夢，夢中有位鶴髮童顏、手執塵拂的老者告訴他：「你不必為女兒的婚事擔憂，以後，她見到一個貴人就會突然開口，這個人就是你將來的女婿。你千萬不要錯過良機。」醒來以後，繆員外就暗中囑咐女兒的貼身侍女，叫她隨時注意小姐的舉動。

五、紹興後馬

某一日，天下起陣雨，繆小姐坐在窗前看見雨色迷濛中有個戴「鐵帽」的人朝村裡走來，帽子蓋得沒頭沒臉，她覺得很奇怪，驚訝中脫口喊道：「唷，有人戴著鐵帽子！」侍女聽見後，高興地稟報員外。繆員外顧不上喚人，親自到門外叫住來人，請他進屋避雨。那人取下頭上的「帽」，繆員外一打量，卻原來是位濃眉大眼、身材魁梧的年輕後生，頭上取下的是他在集上買回的一口鍋，因半途遇雨，手中別無雨具，便將鍋倒扣頭上。

繆員外心裡非常高興，表面上不露聲色，他婉轉地問起年輕後生的身世，當知道青年人家住東面不遠的周橋，家裡還有一個兄弟時，繆員外抑制不住心底的喜悅，直截了當地把要他當上門女婿的想法告訴了他。年輕人聽了繆員外的話，又知道有這麼一個夢兆，心裡已同意大半，但他不失分寸地說：「承蒙老丈厚愛，晚輩感恩不盡，但婚姻大事還得回家稟過父母，請父母允准，然後請人前來提親才是。」

不久，年輕人來到後馬村繆家落戶，繆員外特蓋了樓贈予他住。他姓周名茂，號茂庵，後馬周氏子孫稱他為「一世祖」。周茂在後馬落戶以後，他沒有向老家父母要半點田產，為表明自己不與兄弟爭奪的心跡，他刻下一塊「廉讓家風」的石碑，立在「周大宗祠」內，告誡後世子孫也要廉讓成風。宗祠早已改建學校，而這碑仍由周氏後人保存著，不肯輕易示人。

因此，後馬周氏後人稱周茂為第一世。亦為紹興寶祐橋周氏一世。

周茂到後馬繆家後，生四子，長夭，次居村西（後成西周村），三及幼子居村東（後成東周村）。

周茂歿後葬後馬村旁雜地，墳墓四周遍植松柏，墓碑上刻「濂溪第十三世後馬周茂庵公墓」等字樣，後人稱為「大佬墳頭」。60多年前，每逢農曆正月初一，族人紛往墓前叩拜先祖，禮畢，每人可分饅首4個，然後去祠堂膜拜列祖列宗。後馬「周大宗祠」七開間三進，門前棋杆石如林。大廳兩旁掛有「翰林」「進士」「解元」等匾額。「翰林」一匾為舉博學鴻詞、授編修、官至侍講學士的周長發所立。另有「祖孫父子翰林」「兄弟叔侄翰林」兩匾尤為注目。後進神堂正中上方懸青底金字「道國七遷」及「忠本家傳」匾額。此墓及祠堂毀於五六十年代，現僅存一段墓碑「後馬周茂庵公墓」。此墓碑

已被砌在河沿作為護堤石。每當河水下落就可以看見。他以此種方式護衛著後馬的村民。20世紀90年代李海文和俞昌泰專門到後馬，乘船時看到過這塊護堤石。

後馬周氏族人說道國公即周敦頤。1997年，時年79歲的周百義（周茂19世）和69歲的周榮桂（周茂17世，住祠堂旁）詳盡地向俞昌泰述說其先世自河南最終至後馬七遷經過，所言與現存有關資料的記載十分吻合，令人叫絕。

2. 周茂之後二世、三世、四世小傳

二世　據紹興寶祐橋《周氏破塘祖塋祭簿》記載，二世為「無召府君，諱萬，字元台，由官生授奉政大夫，淮安府同知，配錢氏，贈宜人」。

三世　葆真府君，諱壽，字葆真，由進士授高安丞，累官浙江儒學副提舉，配朱氏，贈孺人。

四世　德芳府君，諱慶，字德芳，贈文林郎，山西道監察御史，配程氏，封太孺人。周嵩堯1943年寫的《周氏淵源考》上記載：四世祖「明贈資政大夫，福建布政使司布政使。配程氏，明封太夫人，子四。合葬紹興破塘殷山塢山麓」。生前於元末由山陰遷入紹興城內鏡水里，洪武辛酉徙居永昌坊。

3. 後馬村、上午頭及其歷代名人

後馬周氏為紹興望族，其村原名板橋，又名瓜田。村中元時馬姓最盛，故名後馬，位在紹興縣西北，距縣城約15公里，現屬華舍鎮，設有東周、西周兩個行政村，20世紀90年代總人口3600餘，80%左右姓周。

後馬東依蜀阜、湖門，南靠上午頭，西連橫江、左（赭）一，北接西蜀阜、大西莊和錢清鎮的珠墅村。村四周河道如網，眾水自西北分注於村，往復縈洄，如玉重環而南匯於兩「太史湖」（現名大版、小版湖）。周茂曾祖周澳居地周（家）橋，在後馬以東約3公里處，周（家）橋以北8公里處即白洋，明時築有巡檢司城，當時為紹興重要港口。周澳曾為白洋巡司。

五、紹興後馬

　　周茂始居後馬時，村中已有余、嚴、劉、宋、繆五姓，周姓位列第六，稱「六社」。六社人在村中央建造「瓜田廟」。現存瓜田廟係崇禎三年（1630年）重修，三開間三進，供奉杜姓土地神，廟前即戲臺，全部建在岸上，東、南傍河，歇山頂，雕梁畫棟，飛檐凌空，頗有氣勢。臺正中懸「六社笙歌」楣額，楹聯曰：「太史湖畔聽漁唱，瓜田舊築起新貌。」舊時，紹興農村常年演戲，瓜田廟每逢四月十一便演目蓮戲，歲歲不絕，已成定規。

　　上午頭，古稱「上午」，東瀕大版，南接亭後，西界小赭，北與後馬村相近，據《紹興縣志資料·民族·氏族上》記載：「其由周（家）橋……又分於上午者，則（周）完一子（周）文惠之第二子（周）莘之後也（周莘即周茂之弟）。」上午頭村20世紀90年代有三百餘戶，周姓占百餘戶。由於後馬周氏與上午頭周氏關係親近，密不可分，「莘之後」有族事俱聚於後馬周家祠堂（其中十餘戶周姓，係直接從周橋遷居於此，另闢有小祠堂）。上午頭村中舊有一座大墳墓，墓前有華表等物，極為氣派。或疑為「周莘之墓」。今墳已廢，而村人仍呼其地曰「周家墳頭」。舊時上午頭、後馬之間有旗杆相連接；20世紀90年代全村有人口一千餘。

　　「上午」的由來已有800多年歷史。據《紹興縣志資料》（第一輯）載：「宋高宗南渡時，午餉於前壚，駐駕潭側，因名其地曰『上午』。」相傳北宋末年，金兵進犯中原，小康王趙構被金兀朮一路窮追，南渡錢塘江經越州往明州（今寧波）避難。到達今上午頭村地段時，已近中午。因疲於奔命，乃在村首土地廟稍事休息。有村婦以麥稬飯供高宗解饑，高宗因名土地廟為「餉午廟」；上午頭村民蕭傳根，建國初曾任當地鄉長，據他說，餉午廟為三開間兩側廂一進深，後改名「上午廟」。廟後石橋稱「餉午橋」；並御賜地名曰「上午」。紹興習俗，喜在名詞後加上「頭」字。如「磚頭、筷頭、被頭」等。地名亦如此，「上午」也漸呼作「上午頭」。

　　史料證明：明清兩代後馬周氏家族在舊山陰縣是出人才最多的家族之一。這與當地重視讀書，鼓勵走仕途的風氣有關。為官則勤政為民，多行善事，在家則事親甚孝，義行四方。當地就有「張漊多旗杆，後馬多師爺」的民諺。

其中記入《嘉慶山陰縣志》的後馬歷代名人有：周端、周述學、周洪謨、周懋谷、周長發、周賓雅、周炳曾、周銑（譜作士銑）、周鉞、周鑲等。

周端

周端，字孟端。周茂之子，周敦頤第十四世孫。年十六喪父，與兄孟璇合力安葬了父親。母繆氏盛年守節不嫁。周端兄弟侍母甚孝，在鄉里傳為美談。

明正統五年（1440年）逢災年，饑民遍地，端與同鄉高宗浙一起出來幫助朝廷救災。周端出粟2500石助賑，救活饑民無數。朝廷派人傳達皇帝詔令，表旌周端為「義民」。周端受封後，更加盡力接濟鄉人，絲毫沒有得意忘形的樣子。

周述學

周述學，字繼志，號雲淵子。自幼發憤攻讀，好學深思，尤精於曆學，上知天文，下通地理，其學問遠勝於元朝的郭守敬。凡諸述數之學，各有成書，共達一千餘卷，統稱為「神道大編」。明嘉靖年間，錦衣衛陸炳要經歷沈煉（亦係越人）推舉人才，沈力薦述學。於是周述學被推薦給兵部尚書趙錦，趙向其請教邊防事，其分析與預言者無不中，仇鸞聞其名欲招致幕下，述學識其必敗乃返回故鄉。浙督胡宗憲欲聘請其為幕僚，周亦不應招。終以白衣之身去世。

周洪謨

周洪謨，字宗稷。明萬曆元年（1573年）進士。授職延平府推官，與時任福州推官的周順昌同負清官盛名，時稱「二周」。後洪謨升戶科給事中，上疏彈劾宦官魏忠賢等，因當時魏逆等人欲加重浙東田糧賦稅，已派人來浙江執行。周洪謨上奏據理力爭，終使此舉不得施行。第二年周順昌被捕，洪謨自請免職。崇禎初年（1628年），重新起用為吏科給事中，上奏推薦紹興名士劉宗周，彈劾王永光搞亂了朝廷審查官員資格的章法，不久因病返鄉。

周懋谷

五、紹興後馬

周懋谷，字戬伯，明天啟元年（1621年）舉人。曾會集越中名士著《舊雨堂文》，恰逢松陵一帶創立復社，大家一致推舉周懋谷為越中文人之首。《舊雨堂文》每期輯錄有關政務典籍及邊防機要對策等事宜，每發議論，皆切中流弊。不久國家改朝換代，周懋谷不願與清當局合作，躲避在鄉間。清地方官吏多次登門拜訪都見不到他。

周懋谷俠義心腸，樂善好施，遇有貧苦之人請求他接濟，常常盡其所有，傾囊相助，卒年88歲。

周賓雅·周中□

周中□，字子振，周賓雅之子。清康熙年間任崇明縣丞，時鎮兵鬧餉，官吏皆害怕得躲起來，唯中挺身而出，說服鎮兵，平息事態，以功昇華亭知縣。康熙四十三年（1704年）秋，大風雨，海水猛漲，淹數縣。周中準備了大量衣糧棺木救恤之。又為百姓請賑，緩租4年。後以催科不及格被罷官，縣民數萬攔路向上級告狀，得復職，升松江知府，多惠政。雍正六年（1728年）奉旨興辦江南水利，上官重其才，凡興築渠塘壩閘之事一概委託他辦理。是年三月督吳淞口築堤，晝夜冒險指揮，倉卒舟覆而歿，年四十九，贈太僕寺少卿。

其父周賓雅，字友聲，曾任廣東恩平知縣，善察民意平冤獄，抑豪民，官聲很好。

周長發

周長發，字蘭坡，號石帆。康熙三十五年（1696年）出生於山陰（今浙江紹興）後馬村。

雍正二年（1724年），周長發登進士第，被任命為翰林院庶吉士。不久，出任江西廣昌（今江西東部，撫河上游）縣令。乾隆元年（1736年），應詔赴試博學鴻詞科，錄取後，授翰林院檢討。乾隆十三年（1748年），升任翰林院侍講學士，入直上書房，為愛新覺羅·顒琰（即後來的嘉慶皇帝）講書授課，並一度擔任江南副考官，順天府同考官。乾隆二十年（1755年），以翰林院侍講學士身分，再次入直上書房。不久致仕，告老還鄉。

在擔任翰林院侍講學士時，曾兩度隨乾隆皇帝出遊，一次赴西北，一次到江南。致仕告歸時，乾隆皇帝曾問他有什麼要求，他說：「別無他求，只想常常嘗到新鮮魚蝦。」乾隆皇帝就將後馬村附近的兩個湖賞賜給他，時人呼為「大太史湖」和「小太史湖」。周長發之《後村清景八首》詩，分別以「板橋書屋」「駟潭紫藤」「金沙紅葉」「聞亭松籟」「趣園墨池」「西園水榭」「花埂漁唱」「瓜田僧舍」為題，將後（馬）村景色作了形象描繪，也表達了他悠閒自得的心情。序中曰：「予家世居山陰後（馬）村，村西有潭，相傳宋高宗南渡時駐駕潭側，因名駐駟潭。潭左有草堂，潭北為祖墓，多古木。予村又曰瓜田，於明洪武間。」其故居「太史第」，至今保存完好。駐駟潭畔的「南樓書屋」，相傳為周長發苦讀之所。

周長發以詞章著稱於時，時人認為他有漢代枚乘、司馬相如那樣的才情，朝廷內外，頗有聲譽。他也以崇尚枚乘、司馬相如而自鳴得意。他曾應製作《覺生寺大鐘歌》，在皇帝和臣僚面前，揮毫疾書，其才思之敏捷，筆力之雄健，一時轟動朝野，傳為美談。但他的詩多數學杜甫，曾自我評價道：「我學杜陵翁，苦吟驚太瘦。」（《鳳嶺》）他的《玉女峰》《龍背洞》《射虎川》等詩，大有杜甫韻致。一生作詩 3000 餘首，有《賜書堂集》八卷。

乾隆二十五年（1760 年），周長發在後馬村逝世，享年 65 歲。

周炳曾·周鑣

周鑣，字汝屏，周炳曾之子，清康熙五十年（1711 年）舉人。被山西巡撫蘇克濟請為家庭教師。偶爾與周鑣商量政事，鑣皆一一為其分析利弊，使蘇克濟對其刮目相視。時西南邊境發生戰爭，周鑣積極為蘇克濟出謀劃策，從糧草供應到具體用兵，無不條分縷析，瞭若指掌。後因軍功授山西隰州知州，經常輕車簡從，訪貧問苦，深受百姓擁戴。去職時當地百姓泣送數百里。為官五年，不帶家屬，妻子在家，僅得溫飽。兩次擔任考官，發現和提拔了一批人才，從不圖人報答。晚年卒於湖南，終年 70。著有文集十卷。

其父周炳曾工書，能詩、善畫，有《南嬉集》問世。

周銑

五、紹興後馬

周銑（譜名士銑），字季章。清康熙年間，有名繆元兆者帶家眷在雲南一帶做官 20 餘年，把家鄉的產業全部託付給周銑代為管理。等到元兆去職還鄉時，周銑將歷年帳冊交還給元兆，上面所有財物進出都記得清清楚楚，沒有少一分錢。元兆以金帛相贈，銑堅辭不受，被鄉里稱為義人。

周大樞

周大樞，字元木，自幼聰明絕頂，及長博覽群書，曾被推薦試博學鴻詞科。清乾隆十七年（1752 年）考取舉人。後任平湖縣教諭，卒於任上，有《存吾春軒集》問世。

周應宿

周應宿，字宋為，清雍正七年（1729 年）舉人，乾隆元年（1736 年）進士。任江蘇句容縣知縣。上任不久即遇水、旱兩災，畢力救災。開倉賑糧，救活災民無數。後因盜案未破去官，百姓所借倉穀，兩月還清。著有《學易快編》等文，其所作文深受清代著名文學家胡天游的稱讚。

周大榜

周大榜，字虎木，乾隆五十九年（1794 年），被推薦為優貢生。自幼博聞強記，乾隆年間，兩湖總督衙門看重他的名聲，把他請到府上待為上賓，曾當場寫就《晴川閣》《黃鶴樓》《快哉亭》三賦，一時廣為傳誦，著有《半半稿文集》。

六、寶祐橋周氏

1. 寶祐橋始祖（周茂四世孫）周慶傳

周慶，字德芳，贈文林郎，山西道監察御史，配程氏，封太孺人，為紹興寶祐橋周氏始祖。

據寶祐橋《周氏破塘祖塋祭簿·周氏淵源考》記載，明初，慶避兵入城。當時的紹興城，以府河為界，府河之西屬山陰縣，府河之東屬會稽縣，周慶入城後居會稽鏡水里。洪武十四年（1381年）徙居永昌坊。查《紹興縣志資料》第一輯，縣西橋後街、日暉橋南，屬舊永昌坊，與寶祐橋地塊相鄰。

周慶為周茂第四代，後人稱他為四世祖。死後與妻合葬紹興破塘殷家塢山麓。所以記載紹興寶祐橋周氏族史的祭簿，稱《周氏破塘祖塋祭簿》。

周嵩堯1943年寫的《周氏淵源考》寫周慶是「明贈資政大夫，福建布政使司布政使」。官階和《周氏破塘祖塋祭簿》記載一樣，任職的省份不一樣。並說他有四個兒子，但現在有記載的只有兩個兒子，也可能只有周叔莊、周頤長大成人，做了官。

據《周氏破塘祖塋祭簿》記載，周慶後裔後分塔山下四九房、寶祐橋五十房、酒務橋瑞源房、新街口老三房、圓通寺四一房、昌安九如房及伯齋房等共七房。

2. 周茂之後五世、六世、七世、八世、九世、十世、十一世小傳

後人尊周茂為後馬始祖，由此排下來到周恩來是二十一世。根據《周氏破塘祖塋祭簿》和周嵩堯1943年寫的《周氏淵源考》的記載，現將周茂的第五世到第十一世做一介紹。不過限於遷到紹興寶祐橋的一支，即周慶之後。

在古代，讀書人除有「名」外，還有「字」「號」。一般以「字」為尊稱。但是勞動人民只有「名」，多無「字」。五四運動後，主張勞工神聖的

六、寶祐橋周氏

知識分子，首先廢除「字」，相互之間直呼其名，以表示平等和革命的決心。周恩來等創建的覺悟社不但廢除字，也廢除姓，抓鬮以號為名。周恩來抓的是5號，他起名為伍豪。廢除「字」，直呼其名，在建國後更為普通，為廣大群眾所接受。為了便於現在讀者閱讀，我們在介紹人物時，一般以「名」為主。

五世　叔莊，字玄童，號怡樂，周慶之子。永樂初選充北京順天府大興縣第六箱萬石長。配王氏，贈孺人，有子二人。葬紹興林家灣。

頤，字養浩，周慶之子。由選貢授山西道監察御史，升山東布政使司左參議，以內艱服闋還朝，選江西布政使司左參議，功績尤著，累官至福建布政使司左布政使，按公孝悌於家，忠勤於國，功績丕著，詳載郡志，有傳。配余氏，繼魯氏、鄭氏，俱誥授二品夫人。葬黃祊嶺。

六世　宗，字承甫，號克勤，周叔莊之子。授大興縣第五箱萬石長，配柳氏，贈孺人。有子三人，葬林家灣。

憲，字文綱，周頤長子。諸暨縣醫學訓科，升太醫院，有傳。配王氏，贈孺人。

七世　富，字富三，周宗次子。配鐘氏，贈孺人，有子一人，葬林家灣。咸，字德素，大興縣萬石長加散官。

八世　順，字慎齋，周富之子。配袁氏，贈孺人，有子三人，葬林家灣。

文英，字世杰，曾任醫學訓科。

九世，字南坡，號敏庵，周順之長子。吏員冠帶散官。生於明嘉靖四年（1525年），配陳氏，贈孺人。按：公多才尚義，名譽日隆，為弟排陷屏跡，山居不入城市。葬黃祊嶺。

銘，字仕警，號近泉，周景明之子，贈燕山右衛經歷，配余氏，贈孺人。

十世　廷孝，字宇明，周之次子，贈文林郎，山西大寧縣知縣，晉贈奉政大夫，揚州府同知，上壽鄉賓，配胡氏，封太安人，有子二。生於明嘉靖二十九年（1550年），壽90歲。葬三凰山。

十一世　懋文，字奈庵，周廷孝長子，行四十九。壬午科，授山西大寧縣知縣，升揚州府同知，誥授奉政大夫，配胡氏，贈安人。

　　懋章，字奕庵，號宜迪，周廷孝次子，行五十，例贈承德郎，州同知，上壽鄉賓，壽94歲。

3. 五十房始祖周懋章

　　周懋章，字奕庵，號宜迪，周廷孝之次子。生於明萬曆二十七年（1599年）八月二十四日，行五十，為紹興寶祐橋周氏五十房始祖，住紹興寶祐橋河沿掇木橋頭，今紹興市勞動路50號。終年壽94歲。

　　關於周懋章的生平，寶祐橋《周氏破塘祖塋祭簿》有如下記載：「例贈承德郎、州同知、上壽鄉賓。」所謂「例贈」，古代往往將兒子或其他後代的職銜經政府批准，贈與長輩，所以此並非周懋章實職。「破塘」者，紹興城南十里，為周慶等祖先葬地。據《周氏破塘祖塋祭簿》記載，周懋章有子四人，為周世潤、周世洪、周世法、周世治。「合葬於紹興釣魚臺。」

　　寶祐橋周氏並無祠堂，亦無正式族譜，關於周懋章，據《會稽縣志》記載，清康熙三十七年（1698年），周懋章91歲，妻王氏壽百歲，浙江巡撫特賜「百歲壽母之門」匾額慶賀，從此，其宅便叫「百歲堂」。「百歲壽母之門」匾額懸於二門之上，直至「文革」期間才被毀壞，今已恢復。「老宅（即百歲堂）大廳額曰錫養堂，其右新廳曰誦芬堂，而族人則統稱曰百歲堂。今散布蘇浙科名宦者皆百歲堂一支之後裔也。」②

　　1939年3月周恩來在紹興寶祐橋周氏《老八房祭簿》中續寫之譜系中寫道：「恩來，字翔宇，五十房，樵水公曾孫，雲門公長孫，懋臣長子，出繼簪臣公為子，生於光緒戊戌年（1898年）二月十三日卯時，妻鄧穎超。」其中的「五十房」即由周懋章的排行五十形成的五十房而來。

六、寶祐橋周氏

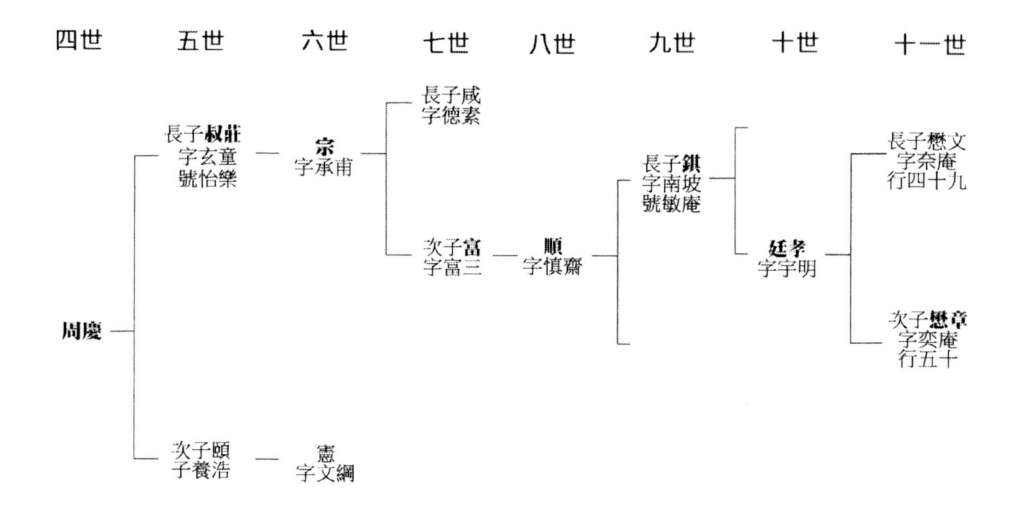

4. 寶祐橋周氏世系表

四世	五世	六世	七世	八世	九世	十世	十一世
周慶	長子**叔莊** 字玄童 號怡樂	**宗** 字承甫	長子**咸** 字德素				
			次子**富** 字富三	**順** 字慎齋	長子**鎮** 字南坡 號敏庵	**廷孝** 字宇明	長子**戀文** 字奈庵 行四十九
							次子**戀章** 字奕庵 行五十
	次子**頤** 子養浩	**憲** 字文綱					

5. 周茂之後十二世、十三世、十四世、十五世小傳

十二世　汝相，字公佐，號覺軒，生於明崇禎五年壬申（1632年），夫人倪氏，繼陳氏，有子六人。合葬紹興石旗。

十三世　熙祚，字竹莊，周汝相第六子，生於清康熙二十一年（1682年）七月二十日。夫人徐氏。有子二人。合葬紹興中灶山。

十四世　步超，字孟班，熙祚長子，生於康熙五十年（1711年）十一月十二日。夫人陳氏，繼孫氏、倪氏。子應麟、應鳳、應熊。合葬紹興鴨嘴橋。

十五世　應麟，字孔錫，號紅雪。步超長子，陳氏生，生於乾隆元年（1736年）十一月初五。夫人陳氏，繼魯氏、俞氏、王氏。去世於乾隆四十八年（1783年）十二月十九日，終年48歲。其妻魯氏生於乾隆九年（1744年），死於乾隆三十六年（1771年），文灝之生母。僅有一子。合葬於紹興鴨嘴橋。佃戶張長雲、張長慶。這說明周家除有墓穴外，也有幾畝薄田供守墓人耕種。至於交不交田租，視田地的數目，由兩家商量而定。1939周恩來到此為十四、十五世祖掃墓時，還有墳親。周恩來給墳親20大洋作酬金，並留下兩桌祭席。

6.《周氏破塘祖塋祭簿》和《老八房祭簿》介紹

紹興寶祐橋周氏房族不大,卻散居於半個紹興城。這一房族又較窮,不但沒有祠堂,也沒有族譜。百歲堂大廳即為五十房舉行公共祭典的地方。《周氏破塘祖塋祭簿》所收之《值祭規》規定:「舊定除夕懸像做飯,元旦設茶酒供果;元宵張燈收像。做飯、香燭、紙錠、案菜各聽其便,不立成規。春秋二分懸像設祭散胙飲福舊有定例。雍正十三年(1735年)公議停止,俟各房子孫振起重建宗祠舉行可也。拜掃日期務在清明前後十日之內,腧限罰錠壹千足,拜掃五日前分帖。」從《值祭規》看,他們也有過建造祠堂的想法,但一直未能實現。族譜資料方面只留有兩本祭簿:《周氏破塘祖塋祭簿》和《老八房祭簿》。

《周氏破塘祖塋祭簿》立於清道光四年(1804年),內分八個方面:

一、周氏淵源考;

二、公議禁約;

三、各房分地址;

四、捐例;

五、歷代祖妣考;

六、祀土祝文;

七、墓祭文;

八、宗系圖。

所以稱《周氏破塘祖塋祭簿》者,因寶祐橋周氏始遷祖周慶葬於破塘。破塘在紹興城南的秦望山腳,距城10里。

《周氏破塘祖塋祭簿》中的《歷代祖妣考》理順了從周茂至周懋章的世系,記載了從周茂至十三世的情況。其中關於十二世的記載是:

逢甲　懋文公長子。

世沽　懋文公次子。

六、寶祐橋周氏

世汲　懋文公三子。

世洽　懋文公四子。

世潤　懋章公長子。

世洪　懋章公次子。

世法　懋章公三子。

世治　懋章公四子。

《歷代祖妣考》所寫之十三世，標題為「發字沂國公第十三世孫」，共記 19 人，分別屬於四九房、老大房、新街口房、大川房、昌安房、酒務橋房等。

《周氏破塘祖塋祭簿》中的「公議禁約」，為保護葬於破塘殷家塢山麓的四世周慶（德芳）和葬於黃祊嶺的五世周養浩的墳塋而寫。內中多為祖墓被盜掘的官司記錄和官府的禁盜布告。

紹興寶祐橋周氏分為四九房、五十房、瑞源房、老三房、四一房、九如房、伯齋房。關於這些祖塋的祭掃，乾隆二十九年（1764 年）公議，各房發花浪船一艘，茶具一副，於辰刻泊南門外伏虎橋會齊，然後前往祭地。規定「值年者給錢八十文，今加念文，連早夜飯在內，每船官客四位，菜一席，酒二升，不得增減」。這也是他們的族規之一。

族中常有些事務性開支，但寶祐橋周氏祭田很少，「遇公事一切經費必須按房派墊，其間或有籌費不貲，或有外出不家者，難免推諉」。於是他們定了一個捐例，寫在《周氏破塘祖塋祭簿》內，《捐例》定入泮（考中秀才）捐銀伍錢；中舉捐銀陸兩；中進士捐銀拾貳兩；納監捐銀壹兩；出仕捐銀，正印貳拾兩，雜職肆兩；生子捐銀壹錢。這個捐例於清初開始執行，現將《周氏破塘祖塋祭簿》中的記載抄錄於下：

順治辛丑科（1661 年）諱世澤，中進士應捐銀拾貳兩。

雍正癸丑科（1733 年）諱然，字瀛齋，中進士應捐銀拾貳兩。

乙卯年（1735年）諱祭昌，字大川，選授四川保縣縣丞應捐銀肆兩。

乾隆丙辰年（1736年）諱塋，字克建，選授陝西蘭州應捐銀肆兩。

戊午年（1738年）諱然，字瀛齋，選授四川內江縣知縣應捐銀貳拾兩。

戊午年（1738年）諱令愷，字宗培，進學應捐銀伍錢。

己未年（1739年）諱夢龍，字毓坤，進學應捐銀伍錢。

庚申年（1740年）諱垌，字魯臧，進學應捐銀伍錢。

甲子科（1744年）諱垌，字魯臧，中舉人應捐銀陸兩。

丁卯年（1747年）諱維嵩，字岱景，選授山東新嘉驛應捐銀肆兩。

庚午年（1750年）諱洪，字星源，入泮應捐銀伍錢。

辛未年（1751年）諱步超，字孟班，捐監應捐銀壹兩。

丙子年（1756年）諱廣鈞，字公調，捐監應捐銀壹兩。

贊辰，捐監應捐銀壹兩。

丁丑年（1757年）諱禮，字用和，選授廣西林桂縣尉應捐銀肆兩。

戊寅年（1758年）諱兆龍，字素安，捐職應捐銀壹兩。

壬午年（1762年）諱應鳳，字羽凰，入泮應捐銀伍錢。

癸未年（1763年）諱應麟，字孔錫，捐監應捐銀壹兩。

甲申年（1764年）諱易，字紋猗，捐監應捐銀壹兩。

丙戌年（1766年）諱鎮，字星南，捐監應捐銀壹兩。

壬午年（1762年）諱垌，字魯臧，選授福建鹽庫廳應捐銀肆兩。

庚寅年（1770年）諱中規，字圓也，入泮應捐銀伍錢。

同年諱綬曾，字佩蒼，捐監應捐銀壹兩。

乙未年（1775年）諱洪，字星源，歲貢應捐銀壹兩。

六、寶祐橋周氏

丙申年（1776年）諱應熊，字龍川，入泮應捐銀伍錢。

辛丑年（1781年）諱夢齡，字錦木，入泮應捐銀伍錢。

癸卯年（1783年）諱中規，字圓也，捐監應捐銀壹兩。

癸丑年（1793年）諱應鳳，字羽凰，歲貢應捐銀壹兩。

嘉慶丙辰年（1796年）諱益清，字又香，入泮應捐銀伍錢。

壬戌年（1802年）諱益清，字又香，食餼應捐銀壹兩。

辛未年（1811年）諱益謙，字受之，入泮應捐銀伍錢。

丙子年（1816年）諱煥蓀，字子筠，捐監應捐銀壹兩。

丁丑年（1817年）諱元棠，字笑岩，入泮應捐銀伍錢。

道光辛巳年（1821年）諱元植，字建甫，入泮應捐銀伍錢。

壬午年（1822年）諱煥蓀，字子筠，中舉人應捐銀陸兩。

丁未年（1847年）諱光勛，字樵水，入泮應捐銀伍錢。

癸卯年（1843年）諱元樞，字拱辰，選授福建平和縣縣丞應捐銀肆兩。

光緒庚辰年（1880年）諱南英，字翰青，入泮應捐銀伍錢。

甲午科（1894年）名鰒鼐，字調之，中舉人應捐銀陸兩。

丁酉科（1897年）名嵩堯，字峋之，中舉人應捐銀陸兩。

壬寅科（1902年）名嘉琛，字衡峰，中舉人應捐銀陸兩。

甲辰年（1904年）名嘉英，字蓮峰，入泮應捐銀伍錢。

從《捐例》中可以看出，寶祐橋周氏在清朝一代的仕途面貌，即為官者不多，更多的人是遊幕，也就是做師爺，以致「或有外出不家者」。科舉上較有成就者，清以後，寶祐橋周氏中中進士者二人。第一個登進士榜的是周世澤。

周世澤，周懋文曾孫，清順治十一年（1654年）順天中舉，順治十八年（1611年）辛丑科進士，寄籍大興，登馬世浚榜。

周然是第二位進士，雍正元年（1723年），「躬逢世宗憲皇帝登極，開科於四月舉行鄉試，九月舉行會試」，周然於是年中舉，雍正十一年（1733年）癸丑科中進士，寄籍大興，登陳談榜。

《捐例》告訴我們，寶祐橋周氏在清朝，中進士2人，中舉人5人，其中周穌鼐、周嵩堯是周恩來的堂伯父，周嘉琛、周嘉英是周恩來的從伯父。

《周氏破塘祖塋祭簿》與《老八房祭簿》相銜接，周懋章之後，就由《老八房祭簿》作詳細記錄。同時，《歷代祖妣考》也是以五十房為主線，作了一代代的排立。

《老八房祭簿》之所謂「老八房」者，即四九房和五十房，屬懋文、懋章子孫，因他們各有四位兒子，一共八房，屬十二世祖，後人也稱「八老房」。

《老八房祭簿》前有《序言》，說明該簿始立於乾隆戊戌年（1778年），嘉慶年間由周恩來曾祖父周樵水重新謄錄新簿。祭簿後面是祭產記錄和祖塋管理的各種族中文件。其中保存有寫於康熙七年（1668年）的周懋章的文字和懋章曾孫周世澤寫的田契存四十九房等內容。又有同治九年（1870年）周樵水次子周昂駿寫的關於祖塋管理的長篇文章。還有周樵水長子周駿侯（逸帆）同治十三年（1874年）回紹時在祭簿上留的手跡，其中寫道：「逸帆於同治十三年季春回里，竹泉率同逸帆、少庭等，於五月十五日買舟赴山，將新舊兩禁碑豎立南坡公墓側。」

隨後有地圖記錄了林家灣、黃祊嶺、三鳳山墓塋和拜掃情況。

《老八房祭簿》的中間部分，為族人名錄，開頭寫「祭主」兩字。共記族人201名，這201人包括周恩來等人的姓名和出生年月，屬十四世至二十一世，共八世的人，剛好與《周氏破塘祖塋祭簿》的記載相銜接。其中十四世標明「強」字輩，記有8人；十五世標明「剛」字輩，26人；十六世標明「毅」字輩，42人；十七世標明「齋」字輩，39人；十八世標明「莊」字輩，9人；十九世標明「中」字輩，17人；二十世標明「正」字輩，19人；

六、寶祐橋周氏

二十一世標明「文」字輩也就是周恩來這一輩，41人。這201名族人中，極大部分是五十房的人，標明四九房的，僅7人。記錄方式，現以周恩來曾祖父周樵水為例：「光勛，字簣銘，號樵水，五十房，景商孫，笑岩長子，生於嘉慶巳卯年正月十九日戌時，配樊氏，子庚侯、亥同、寅正、攀龍、鳴鹿。邑庠生。」所有記載都是這個模式，幾乎全部沒有卒年。因《老八房祭簿》寫的主要是族人世系，所以有人把《老八房祭簿》稱為寶祐橋周氏家譜手抄本，張能耿認為也不無道理。當然，作為族譜這是不規範的。因內有周恩來親筆所寫譜系一頁，現已定為國家一級文物。

這兩本祭簿由族長周希農和五十房的周文炳保存下來，這對研究周恩來世系，是非常有用的材料。1960年由張能耿動員周文炳將其捐獻給了國家，現藏紹興魯迅紀念館。「文革」期間，造反者曾將其作為「四舊」塞進字紙簍，1976年周總理去世後，人們想起了這兩件文物，經到處搜尋，才又被搶救了回來，真是萬幸。

7. 百歲堂（五十房）世系（從周懋章到周恩來的父輩）

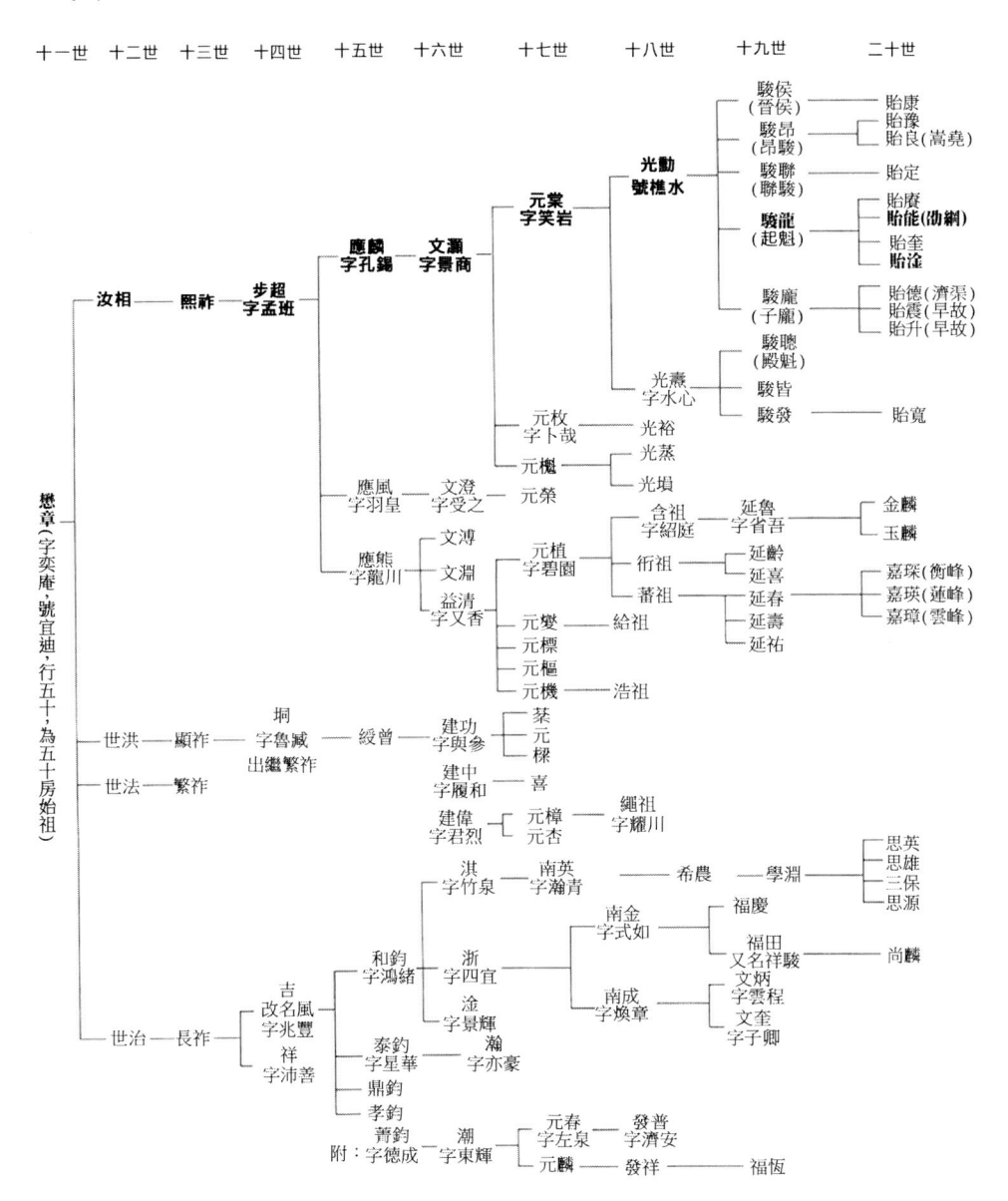

六、寶祐橋周氏

8. 周恩來的太高祖父周文灝

周文灝，字景商，應麟子，乾隆三十六年（1771年）五月初三日生於紹興，配魯氏（1766—1833年），子元棠（字笑岩）、元枚（字卜哉）、元櫆（改名棣，字萼塘），死於清道光十二年（1832年）十一月二十八日丑時，終年62歲。

周文灝與周恩來相距六代，1939年3月周恩來曾去他的墓地祭掃。周恩來的這位太高祖，以開壽枋店賣棺材為業，但他重視子女教育，為擇良師，曾送長子周元棠到紹興鄉下的漓渚六峰讀書，以後入泮為秀才，並成為紹興著名詩人。

周文灝雖開壽枋店，經濟情況卻並不見佳，《老八房祭簿》中就有一張關於周文灝房產的老八房的議單，議單前半部分寫祭田易主的事，下半部分寫的即為關於周文灝典戤房產的決議，全文如下：

……適有景商自己房屋出戤他姓，今各房合議，將景商房屋典戤公堂，當付典價錢壹佰參拾千文正，即命景商立典契一紙，交存房長兆豐房處，自典之後，聽憑公堂管業收花。今景商缺屋居住，情願浼同各房出賃，公議每年收租錢拾壹千文，當立賃票一紙，交存老二房德成處。值年房收租，憑立經折兩次交付，冬季付錢伍千文，次年拜掃時，付錢陸千文。竊思較田租略勝，使值年房略為寬裕。自議之後，各無異言，俾將來各房自外歸者得能盡知，始終以服眾心云爾。

計開

伏字號平屋陸間，左右側披一帶，前後明堂兩個，坐落石童坊並照

嘉慶拾壹年拾貳月　　日

立議族長　兆豐　德成　龍川

元野　再溪燕山

保之景商君烈亦江

議單中的景商房屋地址在石童坊，查《紹興縣志資料》，寶祐橋河沿即屬石童坊。至於性質，民間慣例，典不同於賣，但又沒有寫明典幾年，只是說清楚周文灝（景商）典出後仍住原處，每年付房租拾壹仟文。從議單中也可以看出，寶祐橋周氏，向來有人外出做師爺或在外地作商店職工，所以議單中有「俾將來各房自外歸者得能盡知，始終以服眾心云爾」之句。

　　周文灝除了開壽枋店，還做過什麼事？情況不明。但有一點是清楚的，就是家貧。原寄希望於長子周元棠，而元棠在科場上也並不得意，中了秀才後，未能進入舉人、進士的行列，難以進入仕途，而只能以坐館教書、遊幕為生。元棠因為憂家貧，叫孫子周昂駿改習金穀，從此就出現了周恩來祖上幾代人都外出各地做師爺靠筆墨謀生的局面。

　　從周文灝到周恩來雖已相距六代，但從議單中可以看出一點，周文灝（景商）的房屋，原已出戤他姓，周氏五十房族人合議將文灝房屋平房六間改為典戤公堂，說明寶祐橋周氏百歲堂及其左右房屋，族中一直作為周氏五十房聚居地，而在產權上不使外姓染指，以後，雖然族中產權仍在不斷變化，但直到1949年5月紹興解放，百歲堂建築群中居住的仍始終為周氏五十房族人。

　　1832年周文灝去世，享年61歲，葬紹興石旗唐家墺。佃戶金阿貢，子華林。夫人魯氏生於乾隆丙戌年（1766年），死於道光癸巳年（1833年），與丈夫合葬。

9. 周恩來的高祖周元棠

　　周恩來高祖周元棠，字笑岩，生於清乾隆五十六年（1791年）九月八日，卒於咸豐元年（1851年）八月初六日寅時。為周文灝長子。30歲以前致力於詩詞古文，其後轉而研究經濟性理之學，著述數種。但在太平天國、捻軍起義時，由於兵荒馬亂而散佚，僅保留下22歲前做的詩134首，名為《海巢書屋詩稿》。

六、寶祐橋周氏

周元棠少年離家到今紹興西南 40 里的六峰求學。他在《六峰即事》詩自序中說：「六峰在山陰漓渚村，讀書處也。」六峰村為 200 多戶的小村，四周六個山峰環圍，村後一峰最高，稱大牛嶺。詩曰：「山花低襯野花新，淡淡輕煙鎖未勻。蟹舍魚莊何處是，前村隱約見行人。」「談罷新詩臥石根，愁懷取次化時魂。松濤捲過溪流急，一片山光綠到門。」他在《冬夜六峰憶家》中寫道：「悶剔寒燈憶故鄉，風斜雨細助荒涼。誰憐身作山樓客，讀破離騷夜天長。」這兩首詩描繪了六峰村優美的自然環境，表現了周元棠當時悠然自在的生活，也流露了急切上進的心情。

他 15 歲時，父親由於生活困難，將祖上留下的住房典當。但是這也沒有改變家中的處境。元棠夫人姓史，道光丙戌年（1826 年）十一月初十日去世，年僅 32 歲。時大兒子樵水 7 歲，二兒子只有 4 歲。因元棠還只 35 歲，故又續弦。道光十二年（1832 年）父親周文灝去世。他將兩個兒子撫養成人，成家立業。周元棠在《自述》中對窘迫的境況做了生動的描寫：「知貧依鮑叔，養客羞孟嘗。」「椿樹病已瘦，萱幃髮已蒼。」他的生活很清貧，「書生無遠志，諷詠守清貧」（《秋夜雜詠》）。他看到「人情薄如紙，世態澹如水」（《自述》）。他有時簡直想遁入空門，「試聽談經聲隱約，禪機好向此中參」（《登東武山浮屠絕頂》）。但總的說來是面向現實的，由於科場失意，為生計所迫，不得不設帳授徒。他的私塾辦在都泗門。都泗門是當時會稽縣城的水城門，界於五雲門和昌安門之間，距寶祐橋不遠。以教書為業，生活清苦，在《雜感》一詩中對自己教書生涯的生活、心境做了很好的刻畫：「匆匆歲月易推遷，愁對青燈興索然。去日難留成舊恨，前途莫問惜流年。封侯自古輕投筆，求富於今愧執鞭。兀坐南齋無一事，床頭猶有買書錢。」其《都泗書屋即事》四首，其中兩首很能反映他當時的心情：「既非城市復非鄉，碧水青山趣自長。只惜甕開春釀熟，如何沒福與周郎？」「一聲欸乃近寒城，誰是歸舟叫放行。知是門軍專受賄，不須中夜學雞鳴。」在第一首詩下面周元棠的孫子周昂駿特別註明「海巢素不愛酒」，他平素不喜歡喝酒，卻自稱周郎，可見其對才情的自負，也可見授徒時尚年輕。他對管門人的受賄，心懷不滿，而寄情義俠之士，也足見他的正義感。

儘管家境破落，周元棠卻為人正派耿直。這在他直抒胸懷的《自述》中可見一斑。現將全詩抄錄如下：

其一

才愧曹子建，謀慚張子房。

讀書書未解，吟詩詩涉狂。

談心間訪友，消悶偶持觴。

知貧依鮑叔，養客羞孟嘗。

何時金作屋，戲綵事高堂。

椿樹病已瘦，萱幃髮已蒼。

敢求升斗祿，擬欲遊四方。

青毯難守舊，南浦許尋芳。

建業須及早，莫待醒黃粱。

其二

人情薄如紙，世態澹如水。

為人不由人，當作奇男子。

我行不入邪，我言不苟訾。

言只舒我心，行只安吾履。

躬耕惟硯田，不須分疆以。

舒情惟筆鋒，何事執弧矢。

欲希倚馬才，拋盡雕蟲技。

功名雖偃蹇，此此無時已。

身或作飄萍，門總開桃李。

惟冀才學成，不愧一佳士。

六、寶祐橋周氏

內動親心歡，上對天顏喜。

正因為如此，他在憑弔畫家徐渭時，這樣寫道：「奇才古為造物忌，況復靈根特表異。豈必聰明盡誤人，如何畢世終遺棄。……吁嗟乎，達人不達無奈何，詩魂酒魂難消磨。一腔豪氣摩空碧，中原麟鳳脫網羅。」他藉同情徐渭身世，來澆胸中塊壘，喊出了對埋沒人才的封建社會的強烈不滿。

周元棠作詩十分認真。他寫道：「筆到枯時得句慳，慚無七錦綴爛斑。情痴只解千章賦，語病何嫌五次刪。拋卻花心才避俗，結成詩夢幾曾間。每當秋月春風際，一段吟魂總掛攀。」凡豔體一概從刪，他追求清新、質樸、自然。他的詩多為寫景、抒懷、詠物、言事，頗具文采。

他熱愛家鄉，對家鄉的山水充滿深情。他在鑑湖泛舟：「人在鏡中天在水，菱花飛處落紅鋪。」（《鑑湖歸棹》）他在吼山避暑：「坐久涼生忘日午，好風搖曳上羅衫。」（《吼山曹溪閣避暑》）他到箬簣山觀瀑：「泉聲瀉若飛，半規山欲暝。幾似水簾垂，鎖住芙蓉徑。又似酒帘飄，捲來松蘿磴。」（《箬簣山前觀瀑布》）他到若耶溪探幽：「萬頃煙波新雨過，一聲欸乃夕陽斜。」（《若耶春漲》）蘭亭修竹，也給他留下極深的印象：「兩岸新枝橫曲水，千竿清影印流觴。」（《蘭亭修竹》）星聞錦濤，激起他無限想像：「白馬奔馳到海門，海神蹴起七襄痕。」（《星聞錦濤》）柯亭賞月，他涼意頓生：「影穿翠竹宜消夏，色射澄波欲送涼。」（《柯亭夜月》）娥江競渡，他情思忒深：「移來人影斜陽裡，蕩起波聲古渡頭。」（《曹江競度》）他漫步望海亭，遙觀日出：「望海亭邊容遠眺，春潮湧上日光華。」（《臥龍春曉》）他登上蕺山，放眼湖山：「登樓開眺愛晴和，四面湖山入望多。」（《蕺山晴眺》）秦望山積雪，在他看來，那麼美好：「玉女調脂新暈印，藐姑傳粉舊痕留。」（《秦望積雪》）香爐峰煙雨，在他眼裡，宛如畫圖：「竹林深處開圖畫，妙手難摹擘玉容。」（《爐峰煙雨》）

他熱愛家鄉，對家鄉的民情風俗，自有體味。農村春耕，他感到極富情趣：「上接春山下接溪，揚鞭呼犢岸高低。翻開麥隴雲千頃，喚起桃花雨一犁。響隔芳林穿碧靄，音流新漲卷紅泥。試聽到處催耕早，引得沙禽恰恰啼。」（《水田叱犢聲》）鄉人采蕨，他認為很有詩意：「不採日鑄茶，不採龍山草。

試登蕺山巔,一色迷離好。層層翠欲翻,藹藹雲回抱。應是筆飛時,滿岫留餘藻。采采已盈筐,遊遍蓬萊島。……」(《采蕺吟》)他繪聲繪色地記下了民間跳神活動:「坎坎鼓,蹲蹲舞,踏遍千門與萬戶。略似逐烏鳶,莫認迎貓虎。黃金四目肅其明,執戈揚盾奮厥武。魍魎魑魅不教逢,有時戇態翻成怒。痴男顰效作釵裙,俚語巴歌聳聽聞。樂歲盈寧聯百室,主人接納殊欣欣。縱有語言博歡笑,何須歌舞按儀文。……莫嗤鄉老不知書,春官月令儀參半。年年演出季冬時,村後村前聲不斷。誰家束髮幾兒童,黃昏學向阿婆看。」(《俗有跳灶神者,其古儺之遺意也,戲紀之》)

他熱愛家鄉,對先賢非常敬仰。他曾瞻仰禹廟,手撫岣嶁碑,懷念大禹功績:「夏後建豐功,奠川與敷土。史臣不絕書,謨贊憂勤主。……一讀一懷思,精光射天宇。」(《譯岣嶁碑有懷禹功》)他曾徘徊青藤書屋,憑弔徐渭:「或笑矜情太奇癖,不知自有凌雲策。都緣傲骨本天成,難強朱衣點頭額。青衿一領竟終身,何妨獨善全其真。剞劂文章堪壽世,供養山水作遊人。」(《青藤書屋弔徐天池先生》)

此詩稿由周元棠的孫子周昂駿(周恩來的二祖父)抄錄,後由周元棠的曾孫子周恩來的堂伯父周龢鼐、周炳豫、周嵩堯刊印。建國後周恩來得到此文稿一直珍藏在西花廳。鄧穎超去世後,由趙煒交給淮安周恩來故居收藏。這本詩集不僅有較高的藝術價值,而且是研究周恩來家世的重要文獻。

周元棠天賦高、詩文好,這些收在《海巢書屋詩稿》中的詩作,都是他22歲以前寫的。當時他曾參加紹興的一個詩人團體「鑑若吟社」。《海巢書屋詩稿》中就有四首詩是與社友唱和的,如《和褚三茂才迅波寄題社集原韻》《留別鑑若吟社諸同人》等。周嵩堯在《海巢書屋詩稿》的跋文中就說「先曾祖三十以前肆力於詩古文詞,其後遂專研經濟性理之學」,著作甚多。但他在科舉路上卻屢受挫折,直到28歲才中了秀才。他在《留別鑑若吟社諸同人》一詩中寫道:「愧我無才奪錦袍,年年悵望禹門高。」所以在周龢鼐、周嵩堯的中舉資料中均寫他的身分是「邑庠生、歷科薦卷堂備」。說明他參加了考舉人之前的科試,雖然沒有考取,但是成績還不錯。

六、寶祐橋周氏

據周恩來的侄女周秉宜推測，他仕途不成，為了改變家境的困頓和窘迫，便到福建、浙江一帶做錢穀師爺。他的「做師爺」非同一般，潛心研究，並有經濟性著述多種。因而他指導的學生也比較多，如兒子周樵水、光熹兄弟，孫子駿侯（逸帆）、昂駿（霞軒），朋友樊維城的兒子樊文煒、樊燮兄弟等均出自他的門下。由此他與樊家結親，大兒子周樵水娶樊文煒、樊燮的姐姐樊氏為妻。他在福建作幕，結交了同鄉魯登四，後來魯登四將女兒魯大姑嫁給了周元棠的孫子周起魁（周恩來的祖父）。當然這僅僅是一種推測。但是從周氏後來的發展來看，周元棠無疑起了很大的作用。

晚年，周元棠因年輕時家貧，他看到兒子周樵水有病，科舉屢試不中，決定孫子周昂駿不要再考科舉，而是學習錢穀師爺。他不僅為孫子選定職業，而且他的學問和為人都影響了後人，深受後人的尊敬。

在紹興寶祐橋周氏的歷史上，從四世祖慶（德芳）避兵入城算起，已有600年左右歷史，其中住在寶祐橋百歲堂的始於周懋章的五十房，至今的歷史是288年左右，就是周元棠（笑岩）一房，至今也有200多年歷史。

周元棠（笑岩）一房在寶祐橋周氏中的位置，據他們的《老八房祭簿》記載，周元棠（笑岩）屬「齋」字輩，周樵水屬「壯」字輩，周樵水兒子屬「中」字輩，周樵水孫子，即周恩來父親一輩，屬「正」字輩，周樵水曾孫，即周恩來一輩，屬「文」字輩。但是這點在他們的名字中並沒有表現出來。

他們一家自周元棠（笑岩）開始形成了一個小房族。他們這個小房族，具有三個特點。第一個特點是在這個周氏小房族內，都以大排行計算族內相互關係，從這點上說，他們之間的關係是緊密型的。

周元棠（笑岩）配史氏（1795—1846年），生子二人：周樵水、周光熹。周樵水有5個兒子，周光熹有3個兒子，他們名字的第一個字都是「駿」字，下列世系表中就完全按出生先後排列：

周樵水之子駿侯，更名晉侯，字逸帆，生於道光丙申年（1836年）

周樵水之子駿昂，更名昂駿，字霞軒，生於道光己亥年（1839年）

周樵水之子駿聯，更名聯駿，字捷三，生於道光壬寅年（1842年）

周樵水之子駿龍，更名起魁，字雲門，生於道光甲辰年（1844年）

光燾長子駿聰，更名殿魁，生於道光甲辰年（1844年）

周樵水之子駿龐，更名子龐，字敦甫，生於道光丙午年（1846年）

光燾次子駿皆，又名延俊，生於道光丁未年（1847年）

光燾三子駿發，字純甫，生於咸豐辛亥年（1851年）

周元棠於咸豐元年（1851年）八月初六寅時去世。葬於紹興外凰。不到一個月，他的長子周樵水去世，也葬於紹興。他留下五個兒子，大的15歲，小的只有5歲。其妻在弟弟周光燾的幫助下將兒子撫養成人。晉侯（逸帆）、昂駿（霞軒）到江蘇作幕後，不僅將自己的親弟弟帶出去，而且將堂弟（叔叔的兒子）駿聰、駿發也帶到江蘇。到周元棠曾孫子這一輩仍是大排行。這一輩名字的第一個字都是「貽」字，如果照出生先後的大排行排列，其次序是：

1. 貽豫，更名炳豫，字立之，生於同治三年（1864年）七月

2. 貽康，更名龢鼐，字調之，生於同治六年（1867年）十二月

3. 貽德，更名貽謙，又更名濟渠，字吉之，生於同治十年（1871年）九月

4. 貽賡，原字翰臣，改字曼青，生於同治十一年（1872年）八月

5. 貽定，更名貽鼎，字靜之，生於同治十二年（1873年）四月

6. 貽良，更名嵩堯，字循之，又字峋之，生於同治十二年（1873年）閏六月

7. 貽能，更名劭綱，字懋臣，生於同治十三年（1874年）五月

8. 貽奎，字煥臣，生於光緒二年（1876年）三月

9. 貽寬，生於光緒二年（1876年）

10. 貽淦，字簪臣，生於光緒四年（1878年）三月

11. 貽震，字誠之，生於光緒五年（1879年），早故

六、寶祐橋周氏

12. 貽升，字允之，生於光緒七年（1881年），早故

周元棠玄孫名字的第一個字，都是「恩」字，據周恩霔在《我的堂兄——周恩來》一文中說：「我們的祖父是胞兄弟。我們恩字排行的共14位。」如果加上光燾的後代恩燦是15位。現在周恩壽與周恩霔也已去世，由於資料不全，他們的後代星散全國各地，已沒有人在紹興、淮安居住。「恩」字排行的堂兄弟們已排不齊，也可能有的人沒有成年就夭折了，現將已經知道的12位排列如下：

1. 恩濤，貽豫長子，字松生

4. 恩夔，貽良長子，字鐵仙，生於光緒十九年（1893年）

5. 恩煥，貽定長子，生於光緒二十年（1894年），早夭

7. 恩來，貽能長子，字翔宇，生於光緒二十四年（1898年）

8. 恩溥，貽能次子，字博宇，生於光緒二十五年（1899年）

9. 恩燦，貽寬之子，生於光緒二十七年（1901年）

10. 恩宏，貽定（靜之）子，生於光緒二十八年（1902年）

11. 恩煦，貽豫次子

12. 恩碩，貽奎子，生於光緒二十八年（1902年）

13. 恩壽，貽能三子，字同宇，生於光緒三十年（1904年）

14. 恩彥，貽謙子，字蔚人，生於光緒三十一年（1905年）

15. 恩霔，龢鼐之子，字潤民，生於光緒三十三年（1907年）

周恩來的爺爺周駿龍有四個兒子：貽賡、貽能、貽奎、貽淦。周貽能就是周恩來的父親，而周恩來卻叫周貽賡為四伯父，周貽謙為三伯父，周嵩堯為六伯父，他就是按照家族中大排行叫的。

由於家族之間關係密切，互相幫助，少年時代的周恩來在經濟和學習上得到族中長輩的許多幫助。沒有他們的幫助，他是不可能離開蘇北到東北、天津，受到現代科學教育，完成學業的。

在封建社會裡，血緣關係是維繫社會的紐帶，大家都很看重親戚關係。共一個爺爺是一家，五服之內為本家，出了五服行同路人。在一個大家庭內，共一個曾祖父每一代人都是大排行。即使分了家也要互相幫助，相互提攜，忠孝友悌。在中國因不是長子繼承制，財產不是由一個兒子繼承，而是由眾多的兒子共同繼承。第一代是一個大地主、大官僚，到第二代、第三代財產就分散了，到第四代、第五代可能連小地主都夠不上了，再加上天災人禍，男主人過早地死亡，這個家庭很快就會衰敗下去。在兩千年的封建社會，地主階級是穩定的，長久存在，而地主成員變化很大，經常變動。為了維繫一個家族的永續昌盛，家庭內部必須要互相幫助，一代出了一個進士、師爺等人物，他就有義務幫助子侄們讀書，因為他小時候讀書就很可能受過伯、叔的幫助。這不僅對家族發達是必要的，對個人的發展也是十分必要的。但是這種關係帶來很多弊病，如裙帶風、家族觀念、外戚掌權等等。在現代社會這些弊病更加顯露，阻礙了社會的前進。周恩來對中國社會了解甚深，對這種陋習深惡痛絕，因而他對自己、對親屬要求甚嚴，絕不搞裙帶風。

周元棠（笑岩）小房族的第二個特點：幾代人都做過師爺，可謂師爺世家。關於這一點，周恩來自己也說過：「我的家庭近幾代祖先也是紹興師爺。外祖父原籍江西南昌，也是師爺。」

師爺就是幕僚，用今天的話說就是祕書、智囊、文膽，這個職業自古有之，但是到清朝中期才廣泛地興起。

周元棠房族之所以成為師爺世家的社會背景是清代幕業發達。而師爺這個職業和中國一千多年的科舉制度有關。科舉制度是隋朝（581—618年）開始建立的，在唐朝（618—907年）得以推廣。科舉制度的建立是社會的進步，打破了名門望族對官府的壟斷。魏晉南北朝（220—589年）實行九品中正制，以人物的品行授官職，高品授大官，低品授小官。但是，評定品行的權力掌管在各州郡的中正手裡，他們將出身門第的高低作為評定人品的重要條件，

六、寶祐橋周氏

形成「上品無寒門,下品無勢族」。科舉以考試取官吏,將選用官吏的權力由豪門手中收歸中央政府,從政治上鞏固中央集權,經過300年的努力,到唐的晚期,世族豪門基本不復存在。科舉制度將知識分子引上仕途,中國人再窮,只要有一點辦法就要送孩子讀書,考科舉,這是唯一的出路。

「科舉—命官制度」到明朝達到登峰造極的程度,只有透過考試中舉、考取進士才能當官。國家所需要的官吏是有限的,國庫再充盈也不能養很多的官吏,所以科舉制度有嚴格的規定,每年錄取的人數是個死數,每次開考中舉在浙江全省不過只有一百多個名額。江浙經濟發達,文化程度高,讀書人多,中舉的比例是萬分之一,甚至更少,真是鳳毛麟角。中舉後也未必有官可做,常常要候補多年。候補時沒有薪水可拿。在舊中國常常是大家庭,眾多的兄弟合力供一個子侄讀書。如果這個人即使中了秀才、舉人也無官可做,他不僅要維持自己小家庭的生活,還要對大家庭盡義務,怎麼辦?別無一技之長,只有外出做師爺。紹興人多地少,不戀鄉土,向外發展。

中國近千年的科舉制度規定書生只讀聖賢之書——四書五經,用孔孟之道可以教化人民,而統治人民、治理國家光有孔孟之道是不夠的,還必須要有行政手段,還要有法律、財政稅收。透過科舉考試當了主官的人並不懂行政管理,不懂法律。這是吏所擅長的。吏是由民間進入官府,是一種行政職務,職務小而作用大。統治國家離不了官和吏,因而人們常常將他們放在一起,稱為官吏。以前吏可以靠自己的政績得到提升,因而官和吏的利益是一致的,要共同治理好地方。

朱元璋幼年生活貧困,深受胥吏的欺壓,對他們深惡痛絕,他當了皇帝就懲罰胥吏,不准胥吏靠政績步入仕途,也不准他們參加科舉考試。到明朝中期,這種規定越來越嚴格,完全堵死了吏的出路。結果適得其反,胥吏因無出路,因不求上進而淪落。好的,當一天和尚撞一天鐘;壞的,魚肉百姓。朝廷有迴避制度,為官者不能在家鄉當官,也不能在一地任職時間過長,形成主官是流動的,而胥吏是世襲的局面。

吏的穩定保證了封建社會統治的延續性。可是吏為非作歹,魚肉百姓,玩弄權術到了無所顧忌的程度,常常引起民怨。為官者要治理好地方,力求

穩定、發展，以圖提升。這樣官的利益和吏的利益不是統一的而是矛盾的，甚至是對立的。當官者要管住吏，要約束他們，自己又沒有這個本領，怎麼辦？他們就僱用懂刑法、懂財政稅收的人在後面出謀劃策，這就是師爺。負責刑法、判案的是刑名師爺，負責財政稅收的是錢糧師爺，或金穀、錢穀師爺。主官和胥吏的對立，是清朝師爺職業興起的原因。為官者要在官場上應酬，上下打點，打通關節。要會書琴詩畫，常常吟詩作賦、互相唱和，占用大量時間。這也是起用師爺的一個原因。

師爺的任務是「佐官制吏」，為主官捉刀代筆，出謀劃策，以至操縱地方政治，成為維持封建統治不可缺少的人才，既懂民情，又知道官場運作的程序和潛規則。因此他們的思想、生活習慣、作風、傳統既有中華民族的優良傳統和文化，又有封建社會的陋習和糟粕，二者在他們的身上都得到充分的體現。世事洞明皆學問，人情練達即文章。

當師爺要受專門的訓練，不是所有的讀書人都可以當，那時並沒有培養師爺的學校，都是師徒相傳。因為紹興地區讀書人多，他們走不通科舉之路時就轉而當師爺，父子相承，兄弟相傳，漸漸壟斷了這個職業。清朝時，全國上千個縣，各縣的主官多請紹興師爺，上一級行政機關府裡的師爺也是紹興人。哪一級的案子不是紹興師爺辦的，到了上一級就不能讓你通過。所以有「無紹不成衙」之說，互通聲氣，互為黨援。有的師爺已經在外多年，在外面（多在河北的滄州、保定）安家落戶，也要講紹興話，也要稱自己是紹興人。管錢糧的多是滄州師爺，管判案的多是紹興師爺，說到底還是紹興師爺。到晚清，隨著湘軍、淮軍的崛起，師爺中皖人才多起來。清朝重臣左宗棠、李鴻章均是師爺出身。

師爺是明碼標價，薪金比較豐厚。他們賺了錢，一個置土地當地主，一個辦南貨莊當商人。1840年帝國主義入侵以來，中國不斷割地賠款，逐漸淪為半殖民地，國勢衰落，工農士商各階層紛紛破產，民不聊生，激起民變，人們對官府無能、黑暗統治不滿，必然殃及師爺，認為他們控制訟訴，強詞奪理，助紂為虐。在舊的戲劇中，師爺多由紅鼻頭的丑角扮演，諷刺、挖苦，

六、寶祐橋周氏

而沒有看到他們在治理地方上的作用，沒有看到他們的行政管理能力。近來人們的看法才漸漸發生改變。

當人們批判封建社會時，常常批判科舉制度，而忽視了科舉制度有用人公平、公開、公正的一面，在近代傳入歐洲後，發展為文官制度，即現在推行的公務員制度。師爺作為文官制度的一個補充，師爺的工作方式、作風有許多都值得後人研究、學習、繼承。

周恩來分析：「紹興社會除勞動者（農民、手工業者）外，中上層有兩種人：一種是封建知識分子；一種是商人。這兩種人都是向外發展的。讀書人的出路照例是中科舉，而紹興人則大批的當師爺，在全國各級衙門裡管文案，幾乎包辦了全國的衙門的師爺。」正因為如此，所以在明清時期民間有「無紹不成衙」之說。周恩來又說：「師爺在舊戲裡的臉譜是紅鼻子，大概因為他們都是喝酒的。商人的出路是在各大城市開雜貨店兼賣紹興酒。」

周元棠（笑岩）小房族的第三個特點：除塋地外不置地產，只有房產若干。他們是憑自己的才幹、學識、品行端正立足、謀生，所以有良好的家風，特別重視後人的教育。

探索這個小房族的發展軌跡，研究一下他們的相互關係，成為周恩來研究領域中的一個重要方面。

周元棠死後葬於紹興外鳳。

10. 周元棠族弟周左泉

周左泉，名元春，改名承積，字左泉，紹興寶祐橋周氏五十房周東輝之子，生於清道光十八年（1838年）正月十一日（陽曆2月5日），與周恩來高祖周元棠（笑岩）為五十房族兄弟。

周左泉的青年時代，正是太平天國革命爆發的時代。咸豐十年（1860年）南路太平軍出師天京，第二年十一月十日占領紹興。太平軍在紹興，曾建立地方政權——鄉官200餘處，擔任鄉官的，多為基本群眾。至於地主，有的被太平軍捉住鎮壓了，有的則聞風逃跑。沒有逃跑的，鄉官也經常加以傳訊。

由於中外反動派的聯合鎮壓，駐紹太平軍於同治二年（1863年）三月十五日主動撤出紹興。據《越州紀略》和《微蟲世界》等書記載，清兵和洋兵入城後，藉口鎮壓太平軍有功，大肆劫掠，老百姓的許多財產，「蕩焉無復存」。

太平軍占領紹興的時候，左泉應在紹興。因據周嵩堯為《海巢書屋焚餘詩稿》的跋中寫道：「先祖三十年以前肆力於詩古文詞，其後遂專研經濟性理之學，著述數種。於發捻之變散佚無存，僅此一卷得之，左泉叔曾祖乃刪棄欲焚者。」由此李海文推斷，這時光勳、光熹的後人已不在紹興，因而周元棠的文稿才落到他的手上。他與元棠是族兄弟，比較遠，但那時同族人聚居，另外他在族內是能幹、活躍的分子。還有一件事可證明他的精幹。

據周氏《老八房祭簿》記載，同治六年（1867年）十月，族中與侵犯祖墓者打官司時，左泉就在紹興。

所謂官司者，為同治四年（1865年），周光亭等突於黑夜在周氏五世祖周養浩、九世祖周南坡墓地，毀壞禁碑，盜葬父棺。族長東輝與竹泉、椒升、蕃祖鳴縣究治。周駿侯、周昂駿在清淮得信，亦於淮安起訴，由淮安府移紹興府提訊。東輝，名潮，字慕韓，又字東輝，生於乾隆六十年（1795年），即左泉之父。官司事幾經周折，於同治六年（1867年）十月集訊到堂，原告出席者，除東輝、竹泉、椒升，還有左泉。承訊者，紹興知府李樹堂，判周光亭在兩月內將父棺遷移。

周左泉亦業師爺，此時正遊幕清淮。祖墓案勝訴後，即於臘月出門做事。而周光亭見左泉已走，遂生藐視，逾限不遷父棺，並於同治七年（1868年）赴臬司翻控。而當時「椒升需回江西，左泉幕江寧，……逸帆、霞軒幕淮清」。東輝、竹泉遂飛致諸人回紹投質。官司一直打了4年之久，至同治九年（1870年）才事畢。正回紹興的周昂駿（霞軒）分別致函「江寧左泉，江西椒升，清淮逸帆、雲門等知之，以慰遠人數年來南望之懸念」。可見這時左泉就幕的地點已由清淮到了江寧。

經這場官司，周光亭終於遷走了父棺，墓區禁碑重刻，舊禁碑亦賠還在山。周逸帆於同治十三年（1874年）春回里，竹泉率同逸帆、少庭等於五月十五日買舟赴山，將新舊兩禁碑豎立南坡公墓側。

六、寶祐橋周氏

在這場長達 4 年的官司中,周左泉父子兩人始終是主要人物中的兩個。周左泉以後的身世,已無從查考。去世時間亦不明。

11. 周恩來的曾祖父周樵水及夫人樊氏

周樵水(1819—1851 年),名光勛,字箕銘,號樵水,元棠長子,生於清嘉慶二十四年(1819 年)正月十九日。7 歲喪母。其父周元棠,為紹興著名詩人,所以樵水從小受到很好的文化教養。

周樵水於清道光二十七年(1847 年)入泮為秀才,時年已 28 歲,可見周樵水一直在做學業上的努力。

其孫子周嵩堯在填寫中舉資料時,寫他為「邑庠生,誥贈奉政大夫、提舉銜、兩淮候補鹽運判,升用同知直隸州、儀征縣知縣、江蘇候補同知,晉封中憲大夫」。邑庠生就是秀才,這是他生前考取的,其餘均是虛銜,是他的兒子在他去世後,得到這些官銜,上封到父親。這從他的墓碑中得到佐證,墓碑中僅寫「邑庠生」一個頭銜。

⊙周恩來的曾祖父周樵水先生遺像。(周爾鎏提供)

他的重孫子，比周恩來小10歲的周恩霆生前回憶：「遠祖有農民、商人，也有讀書考科第外出遊幕做官的，到我曾祖父這一支，他完全是以教讀為生，門弟子從學者的很不少。」由此可見，他是子承父業，仍以教私塾為業。一邊學習，一邊準備功課，繼續考科舉。

周樵水娶紹興人氏樊氏，生有5個兒子：駿侯（改名晉侯）、駿昂（改名昂駿）、駿聯（改名聯駿）、駿龍（改名起魁）、駿龐（改名子龐）。樵水不幸英年早逝，於咸豐元年（1851年）九月十九日酉時去世，只活了32歲。去世時5個兒子，大的只有15歲，小的才5歲。周樵水的夫人樊氏生於清嘉慶戊寅（1818年）十一月十二日，周樵水病逝時，她只有33歲。

樊氏的父親樊維城，浙江紹興人，是周笑岩的朋友，也是一名秀才、師爺。父母做主，門當戶對，樊氏17歲時嫁給了周笑岩的長子周樵水。第二年，她為周家生了一個男孩，即周恩來的大祖父周晉侯。

樊氏在娘家是長女，她下面還有兩個弟弟樊文煒和樊燮。後來，她的兩個弟弟都拜笑岩公為師，學習錢穀。

樊氏為周家生了5個兒子。1851年8月、9月，小兒子駿龐才5歲，她的公公周笑岩和丈夫周樵水竟在一個月之內先後去世了。周笑岩夫婦和周樵水同葬於紅桃子山即外鳳。

樊氏和她的5個兒子一夜之間變成了孤兒寡母。這時，已經學成幕業在外做師爺的兩個弟弟幫助了她。他們把樵水公的大兒子晉侯、二兒子昂駿帶出去，跟在他們身邊學習幕業。樊氏在周樵水的弟弟周光燾和百歲堂族人的關照下，茹苦含辛，撫養3個幼小的兒子聯駿、起魁（周恩來的祖父）和子龐。9年過去了，1860年，兒子們都長大了。樊氏卻因操勞過度，心情鬱悶而撒手人寰，去世時才42歲。

樊氏為人善良本分。她起早貪黑，盡心盡職地撫養大了5個兒子，自己卻從沒有享過一天福。多年之後，為了紀念母親的功勞，樵水的兒子們共同出資，由二兒子昂駿出面稟奏官府，在百歲堂老宅的大廳裡，掛上了「欽旌節孝」的匾額，為周家「一門三節」之一。

六、寶祐橋周氏

樊氏去世後，與丈夫合葬。1939年3月29日，周恩來曾回紹興祭祖掃墓，專程到外凰獅子山祭掃了周元棠（笑岩）、周樵水的墓。周樵水的墓碑碑文為：

> 皇清　邑庠生樵水周公　合墓
> 　　　暨德配樊氏孺人

1964年，周恩來在一次與親屬談話中，他說：「我們的曾祖父光勳，號樵水，這個名字還好些，還有點務農之意。他是道地的紹興人，紹興有他的墳，到我們的祖父一輩就遷到淮安了，墳在淮安。」

另外寶祐橋周氏在嘉慶年間寫的《老八房祭簿》的《序》中也提到了周樵水，全文如下：

《老八房祭簿》曾於乾隆戊戌年豎立，俾各得所遵循，無如輪流值祭，難免翻閱過多，而代遠年湮，幾成□（斷）簡。緣此族長星華，命姪沂捐置新簿，並囑曾姪孫樵（水）敬錄，且自捐堅實厚本，周圍包裹，使新簿或無傷之慮。敬告同族，每逢值祭，俱□□□□，庶幾上昭恪□□□□□□□□感焉。是[為序]

序言中提到的族長星華，名泰鈞，風（即兆豐）之次子，生於乾隆四十八年（1783年）八月初八日。姪「沂」，字詩宜，生於嘉慶二十五年（1820年）十月廿六日，出繼星華。周樵水為星華曾姪孫，祭簿為樵水手跡，內中也有周駿昂文章、周駿侯和周嵩堯手跡，還有周恩來補寫的譜錄，這本祭簿就成了他們（曾）祖孫幾代共同寫成的一件十分寶貴的文物手跡，也成了周恩來研究中不可缺少的資料之一。

附：

樊氏的兩個弟弟樊文煒、樊爕

樊文煒，周樵水的妻子樊氏的大弟。出生時間，約在清嘉慶末年道光初年，具體年月不詳。

樊文煒出身於師爺之家。父親樊維城是周笑岩的同行，也是朋友。樊文煒年輕時和姐夫周樵水、弟弟樊燮一同向樵水的父親周笑岩學習幕業。由於幕業是紹興人謀生的重要手段，所以他們一般多將這一行業傳授給自己的後代晚輩。師爺授業一般都要收很高的學費，但如果是自己的家人也就免去了。樊文煒向周笑岩學幕，一方面可以減免學費，另一方面，周笑岩博學多才，是一個出色的幕僚。他不但有實踐經驗，自己還總結有理論，且有著述數種。樊文煒和弟弟樊燮在周笑岩那裡學習，獲益匪淺。樊文煒和弟弟學成後便前往江蘇遊幕。1851年，樊文煒的老師周笑岩和姐夫周樵水相繼去世，樊文煒和弟弟一方面為幫助姐姐擺脫困境，另一方面為報答恩師，遂將兩個外甥周晉侯（逸帆）、周昂駿（霞軒）帶到江蘇，培養他們學習幕業。此為周家遷往江蘇之始。也就是說，周家遷徙江蘇，樊氏兄弟是最早的帶路人。

樊文煒大半生都以作幕為業。他曾買過一個五品官銜，但若要補上五品官缺，那就還要花費更多的銀兩，還要打通很多的關節，實非易事。根據目前的資料所記，樊文煒只補過一任小官，即「江蘇甘草司巡檢」。

樊文煒後來在淮安定居，他的後代子孫也在淮安繁衍生息。19世紀末，1892年左右，他的孫女又嫁給了姐姐樊氏和姐夫周樵水的孫子周嵩堯。周恩來的胞弟周同宇晚年曾說：「我們在淮安有很多親戚。魯家、鄭家都和我們是姑表親。」魯家是周恩來祖母的娘家，居住紹興，樊家是周恩來曾祖母的娘家，已遷居淮安。此處恐為周同宇的口誤，淮安的「魯家」應改為「樊家」。

樊燮，周樵水妻子樊氏的二弟，約出生於清道光初年，具體年月不詳。

樊燮少時也像哥哥樊文煒一樣，得樵水之父周笑岩的師傳，學習幕業。他聰明好學，領悟力強，學得比較好。以後，他到江蘇做幕僚，由於業務精通、工作能力強，比較快地從師爺升到了知縣。樊燮先後在皖北和蘇北的碭山、蕭縣、宿遷、沐陽、沛縣和銅山等縣擔任過知縣。逐漸地，他在蘇北地區打下了一定的社會基礎。1860年樊燮的姐姐去世以後，他在遠離家鄉的蘇北，對外甥們擔起了家長的責任。周氏外甥們陸續前往江蘇謀職，樊燮都一一為他們操心安排。

六、寶祐橋周氏

樊燮在做幕僚時，不光教授外甥周昂駿（霞軒），同時還招收其他學生教授錢穀。其中有一個學生名鄭仁壽（見山），樊燮見他學習刻苦、品行端正、辦事勤勉，很是喜歡。鄭仁壽有一位大他一歲的胞姐鄭氏，還有一位大他18歲的胞兄鄭仁昌；鄭仁昌是江蘇東臺縣知縣。鄭仁壽父親早逝，哥嫂如父母，鄭仁壽和姐姐由大哥鄭仁昌撫養長大。大約是1863年，身為舅舅的樊燮替外甥周昂駿（霞軒）做主，前往鄭仁昌家提親。周昂駿（霞軒）在舅舅的安排下，娶了鄭仁壽的姐姐鄭氏為妻。

樊燮崇拜恩師周笑岩，在對學生講課時，常常向他們介紹周笑岩的詩文、經濟性理與道德風範。以後，周昂駿（霞軒）在知縣任上「居官清正，愛民如子，事必躬親，不避嫌怨」，鄭仁壽也以勤奮、公正，在漕運總督幕府內享有盛名。這些都與他們年輕時受到周笑岩思想品格的影響有很大關係。而承前啟後，授業解道，樊燮舅舅功不可沒。

樊燮去世時間與後人的足跡，目前尚無考。

12. 周樵水胞弟周光熹，侄子周殿魁、周駿發及後代

周光熹，字水心，周恩來高祖周笑岩次子，周恩來曾祖周樵水胞弟。生於清道光二年（1822年）四月二十日，配夫人沈氏，共生育有三個兒子：周駿聰、周駿皆和周駿發。

周駿聰，更名殿魁，字子明，生於道光二十四年（1844年）八月二十八日，配夏氏。在周龢鼐、周嵩堯的中舉資料中均寫為「嫡堂叔殿魁」。經淮安的同仁查閱，在《淮安府志》「鹽城縣巡檢」一欄有如下記載：「周殿魁，會稽人，光緒中任，上岡巡檢」；在《阜寧縣志》記載：「光緒元年（1875年）周殿魁，浙江會稽人，監生，七月任草堰司巡檢。」《如皋縣志》記載，周殿魁曾任如皋縣巡檢。在周殿魁堂侄周昂駿的兒子周龢鼐（光緒甲午科，1894年）、周嵩堯（光緒丁酉科，1897年）的中舉資料《浙江鄉試同年齒錄》上均記載：「嫡堂叔殿魁，國學生，理問銜，現任江寧布政使司倉庫大使。」而在庚子辛丑恩正併科（1901年），周殿魁的族侄周嘉琛的中舉資料

中記載：「從堂伯，周殿魁，國學生，理問銜，前任江寧布倉大使。」可見到1901年他已不擔任江寧布倉大使。他這些頭銜只有江寧布倉大使是實職。

江寧即今南京，江寧布政使管轄江寧、淮安、揚州、徐州、海門、通州六府州之地。布政使是督撫之屬官，布政使司即布政使的衙署。

倉大使，在清代只有江寧布政司設一人，是九品官，主管稽檢倉庫，稽檢倉庫並不是倉庫主任，因為江寧所屬六州是比較富裕的地方，又是漕運必經之路，倉庫定然不少，不然全國各布政使司僅江寧布政司庫大使下設倉大使一人。但是周殿魁無論是在鹽城、阜寧、如皋等做巡檢，還是到南京當倉大使，都是九品官，官位極低。《老八房祭簿》沒有關於他的後人的記載。

周駿皆，又名延俊，周光熹的次子。生於道光二十七年（1847年）二月二十九日。大約沒有結婚即去世。

周駿發，字純甫，周光熹的三子，生於清咸豐元年二月十五日（1851年3月17日）。周駿發早年也從紹興遊幕到清淮一帶，落腳於淮安駙馬巷。遊幕期間，周駿發曾捐過一個未秩官銜「南河後（候）補閒官」。故周秉宜推測他很可能在管理河務的漕運總督或江南河道的官府中就官。據李海文推測，由於樵水公年僅33歲就離開人世，他遺下的5個兒子均未成年，作為親叔叔的周光熹曾照料過他們。所以周樵水的兒子們長大成人，自然也要照顧叔叔的後代，周殿魁、周駿發均到江蘇做事。1905年周駿發去世於淮安駙馬巷周家院，安葬於淮安東門外周氏塋地，配夫人朱氏，生子周貽寬。

周貽寬，字厚之，生於清光緒二年（1876年）。在周龢鼐和周嵩堯的中舉資料上，他都是「從堂弟貽寬，國學生」；而在周嘉琛的中舉資料上，他已是「國學生，後補典史」。清末民初，他曾在淮安居住較長一段時間，後移居南京。20世紀20年代末遷居揚州，家境一直較貧寒。1927年左右和30年代，周恩來的父親周劭綱幾次去揚州，均在周貽寬家中住過。周貽寬在揚州和周嵩堯一家來往密切，周嵩堯的孫子們叫他「九公公」。「公公」是對遠房叔伯祖父的稱謂。周貽寬1940年左右於揚州去世。生子周恩燦。

六、寶祐橋周氏

周恩燦，周貽寬之子，清光緒二十七年（西元 1901 年）生於南京，譚名「小侉子」。他的這一譚名是因出生後體弱，家裡人怕他活不大，就為他做了個「關目」：讓他在滿月那天穿上山東人家孩子的衣服，意思是他已不算是周家人了，所以被人們喊做「小侉子」。

周恩燦與周恩來已不屬同一曾祖，是同一高祖。如果各用單一的世系表排列是這樣的：

周元棠（笑岩） { 周樵水—周起魁—周劭綱—周恩來
周光燾—周駿發—周貽寬—周恩燦 }

1905 年，周恩燦的祖父周駿發在淮安駙馬巷周家院病逝，按封建習俗慣例，周恩燦隨父親周貽寬由南京返淮安守孝，同時入周家塾館讀書。1908 年夏，周恩來生母、嗣母相繼去世後，他帶著弟弟從清江浦回到駙馬巷，與周恩燦有幾年的交往。周恩燦清楚地記得恩來大哥好讀書，周恩來嗣母十一嬸陳氏去世後，周恩來一邊為母親守靈，一邊手裡還抱著書本不放。周恩燦回憶說：「我頑皮，不聰明。總理小時候常在沙盤上練字，有時在月光下還在沙盤上練字。」「總理小時常和我們在後院放風箏。」

因在一起長大，周恩燦在周恩來這一代兄弟中排行為九。

1912 年周恩燦 11 歲時隨父親離開了淮安，以後全家遷居揚州。抗戰時期，周恩燦為了謀生到蘇北一個縣的稅務所工作了幾年。1946 年周恩來到南京進行國共談判。周恩燦曾去南京看望過周恩來，周恩來鼓勵他要依靠自己的力量，堅持做一個自食其力的人，並給他 5 萬元，這是周恩來當時一個月的津貼。周恩燦回到揚州後改去學校教書。解放後，周恩燦一直在學校教書直到退休。

1980 年和 1982 年周恩燦兩次回到淮安向周恩來故居的工作人員介紹駙馬巷當年的情況，提供了許多寶貴的第一手資料。1983 年 3 月 31 日，他在揚州病逝，享年 82 歲。

13. 寶祐橋河沿·百歲堂·誦芬堂

　　古時紹興的城區格局，以一河一街、一河兩街或有河無街的水巷構成，且以橋名地塊，具有濃厚的水鄉特色。

　　寶祐橋河沿，有一條東西向的河道，屬一河一街格局，位於城區中部，南河北街，街隨河走。河寬約 6 公尺，東通都泗門漕河，西接山陰、會稽分界之府河，長達 2 里多的寶祐河上，有橋四座，自西而東依次為通泰橋、瑞安橋、掇木橋和寶祐橋，通泰橋俗名新橋，瑞安橋俗呼滑橋，掇木橋為簡易木橋，木橋可掇起，以利大船通行。寶祐橋則為四墩三跨宋代梁式石橋，四橋中最為著名，因橋始建於宋寶祐元年（1253 年），故名寶祐橋，其街遂稱寶祐橋河沿，後人以「寶祐」二字取諧音，訛傳為保佑橋河沿。

　　寶祐河北岸，青石鋪地，寬約 4 公尺，是為「河沿」，即為其街。百歲堂在河沿的東段，屬明代建築。百歲堂西側房屋為周恩來嫡系世居故宅，西邊有一條南北向小弄，弄南口原有牌坊一座，上書「唐賀學士故里」六字，弄北端即為紀念唐代大詩人賀知章的「賀祕監祠」。

　　過去寶祐橋河沿是進都泗門往會稽縣治的水陸主要通道，來往船隻多停泊於此，著實一番舟楫相銜、萬頭攢動的景象，百歲堂東鄰之長橋頭遂成街市，曾有周大昌米店和朱合興菜館等商號。

　　20 世紀 60 年代初，由於交通建設需要，填河拆橋，原寶祐橋河沿被改建成為柏油馬路，地名亦隨之改稱勞動路。

　　寶祐橋周氏尊周茂為一世，四世周慶入城居永昌坊（在百歲堂附近）。清康熙三十七年（1698 年），十世祖周懋章 91 歲，妻王氏百歲，浙江巡撫授「百歲壽母之門」匾額，從此其居處就稱百歲堂。

　　「百歲堂」臺門坐北朝南，係明代建築風格的竹絲臺門。三開間寬，三進深。明清時期，中了舉人就可以立旗杆，由於寶祐橋周氏族人中曾中過兩位進士和幾位舉人，所以百歲堂前曾有幾對旗杆石，現已無存。但「百歲壽母之門」匾額，仍懸於二門之上，由於原匾在「文革」中已毀，現由現代書法家顧廷龍重寫。隱門有門對一副：「蓮溪綿世澤，沂國振家聲。」蓮溪指

六、寶祐橋周氏

周敦頤，沂國指周茂，因為周氏傳說周茂在元朝被封沂國公，說明周氏淵源。百歲堂第二進為大廳，上懸「錫養堂」匾額，這是寶祐橋周氏舉行公共祭典的地方。1939年3月，周氏族人曾在這裡宴請遠道歸來的周恩來。周恩來也曾在這裡為族人一一題詞，並在大廳前合影留念。第三進為二層樓房，1956年被颱風颳倒，改建成平房，現已復原。

由於周懋章排行五十，百歲堂即成為寶祐橋周氏五十房祖宅。百歲堂左右房子，為五十房族人住宅，周恩來高祖的房子即在百歲堂西首，新廳日誦芬堂。周嵩堯在《周氏淵源考》中寫道：「……誦芬堂，而族人則統稱日百歲堂，今散布蘇浙科名宦者皆百歲堂一枝之後裔也。」在今勞動路60號。百歲堂西首房屋三開間，三進，第三進為木結構樓房三間，高祖周元棠命其為「海巢書屋」，所著之《海巢書屋詩稿》，曾刻版問世，至今尚存。以後周恩來祖父周起魁（雲門）、父親周劭綱（懋臣）也都居住於此。

誦芬堂於1806年由周恩來的太高祖周文灝典出，仍由周文灝家人居住、使用。估計後由周元棠（笑岩）贖回。1878年周恩來的二祖父周昂駿（霞軒）和祖父周起魁（雲門）在淮安駙馬巷置房後，將此房租給昂駿、起魁的堂弟周延春。周延春一家均在淮陰生活，並不回來住。即使房子已租出，周恩來祖母帶周恩來回浙省親，在紹興城裡就仍住在這裡。1900年10月，周昂駿的幼子周嵩堯和周延春續立租賃合約。1999年，周嵩堯孫子周華凱將合約贈給紹興周恩來紀念館。

周恩來童年在淮安度過，但是他的父親曾在紹興跟魯小和學做師爺，共三年。清朝有規定，凡是參加科舉考試必須回到原籍，他的幾個伯伯為參加科舉也多次從江蘇回到紹興。周恩來祖母的娘家1890年分家時為她分了一份家產。由於以上原因，周恩來童年時也到過紹興百歲堂，住在誦芬堂。據周恩來姑丈王子余女兒王去病回憶，她曾聽大哥王貺甫說周恩來少年時代曾回過紹興；族人周尚麟也回憶辛亥革命前後周恩來曾在紹興住過一年。1957年周瑞英給周恩來寫信詢問：總理是否是30多年前約20歲時離家赴奉天的周促立？周恩來批覆：「我離家為12歲，是從淮安赴遼寧省鐵嶺縣。年代在1910年，並非紹興，也非30年前，而是快50年了。」周秉宜提供：周

恩來的胞弟周同宇生前看了周尚麟的回憶後，根據回憶中關於周氏的舉止言談，認為回紹興的是二哥周博宇，而不是周恩來。

紹興皋埠魯氏表親則回憶周恩來小時曾跟著父親到皋埠魯家走親拜年。據說1924年周恩來從法國回到廣州後，曾回紹興探親。但是這些說法還沒有找到更有力的證據，特別是周恩來生前多次專門說過自己的童年及革命經歷，但是從未談及童年在紹興的生活情景及1924年回紹興探親。

他沒談及並不等於他沒有回過紹興，可能他認為不太重要。越劇給他留下深刻印象。他和戲劇工作者多次談過童年在紹興看戲的情景。1950年7、8月，他接見越劇團時說：我在年紀小的時候就看過「的篤班」，是在紹興看的，我還小呢。我還記得兩句話：可恨山王太不良，強逼民女罪難當。說得大家都笑起來了。另外1957年4月25日周恩來在杭州看了金華越劇團演出的《孟麗君》後，接見演職員時說：「我是紹興人，從小跟著祖母看過越劇，最早越劇叫『的篤班』，《孟麗君》又叫《華麗緣》，你們演得很好。」周恩來的祖母何時去世，現已無可考。比周恩來小6歲的胞弟周同宇（恩壽）在回憶中從未提起過祖母，可見祖母去世時他還沒有記事，估計1904年周恩來隨父母搬到外婆家住時，祖母已去世。

周恩來對故鄉紹興是很有感情的。一方面這是他祖父、父親的家鄉。紹興人，特別是當師爺的，在外多年甚至安家立戶，都不改鄉音，以保持紹興人的特點，也要講自己是紹興人，否則他們難以在師爺這個行中立足，因為是由紹興人壟斷了這個行業。他的祖父、二伯、四伯、六伯均做師爺，他們多與師爺來往、結親。周恩來幼年時，即使住在江蘇淮安，家庭中紹興的氣氛也應是很濃的。日常生活中的耳濡目染，使周恩來對師爺的工作情況有所了解。據周恩來的祕書馬列回憶，周恩來曾向他們介紹過師爺的工作方法，為主管準備材料齊而全，並提出幾種處理方案，供主官選擇，等等。祖母魯氏是紹興人，家裡的生活習慣，包括吃飯、起居都保留著紹興人的口味、習慣，更使他忘不了紹興。

另一方面他童年也到過紹興。他在紹興，看戲的機會很多，因為當時紹興的廟臺戲不斷。火珠巷王子余府邸的對面就是一座「元帥廟」（今「五星

六、寶祐橋周氏

書場」），進「三門」就是一個固定的「萬年臺」，經常演戲。他老家百歲堂附近的團基巷，有一座「火神廟」，裡面也有一個金碧輝煌的「雞籠頂」大戲臺，經常演戲。「百歲堂」斜對面有陀頭庵，也有臨街戲臺，建於清道光年間。靠北邊，在小江橋與大江橋之間，也聳立著一座被稱為「相公殿」的戲臺，建於明代。「百歲堂」後門緊靠學士街，紹興的戲曲藝人，大都住在「學士街」「永福街」「唐皇街」三條街上，俗稱「三埭街」。所以，「百歲堂」的位置處於紹興戲曲藝人集居的腹心地帶，而且隔學士街與戲曲藝人的「老郎廟」相望。戲曲藝人尊唐明皇為戲神，「老郎廟」是藝人議事、祭祀的重要場所。永福街又有過街戲臺，由福建人據為「福建會館」，也建有「萬年臺」。所有這些戲臺，都與「百歲堂」近在咫尺，可以清清楚楚聽到鑼鼓聲和藝人的演唱。面對著這樣密集的戲曲環境，加上當時演的都是不必買票的「廟臺戲」，孩子們可以隨時跟著長輩自由出入於戲場。少年周恩來對紹興豐富多彩的地方戲曲留下深刻的印象，特別是越劇。當時紹劇稱為大戲，嵊縣女子文戲即越劇，被稱為小歌班和的篤班。

1964年8月，周恩來和鄧穎超召開家庭會議，他對弟弟周同宇，弟媳王士琴、陶華，侄女侄子周秉德、周秉鈞、周秉宜、周秉華、周爾輝、孫桂雲，侄孫國盛、國鎮說：「祖墳在紹興，紹興的家譜有我的名字，我不能不承認是紹興人。但我生長在淮安，滿嘴的淮安口音，也不能不承認是淮安人，所以我說我是原籍浙江，淮安生人，江浙人也。說是紹興人，不僅是因為祖墳和家譜，更主要的是我們封建家庭的根子在紹興。封建家庭的老根子可厲害了，影響思想，影響生活習慣，封建根子不挖清，思想認識不行，你的思想覺悟就提高不了。」

「我們沒有土地，為什麼說是封建家庭呢？過去紹興人靠什麼為生？一靠土地，二靠當紹興師爺。師爺很厲害的，給縣官出主意的，現在叫『祕書』。縣官都用兩個師爺，一個管收稅，多數是滄州師爺（滄州師爺也是由紹興人遷到滄州定居的——李海文注），一個管判案子，多數是紹興師爺，都可以剝削人。紹興師爺的行會把持、壟斷師爺職業，全國兩千多個縣，多是紹興師爺，上一級的府也是，哪個縣的案子如果不是紹興師爺辦的，到上一級就不能讓你打贏。」

周恩來從他爺爺這一代人起多是做師爺。周恩來說「原籍紹興」，也是從他家祖上幾代人的職業、思想、工作作風、生活習俗而言。

1939年春，周恩來為了貫徹中共六屆六中全會精神，確定新四軍的發展方針，解決項英與葉挺的團結問題，並指導中共閩、浙、贛三省委（地下）工作，到華東南去。當時他擔任國民政府軍事委員會政治部副部長，中將銜。新四軍名義上是歸國民政府軍事委員會領導的，因此，他到新四軍部安徽涇陽是沒有問題。而要到浙江去見中共東南局副書記兼組織部長曾山、東南局宣傳部長兼新四軍駐南昌辦事處主任黃道、中共浙江省委書記劉英、中共江西省委書記郭潛、福建省常委兼組織部長范式人等同志就不那麼容易。雖然浙江省主席黃紹竑請他到浙江去，但是光有這個理由，行動仍不便。為了能到更多的地方，他提出回浙江紹興省親、掃墓。蔣介石是奉化人，奉化離紹興僅百多公里。蔣介石1928年一上臺就為母親修墓，以孝子聞名。周恩來提出掃墓、省親，這個理由誰也不能反對。因而他到浙江後除在於潛、天目山和黃紹竑會晤外，還到桐廬、富陽、紹興、諸暨、麗水、金華等地，廣泛接觸各界群眾，發表演說，擴大黨的影響，並很順利地和中共閩、贛、浙省委負責人談話，傳達了中共六屆六中全會精神，對各省委的工作做了重要指示。

他在紹興住了三天，掃墓、省親，並在《老八房祭簿》上寫了自己及在淮安出生、成長的兄弟們的名字和生辰及周嘉琛、周嘉璋孩子的名字。

中華人民共和國建立之初，寶祐橋周氏多數人失業在家，生活困難，連房產稅都交不出，引起了周恩來的注意，他曾兩次匯款，為其故宅繳納房產稅。

據寶祐橋周氏族人回憶，周恩來為寶祐橋故宅繳納房產稅有兩次。寶祐橋和周恩來有關的房子共兩處，一是「百歲堂」，前兩進，為五十房族人共有產；二是周恩來祖居誦芬堂，租給周嘉璋的父親周延春。多年戰亂，並沒有收租金。周嘉璋認為是父親周延春買的私產。民國二十八年（1939年）《紹興城區地籍圖冊》中「紹興縣縣中都第一圖地籍表」上此房產的業主已是周延春之子周嘉璋。但這時周嘉璋失業在家，生活困難。據周尚麟回憶：「1950

六、寶祐橋周氏

年下半年還是 1951 年，周總理有 38 萬（舊人民幣）匯到第十三分會來繳百歲堂的房產稅。」

另據族人回憶，1951 年光景，因繳房產稅有困難，周希農、周文炳聯名寫信給周恩來，有要求總理支援的意思。不久，他們就收到了周恩來覆電，大意是說：國家稅收絕對不能欠繳，並要一次繳清。隔了兩個月，周恩來匯來了 20 萬元（舊人民幣）繳稅，不足部分，周希農、周文炳想盡辦法，終於繳清了房產稅。

百歲堂由於年久失修，1956 年又遭颱風襲擊，整座建築已破敗不堪。第一進除中間臺門斗儀門尚存木框和懸在木框背面的「百歲壽母之門」匾外，左右耳房已面目全非。第二進不僅大廳前左右走廊蕩然無存，就連地面的石板也無一塊完好，廳前照牆上的細壁更是千瘡百孔，廳堂西牆的上半部已倒塌，下半部也搖搖欲墜，廳前沿的花格木窗早已不知去向，廊軒頂部的彎椽大多數霉爛脫落，屋脊殘缺不全。第三進的坐樓遭颱風襲擊後，也因居住者無力修復而改為平房，整座建築岌岌可危。

修復百歲堂，不僅因為它是明代的建築，更重要的是因為周恩來總理曾在這裡居住生活過，是一處周恩來總理進行過革命活動的地方。紹興人民曾多次提議，要求修復和保護百歲堂，可是均被周恩來勸阻了。1959 年鄧穎超來紹興視察工作，她又一次傳達了周恩來的意見，勸大家不要修，把錢用到國家建設上去。

面對百歲堂搖搖欲墜的狀況，1960 年 2 月，有關部門背著周總理，請示省政府，提出修理要求。當時任浙江省省長的周建人非常重視，即指派浙江省文化局許欽文副局長到紹興實地察看，並當場提出修繕意見：第一、第二進按原狀修復，第三進尚有人居住暫緩。

同年 4 月 29 日修理百歲堂工程動工。此時正值中國三年困難時期，為了減少開支，購買舊材，解決了木材不足的問題。

修舊如舊，要求嚴格，工程有粗有細，粗至一塊普通石板的修補，細至許多門窗的雕刻。為此建築部門彙集了最好的、有豐富經驗的雕刻工參加這

一工程。其中有一位磚雕老工人馬和尚師傅，已有幾十年的磚雕實踐經驗，他不用圖紙，可把幾塊方磚鑿刻成精細的花窗，整個百歲堂的室內室外、細壁等的磚雕均由他一人完成。

百歲堂修復歷時 8 個月，於同年 12 月底完工。恢復了門斗、大廳原貌，修理費用計 12600 多元。不久，百歲堂修復情況被周恩來知道了。1961 年 2 月總理辦公室主任童小鵬給浙江省委來電話，傳達周恩來的三條意見：一、本來就不同意修，也不應維修；二、既然修了，應作公益用；三、不要作紀念館，不要讓人參觀。根據這個電話指示，紹興縣委決定，「百歲堂」作為魯迅圖書館館址。現為浙江省級文物保護單位。

在廣大群眾的要求下，1984 年百歲堂正式對外開放。1986 年陳雲為百歲堂題寫了門額「周恩來祖居」，現為紹興周恩來紀念館。

14. 周恩來 1939 年在紹興祭祖與續譜

回到紹興

隨同周恩來回紹興的邱南章在《抗戰前哨紀事》一文中說：「1939 年春，周副主席從新四軍軍部返回桂林八路軍辦事處的途中，繞行原籍浙江紹興。此行的目的，一是看望家鄉父老，動員人民積極抗戰；二是向當地地下黨了解情況。為了行動方便，借名回原籍掃墓。」

3 月 28 日，周恩來身著戎裝，由祕書邱南章、警衛員劉久洲隨行，自蕭山臨浦乘專輪到達紹興，被國民黨紹興當局安排住在小校場紹興縣商會中廳。

周恩來在小校場縣商會稍事休息後，就派警衛員劉久洲到紹興城內火珠巷板橋弄姑父王子余家拜訪探望，受到王家的熱情接待。隨即，劉久洲在王子余長子——王貺甫陪同下，到市區寶祐橋河沿「百歲堂」聯繫祭祖的事，族曾祖周希農和周守白（字文炳）接待了他們。周希農從裡屋取出了《老八房祭簿》翻閱，但祭簿上只記錄到樵水公孫周懋臣的名字，沒有記載周恩來。劉久洲回縣商會後，向周恩來匯報了這一情況。

六、寶祐橋周氏

下午5時半，周恩來偕祕書邱南章步行到板橋弄四號姑父王子余家。他拜望姑父王子余時，拿出自己的名片，作了自我介紹。亂世相逢，倍覺親切。他在王家勤訓堂內向相繼前來相見的親友們一一問好。然後，由姑父王子余引見，在座期間瞻仰了姑媽周桂珍半身遺像，並默哀三鞠躬。晚餐由姑父款待，除他大兒子王貺甫陪同外，還邀請地方著名人士張天漢、沈復生、王鐸中和《紹興民國日報》記者宋山（子亢）作陪。

周恩來邊吃邊談。他說：「抗戰必然是困難的，而且以後還有更嚴重的困難，抗戰要有長期的思想準備，要準備迎接更艱苦的局面。」又說：「日本侵華是非正義的，最後難逃失敗的命運。」這時，子余先生的孫子慕向（現名王成）來告：「門外有兩個戴呢帽、穿短衫的人（特務），站著不走。」周恩來告訴在座的人說：「不要緊的，他們有他們的事，我們說我們的話。」他繼續向在座的人詳盡地介紹八路軍所在地的情況：「那裡不論是工人、農民、青年、婦女、知識分子或開明紳士，只要不是當漢奸的，統統在民主政府的領導下，組織起來，艱苦奮鬥，在各方面支援抗日。年輕力壯的爭著要參軍，去前方打鬼子，如去不成的就參加地方自衛隊，支援運輸，救護傷員，協助八路軍探聽敵人的行動等等。人民愛護軍隊，軍隊保護人民，軍民一家，勝似魚水，使敵人（日軍）陷入了人民戰爭的汪洋大海之中。總之，那裡的人民個個對抗戰懷著必勝的信心。我相信，以後你們這裡的人民，一定會走上全民抗戰的道路。」

周恩來談笑風生，當他嘗到特地為他準備的紹興家鄉菜「霉千張」時，爽朗地說：「聞聞臭，放到嘴裡倒很香。」引得大家哄然大笑。

周恩來又與姑父王子余商討明日下鄉祭祖的事情。飯後，周恩來用「浙江省第三區行政督察專員公署保安司令部便箋」，親筆書便條一張，並隨附現金100元，派祕書邱南章送往百歲堂周希農太公處，以作代為辦理明日祭席之用。便條全文為：

希農太公公賜鑑：

茲派人呈上國幣百元。請代辦明晨祭席四桌，並於午後代請寶祐橋本家各長幼午餐，煩瀆之請，容明晨面謝。專稟，敬請

晚安

曾侄孫周恩來叩　即晚

按照周恩來的囑託，希農太公根據紹興地方傳統掃墓習俗，在當時紹興城內最有名聲的飯館——知味館訂辦了四桌祭席。

掃墓

3月29日晨6時許，姑父王子余來訪，周恩來恭迎入室。接著，周家族長希農太公前來縣商會相見，周恩來急忙起身相迎，並很恭敬地向希農太公行三鞠躬禮，又扶太公坐首席。談話中，周恩來詳詢了家族近況。

清明時節雨紛紛。29日清晨，忽逢細雨霏微。8時半左右，天空放晴，剛才還是一片茫茫雨絲，雲間微陽含笑，映照著寶祐橋下如練的清流。

周恩來一身戎裝，在表弟王貺甫、表侄王慕向（又名王戎）和《紹興民國日報》記者宋子亢陪同下，從縣商會來到寶祐橋百歲堂，縣政府事務主任鄭冠堂也參與陪同。三區專員賀揚靈以保護為由，派了5個特務人員隨行，名曰保護，實為監視。

由縣政府事務主任鄭冠堂和表弟王貺甫，為祭祖掃墓而準備的三艘三明瓦大烏篷船停靠在寶祐橋河埠踏道邊。9時許，周恩來在百歲堂稍予逗留，並作了禮節性的問候致意後，就與周氏族曾祖周希農、周文炳，族叔周嘉璋、周金麟等一行總共10餘人，徒步至寶祐橋河埠上船。在船上，因周恩來與族曾祖周文炳尚是第一次見面，希農太公給他們做了介紹，周恩來聽後，非常恭敬和藹地脫了帽，面對周文炳行三鞠躬禮，並叫「太公公」。船上主要就座的有：周恩來、邱南章、宋子亢、王貺甫、王戎（王貺甫子），以及周希農、周文炳、周嘉璋、周金麟等人，船頭上還有一些警衛人員。第二艘船是伙食船，裝運祭祀用品及廚師等雜勤人員。

船從寶祐橋河埠出發，沿城河過五雲門、東郭門往東，經渡東橋順著若耶溪行進。

六、寶祐橋周氏

在船上,雖有一名負責祭掃事務的特務科長和兩名冒充船工的特務監視,但周恩來依然泰然自若,以閒談聊天的方式進行著社會調查。他詳細地詢問了紹興農民生活等情況,並了解農民對抗戰前途的看法,表弟王貺甫和記者宋子亢作了如實的回答。周恩來不露聲色地一一記下了。當周恩來聽到大家談紹興有水鄉、山鄉之別,很感興趣。他認為紹興北面是平原,中間有古運河支流水道,是魚米之鄉,生活可以無慮;而紹興南邊是山鄉,山脈蜿蜒,連綿浙南,地瘠而民貧,生活遠遠不及水鄉,需要長期改造它。這時,希農太公訴說:「國民黨政府抽壯丁都抽到窮人的頭上,有去無回,妻離子散,怨聲載道啊!」周恩來聽了非常氣憤地說:「這是嚴重的政治問題。」周恩來謙虛、熱情的態度,使船上的氣氛活躍和諧,時間也就好像過得較快,一會兒船就到了會稽山北麓的塗山鴨嘴橋,這裡有周氏十四世祖周步超(字孟班)和十五世祖周應麟(字孔錫)的墳墓。

塗山在紹興城東,距城約5華里,是一處有500餘人口、百餘戶人家的自然村。離城區較近,水陸交通方便,地形環境好,10餘公尺高的小山連綿,所以,城裡人多喜歡在這裡建造先人墓地。鴨嘴橋是一座頗具地方特色的清代梁式石橋,小巧雅緻,造型優美,連橋塊全長也不過10餘公尺左右。塗山鴨嘴橋周氏祖墳,是寶祐橋五十房周氏祭祀中輩分最高的一代,即周氏十四世祖周孟班和十五世祖周孔錫。

在墳親的幫助陪同下,周恩來恭恭敬敬地祭掃了周氏十四、十五世祖二代祖墳後,周恩來給墳親送上20元大洋作酬金,並留下兩桌祭席,對墳親表示謝意和託付好好照看墳地後,即告辭墳親,下船逆流而上,駛往外凰獅子山祖墳地。

外凰位於今紹興縣東南的平水鎮上灶地區。相傳,上灶曾是春秋時期鑄劍大師歐冶子為越王鑄劍起灶的地方,因而,這裡也就稱作「上灶」。船到獅子山已是上午10時多,於外凰多吉橋靠岸後,在墳親的陪同下,周恩來步行登山來到祖上墳地。

外凰獅子山有周氏十七世祖周元棠(笑岩)(周恩來高祖)墓,和周氏十八世祖周樵水(周恩來曾祖)墓。這裡的二處周氏祖墳保存得較為完好,

樵水公墓前的石碑還完整地豎立著，碑額呈圓形，碑高約170公分，寬約60公分，底部沒有基座，直接豎立在墓前的山地上，上面以陰文豎刻：「皇清，邑庠生樵水周公，暨德配樊氏孺人合墓。」據碑文可知這是周恩來曾祖父、曾祖母的合葬墓。

祭祀用的祭席是由墳親王來富挑上山去的。王來富的兒子王阿煥當年11歲，也跟隨父親一造成了山上，周恩來摸著小阿煥的頭親切地問，今年幾歲啦，有沒有讀書，讀些什麼書之類的話題。

祭掃完笑岩公、樵水公的墓，已快中午，周恩來送給墳親20元大洋作為酬金，並留下兩桌祭席。墳親王來富看到前來上墳祭祀的人較多，只收下了一桌祭席，還有一桌留給了周氏族人自用，主客之間都表現得十分客氣隨和。

根據紹興地方傳統習慣，上墳祭祖一定要在上午進行，因此，雖然已時近中午，但周恩來等人還是在墳親王來富的陪同下，由王來富肩挑一桌祭席，又到石旗唐家罋祭掃周氏十六世祖周景商墓。周景商，即周文灝，周氏十五世祖周孔錫子。周文灝有三子，長子元棠，字笑岩，次子元枚，字卜哉，三子元樾。

從外鳳獅子山到石旗唐家罋才3里路左右，水路至此已到了盡頭。唐家罋周氏墓地墳親叫金阿介。這一天，金阿介正好有事外出，女墳親章氏接待了他們。祭掃完周景商的墓，周恩來給墳親留下一桌祭席和10元大洋作常年照看墳地的酬金後，回到外鳳，在施家莊孝子祠吃中飯。孝子祠是一座三開間的普通平屋，原是施家莊屋，現在這裡仍叫莊屋埠頭，房屋已成了村裡的集體倉庫。

拜謁大禹陵

周恩來對大禹為民治水13年，三過家門而不入的精神十分讚賞，在他的倡議下掃墓一行順道瞻仰禹陵、禹廟。

大禹陵在會稽山麓，以山為陵。司馬遷《史記·夏本紀》云：「或言禹會諸侯江南，計功而崩，因葬焉，命曰會稽。會稽者，會計也。」《越絕書》

六、寶祐橋周氏

云：「（禹）因病亡死，葬會稽。葦椁桐棺，穿壙七尺；上無漏洩，下無即水；壇高三尺，土階三等，延袤一畝。」

北宋建隆二年（961年），宋太祖詔先代帝王陵寢，令所屬州縣，遣近戶守視，其陵墓石墜毀者亦加修葺。乾德元年（963年），詔給會稽守夏禹陵五戶長吏，春秋奉祀。明洪武三年（1370年）朝廷遣官訪查歷代帝王陵寢。浙江行省進大禹陵廟圖，被欽定為全國該祭的36座王陵之一。九年（1376年）詔令禹陵五百步之內禁人樵採，設陵戶看守。

陵前石碑上刻「大禹陵」三字，為明代紹興知府南大吉所書，上覆以亭。碑高4.05公尺，寬1.9公尺。周恩來高度評價了南大吉寫的「大禹陵」三個字，與隨行者在此合影留念。大禹陵後有陵殿三間，為知府南大吉所建。大禹陵北為禹廟。禹廟始建於夏，以後歷代都有增建，遂成為一個較大的建築群。進出口為東西轅門，相對而立，中軸線自南而北，依次為照壁、岣嶁碑、欞星門、午門、拜廳、大殿。各進殿宇依山而上，前低後高，檐牙高啄，甚是壯觀。廟內有漢、明、清、民國重建禹陵、禹廟及有關水利等碑刻60餘通。

最後一進是正殿，也就是大殿。殿高24公尺，面闊進深各5間，通面闊23.96公尺，通進深21.55公尺，重檐歇山頂，民國二十二年（1933年）仿清初木構建築形式，用鋼筋混凝土重建。殿中立大禹塑像，據章太炎考定塑建，像高5公尺。周恩來看到大禹的高大立體塑像時問：「這個塑像是原樣修的還是重新塑造的？」大家回答說：「是新塑造的。」又問：「是誰定的稿？」宋子亢回答說：「是請章太炎先生審定的。」周恩來認真地看了塑像服飾的畫面，點頭表示讚賞。又指著塑像供壁上的油彩畫九把斧頭，問：這是什麼意思？王覬甫和宋山一時不知所對。周恩來笑著說：「是象徵九州吧？」殿內有楹聯二副：「江淮河漢思明德，精一危微見道心」，康熙撰。「績奠九州垂萬世；統承二帝道三王」，乾隆撰。殿左側有《重建大禹陵廟碑》，民國二十二年（1933年）七月立，章太炎撰文。

大殿前東側有御碑亭，碑文為乾隆皇帝祭禹詩句，1751年所書。祭廳與大殿之間兩側，各有廂屋5間。

窆石亭在禹廟東配殿背後山坡上，亭呈八角形，內立窆石，形如秤砣，高 2.04 公尺，底圍 2.3 公尺。上尖下圓，頂端有穿，穿大如碗。石中折。據清初學者朱彝尊考證，古時「下棺用窆，蓋在用碑之前，碑有銘而窆無銘」。清李紱撰寫的《敕修夏禹王陵廟碑記》云：「《史記正義》引會稽舊記，以窆石證葬處，故累朝祀典，凡祭禹陵，必於會稽。」這就是窆石的價值。周恩來對窆石上模糊不清的古代刻文作了觀摩，還按習俗對頂端之穿，投了幾顆石子。

在返城途中，周恩來興致勃勃地對大家說：「大禹在人類向大自然做抗爭中，打響了第一炮，在科學萌芽的時代，能和大自然作戰是很不容易的，中國歷代統治階級都沒有學好大禹治水這一課，他們只曉得遏制，不曉得利導，所以成了專制魔王，到處受到人民的反抗。他們是注定要失敗的。」周恩來又親切地教誨同船的青年人說：「你們要學習和發揚五四革命精神，要積極地全心全意地投身到抗戰的大熔爐裡去，在炮火中學習，在炮火中鍛鍊，為抗戰的勝利和祖國的前途做出應有的貢獻。」

續譜

周恩來一行回百歲堂後，希農太公捧出百歲堂的《老八房祭簿》，請周恩來續譜。當周恩來看到自己的譜系，是樵水公之子雲門，雲門公之子懋臣（即周恩來的父親）時，欣然提筆在手抄本家譜中寫上：

恩煥　五十房，樵水公曾孫，捷三公孫，靜之公長子，生於光緒二十年。

恩來　字翔宇，五十房，樵水公曾孫，雲門公長孫，懋臣長子，出繼簪臣公為子，生於光緒戊戌年二月十三日卯時，妻鄧穎超。

恩溥　字博宇，五十房，樵水公曾孫，雲門公孫，懋臣次子，生於光緒己亥年。

恩宏　字（不詳），五十房，生於光緒壬寅年，樵水公曾孫，捷三公孫，靜之公次子。

恩壽　字同宇，五十房，樵水公曾孫，雲門公孫，懋臣三子，出繼曼青公為子，生於光緒甲辰年二月二十三日。

六、寶祐橋周氏

恩勤　字不詳，五十房，樵水公曾孫，雲門公孫，煥臣公子，生於光緒壬寅年。

恩彥　字蔚人，五十房，樵水公曾孫，敦甫公孫，劫之公子，生於光緒乙巳年，妻葛少文。

恩霆　字潤民，五十房，樵水公曾孫，逸帆公孫，調之公子。

毓鑑

毓燕

毓沛

毓濟

毓

恩

題詞

30日上午，周恩來再次到百歲堂。應邀為族人題詞。題詞後又在百歲堂大廳前與族人合影留念。

族長周希農媳婦陳芝年回憶說：「寫的時候我在場，他站著寫字，寫得很快，好像是預先想好了的。基本上每家一幅。他一寫完就告辭，又去忙別的事情了。」又說：「這些照片和題詞，我一直珍藏著，可惜在『文革』期間被抄走，連同神像，都被當作『四舊』燒光了。」保存下來的只有周恩來給族長周希農的信和周恩來的一張名片等。至於題詞的內容，現已失傳。

15. 周起魁的堂弟周延春

周延春，字滌初，生於清道光三十年（1850年）十一月二十五日。為紹興寶祐橋周氏「中」字輩。

延春父親周蕃祖，字椒圃，又字椒升，生於清道光十一年（1831年）九月初八日，曾遊幕江西。長子延春，遊幕蘇北，並在江蘇淮陰成親。原配王

氏，生二子，長子嘉琛，字衡峰，為浙江「庚子辛丑恩正併科」（1901年）舉人。次子嘉瑛，字瑞麟，又字蓮峰，甲辰年（1904年）入泮，為秀才。延春又配曹氏，亦蘇北人，生一子，名嘉璋，字慶麟，又字雲峰。嘉璋在民國三年（1914年）出繼延春三弟延祐，並由族侄周金麟執筆，為周延春寫就《合約繼書》一份，《繼書》云：「竊余早離鄉井，托跡江揚，茲因老母在鄉，不敢久戀，遂攜眷馳歸，親侍蔭下，以娛早昏。惟我父蕃祖公，生我兄弟三人。長，余延春；次延壽，未婚早卒；三延祐，配本城趙氏為室，生一子德麟，未及成丁遽爾天歿。詎三弟不幸先逝，念弟婦不辭勞瘁，井臼自操，矢志堅守，閭里咸知。故我母在日，決為三房立嗣，今余悉遵遺訓，邀集親族爰為妥議，願將余庶出之子嘉璋，過繼與趙氏為嗣，繼續香煙。」《繼書》寫明：「延祐派下，僅族中輪流祭田捌畝二分九厘二毫，坐落平水昌源。此外就是積蓄現洋貳佰元，別無恆產。議定從積蓄中提一百元，作嘉璋婚娶之用，另一百元留存弟婦自用。今後趙氏生養死葬應歸嘉璋承值。」在《繼書》上簽字的有周延春、趙氏和繼子嘉璋、庶室曹氏及周延春長子嘉琛、次子嘉瑛。見繼親族有周陳氏、周玉書、周希農、周嵩堯（峋芝）、周文炳、周玉麟等。執筆人周金麟也在《合約繼書》上簽字。

同在蘇北做師爺，周延春和周恩來的爺爺起魁（雲門）及其兄弟交往甚多，租下了周起魁（雲門）兄弟在紹興的房屋誦芬堂。1914年周延春死於江蘇淮陰任上，棺木仍運回紹興安葬。原配王氏，去世於1921年前後，棺木亦運回紹興。繼配曹氏，1964年在紹興去世，終年77歲。

周延春與周恩來祖父周起魁，同為十四世祖周孟班（步超）之後，兩房關係親近。1939年3月，周恩來回故鄉紹興探親，3月30日應邀到百歲堂與族人共進早餐時，族人談起周蕃祖第三子延祐早逝，身後無子，遺孀趙氏孤苦操家，早年延祐之長兄延春遵照母訓，將庶出之子嘉璋，過繼於延祐遺孀趙氏為子，立有《合約繼書》。當時在場的《紹興民國日報》記者宋子亢在《周恩來紹興省親記》一文中記載說，為增加《繼書》的有效性，族人提議請周恩來在《繼書》上列名簽字補證。因為按照紹興習俗，族中有身分的各房長老，如能在繼書上簽字，就更具有社會約束力，會更提高它的有效性。周恩來尊敬老人，同情孤寡，他聽了族人的提議，欣然表示同意，隨即在《合

六、寶祐橋周氏

約繼書》上寫了「補證」兩字，具日期為「民國二十八年三月三十一日」，又簽名蓋章，使這份繼書成了周氏家族的歷史文物之一。周嘉璋次子周毓沛將這份《合約繼書》一直保存在家中。70年代末紹興縣委幹部金經天前往走訪時，見到了繼書，得以抄錄並攝影。

16. 周恩來的再從堂叔周嘉琛及其子女

周恩來生前稱之為「衡峰大叔」的周嘉琛，字衡峰，號笑如。清光緒六年二月廿八日（1880年4月7日）出生於淮陰。是周延春的長子。「附貢生，民籍，試用訓導」。

周嘉琛和周恩來的父親雖然同宗，但按封建習慣已經出了五代。如果各用單一的世系表排列是這樣的：

14世周步超(孟班)
｛
周應麟—周文灝—周元棠—周光勛—周起魁—周貽能—周恩來
（孔錫）（景商）（笑岩）（樵水）（雲門）（劭綱）（翔宇）

周應熊—周益清—周元植—周蕃祖—周延春—周嘉琛—周毓澧
（龍川）（友茆）（碧園）（椒升）（滌初）（衡峰）（佩秋）
｝

從周嘉琛的中舉資料上看，他卻留下了「從堂伯晉侯、昂駿、聯駿、起魁」，「再從堂侄恩濤、恩夔、恩煥、恩溥、恩來」的字樣，說明他們這一支周家與周恩來他們這一支關係比較親密。原因是他們同出自於紹興寶祐橋周家五十房。周嘉琛從小隨父親周延春、母親王氏在淮陰一帶生活。

1901年，周嘉琛回紹興參加清庚子辛丑恩正併科鄉試並考取第一百三十二名舉人。

周嘉琛中舉之後曾做過湖北荊門州的知州和煙台的道尹，並覲見過光緒皇帝。周嘉琛曾對四子周毓滄說：有一年，出了一個大案子，必須要去北京稟奏皇上。在皇宮大殿裡，百官下跪，我也跪在下面，曾斜著眼偷偷看了光緒皇帝一眼。我想看看皇上究竟是什麼樣子。可是我發現光緒皇帝是一個面色肌黃、蒼白瘦弱的人。我跪在地上想：「皇上怎麼這樣？面色肌黃的。」

民國時期，周嘉琛曾先在河北內邱縣任縣知事。1918年前後到河北臨榆縣任縣知事。

建國初，周恩來一次在前往北戴河陪外賓遊覽蓮花石公園時，看到公園裡立有《蓮花石公園記》的一塊石碑，碑文中有「臨榆令周嘉琛又為之禁樵蘇，杜侵奪，名山勝蹟庶幾獲全」一語，便很感興趣地記在心上。

1957年深秋的一個傍晚，周恩來到北京東四八條朱啟鈐先生的住處，特意向撰寫該碑文的朱啟鈐討教此事：「桂老，我在北戴河蓮花石公園裡看到一塊刻有《蓮花石公園記》的石碑，你撰寫的碑文中有『臨榆令周嘉琛又為之禁樵蘇』一語。周嘉琛還是我的叔父呢，您知道嗎？」

朱啟鈐聽到周恩來提起這段往事，不禁陷入了回憶：「民國二年，我任北洋政府內務總長。在舉辦縣知事訓練班時，他還是我的門生。1919年，我在北戴河任『公益會』會長時，主持修建北戴河第一個公園——蓮花石公園。為了保護公園裡的古松翠柏不被破壞，濱海傍山的優美環境不被汙染，就請你叔父周嘉琛支持。他當即以縣令身分布告縣民，明令禁止汽車、摩托車在海濱行駛，禁止民眾上山砍柴、伐木、採藥、打獵和挖土取石等。由於你叔父兩次布告，效果很好，終於使整個蓮花山的優美環境一直保持到今天。」

周恩來聽了朱啟鈐的一席話之後，十分感慨。以後，在與周家晚輩的談話中，他不止一次提到周嘉琛做過的好事。

周嘉琛在內邱、臨榆等縣任縣知事期間，與同在北方做事的幾位堂兄弟，周恩來的二伯父周龢鼐、三伯父周濟渠、四伯父周貽賡、五伯父周貽鼎、父親周劭綱都有過聯繫與交往。

1920年周嘉琛到山東濟南任山東省民政廳長一職，10月，周恩來從天津出發，前往上海乘輪船赴法國留學。路經濟南，順便看望「衡峰大叔」周嘉琛，並向他告別。周嘉琛十分讚賞周恩來有理想有抱負。周恩來在濟南住了四天左右。臨別時，周嘉琛送給周恩來120元銀洋作為旅途的盤纏。

1923年，周嘉琛赴北京，任北洋政府內務部民政司司長。

六、寶祐橋周氏

1928年，北洋政府瀕臨垮臺。形勢一片混亂，內務部人員終日惶惑不安，矛盾也越發尖銳。周嘉琛的二女兒周毓濟回憶：「當時好像出了什麼事，威脅著父親的人身安全，使父親整天在家坐立不安。不多久，父親就賦閒回家了。」

周嘉琛賦閒之後，轉而經商。他投資辦了兩家公司：山東濟南華慶麵粉公司和裕興顏料公司。周嘉琛還在華慶麵粉公司擔任董事長。全家20口人就靠這兩家公司的利潤來維持生活。但是官僚人家要撐著官場的門面，迎來送往，親友社交，都需講究一定的排場，所以開銷比較大；加上顏料公司經營效益不好，日子便越過越難了。周毓滄說：「我們家原先住在西四北六條一座帶花園、迴廊和假山的有70間房子的大院子裡，家裡還有汽車。到我六七歲（1937、1938年）時，父親已經把汽車賣了，改定包月（即人力車）；房子也由原來的70間換成40間。我也開始跟著母親跑當鋪，賣些金銀細軟。一邊當一邊仍然講排場，我的感覺是我們家又窮又富。父親常常拿著帳本發愁。有時母親上街買東西買多了，父親也會發脾氣。最後實在支撐不下去，父親就和二伯嘉瑛、大哥毓澧分了家。父親帶著我們這一房7口人住進了5間小平房。後來，父親就在這裡去世的。」

20世紀30年代初，周嘉琛為生意上的事，經常來往於天津與北平之間。「九一八」事變以後，周恩來的四伯父周貽賡、父親周劭綱從東北回到了天津。周嘉琛曾去看望過周貽賡。因為周恩來正被國民黨作為「匪首」通緝，周貽賡勸周嘉琛「以後不要再來了」。周恩來在解放後曾說過：「那時不和親戚們來往，是怕牽連大家。」1936年西安事變以後，國共關係緩和，周嘉琛去天津辦事，經常和周劭綱聯繫交往。他知道周劭綱的嗜好，時常請他喝酒。

1938年夏天，周恩來的二弟周博宇（恩溥）由於失業來到了北平，周博宇時常去看望「衡峰大叔」。周嘉琛雖然家境已日趨敗落，但是山東的麵粉公司還有一些效益，每年家中還能分到大約20袋麵粉。麵粉在淪陷時期的北平是十分稀有的糧食。周嘉琛吩咐長子毓澧給周博宇家送去一些麵粉。後來，周嘉琛又介紹周博宇去了濟南華慶麵粉公司當一名文書。

1939年春，周恩來回到紹興。周家族人拿出百歲堂所藏《老八房祭簿》送給周恩來看。周恩來在祭簿上填上了自己和弟、堂兄弟的名字，同時還填上了再從堂兄弟、周嘉琛次子周毓燕的名字。不久，周嘉琛得悉，心中甚感欣慰。

1944年春，周嘉琛病逝於北京。終年64歲。

周嘉琛娶妻包氏，安徽涇縣人，生長子毓澧。又娶妻朱式婉，江蘇無錫人，生次子毓燕，三子毓平，四子毓滄，長女毓瑜，次女毓濟。他們多是按各自的出生地取的名字。

長子周毓澧

周毓澧，字佩秋。清光緒二十五年（1899年）出生。

周毓澧自幼生長在官宦人家，生活一直優越而舒適。由於父親周嘉琛任職的地點時常變動，他從小跟著父親去過不少地方，見多識廣。

1920年，周嘉琛在濟南任山東省財政廳廳長。10月，周恩來準備赴法國留學，從天津南下，在濟南看望叔父周嘉琛，並見到了比自己小一歲的堂弟周毓澧。周恩來抵達歐洲以後，曾多次給周毓澧寫信和寄明信片。介紹歐洲見聞和法國的工人運動情況。1937年北平淪陷時，周毓澧正在北平郵電檢查所所長任上。由於擔心這些信件被日本人搜去會惹出麻煩，便扔進火爐中。唯有一張明信片，被毓澧的二弟毓燕搶了下來。這張明信片的畫面是具有異國風情的英國倫敦車站。周毓燕很喜歡，明信片的背面留有周恩來的筆跡「佩秋弟：此處為由英倫乘船赴巴黎之所也。恩來民國十年一月廿一日」。後來，周毓澧用黑墨將「恩來」二字蓋住，明信片才得以保存了下來。解放以後，這張明信片一直保存在周毓澧的四弟周毓滄的手中。20世紀70年代末，周毓滄捐給了中國歷史博物館。

1938年左右，周毓澧在山東益都縣任稅務局長，一直到日本投降前後。而他的原配夫人和四個女兒一直留在北京，四個女兒後來均參加工作。

解放以後，周毓澧回到北京。由於他年紀較大，又是舊官僚，找工作比較難，就在街道服務社，負責傳呼電話，賣些日用小百貨以維持生計。有時

六、寶祐橋周氏

他還挎個籃子，裝些香煙、肥皂和針頭線腦等小雜品走街串巷，沿路叫賣。周毓澧雖然生活比較清貧，卻從沒有向堂兄周恩來提出過任何要求。為此得到周恩來的多次表揚。

周毓澧有兩個女兒因父親毓澧曾將她們留在北京不管，有很長一段時間不和父親來往。這件事被周恩來知道了。有一天，他把周毓澧和他的兩個女兒找到西花廳來談話。他首先批評了這兩個身為共產黨員的侄女。他說：「解放好幾年了，你們的父親他從來沒有找過我，他賣小百貨，自食其力，我看這就很好嘛！我們共產黨人也是父母生的。你們的父親現在年紀大了，你們如果和他脫離關係就意味著把他推給社會。這怎麼能行呢？你們怎麼能這樣對待他呢？」他又說：「我參加革命快40年了。在我身上，在感情上，作風上都還遺留著封建家庭的痕跡。你們就那麼乾淨？就那麼布爾什維克？」「我們共產黨人是歷史主義者。歷史主義者就是怎麼正確地認識歷史。秦始皇是歷史上的暴君，但是他修了萬里長城，萬里長城是好的嘛！他還統一了中國，統一了度量衡。統一了中國是好的嘛！袁世凱是賣國賊，但他統一了幣制。統一幣制還是好的嘛！清朝時候幣制不統一，主要是份量不同。袁世凱以袁大頭為準，一律七錢二一塊。還有你們的祖父周嘉琛，他在臨榆當縣知事時曾發布告保護山林和濱海環境，這就是一件造福子孫後代的好事。」

1956年秋天，周恩來的一個本家叔叔（他比周恩來還小8歲）從紹興老家來北京找從堂侄周恩來，希望能幫助他介紹個好工作。周恩來接待了他。周恩來處理家事歷來是作為社會問題的一部分，不推向社會。他召開家庭會議，將周家在北京的親屬20多人找到西花廳來，客廳裡坐得滿滿的，另外還有幾位祕書也在場。

周恩來首先說：「我們共產黨是唯物主義者，我們要承認家族之間的關係。問題是不能依賴它。」他轉身望著本家小叔：「從封建家族關係來說，我承認你是我的叔叔；我是你的侄子。但是，我們不能像國民黨那樣搞裙帶風。」

他問小叔：「你在家幹什麼？」小叔回答：「我給人教書。」

周恩來十分嚴肅地說：「這次你到北京來，想靠我給你找個好事。這點我做不到。你只能依靠自己，要自食其力。」周恩來的一番話說得全場鴉雀無聲。「你看看毓灃，」周恩來伸手指了指周毓灃：「你看他，過去不也是肩不能擔擔，手不能提籃……」還沒等周恩來把話說完，周毓灃忽然插了一句話：「我現在手可以提籃了。」他話說得不急不徐，把大家全都逗笑了。周恩來並沒有笑，表情依然那麼嚴肅，盯著周毓灃問：「你提籃幹什麼？」周毓灃回答說：「我賣小百貨。賣香煙、草紙。」周恩來點了點頭：「這很好嘛，這叫自食其力嘛！」他又轉過身來向小叔，一字一句地說道：「你應該向他學習。」一個批評一個表揚，周恩來再次向親屬們重申了新的家庭觀，表示了他要和封建的裙帶關係徹底決裂的決心。

周毓灃於 1961 年去世。終年 62 歲。

長女周毓瑜

周嘉琛的長女周毓瑜民國七年（1918 年）十二月生於河北臨榆縣。高中畢業時，家庭境況開始敗落，為幫助父親維持生計，她毅然放棄考大學的機會，轉而考取天津郵局做了一名郵務佐，負責信件的分揀工作。周毓瑜初到外地工作，很想找一個安全可靠的住宿地，為此她去找過四媽（周恩來的四伯母楊氏）。但四媽告訴她，住在她家會「很不方便」，拒絕了。周毓瑜意識到這是指周恩來是共產黨的領導人，四媽和共產黨那邊還有聯繫，怕牽連她。

1943 年周毓瑜到成都四川大學讀書，1946 年因病輟學回到北平養病。這時父親已經去世，三個弟弟還在上學，家中只有三妹毓濟一人在外賺錢養家，生活艱難。1948 年，周毓瑜病情好轉，經人介紹在北平市立圖書館找到了一份工作。1949 年初，周毓瑜和她的弟弟妹妹們迎到了北平。

1949 年 4 月中旬的一天，周毓瑜的三妹周毓濟要參加一個婦女大會，並要她帶領小學生到主席臺向出席會議的全國婦聯領導和外賓獻花。她知道七嫂鄧穎超是全國婦聯副主席，這是與之聯繫的機會，事先寫好一封信，信中寫道：「七哥七嫂：我是周嘉琛的女兒周毓濟。不知七哥還有沒有印象？還認不認這個關係？」

六、寶祐橋周氏

鄧穎超在後臺見到周毓濟，說：「我知道有這門親戚。這個星期天下午我去看你們。」

周毓濟回到家立刻把這個好消息告訴了全家人，大家興奮不已，開始忙著大掃除，準備迎接貴客七嫂鄧穎超。

星期天下午，全家都在家裡等候。門外汽車來了，周毓瑜跑去開門，門口站著的竟是七哥周恩來。他身穿一身藍制服，腳蹬一雙方口白邊布鞋，神采奕奕，步履穩健。他還帶來了他的妻子鄧穎超和弟弟周同宇，身後只跟了一個警衛——衛士長成元功。一看就是誠心誠意來認親的。周恩來和堂弟妹們一一握手，性情活潑的周毓濟高興地對周恩來說：「我還以為七哥不會來，不會認我們這個親戚了呢。」周恩來笑了，答道：「怎麼能不認呢，我們進屋後再好好論論我們的關係。」

周恩來坐在堂弟妹們中間，耐心地向他們介紹兩家之間的關係，往上第幾代是一家人，周同宇也在旁邊插話給予補充。兩位兄長的講解，才使這些周家的年輕人了解了家族的歷史和兩家的關係，父親生前都不曾這樣清楚地說過。最後周恩來話鋒一轉，作了一個精彩的總結：「我們共產黨是唯物主義者。我們應該承認家族之間的關係。問題是不能依賴它，不能像國民黨那樣搞裙帶風。」

周恩來又逐個詢問了弟妹們的生活情況。當他聽說二妹周毓瑜、三妹周毓濟高中畢業就賺錢養家時，立刻表揚了這兩個妹妹。他說：「你們的父親去世以後，主要靠你們兩個賺錢維持這個家，你們也很不容易呀！」鄧穎超第一次和堂弟堂妹見面，特地準備了一點禮物，她拿出一疊小冊子交給周毓瑜姐妹倆說：「這都是些有關婦女兒童方面的書，你們看看吧。」

周毓瑜家裡還有一個跟了他們 30 年的老保姆章媽，也是紹興人。1920 年 10 月周恩來去濟南看望周嘉琛時，章媽就見過周恩來，並稱他為「七少爺」。章媽看慣了人們穿長袍馬褂，打躬作揖，說七少爺穿洋服，行洋禮（握手禮），她不習慣行洋禮，要用自己的方式來表示她的敬意和祝福。她對周恩來說：「七少爺，你發財了！」周圍的人哄的一聲全都笑了。周恩來連連擺手：「什麼發財，什麼發財，沒有的事。」

周毓瑜向周恩來解釋：「她還是老腦筋。」章媽耳朵聾，聽不清別人的話，只管往下接著說：「七少爺你記得不記得多少年前，你到我家來住，我還給你補過襯衫呢。」周恩來笑著答道：「是有這麼回事，你記性真好。」章媽特地為「七少爺」攤了幾張雞蛋餅。周恩來理解章媽的心情，接過來和大家一起吃了。他一邊吃餅一邊指著章媽問弟妹們：「你們吃飯和她在一起吃嗎？」周毓瑜回說：「同時吃，但不坐在一起。」

「為什麼？」

「她多少年習慣了，願意自己吃。但飯菜都是一樣的，我們給她分出一份。」

周恩來點了點頭，又問：「你們吃飯都是自己添飯還是讓她給你們添？」周毓瑜回答：「是自己添飯，沒有讓她做過這事。」周恩來又點了點頭，說道：「應該自己添飯，不要讓人伺候。封建舊家庭就是習慣讓人伺候。」

周毓瑜告訴周恩來：「三弟本應出來，但他肺病很厲害，醫生要求他臥床靜養。」周恩來一聽馬上站起來說：「我去看看。」周恩來走進裡屋，三弟周毓燕趕緊從床上欠起身子。周恩來用手扶住他，連聲說道：「你不要動，不要動，你好好躺著，養病要緊。」接著，周恩來關切地詢問他病了多久？現在感覺怎麼樣？說了一會兒，又怕周毓燕太疲勞，方才出來。

周恩來在周毓瑜的家中坐了一個多小時。接著，他邀請弟妹們去中南海自己家裡做客。鄧穎超則說她要去看看何香凝老人，她先走了。臨走時，她告訴弟妹們：「你們七哥今天難得有這點時間能到你們這兒看看，平常他忙得一會兒空閒都沒有。」

周毓瑜和妹妹周毓濟，弟弟周毓平、周毓滄跟著七哥周恩來乘車來到了中南海。4月中旬的中南海春意盎然，楊柳剛剛抽出嫩綠的枝葉，在湖邊搖曳低垂。粉紅色的碧桃在園林中若隱若現。大家一邊散步，一邊聽周恩來介紹，這裡是瀛臺，當初軟禁光緒皇帝的地方；那塊匾額是乾隆御筆，字寫得好。又說：「周家有很多人字都寫得很好，你們父親字也寫得很好。」

六、寶祐橋周氏

　　他們來到居仁堂，殿堂高大寬敞，皇家氣派，大廳中間有一張很長的桌子，可以坐二三十人。周恩來走到桌子的一頭坐了下來，他告訴弟妹們：「幾天前，我就坐在這兒和張治中談判八項條件。沒有談成，談判破裂了。現在只能考慮用武力解決了。」周毓瑜坐在桌子的另一頭，她說她也很想體驗一下談判時的感覺。弟弟妹妹站在旁邊和她說笑，他們現在都已經很輕鬆隨便了。然而他們看見，坐在另一邊的七哥周恩來卻不說話了，一個人正在默默地思考著什麼問題。

　　走出居仁堂，周恩來又帶弟妹們去假山。山坡坑坑坎坎，周恩來爬上一階，總不忘了回過頭用手攬一下兩個妹妹，以免她們摔倒。待妹妹們爬上不高的山頂，他卻又一個人坐在石頭上，默默地考慮問題了。就這樣，每走到一個地方，周恩來總要單獨一個人思考一會兒問題。

　　大家來到南海，坐在湖邊的亭子裡，周恩來忽然回過頭問周毓濟：「你們覺得過江好還是談判好？」

　　周毓濟說：「還是能談判成功最好吧，要是打仗那就會犧牲很多人呢。」

　　周恩來點點頭，告訴弟妹們：「當然最好不打，但是有什麼辦法，國民黨不接受我們的條件。現在只能武力過江了。這樣可以徹底地解決問題。」

　　晚上，鄧穎超回到豐澤園，兄嫂二人請大家吃飯。一小鍋打滷麵，4盤炒菜。鄧穎超說：「你們不要以為我們天天都吃得這麼好。你們今天來，這是為你們加的菜。」周恩來則一邊吃一邊不忘了再次抓緊時間教育弟妹們：「吃完一碗自己去添飯呵，要自己動手。」

　　周毓瑜和弟弟妹妹回到家中已經很晚了，可他們還一直在興奮地談論著當天發生的事，久久也不肯去睡覺。

　　中華人民共和國成立以後，北平市立圖書館改名為北京市首都圖書館，周毓瑜留在圖書館繼續工作。她十分熱愛圖書館的工作，肯於鑽研業務，注重學習與積累，她為人溫和有禮、不慍不躁，和同事們相處得很融洽。每逢春節的大年初一那天，七哥周恩來和七嫂鄧穎超就會把她和弟弟妹妹們請到西花廳去玩，還有其他在北京的周家親屬，大家一起在西花廳團聚、拜年。

1951年秋天，周毓瑜結婚時，鄧穎超親自登門祝賀，並且代表她和周恩來送給毓瑜妹一幅繡花軟緞被面，這使周毓瑜深為感動。她覺得，七哥七嫂是在替故去多年的父親關心照顧他們姐弟啊。

周毓瑜在首都圖書館一直工作到1982年，退休前她是輔導部主任。1993年12月，周毓瑜病故於北京人民醫院。

次女周毓濟

周嘉琛的次女周毓濟，民國十年（1921年）七月出生於山東濟南。1940年師範學校畢業後，為和姐姐周毓瑜一起幫助年邁的父親維持生計，照顧3個上學的弟弟，放棄了考大學的機會，到北平北長街小學當了教師。1944年父親周嘉琛因病去世，周毓濟更是獨自挑起了養家的重擔。為此她一再推遲婚期，直到1950年，家裡的生活境況有了改善，她才結婚。周毓濟結婚那天，鄧穎超作為證婚人去參加了她的婚宴，並代表周恩來送給新婚夫婦一只托盤和一幅寫在紅綢上的贈詞：「相愛始終，服務人民。」鄧穎超還對周毓濟的幾個弟弟說：「你們這兩個姐姐可真不簡單，為這個家做了很多事。」

周恩來也曾多次表揚周毓濟姐妹，說她們「從封建大家庭出來的女孩子，在舊社會那樣的環境裡敢於出來獨立參加工作，是很不容易的」。

解放以後，周恩來和鄧穎超經常請周毓濟姐妹去西花廳做客，請她們去看電影，關心她們的工作和生活。

1957年「反右」鬥爭以後，周恩來的工作更加繁忙，與親屬們的來往漸漸少了。周毓濟姐妹見到周恩來的機會少了。

周毓濟曾先後在北京北長街小學和北京實驗二小教書。1959年，她隨丈夫調到寧夏，在銀川第二十一小學任教。1984年退休，教齡長達43年，堪稱桃李滿天下。周毓濟對工作認真負責一絲不苟，任勞任怨，幾十年如一日。1978年，她被評為特級教師，第三屆寧夏回族自治區婦聯委員，第四屆寧夏回族自治區人大代表、常委會委員，並加入了中國共產黨。

1979年，周毓濟又被評為寧夏回族自治區勞動模範。七嫂鄧穎超得知後特寫信向她表示祝賀。1983年，周毓濟以特邀代表身分到北京參加全國婦代

六、寶祐橋周氏

會。會議期間，鄧穎超又約見了周毓濟和周毓瑜姐妹，表揚她們在平凡的工作崗位上盡心盡職的精神，並與她們合影留念。鄧穎超得知周毓濟患有老年性關節炎，心中甚為惦記。不久，待人一貫細心周到的鄧穎超又特地託人給周毓濟捎去了一張虎皮褥子，讓她在銀川禦寒之用。

次子周毓燕

周毓燕，民國十二年（1923年）十二月生於北京。

周毓燕早年就讀於北平輔仁大學。畢業後因患肺結核而養病在家。1949年4月，周恩來去北平復興門成方街21號看望周嘉琛一家時，周毓燕正臥床不起。周恩來關切地詢問了周毓燕的病情，安慰他耐心養病。以後，周恩來又為周毓燕的妻子劉淑媛介紹了工作，使周毓燕夫婦有了生活來源。

1953年，周毓燕病癒後被分配到建設部任會計。1958年，周毓燕響應中央關於中央機關幹部支援地方的號召，從北京下放到杭州，在杭州市建築安裝公司任會計師。周毓燕在工作中牢記七哥周恩來的囑咐，並以此鞭策自己的行動。他工作踏實認真，極少出錯，並經常帶病堅持上班，得到了主管的信任，同事們也稱讚他是「難得的好人」。

周恩來生前多次提出要移風易俗，實行殯葬改革，尤其是他的祖籍浙東地區人多地少，50年代初人均占有耕地還不到一畝。周恩來堅決反對占用耕地大建墳墓。為此，他於60年代初把淮安的祖墳深埋，土地交生產隊使用。但浙江紹興祖墳的深埋一事，在他生前卻一直未能實現。他把這件事委託給了鄧穎超。1977年9月，鄧穎超寫信給正在杭州開會的侄子周秉鈞，讓他去找周毓燕，希望周毓燕能幫助實現七哥周恩來的遷墳遺願。

周毓燕對七嫂的委託，十分重視，他立即和妻子劉淑媛一同前往紹興。紹興百歲堂還有他的小嬸、周嘉璋的夫人顧育英。小嬸每年都去周家墳地上墳、燒紙，她堅決不同意遷墳。周毓燕一再向她解釋，這是周總理生前的遺願，現在鄧大姐又來催，最後總算把小嬸說通了，答應帶他們去看墳地。

周家祖墳位於紹興郊區的外凰獅子山，路很遠，還要坐船走水路。周毓燕夫婦去後找了當地的鄉政府。鄉政府也想不通，說周總理是國家領導人，

怎麼能隨便動他的祖墳。周毓燕又向他們反覆強調了周恩來生前的心願，他們才終於同意。在鄉政府的協助下，周恩來的高祖周元棠（笑岩）和曾祖周樵水的兩處墳墓都被深埋到不影響種莊稼的位置。墳上的石板、石碑也全部拆除交給當地生產大隊使用。周毓燕在1977年9月23日給鄧穎超的信中寫道：「土地平整後，有的已種好樹木，有的安排種植茶葉或蕃薯，原來的墳墓已無一點痕跡。深埋所用勞動力和生產隊代買的收殮遺骨的木箱等，根據三大紀律八項注意的原則，也為體現總理一貫不搞特殊化的作風，均按照當地生產隊的工分值和器具的市價照付，絲毫沒有侵犯集體利益。對公社、大隊的支持，表示了謝意。一切請您放心。」這次平墳的工作所花費用，鄧穎超要求周家親屬共同分擔，以共盡晚輩的責任。

周毓燕1987年初病逝，終年64歲。

三子周毓平

周毓平民國十七年（1928年）五月生於北平。

1949年4月，周恩來去周嘉琛家中探望時，周毓平還在上學。周恩來聽說他在北平鐵路管理學校念書，便很感興趣地向他詢問起學校的情況。周毓平講了許多，周恩來一直仔細認真地聽著，中間還不時提出一些問題。周恩來作為共產黨的領導幹部這種隨時深入群眾調查研究的作風，給周毓平留下了很深的印象。

當時周毓平21歲，鄧穎超見到他後曾感慨地說：「我的孩子要活著的話，和你同歲。」

解放後，周毓平考入北京農業大學。1953年畢業一直留校任教。周毓平為人正直務實，從不炫耀自己的親屬關係，更不肯利用這種關係為自己謀取私利。他把精力全都放在了培養學生和科學實驗上面。1992年周毓平在雞添加劑預混飼料的配製上取得了科學研究成果，並獲內貿部科技進步一等獎。1987年被評為教授。20世紀90年代，周毓平雖然已到耄耋之年，卻依然兼著博士生導師，為中國的教育戰線發揮餘熱。

四子周毓滄

六、寶祐橋周氏

周毓滄民國二十年（1931 年）二月出生於北平。

周毓滄 1950 年考入北京外語學院英文系。畢業以後分配在朝鮮駐華大使館工作。1956 年春節，周毓滄跟姐姐們去西花廳做客時，周恩來問他在哪兒工作，周毓滄回答：在朝鮮駐華大使館教中文。周恩來又問他：都有哪些人學習中文？周毓滄說：從各級外交官到一般館員都來學習。周恩來便囑咐他：「那你可一定要教好啊！」

周毓滄工作努力，幾十年如一日，恪盡職守。1991 年，周毓滄在其所在單位中國國際圖書貿易總公司被評為高級經濟師。20 世紀 90 年代已退休。

17. 周恩來的再從堂叔周嘉璋

周嘉璋（1906—1956 年），字雲峰，又字慶麟，延春第三子，畢業於紹興縣立第二小學。為周恩來從堂叔。

周嘉璋 8 歲父亡，隨母親曹氏從江蘇淮陰回到紹興百歲堂西首的誦芬堂。一生生活艱難，曾經做過小學教師，更多的時間是失業，由大哥周嘉琛給予生活補助。1924 年周恩來回紹探親，周嘉璋給予了熱情接待。

1939 年 3 月，周恩來以國民政府軍事委員會政治部副部長的公開身分回鄉祭祖探親，周嘉璋與族人一起參加了接待，並陪周恩來去紹興鄉下祭掃祖墓。

周嘉璋的夫人顧育英是紹興鄉下的小學教師。周嘉璋喜歡喝酒，抗戰勝利後，在紹興縣政府做過科員。

中華人民共和國成立後，周嘉璋一直失業在家，生活困難，連房產稅也交不上。周恩來得知後，曾寄錢代他交上房產稅。50 年代初，他又自費去北京，要求擔任政務院總理的周恩來幫助找點工作，一向以廉潔奉公著稱的周總理，在熱情接待之餘，動員他回紹興，找當地政府解決工作問題。據周嘉琛的兒子周毓燕生前對張能耿說，當時要求周恩來幫助解決工作的親友很多。為此，周恩來召開了家庭會議，周家的人都被召來參加，周毓燕因是周嘉璋的親侄子，也參加了。周恩來在會上說：我是周家的人，我到法國留學時，

誰×××都在經濟上幫助過我，現在都已還清了。現在我是國家的總理、人民的總理，但不是周家的總理。大家經濟有困難，要找工作，應該找當地的政府。

周嘉璋有子二人，長子周毓鑑，生於1924年，解放初參軍，50年代末復員，在浙江海寧燈泡廠為技術員，20世紀90年代離休住紹興。次子周毓沛，生於1925年，為上海第九印刷廠供銷員，20世紀90年代初去世。現周毓鑑兒子周華夫在中國農業銀行紹興分行工作，媳婦呂鳳是鐵路職工，全家過上了安居祥和的生活。華夫兄弟在寧波等處也生活得不錯。

18. 周恩來的再從堂叔周金麟

周金麟（1888—1944年），字宛樵，生於光緒十四年（1888年）六月十三日，住百歲堂，係周恩來從叔。

周金麟早年曾受僱在山東的雜貨店做事，因身體不好，於1924年間回紹興，在百歲堂附近開「一鑫雜貨店」度日。金麟有三子：長庚（毓光）、復庚（毓淦）、漢庚（毓濤）。孩子長大，開銷日增，生活日益困難，四五年後，把長子長庚，送到南貨店做學徒，後被國民黨抽壯丁。1936年又把第二個兒子復庚（毓淦）送到杭州橫河橋「泰昌五金煤鐵油行」學徒，一家人過著十分艱苦的生活。

周金麟也是紹興寶祐橋周氏中的一支筆頭，民國三年（1914年）周延春將幼子周嘉璋過繼給三弟周延祐遺孀趙氏的《合約繼書》就是周金麟執筆的。1939年3月周恩來順道回鄉祭祖探親，周金麟作為族人參加了接待，幾次與周恩來合影留念。當時周金麟剃個光頭，與周恩來合影留念時站在後面。這次回紹，周恩來應請在周金麟執筆的《合約繼書》上簽上了「補證」兩字並簽了自己的名字。

1941年紹興淪陷，「一鑫雜貨店」倒閉，一家人失去了生活來源，周金麟身體也日壞，一家生活的重擔落到了養女（後為媳婦）周桂英身上。周桂英7歲就替人褙錫箔紙，又替糖方店磨米粉。13歲出去做保姆，靠她的一點

六、寶祐橋周氏

微薄的收入維持家庭，不但一日只能吃二餐，且是薄粥湯。周金麟幾次被餓昏，都靠周桂英出去弄一點飯，才將其救轉。1944年那次餓倒，再沒有能夠救活，終年56歲。死後，以復庚交周桂英的一點點私蓄辦喪事，草草葬在亂墳堆裡。復庚聞訊從杭州趕到，因為哭得太厲害，只好把棺材重新掘起來，讓復庚最後看上一眼。抗戰期間，百歲堂餓死的人有三個，除了周金麟，還有延祐夫人和祥婆婆。

1939年周恩來回紹祭祖時，曾把祭祖多餘的錢救濟過祥婆婆，但是她最後還是沒能逃脫餓死的命運。1976年周恩來在北京去世，紹興周氏族人無限悲痛，周金麟孫女周秋玲立即赴京奔喪，但因鄧穎超規定外地的親戚不要來京，被省革委會擋回紹興。

19. 周恩來的再從堂叔周尚麟

周尚麟（1902—1981年），紹興人。原住紹興寶祐橋百歲堂西側誦芬堂臺門，為周氏五十房族人，比周恩來小4歲，卻比周恩來高一輩。

周尚麟家庭貧苦，11歲喪父，過三年祖父亡故，14歲經人介紹入東咸歡河沿恆濟當店做學徒，6年後恆濟當關閉，隔年去杭州華興鞋店任外帳房。30歲時離開紹興去山西太原大隆祥綢莊當職員，3年後回杭州鞋店。抗日戰爭爆發，杭州淪陷，鞋店倒閉，周尚麟避難紹興鄉下的東關鎮，所以周恩來1939年回故鄉省親未能見到。他於1940年回到紹興城內，以擺舊衣攤謀生。

中華人民共和國成立後，曾任紹興市舊衣業委員會常委、主委，紹興市工商聯塔山分會籌委會委員。這時，周恩來表弟王貺甫任紹興市工商聯主任委員；1954年出席全國工商聯代表會時，見到了周恩來，講起周尚麟現在生活困難，周恩來就叫王貺甫帶300元人民幣給周尚麟這位窮苦的族人，作為生活補助。周尚麟收到為他所敬重的周恩來贈與的這筆款項，非常感動，他激動地問王貺甫：「怎麼辦？」王貺甫說：「既然叫我帶來了，盛情難卻，你就安心收下好了。」而且關照尚麟，總理有言，叫你不必宣揚，也不必去信。1955年秋天，經王貺甫事先聯繫，周尚麟跟著王貺甫一起去杭州拜見周恩來，受到周恩來的熱情接待。尚麟當面感謝周恩來。1959年，鄧穎超來紹興

視察，尚麟又與王貺甫一起，到府山背後的交際處拜訪鄧穎超，又受到了鄧的熱情接待。1965年周尚麟響應上級號召在舊衣業退職，經有關部門協調，每月領少量保養費度日。1981年8月在紹興去世。

20. 五十房族人周希農

周希農（1888—1951年），名福種，乳名和尚，字熙農，又寫作希農，人稱和尚店王，生於清光緒十四年（1888年）九月初一。為五十房族人，比周恩來高三輩。

周希農曾在長橋頭開過周大昌米店，也做過布店倌和錢莊店倌。特別在紹興明記錢莊信房，一直做到1941年紹興淪陷前夕。

1939年周恩來以國民政府軍事委員會政治部副部長的公開身分順道回鄉探親時，周希農為寶祐橋周氏族長，又是值年房。周恩來到達紹興後馬上派警衛員到寶祐橋河沿百歲堂找希農太公，百歲堂有三開間房屋三進，第一進臺門斗，第二進大廳，第三進樓房三間，周希農就住在第三進樓房裡。傍晚，周恩來又讓祕書邱南章送去一張便條。周恩來還關照，帶去100元錢，作為上墳的酒飯錢，如果用過還有得多，就送給本家生活有困難的人家。

3月29日早晨，希農太公到小教場縣商會看望曾侄孫周恩來，並報告祭席準備情況。周恩來急忙起身相迎，並很恭敬地向希農太公三鞠躬，又扶希農太公坐首席。談話間，周恩來詳細詢問族人近況，知道有的族人生活十分艱難。又當場與希農太公商定了祭祖的事。希農太公根據周恩來的要求，從知味館代訂了四桌祭席。

交通方面，希農太公準備了兩艘大船。可是天公不作美，這一天下起大雨來了。周恩來說：「下這麼大的雨，等會兒不知會不會天晴？」希農說：「春天的雨下不長，等一會兒天會晴的。」過了一會兒，天空果然放晴。陪周恩來去上墳的全是男人，女人一個都沒去，因為那時還講封建。同船去的有五十房族人周文炳、周恩來從叔父周嘉璋和周金麟、周恩來的表弟王貺甫及其大兒子。

六、寶祐橋周氏

因為周金麟長子已被國民黨抽壯丁拉走，所以在上墳船裡希農太公對周恩來說：「國民黨政府抽壯丁，都抽到窮人的頭上，有去無回，妻離子散，怨聲載道！」周恩來說：「這就是嚴重的政治問題。」

上墳船從寶祐橋河埠出發，經五雲門至石旗、外凰。周恩來在船裡感到悶氣得很，但到了山地，走路走得很快，別人都跟不上他。他拿出的那100元錢沒有花完，剩餘的錢送給了隔壁的祥婆婆，她是本家中生活最困難的一戶。

祭祖返城回到百歲堂，希農、文炳捧出《老八房祭簿》，周恩來看後，應周希農之請，一一補填了淮安等地的周氏的「恩」字輩族人譜系。

3月30日紹興寶祐橋周家由周希農發起，族人共同宴請遠道歸來的周氏族子周恩來。上午8時左右，周恩來應邀赴百歲堂與周氏族人共進早餐，並應請為希農太公等周氏族人題詞多幅，又在百歲堂大廳前與族人合影留念。周恩來在百歲堂、禹陵等地與別人合影多次，每次都請希農太公參加，並請希農太公站在顯要位置，以表示尊敬。

1941年4月16日，紹興淪陷，周希農失業在家，生活困苦，建國初，多次與周恩來通信，主要為解決長子的就業問題。他也無力繳房產稅。周恩來認為國家的稅收不能欠繳，寄去20萬（舊幣）幫助繳清了房產稅。1951年周希農在紹興病逝，享年65歲。

21. 五十房族人周文炳

周文炳（1888—1974年），又名守白，字雲程，生於清光緒十四年（1888年）十一月初四。為五十房族人，比周恩來高三輩。

周文炳，為人清高，因厭惡舊社會的蕪雜而取名守白，信奉耶穌教，一直以坐館教書為生。1939年3月，周恩來以國民政府軍事委員會政治部副部長的公開身分，順道回鄉祭祖，周文炳作為族中長輩，與周希農、周嘉璋、周金麟等人一起，給予了熱情接待。

周文炳在族中，與族長周希農並輩，所以常參與族中活動。寶祐橋周氏有兩本祭簿，第一本是《周氏破塘祖塋祭簿》，第二本是《老八房祭簿》，內中就有不少周文炳的手筆。如 1939 年族中值年房為周希農，這一年的 2 月 19 日，周希農在《老八房祭簿》上有一段記述，就是周文炳代筆的，並寫明「注者周文炳」。

　　周恩來於 1939 年 3 月 28 日到紹興，即派警衛員到寶祐橋河沿去尋找百歲堂，是周恩來表弟王貺甫陪去的。周文炳剛好站在百歲堂門口，便即進屋通知住在第三進的族長周希農，馬上與周希農一起翻看《老八房祭簿》，發現「祭簿」中周恩來的祖父輩和父親輩都已有名字，就是「恩」字排行的人還沒填齊。百歲堂周氏族人對這位族中子弟的歸來，都感到很親切，也覺得臉上有光彩。

　　次日，周文炳與族人一起，陪周恩來去紹興鄉下掃墓，掃墓船上，周希農介紹周文炳與周恩來相識。周恩來馬上脫帽向周文炳三鞠躬，並稱周文炳為太公。回到百歲堂後，周恩來就是應周希農、周文炳之請，才在《老八房祭簿》上補填了淮安方面「恩」字輩的譜系，而使這本「祭簿」成為特別珍貴的文物。

　　3 月 30 日，周恩來赴百歲堂用早餐。紹興專員賀揚靈也闖到寶祐橋。王貺甫問周恩來：「是否讓賀揚靈進來？」回答說：「可以。」賀揚靈進來後，由周文炳加以應付。賀揚靈對周文炳說：「你們這位本家，字寫得很好，你們可以請他題些詞。」於是周恩來又應請為周氏族人一一題詞並一起合影留念。

　　希農太公去世後，兩本祭簿由周文炳保存了下來，其中《老八房祭簿》末尾寫於 1950 年 12 月 6 日的一則記載，看筆跡，也是周文炳的手跡，全文如下：

　　查吾族裔孫吉園公故世後，遺下妻陳氏，至抗日時期無法謀生，行將餓斃，不得已將住屋零碎材料拆賣度日，族人目睹不忍，既無力援助，忍其所為，不料至一九四三（年）陳氏病故，拆剩樓披兩架，情狀危險，始有吉園之親生女章周珠鳳，現因生活困難，已將破屋材料全部拆去，後經族人毓淦

六、寶祐橋周氏

提議，不妨連同地皮贈與章周珠鳳所有，此後如有一切政府應納稅款，由章周珠鳳負責，與周姓無涉。欲後有憑，立此筆據存照。西元一九五○年十二月六日。

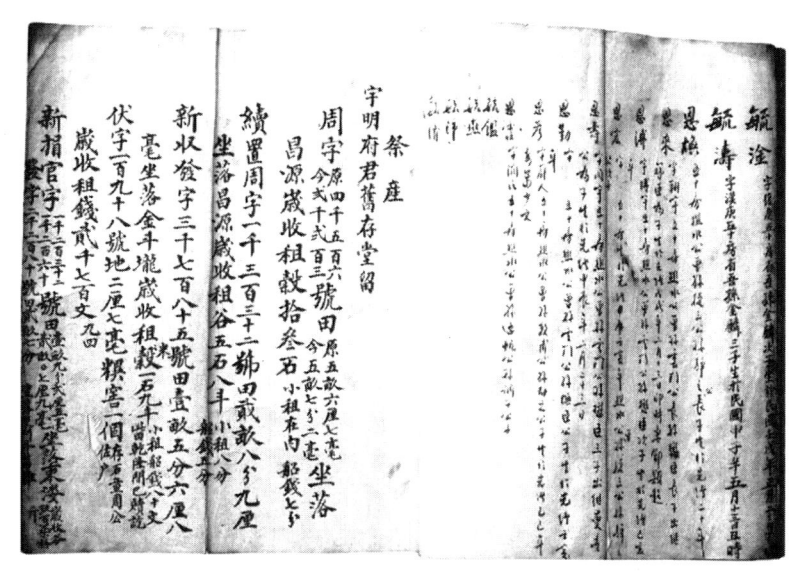

⊙《老八房祭簿》，現存紹興魯迅紀念館。上有周恩來手跡。

這就是《老八房祭簿》的終筆，人們可以清楚地看到，紹興解放前夕，寶祐橋周氏家族，經多年的戰亂已衰落到這樣一副破敗相。這是舊中國的縮影。

中華人民共和國成立後，周文炳仍以坐館教書為業，過著清苦的生活。兩本祭簿雖幾經戰亂，由於周希農和周文炳的認真保管，才得以保存下來。1960年經紹興魯迅紀念館的張能耿動員，由周文炳捐獻給了國家，至今已成為研究周恩來生平不可缺少的史料。

七、周恩來的祖父周起魁及其兄弟

1. 祖父周起魁

周恩來的祖父周起魁，清道光二十四年甲辰六月廿七日（1844年8月10日）出生於浙江紹興。因為屬龍，所以取名駿龍，後改名攀龍，再更名起魁，字雲門。他是周樵水的第四個兒子。

周起魁字雲門，「雲門」是他常用的。這就像他的大哥常用號「逸帆」，二哥常用字「霞軒」一樣。這些富有詩意的「字」「號」顯然是他們酷愛詩詞、文采過人的祖父笑岩公周元棠給他們起的。周起魁兄弟從小就崇拜祖父，可以說是祖父的才華與品格影響了他們的一生。

周起魁的祖父笑岩公於咸豐元年（1851年）八月初病故。過了一個多月，起魁的父親樵水公於九月十九日去世了。一個多月內連喪兩位男主人，周家如遭滅頂之災。特別是樵水公去世時只有32歲，周起魁當時才7歲。周起魁幼年喪父，由母親樊氏撫養。孤兒寡母，生活之艱難可想而知。直到多年之後，起魁的兩個哥哥都已學成幕業，開始在官府衙門裡做了師爺，有了一點收入，家中的困境才逐漸有所緩解。然而不久，苦命的母親卻終因心力交瘁不幸去世了。這是在咸豐十年（1860年），起魁16歲。母親去世後，起魁擔起了照顧五弟駿龐生活和讀書的責任。

大約於1863年秋天，起魁19歲，追隨二哥昂駿北上淮安，隨館學幕。學做師爺這一行，在當時尚沒有專門的學校，從來都是父子相承，兄弟相傳。紹興人出來做師爺，主要以謀生救貧為目的，故家族中的傳授比較多。從周家人學幕的歷史看，基本上就是從父、從兄、從姻親。起魁的父親、叔父和舅舅們向祖父周元棠學習幕業；起魁的大哥和二哥向兩個舅舅學習幕業；現在起魁又要向二哥學習幕業。100多年來，周氏家族就是這樣靠著學做師爺延續下來的。

同治四年（1865年），起魁的大哥晉侯、二哥昂駿曾一起向淮安府起訴，告紹興一族人「毀壞禁碑，盜葬父棺」。從當時的資料記載看，起魁並

七、周恩來的祖父周起魁及其兄弟

沒有參與此事。這很有可能是因為他正在二哥那裡學習幕業，還是個學生，沒有介入此事。直到1869年，始有文字可查：「同治八年秋，霞軒赴差揚州英士良太尊傑處邦鞫案牘。薦雲門駿龍接淮安一席。」由此可以知道，在1869年秋天，周昂駿受命前往揚州府幫助揚州知府英士良審理一件案子，臨行之前，他推薦了四弟起魁去接任他在淮安府幕的席位。這一年起魁25歲。紹興人學習幕業，時間一般為3年，出師後，再跟老師作幕3年。周起魁從1864年初開始學幕，日夜跟在二哥身邊，邊學邊做，耳濡目染，到這時已過了6年。周起魁完全有資格接任淮安府幕一席。

周起魁在淮安府做的是刑名師爺。明清時期，治安與納稅為地方行政的兩大基本內容。刑名師爺的任務就是為主官辦案。從分析案情到斷案定罪，一包到底，既要熟悉律例，又要活學活用儒家經典，使案件的處理順乎人情。百姓的大小官司常年不斷，刑名事務自然便成了地方行政的頭號任務。刑名師爺的重要性也就可想而知了。另外，師爺還需要熟悉官場體制，幫助主官出謀劃策並儘量減少工作中的誤差。

周起魁自從做了淮安府的刑名師爺，由於他「為人好、辦事公正」，以至「上上下下都喜歡他」。他善於處理問題，工作得心應手。

師爺的收入是豐厚的。周起魁辦案子辦得比較完滿得體，主官臉上有光，少不了又發他一些獎金。起魁漸漸地攢了一點錢。於是他可以娶妻成家了。1871年左右，27歲的周起魁回紹興成親。新娘姓魯，乳名大姑，是紹興城東皋埠鎮西魯村人，她的父親魯登四當時正在福建布政司中擔任首席幕僚。布政司的職能乃負責一省之賦稅。魯登四做的是錢穀師爺。魯登四頭腦清晰，條理分明，算帳算得毫釐不差，遇事也力求「一碗水端平」。周秉宜認為魯登四和周家結親，很可能是因為他在福建時向周元棠學過幕業或共過事。他對周起魁這個女婿，很是中意。魯登四家道殷實，有房子有地，在鎮上還有店鋪。魯登四拿出幾畝田地作為嫁妝，送走了長女大姑。

第二年，1872年8月，魯氏生下一個男孩，取名貽賡。他就是周恩來的伯父周貽賡。因為大排行四，周恩來稱他為「四伯」。周起魁去世後，長子周貽賡承擔起撫養家庭的責任。

1. 祖父周起魁

又過了兩年，1874 年 5 月，魯氏為周起魁生下第二個兒子，取名貽能，後更名劭綱，這就是周恩來的生父。

到了 1878 年，周起魁已經有了四個男孩，兒子們個個隨他，濃眉大眼。周起魁心裡喜歡。後來，周昂駿和周起魁商量買房的事情，昂駿是個知縣，起魁也有了官銜，候補同知。都是官場上的人，必要的排場還得擺，房子還不能買得太小。可他們拖家帶口的，經濟負擔都挺重，於是他們決定先去典一幢房子，典要比買便宜多了。他們便在淮安駙馬巷合夥買下了一幢房子。這就是後來周恩來的出生地，現在的淮安駙馬巷 7 號周恩來故居。

駙馬巷的房子共有 33 間，分東、西兩個院子。東院是起魁一家的住處，西院則住著昂駿的幾個孩子和他們的傭人。兩個院子中間有穿堂相通。院子的西北角還有一塊空地。周家人就在那裡種上了臘梅、黃楊、梧桐和杏樹，後來，前院又種了海棠、石榴和香橼等樹。春天來臨，孩子們在院子裡快樂地玩耍。那滿院的花、樹不知勾起了駙馬巷周宅的女主人魯氏多少悠悠的思鄉之情。

周起魁除了做幕僚，後來在官場上還有一些經歷。這在他幾個侄子的中舉資料裡都有所記載，如：

1894 年周龢鼐的中舉資料：「胞叔：起魁。國學生。前江蘇儘先補用同知。前代理安東、阜寧等縣知縣。海州直隸州，賞戴花翎。」

1897 年周嵩堯的中舉資料：「胞叔：起魁。花翎江蘇同知。前代理安東、阜寧、桃源等縣知縣。海州直隸州知州。」

1901 年周嘉琛的中舉資料：「從堂伯：起魁。國學生。賞戴花翎。江蘇候補同知。代理安東、阜寧、桃源等縣知縣。海州直隸州知州。」

另外，紹興所藏《老八房祭簿》中也說周起魁為「江蘇候補同知」。

從以上的歷史資料中可以看出，周起魁曾經捐過一個「儘先補用同知」。當時，一般的師爺限於經濟條件，大多買一個佐雜微職，如「巡檢」「典史」等。「同知」為正五品銜，品位較高。周起魁捐到正五品，說明他的收入確實比較豐厚。況且「儘先補用同知」需分兩次來捐。第一次先捐一個「候補

七、周恩來的祖父周起魁及其兄弟

同知」，然後再捐一個「儘先補用」，屬於額外要捐的花樣。這樣，他就可以儘早被安排補缺，或者暫時先去做代理知縣了。

民國十五年（1926年）編的《泗陽縣志》中，記載：「周雲門，浙江紹興人。光緒廿一年任知縣。」光緒廿一年即1895年，即周恩來出生的前三年。泗陽在清代稱為桃源。民國三年（1914年），因與湖南桃源縣同名，改為泗陽。安東是現今漣水。安東縣志和阜寧縣志都只記到光緒初年（1875年），所以目前還查不到其他有關周起魁的文字記載。

1964年8月，周恩來在與親屬談話時曾說：「我的曾祖下有五個兄弟，都搬到了蘇北，大、二、三、四都做過縣知事，老五沒做過，我祖父（四）從紹興師爺升為縣知事。」

安東（今漣水）、阜寧、桃源（今泗陽）均由淮安府管轄。可以推斷，周起魁1869年接任淮安府刑名師爺，因做事認真負責、幹練，受到主官的賞識，而被派到安東、阜寧做代理知縣，知縣為正七品，設有專署辦公，知縣分掌一縣之糧馬、稅徵、戶籍、巡捕諸務。安東、阜寧、桃源這幾個縣多在黃河沿岸，黃河是三年二決口，水患多。如阜寧設專門機構管理黃河南北兩岸堤工。治水是知縣的一項主要任務。1855年黃河在蘭考北岸決口，掉頭北上，從山東入海。終於結束了700年黃河奪淮歷史。但黃河故道淤塞，水患仍十分嚴重。管理河工仍是這幾個縣知縣的主要工作。建國後，周恩來對水利工作者說：我的祖上就有管河工的。

在周起魁侄子的中舉資料中得知，他還曾被「賞戴花翎」。「賞戴花翎」一般指被賞人因為在一個較大的事件中立有功勳，由督撫上奏朝廷而得來的封賞。比如在戰爭中立功，或者一次治水成功，可能周起魁參與治水有功而被賞戴花翎。

周起魁最後任職是「海州直隸州知州」（海州即今日連雲港），時間大約在1897年周嵩堯中舉前後，到1901年周嘉琛中舉之前。直隸州是轄有屬縣的州，隸屬於布政司。其制同府，其知州為正五品官。「知州為直接辦理民事的官員。凡刑名、錢穀及爭訟、盜賊各案，無不親理。」目前我們看到

1. 祖父周起魁

的只有海州縣志嘉慶十六年（1811年）的刻印本，所以也沒有查到有關周起魁的文字記載。

周起魁為官清正廉潔。他生前除了幾畝墳田，並不曾買過一畝田地。他的積蓄也不多。在淮安周起魁和兄弟們互相關照，互相幫助。他的大哥晉侯、三哥聯駿、五弟駿龐以及叔叔光燾的後人，凡在蘇北謀生不論長期的，還是臨時的，都到駙馬巷來落腳居住。事實上，淮安駙馬巷周宅就是紹興百歲堂周家在蘇北的大本營。所以，「房子雖然多，也始終是住滿了自家人，從來就沒有出租過」光緒十六年（1890年），周起魁的岳父魯登四老人為幾個兒子分家的事，寫了一本冊簿——《利字分書》。書中很清楚地記著魯登四的財產劃分細則。在紹興，一個家庭的子弟們分家，照例要請幾個親戚如侄子、姑爺們在場做中人。當時周起魁在蘇北忙於公務，不能請假，便讓正在紹興的長子貽賡代表他出席並在「利字分書」上畫押，又寫了「婿周雲門」。不知「周雲門」3個字引起了魯登四老人怎樣的感慨，使他在「周雲門」的名字下面隨手寫下「一生清白」4個字。應該說，這正是魯登四老人對女婿的全部評價。

周起魁夫人魯氏。他有4個兒子：貽賡、貽能、貽奎、貽淦。沒有女兒。在周樵水後代大排行中貽賡為四，貽能為七，貽奎為八，貽淦為十一。周起魁重視孩子們的學業和教育，他的兒子們包括腿有殘疾的貽奎均是國學生。他還為貽賡和貽能捐了官銜。

周起魁去世的時間已不詳，大約在1900年左右。周起魁去世後，安葬於淮安城東門外周家墳地。

1965年春節前夕，周恩來委託侄子周爾萃回淮安，帶頭平掉祖墳。將周家的7座墳墓、13口棺柩全部就地深埋，不留墳包。其中就有祖父周起魁的墳墓。如今的墳地已變成了一片菜地良園。地址在淮安市板閘鎮第五居民組，經周恩來百年誕辰和110誕辰兩次紀念活動，已在這塊墳地上豎碑，造了「懷恩亭」等紀念建築物。

2. 大祖父周晉侯

周晉侯，周樵水長子。清道光十六年丙申九月十七日（1836年10月26日）生於浙江紹興。乳名康侯，譜名駿侯，更名晉侯。字晉藩，號逸帆。

1851年周晉侯15歲那年，祖父周笑岩和父親周樵水在1個多月之內相繼去世。家境從此急劇下降，母親樊氏苦於無力撫養5個未成年的兒子。周晉侯和二弟周昂駿便跟隨兩個舅舅樊文煒、樊燮去蘇北生活和學習幕業。此為紹興百歲堂周元棠一支遷往江蘇清淮地區的開始。

周晉侯幕業學成之後便由舅舅推薦在清淮地區遊幕。紹興周家族人所藏《周氏破塘祖塋祭簿》中曾經提到過這樣的事：1865年，紹興周家另一支族人周光亭偷將其父的棺木葬在了周晉侯九世祖南坡公的塋地上。「時逸帆（晉侯）、霞軒（昂駿）幕清淮。」兄弟二人得知消息立即向淮安府起訴，並由淮安府移交紹興府處理。由於他們當時正在官府就館，不能隨便請假，所以沒有能夠回到紹興，致使官司一直拖延著。1869年秋，周晉侯的二弟昂駿應揚州知府英士良聘前往揚州做幕僚。他準備利用這個機會再去紹興繼續打官司。臨走之前，周晉侯拿出自己作幕的全部積蓄交給了昂駿，作為打官司的費用。同時，又囑咐昂駿以紹興老八房祭田9畝作押，去向族人周竹泉借一些錢來，以備需用。1870年春天，周昂駿將官司打贏以後，立即致函給正在清淮的大哥晉侯和四弟起魁，報告消息，「以慰遠人數年來南望懸懸之念」。事後，周晉侯對自己所墊之錢表示認捐，與族人「共盡追遠報本之意」。

1874年春，周晉侯回到紹興，5月15日，他和百歲堂的族人一同「買舟赴山」，將新舊兩塊禁碑重新豎立在南坡公的墓側，並親筆將重立禁碑的事寫在了《周氏破塘祖塋祭簿》的末頁上。從以上的記載中可以看出周晉侯從1865年至1870年期間主要在清淮一帶做師爺，後於1874年春回過一趟紹興。

周晉侯後來也捐過官銜，他的嗣子周龢鼎在光緒甲午（1894年）科中舉資料上介紹其嗣父的身分是「國學生，兩淮候補鹽運判，欽加提舉銜，誥授奉政大夫」。侄子周嵩堯在光緒丁酉科（1897年）中舉資料和從堂侄周嘉琛

2. 大祖父周晉侯

在光緒辛丑庚子恩正併科（1901年）中舉資料中也分別介紹周晉侯的身分是「國學生，兩淮候補鹽運判」。這說明他在清淮一帶主要在鹽務機構做師爺。1830年（清道光十年），兩淮鹽運司從揚州遷到江寧，改由兩江總督兼營。兩淮鹽運使專門負責「督察場民之生計，商人之行息，適時平其鹽價，管理水陸挽運，計其道裡遠近，稽查往來時間，定其鹽價之貴賤」。兩淮鹽運司下設有鹽務分司與鹽場，所以，周晉侯做的應該是錢穀師爺。周晉侯的孫子，周穌鼐的兒子周恩霪也回憶說祖父曾在「淮陰一帶做鹽官」。

紹興《周氏宗譜》中則介紹他：「兩淮候補鹽運判，候選布政司理問」。這說明他後來可能還在江寧布政司做過一段時間的師爺。「鹽運判」和布政司的「理問」都屬於從六品，「提舉」為從五品。看來周晉侯捐官銜不止一次，而且越捐越高。但是目前尚未查到他去任實職、補實缺的記錄。也許他對自己在兩淮鹽運司和江寧布政司中的幕席位子還比較滿意，捐個官銜或許是為了獲取一個體面的身分，同時也便於參加各種官場活動，協助主官打點應酬。「誥授奉政大夫」一項，應該是周晉侯的嗣子周穌鼐中舉做官之後，為他捐封而來。

周晉侯先後娶紹興人沈氏，江蘇丹徒人吳氏、褚氏等多房夫人，但皆未生子。他有一女名周桂珍，後來嫁給也曾在淮安一帶做過師爺的紹興同鄉王庸吾之子王子余為妻。

周晉侯的嗣子周穌鼐是他二弟周昂駿的次子。1878年六月（陰曆），周昂駿的夫人鄭氏在江蘇儀徵因病去世。1881年（陰曆）六月，周昂駿也去世於儀徵知縣任上。他們留下3個兒子和兩個女兒，這些沒爹沒娘的孩子面臨著一個由誰撫養的問題。大兒子周炳豫年已17歲，可以自立了；小兒子周嵩堯時年9歲，託交給舅父鄭仁壽照管；14歲的老二周穌鼐就過繼給了大伯父周晉侯。

周晉侯去世的時間不詳。但從他的嗣子周穌鼐1894年中舉後為他捐封的榮譽來看，他當時還在世，年58歲。

七、周恩來的祖父周起魁及其兄弟

3. 二祖父周昂駿及夫人鄭氏

周昂駿是周樵水的次子。原名駿昂，乳名亥同，字霞軒，號絳生。清道光十九年六月初三（1839年7月5日）生於紹興。

在周樵水的5個兒子裡，也就是在周恩來祖父一輩的人中，周昂駿少年聰慧，是最有作為的一位。他12歲考中秀才，參加會稽縣試，紹興府試，均名列前茅。這在當時被稱為「百日連鼎」，很是轟動了一陣子。

⊙周昂駿和夫人鄭氏。照片由周爾鎏提供。

周昂駿考中秀才之後，本該繼續發奮讀書，準備參加下一屆的鄉試。不料第二年，祖父笑岩公和父親樵水公突然相繼去世，這對周家不啻是一個沉重的打擊。家中沒有了男人，只留下樊氏帶著5個未成年的孩子孤苦伶仃，

3. 二祖父周昂駿及夫人鄭氏

其悲慟之景況可想而知。這時，樊氏的兩個弟弟樊文煒、樊燮回來幫助遭受巨大不幸的胞姐，自是他們義不容辭的事情。當時樊文煒、樊燮均在江蘇、安徽一帶遊幕，於是他們決定將兩個大外甥16歲的晉侯（逸帆）和13歲的昂駿（霞軒）帶走，跟在他們身邊生活和學習幕業。他們知道，只有把這兩個孩子儘早教會，才能給姐姐一家的生活帶來希望。從晉侯（逸帆）和昂駿（霞軒）後來工作的性質上看，晉侯（逸帆）學的似是錢穀，而天資聰穎的昂駿（霞軒）則不但學習了錢穀，還學習了刑名。

幾年之後，幕業學成，由舅舅安排推薦，昂駿（霞軒）和大哥開始了遊幕的生涯。師爺的工作雖然辛苦，但是收入普遍高於社會的一般收入，有時還會得到主官額外的饋送。周昂駿工作勤奮謹慎，任勞任怨，為讓母親高興，為讓弟弟們快快長大，他和大哥承擔著撫養家庭的全部責任。

此時正值太平天國戰爭時期，江南一帶的鄉試無法進行，大批學業優秀的青年找不到出路。但是戰爭給了他們機會，圍剿太平軍的清江南江北大營以及湘軍各軍部招賢若渴，極需有文化的參謀人員，於是，無處可去的青年學子們便紛紛投效軍旅，轉做成幕。他們中間有不少人透過軍旅生涯的艱苦磨練，日後都得到了升遷。周昂駿（霞軒）可能這時期也正在成幕之中。王子余所編的《紹興縣志》中記有周霞軒「以軍功保知縣」，即是一個證明。

大約於同治二年（1863年），24歲的周昂駿（霞軒）由舅舅樊燮做主，娶福建閩侯人、東臺縣知縣鄭仁昌（字樂山）的胞妹鄭氏為妻。鄭氏還有一個比她只小一歲的弟弟鄭仁壽（字見山），當時也在軍旅中遊幕。鄭仁壽（見山）曾向樊燮學習過錢穀，與昂駿是同學。鄭仁壽是個極有才幹的年輕人，但他為人謙和不慕功名，令昂駿十分敬佩。二人從此既是知己又是姻親。鄭氏及鄭仁壽均由大哥鄭仁昌撫養，其父輩已從福建遷到江蘇，所以昂駿結婚後，將家安在江蘇淮安，過了一年，即1864年，周昂駿的長子周炳豫即周恩來的大伯在淮安出生同治三年（1864年）六月天京（南京）被攻陷，戰爭結束。鄭仁壽離開軍隊，到淮安的漕運總督府作幕。隨之，周昂駿轉入淮安府做刑名師爺。大哥晉侯也到了清河的一個鹽務機構做錢穀師爺。

七、周恩來的祖父周起魁及其兄弟

就在這時，紹興老家出了一件大事。周家族長周東輝來信相告，紹興的另一支族人周光亭近來偷偷將他父親的棺木葬在了黃祊嶺周家九世祖南坡公的塋地上，並毀壞了周家立的禁碑。在中國人的傳統習俗裡，祖塋被侵占破壞，當為家族中的重大災難，天理難容。周昂駿和大哥立即在淮安府起訴，由淮安府移交紹興府處理。接著，他們又稟奏前漕河部堂升任閩浙部堂的吳仲仙大帥，請大帥親批紹興府認真查辦。鄭仁壽已被聘入漕河督府作幕，他與哥哥鄭仁昌等親友對周昂駿鼎力相助，利用工作條件之便不斷從旁幫忙催辦。終於在同治六年十月（1867年）紹興府開庭審理，判周光亭盜葬，但未追究毀碑之事，同時限周光亭兩個月之內將其父棺遷出。周光亭拒絕執行，又於同治七年（1868年）翻供。而昂駿和大哥由於出外遊幕，身不由己，始終未能回紹興處理此事。

同治八年（1869年）秋，周昂駿應揚州知府英士良聘，前往揚州府做幕僚。臨走前，他推薦了他的四弟周雲門（周恩來的祖父）代替他接辦了淮安幕府一席。

同治九年（1870年）春，周昂駿奉漕河總督張子青（之萬）委派，赴浙江提河工餉。乘此機會，他又請求淮安知府存秀岩轉請張漕帥咨會浙江巡撫楊石泉速辦。抵達杭州之後，昂駿找到他童年的朋友，前任常山太守潘筱圃，請他幫助再去楊石泉處催辦。然後，昂駿帶上正在杭州遊幕的三弟駿聯（字捷三），由杭州同回紹興。此時正值「蘭亭修禊，天朗氣清」。兄弟二人蕩槳鑑湖，「重遊舊地，靚山川之若昔，嘆人事之已非」。

3月9日，昂駿向紹興知府海蕉壑面投稟詞並遞上揚州知府英士良的親筆信，海蕉壑立即受理。但周光亭仍不肯將墳遷走，理由是此處風水好。昂駿力斥其非。

3月15日，昂駿隨族長等人去牛腿山掃墓，但見「盜墳緊貼南坡公墓，反高二尺」。昂駿見此「尊卑倒置，蔑祖棄宗」的行為，真是「一腔憤氣，怒髮衝冠」。他本想追究周光亭侵犯祖墳之罪，繼而又想周光亭和他到底還是同出五世祖之後，權且給他一點寬限吧。於是過了幾天，昂駿請上周家幾位世交再去勸說開導周光亭，告訴他老墳既已葬在正穴，其餘處便無地氣可

3. 二祖父周昂駿及夫人鄭氏

說，談不上什麼風水，終於使周光亭醒悟。昂駿又去要求知府暫緩升堂，督促周光亭於開庭之前趕緊把墳遷走並賠還禁碑。光亭一一做到，並向歷代祖墳磕頭，賠禮道歉。這樣事情總算有了一個較好的解決。「從此肅清泉壤，可以安先塋，並告無愧於後。」昂駿為此十分欣慰。

事畢，昂駿盡早將結果稟報紹興知府海蕉塈，又請求允許再刻一塊石碑，重申禁令。得海蕉塈同意後，昂駿便匆匆返回了杭州。同時致函給在清河、淮安一帶作幕的大哥、四弟以及族人左泉、椒升等，報告消息，「以慰遠人數年來南望懸懸之念」。

昂駿此次南來打官司之一切費用，先由周家族人分墊。大哥晉侯（逸帆）事先已拿出自己所存的全部館脩，又讓昂駿以老八房祭田9畝作押向竹泉借了一些錢。事後竹泉表示認捐，未收老八房的祭產。晉侯、昂駿、東輝等人對各自所墊之錢也一致表示認捐，「共盡追遠報本之意」。

以上的記載出自於周家族人所存的《周氏破塘祖塋祭簿》。從這些記載中，我們可以比較清楚地了解到1865—1870年間周家發生的事情和周氏兄弟的活動蹤跡。

周昂駿後來得到了提升，「以軍功保知縣」，歷任「代理江蘇揚州府儀徵、江都等縣知縣，署理通州、如皋縣知縣、調補徐州府宿遷縣知縣。欽加知州銜升用同知直隸州」。直隸州直屬於布政使司，直隸州知州為正五品，同知為正六品。從揚州縣志上查到同治十年（1872年）周昂駿任江都縣知縣。如皋縣志中尚無記載，可能代理的時間短，志中不記。而儀徵縣志乃道光年間所修，以後的史實無法查找。但是據周昂駿的小兒子周嵩堯回憶，他幼時住在儀徵，父親在大堂審案子。按當時的規矩，來告狀者趴在地上，有理無理先打40大板，他趴在大堂幕後掀起幕簾一角向外偷看。可證明1876—1877年間，周昂駿正在儀徵縣任知縣。

知縣是正七品官，為一縣之長官。按《清朝道典》記，知縣的職掌為「平賦役、聽治訟、興教化、歷風俗。凡養民、祀神、貢士、讀法，皆躬親厥職而勤理之」。

七、周恩來的祖父周起魁及其兄弟

周昂駿「所至平反冤獄，革除陋規，建義倉，興文教，浚河渠，善政畢舉，有『周青天』之稱」。1875年林則徐的女婿沈葆楨（文肅）升任兩江總督後，曾評論周昂駿「居官清正，愛民如子，每事躬親，不避嫌怨」，「明保，交軍機處存記」。

周昂駿的夫人鄭氏生於清道光十八年（1838年）。自幼從其舅父學習書畫，尤擅長花卉。鄭氏「德行純備，孝慈賢淑」「天性仁德」，經常幫助生活有困難的親戚，頗為人稱道。幼年受舅父親授六法，工花卉。中年多病，不輕易作畫。她生了幾個孩子以後，身體漸漸虛弱多病，於光緒四年六月十二日（1878年7月11日）去世，年僅40歲。鄭氏死後葬於揚州平山堂西北蔡家山。③鄭氏去世時留下三子一女。大的14歲，小的才5歲。

周昂駿和四弟起魁（雲門），合買了坐落於淮安城內駙馬巷的一幢房子。據周嵩堯晚年回憶，駙馬巷的房子最早是典的，典要比買便宜一些。

光緒七年九月初四（1881年10月26日）周昂駿病逝於儀征縣任上，年僅43歲，入祀揚州名宦祠。與其妻鄭氏合墓於揚州平山堂西北蔡家山，由周家佃農羅永富為其護墓。

周昂駿與鄭氏共有三子一女。長子貽豫（炳豫），次子貽康（龢鼐），三子貽良（嵩堯）。大排行是一、二、六，對周恩來幫助多的是二伯貽康。周昂駿去世後，三子嵩堯9歲，託交其二舅鄭仁壽照顧；長子炳豫17歲，可以自立後學幕；次子龢鼐14歲，過繼給他的大伯父晉侯。一女後嫁給代理淮安知府萬青選的第十八子萬立，也就是周恩來的十八舅父。

昂駿尚有一妾王氏，江蘇邵伯人，生一女，早逝。昂駿去世以後，王氏從儀征回到淮安，一直住在駙馬巷周家老宅。晚輩稱她為亞老太。1946年去世。

附：鄭氏的兄弟

鄭仁昌

鄭仁昌，鄭氏之兄，福建閩侯人。清道光元年（1821年）生於江蘇。字樂山，號少芬。

3. 二祖父周昂駿及夫人鄭氏

鄭仁昌早年服官江蘇，曾任東臺縣令。後辭官居淮安，先住河下鎮，光緒初年（1875年）左右遷入淮安城內東嶽廟市。

鄭仁昌光緒十六年庚寅（1891年2月8日）除夕歿，享年70歲。

鄭仁壽

鄭仁壽，鄭氏之弟，福建閩侯人。清道光十九年己亥（1839年9月27日）生於江蘇。字見山，晚號鏡華。

鄭仁壽自幼天資聰穎，勤奮用功，舉止端凝。十幾歲時，因為家中生活貧困和太平天國戰爭使道路阻隔，他不能返回福建原籍參加鄉試。以後他隨館學習錢穀，老師便是周起魁和周昂駿的二舅樊燮。鄭仁壽幕業學成的那年，太平天國軍隊正在江寧一帶駐紮。清朝廷成立了江北大營圍剿太平軍。約1859年，鄭仁壽為謀出路，投效江北大營，隨軍駐在江蘇邘江、邵伯、瓜洲一帶，負責「章奏公牘」。因辦事勤勉，應付自如，很得鎮守的器重。1864年，太平天國戰爭平息，鄭仁壽轉入漕運總督府做一名文案，旋即升任總文案。

漕運即水運。清順治二年（1645年）以後，漕運總督衙門設在淮安，專管運河南北八省漕政。如監督漕糧的徵收、起運；處理運糧中的各種事故糾紛；修理漕船、兌換錢幣；勘核漕船行程，還有催交漕欠，直至漕船抵通州交糧入倉。總之，要保證從南方各省運往京師的糧食萬無一失。同時，漕運總督還要兼負治軍察吏、兵刑錢穀的任務。

清代的漕運總督不設屬官，只用書吏即文案。有20名書吏辦理一切公文案牘，由總文案彙總、定奪。鄭仁壽為歷屆漕運總督做總文案達40餘年。由於他學識淵博，文武兼備，品行端正，又積累了豐富的經驗，成為一個深得歷屆漕運總督器重和倚恃的高級幕僚。李鴻章、李瀚章兄弟，江北提督王士珍和兩江總督張人駿也都曾聘他到府中坐館，共商政事，尊敬有加。

1878年至1881年，鄭仁壽的胞姐和姐夫周昂駿先後不幸病逝。他們的小兒子、周恩來的六伯父周嵩堯時年只有9歲，便交由鄭仁壽撫養照顧。鄭仁壽督促周嵩堯刻苦讀書，管教得極其嚴厲。周嵩堯後來官至郵傳部員外郎，又為北洋政府總統袁世凱做過幕僚。在他晚年時，仍對舅父鄭仁壽的工作精

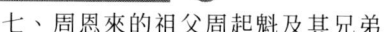

神和道德修養念念不能忘懷：「公之居幕府也，晨起盥漱飲食畢，即理案牘、草奏疏，隨時發送，一無停留。已而，漕帥來，外賓來，一一應接。」「參贊帷幄，凡百措施，功德悉歸諸府主。」「所交封疆大吏，率一時名流，或侃侃而爭，或誾誾而議，薦賢舉能，隱惡揚善，不以告其人。」「客散，又治官書，晚餐乃已。餐後獨坐，未嘗不手一卷，必秉燭至夜深。」「公幼秉母兄之教，主敬存誠，火滅修容，恪恭篤慎，數十年如一日焉。居恆喜慍不形於色，望之儼然，即之也溫。」「轅下文官武將，外面鎮道守令，見公敬畏，甚於見大帥，欲有所請託，見則自慚，無敢出諸口。」歷任漕運總督皆「多勸公出任，公以性剛，不能唯阿取容，皆固卻不出」。

　　鄭仁壽的外甥們、周恩來的幾位伯父年輕時都曾在漕運總督做過文案，鄭仁壽在做事做人方面均給過他們很深的影響。

　　辛亥革命以後，鄭仁壽已是古稀之年，從幕府卸退，隱居淮安家中。於民國七年戊午（1919年1月24日）歿，享年80歲。

　　鄭仁壽生前留有許多詩詞、牘稿和來往信件。1946年，經他的孫子鄭蘅之、鄭約之檢選後送至揚州周嵩堯處，由周嵩堯編輯成集：《鏡華老人集》六卷和《鏡華老人補集》四卷（手稿）。可惜這些珍貴的史料在十年浩劫中慘遭焚毀，片紙不留。唯有一小部分詩詞，由周嵩堯另外編成一冊《方壺遺客詩存》，附在了周恩來的高祖周元棠所寫《海巢書屋詩稿》之後，並刻印成冊，才得以散落民間。1964年淮安人士陳畏人、汪澄伯將所收藏的有關周家的字畫詩集寄到北京給周恩來。詩集因此保存至今。

　　鄭仁壽雖為總督衙門中的高級幕僚，卻也如其他做師爺的一樣深深感嘆「幕不可為」。在他的《幕嘆一仿板橋·道情十首》中，將坐館於官府中的酸甜苦辣一一道出，使我們得以了解到19世紀清朝大小官府中師爺這一特殊群體的真實境況與無奈的心態。現摘選其中幾首以饗讀者：

　　苦埋頭，四此堂，勒文移，草奏章，年年畫出葫蘆樣。任勞任怨先毋我，宜猛宜寬要有方。公門最怕良心喪，休只說東南盡美，也須防氓庶遭殃。

易傷懷，春復秋，好時光，去不留。幾多佳日難消受，尋花問柳非吾事，冷雨淒風助客愁。空齋寂寞殘燈瘦，卻是個維摩丈室，說什麼杜牧揚州。

最難居，夏與冬，逼驕陽，受朔風。水亭暖閣華胥夢，揮毫屢擲驅蚊扇，呵凍頻僵作枕肱。禦寒避暑人情共，獨有這一支棲息，耐炎涼不出樊籠。

好才華，未顯名，入朱門，假道行。蓮花幕下終南徑，塵封案牘雙眸倦，雲路津梁兩足輕。升沉畢竟還由命，也有人扶搖直上，也有人落魄伶仃。

4. 三祖父周聯駿

周聯駿，原名駿聯，又名官聯，字捷三，樵水第三子，清道光二十二年（1842年）正月二十八日生於紹興，配高氏，生一子，名貽定（鼎），大排行為五，周恩來稱其為五伯父。

周恩來曾對他的親屬說：「我的曾祖父下有五個兄弟，都搬到了蘇北，大、二、三、四都做過知縣。」但是到現在還未查到文字記載。

5. 五祖父周子龐

周子龐譜名周駿龐，又名鳴鹿，字敦甫，樵水第五子，清道光二十六年八月二十八日（1846年10月17日）生於紹興。「國學生，藍翎五品銜，從九品，前署丹陽縣典史。」配屠氏，生三子：貽德（濟渠）、貽震、貽升，大排行是三、十三、十五，對周恩來影響較大的是三伯。

6. 千古名郡淮安

1914年，周恩來在天津南開學校時，曾寫過一篇回憶他故鄉淮安的作文《射陽憶舊》，「淮陰古之名郡，扼江北之要衝，清時海禁未開，南省人士北上所必經之孔道也。」「熱鬧繁華，儼然省會。」這個印象一直留在他童年的記憶裡。

當你翻開中國的地圖，就會發現東側沿海，有一條北起通州、南到杭州的京杭大運河。當這條古老的大運河延伸至江蘇北部時，剛好與東西走向的

七、周恩來的祖父周起魁及其兄弟

蘇北灌溉總渠（古時的淮河河床走向）相交，寫下一個大大的「十」字形。在這個「十」字的左下角，就是中外聞名的歷史文化名城——淮安。

淮安位於江淮平原的腹部，裡下河地區的西北角。它地處淮河下游，東瀕黃海，境內溝渠縱橫，海拔高度較低，多在 10 公尺以下，屬於溫帶的水網地區。

遠在六七千年以前，淮安就孕育出了著名的新石器時代文化——青蓮崗文化。

1951 年冬，距淮安市區東北 30 多公里的宋集鄉農民在青蓮崗黑土塘一帶興修水利時，發現了大量遠古文物。其中有人類早期居住的房舍，勞動生產用的石犁頭、石斧、石鏟，輾穀的石磨，織魚網的骨針，陶製的紡輪、網墜以及缽、磚、壺、罐之類，既有人類早期的紅陶，也有中期的灰黑陶和彩陶，還有碳化的稻粒，人工用火燒烤過的紅土，人類吃剩的豬牛牙床，編織有原始「人」字形圖案的蘆席等。專家們鑑定這批遺物是人類 6000—7000 多年前遺留下來的，定名為「青蓮崗文化」。青蓮崗文化的發現說明，中國人的祖先早在新石器時代就已在淮安這塊土地上繁衍生息，並創造出了燦爛的古代人類文明。然而，促使淮安經濟發展並成為蘇北近兩千年政治、經濟和文化中心的則是兩千多年前吳王夫差的功勞。

春秋時期的周敬王三十四年（西元前 486 年），稱雄中國東南的吳王夫差，為了北上中原，與齊桓公爭奪中原的霸主，徵集了大量民夫開鑿邗溝，以溝通（長）江淮（河），便於向北方運兵送糧。據《左傳》記載：「（魯）哀公九年（即西元前 486 年），吳城邗溝，通江淮。」西晉時代的大學者杜預更進一步指明說：「於邗江築城穿溝，東北通射陽湖，西北至末口入淮。」末口即今淮安市淮安區淮城鎮新城村。吳王夫差利用古邗溝曾兩次舉兵北上中原，先後打敗齊軍，會諸侯於黃池，又挫敗強晉，終於實現了他當上中國中原地區一霸的美夢。

交通的便利，也促使了中國東南的經濟發展，帶來了經濟的繁榮和文化的發達，又加強了中原地區與江南地區的經濟文化聯繫，縮短了它們之間的

距離。而地處古邗溝與淮水交匯之處的末口地區也隨之興旺起來，現在的周恩來紀念館所在地桃花垠就是當年的一處屯船塢。

自東晉安帝義熙七年（411年）起，淮安即築城設置郡、縣，名為山陽郡、山陽縣，治所均設於淮城。至此，淮安就成了蘇北的政治和經濟中心。從那以後的1700多年裡，淮安曾先後是山陽郡、楚州、淮安軍、淮安路、淮安府等治所所在地，轄區遠及安徽省的泗縣，山東的郯城以北，以及蘇北的大部分。山陽縣的轄地也很廣闊，今淮陰市區及周圍地區曾劃歸山陽縣管轄了400餘年。直至民國三年（1914年），全國廢府並統一縣名，因陝西省也有個山陽縣，為避免重複，淮安的山陽縣才最後定名為淮安縣。

政治地位顯赫，必然是兵家必爭之地。「南必得而後進取有資，北必得而後餉運無阻。」從吳王夫差起，經朝歷代的統治者們都十分重視對淮安城池的營造。東漢時的名將陳登，晉代的大將祖逖，宋開國皇帝趙匡胤，南宋的抗金名將韓世忠、梁紅玉，元初丞相伯顏，明代大將徐達等等，都在淮安一展他們的武功或謀略，從而留下了千古佳話。淮安城池的營建也相傳沿襲了1000多年，前後修建了老城、新城和聯城。「三城雄立深池迭繞」，從而在歷史上留下「鐵打的淮城」這一千古美譽。

政治、軍事上的重要地位必然帶來經濟文化的繁榮。自大運河代替古邗溝之後，淮安就成了南北航運業的要津。隋代以後，歷代封建王朝的財政收入，特別是糧食，主要來自富庶的江南。而江南的糧食若要北上，都必須通過淮安，循運河北上。封建帝王們為了做好皇糧的轉運與銜接，從隋代起，即在淮安設立專門的漕運專署，唐宋兩代設江淮專運使，元代改設總管府，明、清兩代都設漕運總督衙門，管理漕糧的取齊、上繳和監押運輸，中央直接委派大員到淮安督辦漕事。宋代的范仲淹，明代的李三才、史可法，清代的鐵保、施世綸、穆彰阿、恩銘等，都曾在淮安擔任過漕運總督或負責漕運事務。據史料記載，「凡湖廣、江西、浙江、江南之糧艘，銜尾而至山陽，經漕督盤查，依次出運河。雖山東、河南糧艘不經此地，亦皆遙稟戒約。故漕政通乎七省，而山陽實咽喉要地也。」

七、周恩來的祖父周起魁及其兄弟

淮安漕運的興旺，還影響及運鹽業、造船業和商業及各類手工業的繁榮發展。明清兩代的淮安，人們見到的是「牽挽往來，百貨山列」，「市不以夜息，人不以業名，富庶相沿」。運河沿線則更是「十里朱旗兩岸舟，夜半槳聲來客船」的繁盛景象。到了隋代，淮安、揚州、蘇州、杭州被稱為中國「四大都市」，明代時淮安又與山東的臨清和江蘇的揚州並列為運河線上的「三顆明珠」。明代大文學家、《永樂大典》的主纂姚廣孝曾寫詩讚美淮安說：「襟吳帶楚客多遊，壯麗東南第一州。」淮安的這種繁盛一直持續到清光緒末年，因海運興起、1908年津浦鐵路興辦，加之清王朝的腐敗，任憑大運河淤塞而使漕運關閉，淮安這塊繁榮了兩千多年的地方，才逐漸閉塞衰敗下來。

1000多年來仰慕於淮安的文化名勝和經濟的繁榮，墨客騷人、社會名流們紛至沓來。他們或到這裡吟詩作畫，著書立說；或買屋客居，安度晚年。李白、白居易、劉禹錫、杜牧、歐陽修、范仲淹、文天祥、蘇東坡、秦少游、施耐庵、吳敬梓等一大批在中國文化歷史上成就卓著的人物，都曾在淮安留下過他們的足跡。大戲曲家關漢卿踏訪淮安時，寫出了傳世名著《感天動地竇娥冤》，至今淮安北門內還有一條竇娥巷。著名神話小說《西遊記》在淮安誕生，位於淮安河下的打銅巷，是《西遊記》作者吳承恩的故居，每天接待來自世界各地的遊人。清末四大諷刺小說之一的《老殘遊記》，是客居於淮安的劉鶚撰寫的，淮安至今保留有劉鶚的故居和墓地。其他的文臣武將等還有漢代大軍事家韓信，開漢賦先河的《七發》作者枚乘，宋代盲人曆算家衛樸，抗金巾幗英雄梁紅玉，清代溫病學家、《溫病條辨》作者吳鞠通，抗英愛國名將、虎門禁煙殉國英雄關天培，著名愛國七君子之一的李公樸等等都是由淮安這塊古老大地哺育成長起來的。

運河之水給淮安經濟注入活力，造就淮安歷史的輝煌。但是，1194年（南宋、金）黃河在河南陽武（今原陽縣）決口，一部分水經南清河流入淮河，黃河開始奪淮。到明朝，淮河入海道全部被黃河奪去。水也給淮安帶來無數次的災難。黃河、淮河兩條大河爭相氾濫，幾乎次次殃及淮安。淮河在黃水頂托下，大批泥沙又湧沉到淮河下游，河床愈填愈高，最終完全破壞了淮河的原有水系，造成歷史上有名的「水漫泗洲」的悲劇，淹沒了距淮安僅幾十華里的泗洲城，在清河（今淮安市區一帶）與盱眙之間蓄積成一個巨大的湖

泊——洪澤湖。兩大水系沒有了暢通的入海口，洪水便年復一年地肆虐起來。明隆慶三年（1569年）和隆慶四年（1570年）的兩年夏季，淮河大水，洪峰均高達一丈五六尺，一般平地水深7尺。淮安府所轄山陽、桃源（今泗陽）、清河（今淮安市區）、安東（今漣水）等縣7萬多畝莊稼地一夜之間「沉」入水底，「人畜漂溺，一片慘景」。進入清朝之後，淮安水災有增無減。「倒了高家堰（即高良澗，今洪澤縣縣城所在地），淮（安）、揚（州）二府不見面。」黃河再一次決口奪淮是清嘉慶十三年（1808年），淮安莊稼淹光，民舍倒塌，貪官汙吏卻趁機謊報災情，從中剋扣有限的賑銀，弄得民不聊生，餓殍遍野，慘不忍睹。1851年（咸豐元年）淮河被迫改道，由洪澤湖南下，流入長江。1855年（咸豐五年）黃河在蘭考北岸銅瓦廂決口，奪大清河由山東利津入海。但淮河入海道已被淤塞，高出兩岸平地，淮河已不可能重返故道。在國民黨政府統治期間，更是不問人民死活，「導淮」牌照不知掛了多少年，卻很少幹一件治淮實事。1931年一場大水，吞沒了蘇北1000多萬畝農田，淹死了7000多人，並將300多萬人趕出家園，當時的淮安城頭，幾乎可以行船。

　　1951年，毛澤東發出了「一定要把淮河修好」的號召，周恩來親自制定了「蓄洩兼籌，以達根治之目的」的治淮方針。周恩來以「蘇北人民在兩次戰爭（指抗日戰爭和解放戰爭）中出了那麼多人，那麼多民工，出了那麼多烈士，現在革命勝利了，我們應該支援他們」為由，堅持開挖蘇北灌溉總渠。1951年，周恩來的八嬸母楊氏從淮安赴京見到她多年想念的侄兒周恩來時，周恩來關切地向她問起家鄉父老是否有飯吃，能否吃上大米等，然後，又興奮地對這位一直住在淮安的嬸娘說：「家鄉還要挖一條大河哪，從洪澤湖一直挖到海邊，那時就更好了。」周恩來說的這條大河，就是蘇北灌溉總渠。它西起洪澤湖邊的高良澗，東到黃海邊的扁擔港，全長168公里，蘇、豫、皖三省130多萬民工用鐵鍬挖土，用石硪打夯，僅用83個晴天就全部挖成竣工，創造了人間奇蹟。隨著蘇北灌溉總渠的開挖和入江水道的疏濬，各種橋梁、閘壩、抽水站也一座座矗立起來，淮河終於被徹底治服了。淮安及其周圍大片的肥田沃土終於都變成了旱能灌、澇能排、年年豐收的魚米之鄉。

七、周恩來的祖父周起魁及其兄弟

7. 周恩來與淮安

　　淮安經濟的發達、文化的繁榮是大運河的漕運帶來的。歷代每年從運河運到北方的漕糧多至幾百萬石。後因河道淤塞運輸困難，船隻消耗，官吏侵吞，耗費巨大。從道光年間起，朝廷腐敗，外敵侵入，無人修理河道，運河淤塞。咸豐元年（1851年）廢漕運，改海運。同治四年（1865年）清朝鎮壓了太平天國和捻軍之後復行漕運，到光緒十年（1884年）停止。淮安的經濟隨之逐漸凋零。

　　光緒三十一年（1905年）因漕運已廢多年，撤銷了設在淮安的漕運總督。漕運總督府一撤，官員們紛紛離去，為總督府服務的人大批失業。凡是有能力、有本事的人紛紛外出另求高就，另找出路，留在家裡的是老弱病殘、沒有教育程度、能力差或出不了門的。

　　漕運總督改為江淮巡撫，設在清江。從此清江浦的地位在淮安之上。1907年江淮巡撫改設江北提督，由袁世凱最信任的王士珍為提督。1909年袁世凱被清廷罷黜回到原籍，1910年王士珍也以病請退。

　　隨著漕運的衰敗，1912年津浦鐵路的建成，淮安由交通要道變得日趨閉塞；由千年古郡淪為三等小縣；經濟停滯不前，思想守舊、禁錮。所以周恩來說：「12歲的那年，我離家去東北。這是我生活和思想轉變的關鍵。沒有這一次的離家，我一生一定也是無所成就，和留在家裡的弟兄輩一樣，走向悲劇的下場。」

　　抗日戰爭時期，1940年8月黃克誠率八路軍第五縱隊東進到淮陰、沭陽開闢了淮海區，而後和新四軍會師，成立了蘇北臨時行政委員會。從此，淮安的鄉下成為蘇北抗日根據地的一部分。

　　建國後，淮安縣委想發展經濟，改變淮安落後面貌。1958年「大躍進」，縣委也想上工業項目，想請總理照顧。總理沒有照顧，只是給江蘇省委寫了一封信：

　　渭清、順元、浴宇三同志：

江蘇淮安縣副縣長王汝祥同志來北京談到地方工作，據他所談，淮安的農業生產搞得還不錯，同時也想在地方工業上有所發展。我向他建議今後一年還應將主要力量放在農業上，爭取糧食總產量今年達到二十億斤左右，明年達到三十億斤左右；每畝年均產量今年達到一千三百斤左右，明年達到二千斤左右，如果糧食產量顯多，就可調整耕地，多種經濟作物，或者增加儲備和外調任務。在這樣的農業基礎上，地方工業的原料、資金、市場都易於解決，就更利於發展。因此，我向他建議，地方工業除手工業和土法生產的以外，今年不宜搞得過多，而且設備和鋼材都供應不及，倒不如集中力量先將鐵木農具廠搞起，然後再及其他。王汝祥同志這次來想在北京為他解決鋼材問題，我當然不能這樣做，不過，據他談，無錫機床廠原與淮安訂了合約，要為他們生產一百多臺機床，現在由於今年鋼材不夠分配，無錫廠想廢約或者推遲，而淮安方面認為，如能為他們生產二十五臺機床，都是好的。我想這計劃，在你們省的能力和權限以內，可能為他們解決這一困難，故特地寫這封信給你們，請予考慮。我的看法，由於遠在北京，而且對淮安建設也是初次聽到，不一定對，所以你們千萬不要以為這是什麼成熟的意見，更非組織上的意見。寫出僅供參考，並請酌辦。敬禮！

周恩來

一九五八年七月廿七

1960年淮安種10萬畝棉花，想辦個紗廠，又去找總理。總理說：「你們種了棉花，就要辦紗廠，那大城市怎麼辦？上海的紗廠就吃不飽了。要顧全大局，全國一盤棋，江蘇還要考慮蘇南和南通需要棉花哩，要服從省裡的統一安排。」鄧大姐怕縣委同志思想不通，在一旁開導：「咱們每個共產黨員都要聽黨中央的，恩來同志是黨中央副主席啊，你們要按他的意見辦，聽他的。」

周恩來身為黨中央副主席、國務院總理卻不徇私情，對家鄉從不照顧。一位到淮安故居參觀的日本人聽到這些故事，深為震驚。他說作為一個政治家、官員，做到這點太難了。由此他敬仰周恩來，到淮安去了十幾次，幾乎每年都要去參觀故居和紀念館。

七、周恩來的祖父周起魁及其兄弟

淮安縣委的同志去看總理時，帶了家鄉的特產小吃茶饊。周恩來馬上付錢，請總理辦公室寫信批評。全文如下：

淮安縣委：

你縣送給周總理和鄧大姐的藕粉、蓮子、饊子、工藝品以及針織品都已收到了。你們對周總理和鄧大姐的熱愛和關懷他們是知道的，但是周總理和鄧大姐認為：在中央三令五申不准送禮的情況下，你們還這樣做是不好的，現在周總理和鄧大姐從他們的薪金中拿出一百元寄給你們，作為償付藕粉、蓮子、饊子、工藝品的價款，其他的一些針織品等以後有便人再帶給你們。總理並指示，將中央關於不准請客送禮的通知寄給你們一份，請仔細研究，並望嚴格執行。

此致

敬禮！

國務院總理辦公室（蓋章）

一月十六日

附去：「中共中央關於不准請客送禮和停止新建招待所的通知」一件

周恩來廉潔奉公、克己守法的精神永存，所以大家都認為周恩來是全黨的楷模。

8. 周恩來的故居

駙馬巷的由來

在淮安鎮淮樓西北隅約300多公尺的地方，有一條古老幽深的小巷——駙馬巷。飲譽海內外的周恩來故居就坐落在這條巷內的7號。

1965年7月5日，周總理、陳毅副總理在新疆石河子農場看望內地支邊青年，偶然碰上一位從淮安去的女孩李正蘭。周總理在邊疆碰上了淮安老鄉，非常高興，拉著小李問長問短：「你家是淮安什麼地方的？」「北鄉欽工的。」小李答。「噢，鄉下的農民出身，那比我強，我是城裡的官僚家庭出來的。」

周總理幽默的話語把在場的人都逗笑了。這時，在一旁的陳毅副總理馬上接過話題：「他是你們淮安城裡駙馬巷的。那條巷子裡過去出過駙馬，如今又出總理，你們淮安盡出能人啊！」在場的人聽了又都笑了起來。

淮安駙馬巷內真的出過駙馬嗎？

據方志記載，早在宋、元年代，駙馬巷這塊地方就是淮安的名勝之地。清同治十二年（1873年）重修的《山陽縣志》上也存有「駙馬巷，大聖橋西南，舊有黃駙馬祠」的記述。如果再翻開明代文學大師、神話小說《西遊記》的作者吳承恩的詩文集，我們可看到他寫的一首套曲《南呂‧一枝花‧壽丁忍庵七十》：「唐時萬柳池，晉代燒丹灶。劉朝招隱地，宋室等仙橋。城壓金鰲，最好是淮陰道，引黃河一水遙。愛你個天生地來上神仙，住居在畫不就人間蓬島。」這首詞中的「萬柳池」在城西南；「燒丹灶」在缽池山；「招隱地」在河下；「等仙橋」就在今天的駙馬巷內，又叫望仙橋。

相傳宋徽宗宣和年間，有一位名叫孫賣魚的處士，他別號塵隱，住在這條巷內的一座小橋旁。孫賣魚滿腹經綸，才華出眾，而且樂善好施。後來有人向宋朝皇帝奏明了他的才德，宋徽宗就招他為官。孫賣魚堅持不肯，而地方民眾遇有難事，他卻能挺身而出，為民眾排憂解難，因此人們都很崇敬他、愛戴他。孫處士一直活到一百多歲，結果無疾而終。出殯那天，人們出於對他的敬愛，前呼後擁，傳說當靈柩抬至巷內小橋上時，孫賣魚突然冉冉升起，人們只見他腳踩瑞雲，樂呵呵地升天而去。送殯的人都非常驚異，認為這是塵隱善事做多了，得道成仙了。從此，那座無名的小橋被叫做望仙橋，巷名就叫望仙巷。後來，地方民眾出於對孫賣魚的思念，常到小橋上望天禱告，等他顯靈保佑，所以望仙橋也叫等仙橋。

望仙巷改名為駙馬巷是明代初年的事。據《明史》《淮安府志》和《山陽縣志》記載，還在朱元璋（重八）當農民起義軍領袖的時候，他的堂兄蒙城王重四公在軍營中病重，臨終前對朱元璋說：「我身後別無牽掛，唯有獨女無嬌無人照應，請你把她視為親生，撫養成人。」說完就閉目長逝。朱元璋不負兄長所託，不僅把無嬌撫養大，還把她許嫁給自己的親隨屬下兵馬副

七、周恩來的祖父周起魁及其兄弟

指揮黃寶。無嬌也很賢良，和她皇叔父生的一大群兄弟姐妹相處和睦，視如同胞，相親相愛，朱元璋也就特別歡喜她。

1363年，朱元璋在南京登基做了明代開國皇帝，便破格將他這個侄女無嬌封為慶陽公主，封黃寶為駙馬都尉，賜名黃琛。當時有一部分大臣不同意朱元璋的這一做法。他們聯名上書，奏明太祖，說皇上的侄女按慣例只能封郡主，侄女婿也只能封郡馬。朱元璋看了奏章後，不僅不予採納，又下詔升任黃琛為淮安兵馬指揮使（大體上相當於今天的軍分區一級的司令員），子孫世代沿襲。

黃琛在淮安三年，一直住在望仙巷北首（今淮安勺湖幼兒園處）。由於他維護明王朝統治有功，因此深得朱元璋的寵愛和賞識。1371年朱元璋又將黃琛調到安徽鳳陽，為他看管祖墳。他在鳳陽整整30年，最後老死任所，葬於鳳陽虎山。

黃琛死後，剛接位不久的明惠帝朱允炆專門在淮安望仙巷內欽賜一塊地方，為他建了一座黃駙馬祠，世代享祭。地方官吏趨炎附勢，隨之把望仙巷改名為駙馬巷，一直沿用到今天。

周恩來故居簡介

周恩來故居坐落在江蘇省淮安市淮安區西北隅的駙馬巷7號門內，有東西相連的兩個老式宅院，共32間半，占地190多平方公尺。東宅院東臨駙馬巷，西宅院南臨局巷，是曲折的三進院結構。整個建築是咸豐至光緒年間的青磚灰瓦木結構，古樸典雅，是典型的蘇北民居的建築風格。大門兩丈見外有一座照壁，照壁後面有兩棵高大的老榆樹，再向前走是文渠。這座老式宅院是周恩來的祖父周起魁與其弟弟周光燾一家合買的。東宅是周起魁一家居住，西宅是周光燾一家居住。因兄弟間並沒有分家，周家人回到淮安均在此住過。

現在周恩來故居東大門上方懸掛著一塊由鄧小平親筆題寫的「周恩來同志故居」紅底金字匾額，在陽光映照下熠熠生輝。一進大門向北拐，第二進兩間北屋和相連的三間東屋是周恩來幼年讀書的地方。大鸞剛滿5歲就入家

塾念書，取學名恩來，字翔宇。與他同窗學習過的同輩兄妹有恩溥、恩碩、恩燦、龔志如、龔志蕙等。周恩來敏而好學、博聞強記，每次背誦、認字與默寫均屬最優，習字也在同輩兄妹之上，深得長輩和家塾老師的褒揚。

由「讀書房」向西跨過一道腰門，便是周恩來父母的三間住房，東屋是周恩來誕生的房間，西屋是父親周劭綱的書房和休息的地方。從「誕生地」向西通過一條狹長走廊，兩間「亭子間」便出現在眼前。這是周恩來的嗣母陳三姑和乳母蔣江氏的住房。周恩來不滿周歲時，小叔父周貽淦得了肺癆病而去世。周貽淦無後，周劭綱夫婦便把幼年的恩來過繼給小叔父為子。恩來就一直跟著嗣母陳氏生活。

在亭子間的南邊是廚房。在亭子間的北面，是三間主堂屋，這是院內最高的房子，當年周恩來祖父周起魁和祖母魯氏居住的房屋。祖父母去世後，周恩來的五祖父周子龐也在主堂屋住過，到1918年已倒塌。在嗣母陳氏住房後檐有一眼水井，井水清澈見底，石井欄上被繩索磨出了一道道深深的痕跡。周恩來童年時曾跟隨乳母蔣媽媽從這眼井裡打水澆瓜種菜，因此對這眼水井印象很深。

故居西宅院原是周恩來二伯祖父的住房，大門南向。一進門是開闊的院子，現已闢為「周恩來紀念展覽陳列室」，分「周恩來童年」「家世」「故鄉」「懷念」「名人字畫（周恩來書畫苑）」「周恩來的外交風采」「周恩來外祖父萬家字畫展」等7個展廳。

1949年初期，除周恩來誕生地三間房子外，其餘的房子已是東倒西歪，瓦楞長草。淮安縣委就對周恩來故居中行將坍塌的房舍進行了初步維修，以表達故鄉人民的願望。可是，當周恩來得知這件事後立即寫信給淮安縣委，制止今後再作維修，並詢問了修繕經費的數目，很快用自己的工資償還了這筆維修費，並一再告誡在淮親屬，不准說出他住過的房屋，在故居不要掛他的照片。當他聽說不斷有人瞻仰舊居時，就對親屬說：「把房子拆掉，就沒人去了。」1958年和1960年，周恩來兩次接見赴京的淮安縣委，一再叮嚀：「要把房子拆掉。」縣委考慮到廣大人民群眾對周恩來的愛戴，一直未動。1973年11月17日，國務院辦公室給淮安縣委打來電話，正式傳達周總理關

七、周恩來的祖父周起魁及其兄弟

於處理舊居的三條指示：一、不要讓人去參觀；二、不准動員住在裡面的居民搬家；三、房子壞了不准維修。周恩來總理在處理故居這件事上所表現出的高風亮節，本身就是一座不朽的豐碑。

周恩來逝世後，1976年底，淮安縣委根據廣大人民群眾的願望，經省、地委有關部門批准，對周恩來故居進行了初步整修。1978年底將故居重新修建，恢復到1910年周恩來離開淮安時的舊貌，並於1979年3月5日正式開放。迄今為止共接待了中外瞻仰觀眾1600多萬人次，其中包括黨和國家領導人習近平、江澤民、胡錦濤、胡耀邦、李鵬、喬石、張震等，以及40多個國家和地區的領導人及外國朋友16000多位。

八、周恩來的父親及其兄妹們

1. 父親周劭綱

周恩來的父親周貽能，字懋臣。大約在1895—1896年間，更名劭綱。他是周起魁的第二個兒子，大排行七。清同治十三年甲戌五月二十八日（1874年7月11日）生於浙江紹興。幼年時隨家人移居江蘇淮安。

⊙周恩來保存父親周劭綱的照片。（周秉德提供）

1890年，17歲的周劭綱和哥哥們一起在淮安參加縣試，但這次他未考中秀才。以後，父親周起魁又送他回紹興向舅舅魯小和學習幕業。時間應是在1893年周劭綱20歲（虛歲）左右的時候。1894年，周劭綱的二堂兄周龢鼐中舉資料上寫有「嫡堂弟：貽能，國學生」。這個「國學生」是周起魁花錢為兒子劭綱捐的一個身分（學歷）。用現在的說法，差不多就是買了一個國中畢業生的文憑。在那個時代，「國學生」就算很有教育程度了。周劭綱字寫得好，大概珠算學得不太好，所以錢穀師爺沒有學成。他的父親這時

八、周恩來的父親及其兄妹們

正在阜寧、安東一帶任代理知縣,便為他在高郵縣衙門找了一份文書的工作。由於他身分是「國學生」,所以找工作還算有一些資本。

1897年,在周劭綱的六堂兄周嵩堯的中舉資料中,周起魁的官職又增加了「桃源縣知縣,海州直隸州知州」。周起魁任桃源縣知縣的時間是1895年。那麼1897年,周起魁可能正在海州知州任上。而這時在周嵩堯的中舉資料中,周劭綱一欄則寫著「周劭綱,國學生,主事銜」。由此看來,約1897年以前,周起魁又給兒子劭綱捐了一個主事銜。主事銜是正六品官銜。周劭綱在縣衙門裡工作、來往接觸都是官員,自己無官銜,與人交往很不方便,所以一定得捐一個官銜。再者,有了這個官銜,以後還可以再進一步去捐一個候補官職,如果有錢,還可以繼續捐下去,直捐到補上實缺,就能做官了。所以在清代,許多官宦人家的子弟如果科舉不第,都會透過捐身分,捐官銜,捐候補官職,再捐一個儘先補用,直至捐到補上實缺,踏上仕途發達之路。當然,這樣做要花去很多銀兩。周起魁算是一個清廉的官,在清代,做知縣一級的官員以地區論,有的地區的知縣不是很富裕,有的地方知縣生活甚至是清貧的。但到了府一級,收入就比較多了。直隸州相當於府,周起魁做海州直隸州知州,收入這時應是豐厚的。周起魁有了錢,先不去置地,而是給兒子們捐身分捐官銜,為兒子們的前途一步一步地做著準備,這表明他希望兒子們將來能在仕途上發展,成為一個有所作為的人。在儒家官本位思想十分根深蒂固的封建社會,周起魁給兒子們捐官銜,正反映了那個時代中國人的普遍心理。

1897年這一年,周劭綱由父母做主,娶清江浦萬家小姐萬十二姑為妻。岳父大人萬青選為官幾十年,家境十分富裕。萬十二姑相貌端麗又聰明能幹,是萬青選的掌上明珠。第二年3月,萬氏在駙馬巷周家生下一名男孩,這是周起魁的長孫。萬氏在臨盆之前,曾經做過一個夢,夢見有一隻鸞鳳般的神鳥飛入懷中,全家人都認為這是吉兆。孩子生下來,果然長得清秀可人,一雙黑亮的大眼睛顯得特別有精神。周起魁和夫人魯氏喜歡得不得了,認為這是老天爺賜給他們的福氣。他們要借助這飛來的神鳥給小孫子起名,於是孩子乳名大鸞、譜名恩來、字翔宇,有美麗的神鳥在天空中飛翔著,給全家帶

來了恩澤的意思。以後，周恩來年輕時，曾給自己取筆名「飛飛」，看來他小時候一定聽祖母和母親講過這個故事。

　　大約不到一年，周劭綱的十一弟周貽淦因病去世，不久父親起魁也去世了。他們的喪事辦得隆重體面，卻也花了一大筆錢。從此後，家庭收入就很少了。周劭綱為人忠厚、善良，不善應酬。父親去世後他也失去了縣衙門的差事，後來他經妻兄萬立介紹，又到武漢去教書。由於他收入微薄，不能養家，家中全靠妻子萬氏一人苦苦支撐。1907年過度操勞的萬氏不幸於清江浦病逝，而周劭綱在外地謀生，竟未能與妻子見上最後一面。偏又遇上周恩來的外婆對喪葬提出過高過嚴的要求，致使周劭綱無法安葬妻子。無奈之下他只能把萬氏的棺柩暫厝於清江浦一座庵裡，再度外出謀差做事。由於他的收入總是很少，養活不起留在家中的3個孩子。他的四哥周貽賡經常從東北寄錢給家裡，五哥周貽鼎在淮安做師爺，也常常幫助幾個侄子，恩來帶著兩個弟弟和八伯父周貽奎、八伯母楊氏一起生活。八伯父國貽奎有腿疾，行走不便，周恩來有時去當鋪當家中的衣物，勉強維持著一家人的生活。

　　1909年，周劭綱的三哥周濟渠到奉天省（今遼寧省）鐵嶺當稅捐局主任。秋天，周濟渠要到武漢出差，四哥周貽賡和三哥商量，託他把弟弟周劭綱和侄子周恩來接到東北來，請他先幫助在鐵嶺安排一下，周濟渠一口答應了。周濟渠在武漢找到周劭綱，待公事辦完，周濟渠、周劭綱兄弟二人從武漢來到南京，周恩來由姑父王言伯從淮安帶到南京，與父親和三伯父周濟渠在浦口會合。爺仨兒便從浦口前往上海，然後乘海輪北上，「在牛莊（營口）上岸，第一站是鐵嶺。」

　　在鐵嶺，周濟渠為七弟周劭綱安排在縣衙門做「紅筆師爺」。紅筆師爺又叫硃墨、朱墨，實際上就是在縣衙門做些抄抄寫寫的工作，這個工作在師爺中算是小席，收入很少，而且以件計酬，收入不固定。周濟渠又安排周劭綱父子住進彭家大院的西門房。

　　這樣，周恩來有了一個安定的環境，並考上銀岡書院小學部。每天晚上周劭綱負責教彭家的小孩念蒙學、練書法，彭家免收周劭綱的房租。平日，周劭綱還兼做彭家幕僚。當然這些收入都很低微，僅供餬口。恩來的學費則

八、周恩來的父親及其兄妹們

由四哥周貽賡寄過來。秋天，周貽賡將恩來接到奉天上學。周劭綱又是獨身一人，他的工作一直不穩定，經常失業，生活也沒有保障。

1918年1月，周劭綱來到北京，在位於鼓樓大街西鑼鼓巷的京兆尹公署做外收發。這個工作可能也是他的三哥周濟渠幫助找的。而這時他在淮安老家的八弟周貽奎不幸病逝，家中只剩下他的小兒子恩壽（同宇）一個人在饑寒交迫中艱難度日，他的大兒子恩來從日本來信談起時也非常悲痛。恩來又說惦著父親一人「在北京，每月的薪水，僅僅的夠用，皮衣是沒有的，吃也吃不著好的」。8月，周恩來利用暑假時間回國一趟，到北京看望父親周劭綱，向父親「暢談東事」。8月27日，周劭綱準備回一趟淮安去看望小兒子恩壽（同宇），恩來送別父親，寫下兩句詩：「昨日傷心方未已，今朝又復別嚴親。」1922年2月，周劭綱為感謝南開大學校董嚴修資助經費使兒子周恩來能赴法國留學，特地去天津嚴修家中當面向嚴老先生致謝。秋天周劭綱經由四哥貽賡介紹，前往齊齊哈爾市，在煙酒事務局做辦事員，從此有了一份固定的經濟收入，生活才算有了著落。

周劭綱一直生活在社會的底層，平時話語不多，卻是一個有主見的人。兒子周恩來投身革命，他從不阻攔，從內心來說他是支持的。兒子周恩來成為共產黨的領導人後，他關心時事，經常看報，了解共產黨的活動。1927年周恩來在上海領導工人第三次武裝起義，他當時也到上海去看望兒子。很快蔣介石發動了「四·一二」反革命政變，上海的形勢驟然突變，共產黨員每天都面臨著被捕和槍殺的危險，周恩來更是被蔣介石以重金懸賞通緝。周劭綱留在上海一直陪著兒子恩來，幫助兒子做些祕密通訊聯絡工作。直到5月下旬，周恩來離開上海前往武漢，周劭綱才回到東北吉林。他的胞兄周貽賡此時正在吉林省財政廳任科長。以後他便在吉林、瀋陽一帶工作。這時的他始終顯得沉默寡言，心事重重。他的心裡一直在惦記著大兒子恩來。想到恩來正在上海冒著生命危險堅持地下抗爭，實在放心不下，終於在1931年2月，他又前往上海，住在四川北路永安里44號他的二嫂程儀貞家中。周恩來有時利用這裡作為聯絡地點，周劭綱繼續幫兒子做點通訊聯絡的工作。雖然他對革命懂得不多、不深，也幹不了什麼大事，但是為兒子做點什麼，他的心裡才踏實。4月顧順章叛變；6月向忠發叛變；9月國民黨又一次出重金懸賞

1. 父親周劭綱

通緝周恩來。形勢異常嚴峻危險，周恩來被迫隱蔽起來，停止活動。老父親周劭綱則繼續守在上海。周恩來有時到永安里44號來隱蔽幾天，周劭綱盡自己的力量為兒子做掩護。直到這年冬天，周恩來順利離開上海，前往江西中央蘇區，周劭綱才回到東北。很快又在小兒子周同宇的陪同下移居天津，住在法租界清河里17號哥哥周貽賡家中。

1932年夏天，周劭綱在四哥周貽賡的幫助下去河北深縣縣政府做了小職員。1933年夏天，周貽賡在天津病故。周劭綱深知兒子恩來對四伯一向十分敬重孝順，他一定得替兒子向貽賡表達這份哀悼之情。然而恩來是個被通緝的著名人物，怎麼辦呢，經過他和四哥的朋友商量，決定在報上登訃告時，署上恩來的小名大鸞。他相信恩來一看就會明白這是「爹爹」為他做的。不久，周劭綱在周貽賡的朋友幫助下，又去了安徽，謀一個小差事做。

兩年以後，周劭綱多少積存了一點錢，於是他返回故鄉淮安。有一件積壓在心中20多年的事情他這次要完成。他來到清江浦，將妻子萬氏20多年以前停放在庵中的靈柩接回淮安，歸葬在淮安東門外周家塋地。他的心願終於實現了，他總算對得起死去多年的妻子和三個兒子了。

葬妻之後，周劭綱的錢也用光了。他又去了揚州、上海等地。在萬敘生、周恩霔等親戚家住過，可能也是為了向他們打聽兒子恩來的情況。那時，他已從報紙上看到紅軍從江西中央蘇區到達了陝北。他對這些消息非常留意，對紅軍長征等報導，他全都熟記在心。後來報上說紅軍主力在陝北已被消滅，他聽不到兒子的消息，心急如焚。1936年12月，張學良、楊虎城兩將軍發動西安事變，扣押了蔣介石。周恩來從陝北來到西安協助張楊的消息不脛而走，周恩來成了令全國上下矚目的人物。周劭綱內心十分高興，感到兒子終於從困境中走出來了。他的心始終是向著兒子的。

1937年7月，全國抗日戰爭爆發，周恩來代表共產黨與國民黨談判。1937年11月南京淪陷，武漢成為政治中心。12月周恩來作為中共代表團和中共長江局負責人從延安到武漢和蔣介石談判。隨後，中共代表團和長江局駐地漢口大石洋行公開掛出八路軍辦事處的牌子，成為合法的機關。周恩來同時還擔任國民政府軍事委員會政治部副部長，生活相對穩定下來了。1938

八、周恩來的父親及其兄妹們

年1月周恩來給正在天津的父親寫信讓他到武漢來和自己一起生活。5月，周劭綱來到武漢。他到達武漢的那天，周恩來正出席中華全國文藝界抗敵協會第二次理事會。時任理事會的總務部主任、作家老舍先生曾對此有過生動的描寫：

輪到周恩來先生說話了。他非常的高興能與這麼些文人坐在一處吃飯。不，不只是為吃飯而高興，而是為大家能夠這麼親密，這麼協力同心的在一塊工作。……最後（他眼中含著淚）他說他要失陪了，因為老父親今晚十時到漢口！（大家鼓掌）暴敵使我們受了損失，遭了不幸，暴敵也使我的老父親被迫南來。生死離合，全出於暴敵的侵略。生死離合，更增強了我們的團結！告辭了！（掌聲送他下了樓）

與會人為他真摯的父子之情而鼓掌，也為他們父子團聚而鼓掌。

8月，日軍逼近武漢，根據周恩來的指示，周劭綱和鄧穎超的母親楊振德在八路軍辦事處副官長袁超俊的帶領下，隨著一部分工作人員和家屬，從武漢撤退到湖南湘鄉。這正是兵荒馬亂的年月，但在八路軍辦事處這支革命的隊伍中，周劭綱感受到了大家庭一般的溫暖，尤其是和那些朝氣蓬勃的年輕戰士們在一起，他變得愛說愛笑，開朗了許多。當年辦事處的工作人員朱慧後來回憶說：「總理的父親，我們叫他周老太爺。他是個好人，知書達禮，平易近人。他能體貼別人，又講義氣，老是笑嘻嘻的，和大家的關係都很好。有時還和我們開玩笑。他人很樸素，不講吃不講喝，給什麼吃什麼。在隨軍家屬中，我對他的印象最深。」袁超俊對他的印象則是：「他的個頭與周副主席差不多。花白鬍鬚，紅光滿面，頭髮雖有些拔頂，但天庭飽滿。他有文化，非常文明，又為人隨和，沒有架子，喜歡與群眾交談，大家都很敬重這位老人。他經常穿長袍馬褂，頗有仙風道骨的氣質。」

1938年11月長沙大火以後，袁超俊又奉命安排撤退。他將周劭綱、楊振德等家屬經衡陽、桂林一直護送到貴陽。一路輾轉遷移，有時風餐露宿，有時晝夜兼程，兩位老人飽受戰爭之苦。但周劭綱和楊振德始終能嚴於律己，處處以普通家屬身分出現，從不提什麼要求、意見。周劭綱在旅途勞頓或候

1. 父親周劭綱

船等車的時間，給大家講故事，談笑話，以解除人們的疲勞，受到大家的稱讚。

在貴陽，周劭綱和其他家屬被安排住在青岩。他和當地群眾相處得非常好。他喜歡和那些目不識丁的農民兄弟聊天，給他們讀報紙講時事。但是他從不提及自己的兒子。有一次他聽說農民劉月軒的水腫病久治不癒，特地拿出自己珍藏多年的藏青果、藏香治好了劉月軒的病。有時，他把自己僅有的一點捨不得花的錢拿出來救濟貧苦的人家。1940年秋天，周劭綱隨一批家屬轉移到重慶。以後，他就再也沒有離開重慶紅岩村。

在紅岩村，周劭綱住在一座小樓的樓下一間很小的房子裡。這裡公開是八路軍重慶辦事處，實際上是中共南方局的辦事處。辦事處負責直接和國民黨軍事當局打交道，聯繫軍需供給，為共產黨和軍隊籌集經費，轉運人員和物資，任務相當繁重。每一個工作人員都忙得恨不能多長兩隻手。由於紅岩村受到國民黨特務的監視，裡面沒有閒雜人員，和外界也有些隔絕，為了防止發生意外，周劭綱也很少外出，大多數的時間只能自己在紅岩村中活動了。他常常一個人看報紙，或拿出他喜歡的唐詩來唸唸。有時他出去散步，到果園去轉一轉，有時就和做飯的婦女聊聊天。有時看倉庫，幫助辦事處做些雜事。做後勤的同志偶爾也陪他下下棋，但大家都很忙，這種機會非常少。他在貴陽時和袁超俊的父親來往較多。有一天，袁老爺子從重慶城裡趕到紅岩村來看望他。他激動萬分，拉著袁老爺子一聊就是半天。

周恩來知道父親寂寞，他曾經對臨時在紅岩村養病的工作人員張穎說：「小張啊，我工作忙，你有空幫我多陪陪老爺子。」張穎就去陪老爺子說話。張穎後來回憶說：「老爺子跟我談他自己的事。說他們原來的家還很不錯，後來就窮了。現在抗戰了，自己到處奔波連家也沒有了。還說他對兒子也沒有盡到自己的責任。還說現在兒子這麼忙，不能常來看他。我覺得他很苦惱。」

儘管周劭綱有這麼多苦惱，但他終究是個識大體的老人。他從來不去干擾周恩來的工作，也從不議論兒子的工作。他也不去曾家岩周公館。周恩來到紅岩村來辦事，進城時總會問大家：「你們誰要進城，可以跟我的車走。」

八、周恩來的父親及其兄妹們

周劭綱從來沒有提出過要搭兒子的車。那時日軍的飛機常來轟炸重慶一帶。辦事處自己挖了防空洞。一有空襲警報,大家全都很快躲進防空洞。周恩來總讓副官提著馬燈,一進防空洞,他要接著看文件,看電報。馬燈照著周恩來那聚精會神的面孔,周劭綱坐在一個角落裡,默默地看著兒子。待警報一結束,周恩來頭一個就衝出去,忙工作去了。

周恩來平時在重慶城內曾家岩工作,那裡便於開展對外活動,週末晚,周恩來回到紅岩村生活,也順便休息一下。當他經過父親周劭綱住的小樓時,從不忘去看望一下老人並告訴他:「我休息了,你有空過我這兒來玩。」然而周恩來何嘗真的休息,往往是周劭綱第二天早上去看兒子時,兒子又熬了一個通宵,才睡下不久。

凡在紅岩村工作過的人都知道周劭綱老人有一個小嗜好,愛喝酒。生活艱苦,伙食差點他都不在乎,可就是每天吃飯時少不了一小盅酒。若能再有幾粒花生米,那簡直就是享受了。為此周恩來沒少勸過父親,擔心他血壓高,喝多了會摔倒,畢竟平時沒有人陪他,又擔心他喝多了出門走岔了路,下山會被國民黨特務抓走。而如果有人打算用公款給老人買一點酒,更要受到周恩來嚴厲的制止。周劭綱覺得兒子什麼都好,就是不讓他喝酒這一點他不能接受,他對兒子說:「我沒別的喜好,我就是喝點酒。你不讓我喝酒行嗎?生活艱苦點,伙食差點沒關係,不喝酒可不行。」兒子仍不厭其煩地勸他。一直到周劭綱老人去世,爺兒倆為這事兒也沒辯出個結果來。

1942 年 6 月下旬,周恩來因小腸疝氣發作,住重慶歌樂山醫院手術。大家怕老爺子著急,沒有敢告訴周劭綱他兒子住院的消息。7 月 5 日周劭綱生病發燒不止。鄧穎超去看望老人,老人想見兒子,對鄧穎超翻來覆去只問一句話:「我兒子為什麼不來看我?」鄧穎超對他說,恩來忙,出差了。老人不相信。後來老人的病突轉嚴重,發高燒,不能起床。張穎為他端開水時,他拉著張穎的手,一邊喘著氣一邊仍在問:「恩來為什麼不來看我?」

起初,鄧穎超沒有把父親生病的消息告訴周恩來。周恩來在醫院仍惦念著父親的生日。7 月 6 日他致信鄧穎超說:「本星期六出院的計劃是打破了,因為開刀起 19 天,應該是 7 號或 11 號,再過兩三天出院,也須是下星期三

了。所以我請你和爹爹商量一下，如果他願意 28 號（指陰曆，陽曆應為七月十一日）本天請人吃麵，那就不必等我回來，免得他老人家不高興。如果他希望我在家補做，那就等我回來，不過據我所知，他的思想是很迷信的，過生日總願當天過，兒子在不在跟前倒是次要問題呢。因此，希望你還是將就他一點罷！」②

周劭綱的病越來越重，9 日鄧穎超致信周恩來：「告訴你一事，就是爹爹在生病。病起於星期日」，「先大發冷，繼之以發熱（38 度多），胸胃發脹，不思進食」，體溫四日來未退，請醫生試診，「診斷為瘧疾」。並告「這幾日我均在山上招呼，你可勿念」。②

接到鄧穎超的信後，周恩來兩夜來未睡好，心神不寧，10 日他致信鄧穎超：「我對他的病，不很放心，望你轉稟他好望精養。我在這裡默禱他的康寧。」並囑鄧穎超：「爹爹的病狀，除瘧疾外，還宜注意他的年事已高，體力雖好，但他過分喜歡飲酒，難免沒有內虧。所以主治他的辦法，必須先清內火，消積食，安睡眠。東西愈少吃愈好，吃的東西亦須注意消化與營養，如牛乳、豆漿、米湯、餅乾之類，掛麵萬不可吃。假使熱再不退，大便又不通，則宜進行清胃灌腸，勿專當瘧疾醫。」7 月 10 日，就在周恩來給鄧穎超寫信的當天，周劭綱老人去世了，享年 69 歲。

對周劭綱老人的去世，大家都十分悲痛，但是要不要告訴周恩來呢？董必武召集鄧穎超、吳克堅、童小鵬開會商議。大家都知道周恩來是極重感情的人，對父親一向很孝敬，如讓他現在知道了父親病故的消息，精神受刺激，對養病不利。於是大家一致同意，暫時不告訴他父親去世的消息，待他出院後再報告。周老先生的靈柩暫停紅岩溝內，待周恩來回來再出殯。會議還決定派吳克堅和童小鵬到醫院去看望他，如問到他父親時，不要多談，就說「病有好轉，請放心」。吳克堅和童小鵬到醫院去，心情十分矛盾，在車上互相叮囑不要露了馬腳。算是完成了一項艱巨的任務，出醫院時已是汗流浹背了。

細心的周恩來很快就發現為什麼一連幾日鄧穎超不來看他。13 日他問童小鵬，童小鵬總是支支吾吾，很不自然。他似乎有了一種不祥的預感，就連連追問。童小鵬後來回憶說：由於我從未在總理面前說過假話，說得很不自

八、周恩來的父親及其兄妹們

然,被他察覺出來了,他連連追問;我不敢再隱瞞,只好照實說,老爺子已經過世,大姐已組織辦事處的人給老人家辦了喪事,就暫時停放在辦事處旁邊不遠的地方。

周恩來一聽他父親去世已三日,立即驚得臉色蒼白,加之他手術後身體虛弱,站不住立即蹲到地上,悲痛欲絕,慟哭不已,在人們攙扶下才回到辦事處。隨後大聲責問辦事處處長錢之光,為什麼不通知他。錢之光不敢回答。他又向鄧穎超大發雷霆:「老爺子過世這麼大的事你為什麼要瞞著我?」「你跟我這麼多年還不知道我?」責問得鄧穎超直掉眼淚,童小鵬更是嚇得一聲不敢吭,躲到三樓不敢下來。一些同志聞訊趕到二樓走廊,聽到這些話,無不為之動容。

這天晚上,周恩來為父親守靈至拂曉。

周劭綱的喪事公布後,蔣介石等國民政府的要人致函或到紅岩村弔唁。

17日,周恩來致電毛澤東:「歸後始知我父已病故,悲痛之極,抱恨終天,當於次日安葬。」毛澤東立即覆電:「尊翁逝世,政治局同人均深切哀悼,尚望節哀,重病新癒,望多休息,並注意以後在工作中節勞為盼。」電報既表達了戰友之情,也表達了對周老先生的敬重。

周老先生故去後,葬在紅岩的墓地。這是大有農場主人劉老太太捐給八路軍辦事處的,位於清寺小龍坎,陸續葬了14個大人,3個孩子。

1958年,周恩來專門派總理辦公室主任童小鵬前往重慶,經與重慶市委商量,將14座墳挖開,然後連棺帶骨分別火化,然後將骨灰分別裝罐中,再把14個罐子就地埋在一處,並在掩埋處立碑,分刻14人名稱簡況,原墳地交地方使用。「文革」前,當周恩來的養女孫維世向周恩來提出把他父親孫炳文的骨骸從上海遷到北京西北郊萬安公墓與其母任銳合墓時,儘管孫維世已為父親買好了墓地,周恩來仍勸她說:「青山處處埋忠骨,何必馬革裹屍還?」並以自己父母分別葬於重慶和淮安為例,終於說服了孫維世。

1. 父親周劭綱

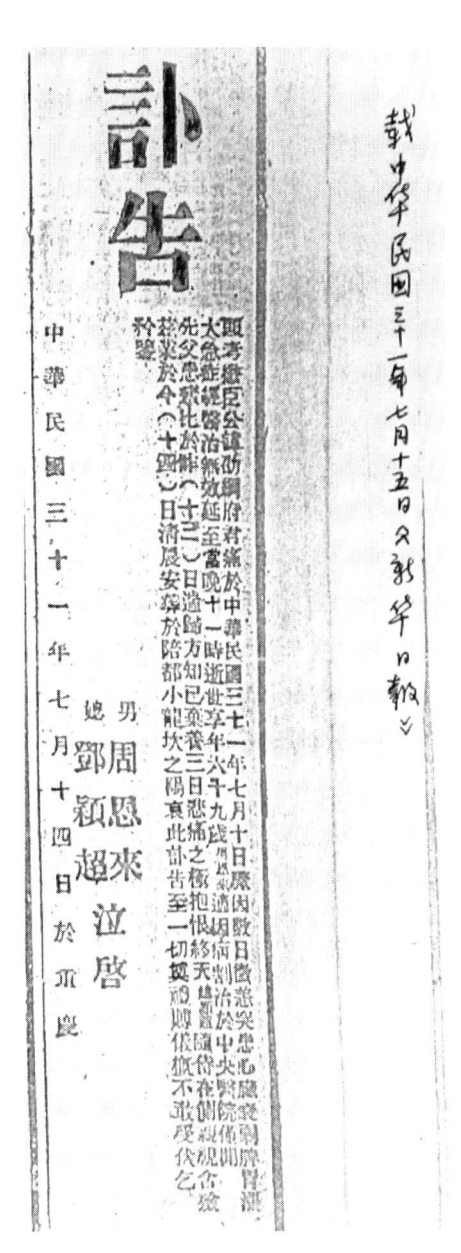

⊙為父親去世，周恩來和鄧穎超聯名在《新華日報》上登的《訃告》。（秦九鳳提供）

八、周恩來的父親及其兄妹們

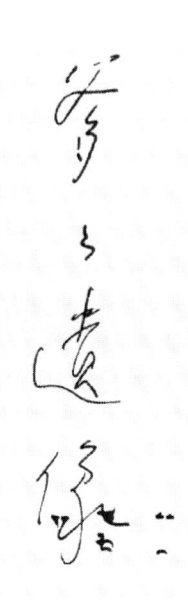

⊙周恩來手書「爹爹遺像」。（周秉德提供）

　　周恩來生前對自己的侄子侄女極少談到自己的父親。只有在1964年8月他對親屬講話時說過一句：「我對父親是同情的。」1974年春夏之交，周恩來即將住院之前，他的侄子周秉鈞從廣州出差來北京，去西花廳看望他時，他竟主動對侄子說了這樣一段話：「我對你爺爺是很同情的。他人很老實，一生的月工資沒有超過30塊錢。但是他一輩子沒做過一件壞事。而且他還掩護過我。」1976年1月8日周恩來去世4個月後，鄧穎超交給侄女周秉德一個陳舊的小黑皮夾。鄧穎超告訴周秉德：「解放前你伯伯做地下工作時，因為拿著公文包上街目標太大，就把重要的文件和信件放在這個小皮夾子裡，送給你留個紀念。」當時周秉德打開夾子，發現一張照片。照片大約3英吋左右，由於年代久遠，顏色已經有些泛黃。但卻保存得很好，沒有一點折損。照片上，周劭綱老人正襟危坐，一雙目光充滿了真誠與善良。照片的背後有周恩來親筆寫的4個字：「爹爹遺像」。

　　周劭綱年僅34歲時，妻子萬氏去世。由於他一生顛沛流離，生活不安定，又一直過著清貧、困苦的生活，加之他對妻子重情重義，所以沒有續弦再娶，他和萬氏只生了周恩來、周恩溥和周恩壽三個兒子。

2. 母親萬氏（十二姑）

周恩來的生母萬氏生於清光緒三年（1877年），是清河縣知縣萬青選的女兒，為妾張氏夫人所生，據說是冬至那天生的，所以取乳名冬兒。萬老太爺的前後兩房夫人共生育了32名子女，男女分別排行，萬冬兒按女性排行十二，所以就被萬公館的人稱為十二姑。

萬氏生得聰明、美麗，性格開朗而且剛烈，深得萬老太爺的喜愛。在那以「三寸金蓮」為美的年代，萬氏竟然不肯纏足，直到十一二歲才纏足。由於父親的寵愛，別人也無辦法。她還破例進家塾館讀書。

⊙周恩來的生母萬冬兒。（周秉德提供）

萬青選寵愛冬兒也是有原因的。在他的30多個子女中，成家的有17個，但不少都死在他的前面。萬氏是萬老太爺年近花甲才出生的女兒，加之她聰明伶俐，他哪有不喜歡的？當地老人們傳說，那時萬知縣坐轎子出去訪客會

八、周恩來的父親及其兄妹們

友時,總見到他的綠衣官轎後邊還有一乘小花轎,花轎內坐的就是女兒冬兒。萬氏在父親會客交談時一般不鬧不玩,多是忽閃著眼睛靜靜地聽,一副成人表情。這使她從小耳濡目染,學到了父親許多社交處事的本事,顯得日益練達。母親張氏夫人是清河縣鄉間女子,在萬老太爺的原配夫人李氏(南昌人)去世後,張氏主持萬府家務,因她不善管理大家,常會顧此失彼,待萬氏長大後,她便乾脆委託萬氏處理。當然,開始只是代理,後來就直接處理了。凡經萬氏處理的,眾皆口服心服。因此,在萬氏出嫁前,她成了萬府大院的「當家姑娘」。

清光緒二十三年(1897年),20歲的萬氏由父母做主,嫁給山陽縣周起魁的次子周劭綱為妻。這個年齡在當時是比較晚的,也可能父親過於疼愛她,一直捨不得讓她出嫁。據說,萬氏的嫁妝是用兩條木船由運河裝運到山陽的。

在此前後,萬家與周家還舉行了兩場婚禮。周恩來五伯父、三爺爺的獨子周貽鼎娶了萬冬兒的妹妹萬十三姑。周恩來沒有隨母親叫萬十三姑為姨姨,而是稱她為五伯母。周恩來的大姑媽、爺爺周昂駿之女嫁給萬冬兒的兄弟、周恩來的十八舅萬立。周家與萬家是「連環親」,這說明兩家關係之密切,也說明當時周家與萬家是淮安、淮陰一帶比肩的名門望族。五伯父出生於1873年,比周恩來的父親大一歲,他的長子排行五,比周恩來大,所以五伯父迎娶在前。大姑媽比萬氏大幾歲。按一般常規,先給大的辦婚事。但從十八舅的女兒萬貞生於1899年小於周恩來這點推測,萬家先嫁十二姑。這只是推測,萬青選將最疼愛的女兒嫁給周起魁的兒子,這說明他在周家更看重周起魁這一支。

萬氏嫁過來時,周起魁老爺正在海州(今連雲港)直隸州知州的任上,周家正處於鼎盛時期。過了半年多,周家迎進了寶應陳秀才的女兒,為生病的小兒子貽淦成了親;過了一兩年又為殘疾的三兒子貽奎娶了農村姑娘楊氏;這期間萬十二姑一連生了兩個兒子恩來、恩溥。駙馬巷的小院裡一時人丁興旺,生機勃勃。

2. 母親萬氏（十二姑）

萬氏在周萬兩家都有著很高的威信。首先，她嫁到周家一年後就生了一個大胖小子——周恩來。在封建社會裡，新媳婦不能生育被視為大逆不道，連生個女孩也要遭到白眼歧視。周起魁的大兒子周貽賡的夫人王氏就沒有生育。而萬氏是十分「爭氣」的，她頭胎就生了男孩，是周起魁的長孫，因此，她的身價地位也就自然而然地高於別人。其次，是識大體。小叔子貽淦病危，結婚不到一年，就去世了。他沒有後代，為了給貽淦承嗣，儘管萬氏自己只有一個兒子，還是遵照公婆的決定，將兒子過繼給貽淦和陳氏。其三由於她從小受萬老太爺的影響，學會了處理複雜糾紛的能力，處事幹練，考慮問題細密周到。據說當時無論是周萬兩府或者是他們家的親友，常常會發生一些疑難的家務事，而這些「清官難斷」的事只要請來萬十二姑，馬上就可迎刃而解。因為她先耐心地聽別人把情況說清楚，然後再發表意見，所以想得周到，「斷」得入情，說得在理，糾紛雙方都能心服口服。處理完了，少不了酬謝，至少招待一頓飯。在席間大家議論家事、國事。處理這些事情，她常常帶著聽話、懂事的周恩來。周恩來自然增加不少見識。周恩來說：「我的生母是個爽朗的人，因此我的性格也有她的這一部分。」

萬氏生性爭強好勝，在娘家萬府「理家管事」盡人皆知，丈夫劭綱卻性格隨和，忠厚老誠。萬氏嫁到山陽駙馬巷後，婆婆年邁體弱，漸漸就由她主持了周府家務，成了「當家媳婦」。這裡的所謂「當家」是指處理一應家務事，諸如周家院內的柴米油鹽、衣服家具，周家院外親友的生日滿月、婚喪嫁娶的一一應酬，皆由她做主開支或確定送禮標準等。

每到年節前後，家裡熱鬧非凡，最隆重的還是臘月二十三日在堂屋掛容像（祖宗像）。十幾幅容像都是請高手精心繪製，男的身穿官服，威嚴肅穆；女的身穿官眷服裝，眉慈目秀，體態端莊；個個容像，光彩照人，滿堂生輝。母親指著容像向周恩來兄弟們一一講述老祖們的官階、業績，教育兒子們不辱家門，將來立功、立業、立德，光宗耀祖。她知道丈夫老實忠厚，能力弱，她將希望寄託在下一代身上。一直過完年，到三月十八日落容像。這個儀式給幼年的周恩來留下深刻的印象，事隔 50 年，淮安縣委將十幾幅容像帶到北京，個個容像色彩鮮豔，完好如初。周恩來還能一一認出，向縣委介紹。

八、周恩來的父親及其兄妹們

開始，這些家務事對萬氏這位「大家閨秀」來說，處理起來還算得心應手。但是由於公婆相繼去世，中國人受孔夫子厚葬的影響，兩千年的習俗，再富的人家幾個紅白喜事一辦，在經濟上也就捉襟見肘，入不敷出。公公將錢多用於為兒子捐官，並沒有產業，公公的那點積攢很快就花光了。父親萬青選早於1898年3月4日去世，她失去了依靠。

然而官家的體面還得要，迎來送往的排場、送禮的規格還不能降低。為了支撐官家的門面，萬氏不得不舉債應酬，後來又靠典當衣物應付。萬冬兒典當衣物常常帶著年幼的周恩來。破落的官宦人家靠典當與借債來支撐門面的虛榮心態與陳規陋習，是留給童年周恩來第一個深刻的印象。

1904年丈夫周劭綱和內兄萬立鈝（周恩來的十八舅）合買一張樂透中了頭彩，頭彩是1萬元。樂透放在萬氏手上。開彩號碼登出來後，被一個親戚知道了，想騙過去。萬氏精明，不肯給他，怕他給調了包，一定要自己兌，一兌正得頭彩，真是高興得頭都昏了。這時周恩來已有6歲。1964年8月他對親屬們談話回憶當時的情況時，仍記憶猶新：

樂透在武漢，要坐船去兌，一路上到處玩。我母親就要給這個送東西，給那個送禮物，又要買皮衣，又要買留聲機。她是從小看慣了講排場，愛面子的，這5000塊錢，光是玩、送東西就不在一半以下。債主們聽說，都來討債，親友們又紛紛來祝賀，住下來要吃要喝，還要拿，母親感到壓力沉重，想躲一躲，決定暫時搬到她的娘家淮陰（當時叫清河縣）。

萬氏搬到娘家是和丈夫帶著三個兒子及周恩來的嗣母陳氏。剛開始手中有錢處境還不錯，家中有了糾紛，請她調停。好景不長。這時萬青選已去世6年，萬家也已開始走向敗落，家裡人多，事多。嫁出去的姑娘，潑出門的水，和當年請萬十二姑調停、解決糾紛完全不同。娘家不能長住，她一家人就搬到有14間屋子的陳氏花園去住。1906年秋，她將胞弟周貽奎、楊氏夫婦及兒子恩碩接來同住。很快錢花完了，丈夫又到湖北做事，中彩的事，真是曇花一現。這是留給童年周恩來心中第二個深刻的印象。他後來對親屬說：我當總理後第一件事就是取消樂透。

2. 母親萬氏（十二姑）

　　周家的經濟陷入了窘態，萬氏在娘家人的眼中也掉了身價，嫂嫂們開始冷淡她。據說，有一次，萬氏當了衣物去參加父親萬青選的冥壽，上墳祭祀時，周恩來的一位舅母硬說少了一樣供品，在周恩來外婆面前搬弄口舌，惹得萬老太太大怒，當眾斥罵冬兒「不孝順」「不知好歹」，萬氏的嫂嫂們則趁機幸災樂禍，給萬氏以心靈打擊。

　　萬氏又勞累又愁悶，不幸得了肺結核。這種病在當時是不治之症，更何況她性格倔強，對外隱瞞病情，延宕醫治，半年就去世了，時為 1907 年的春天。

　　萬氏去世時，丈夫周劭綱在湖北謀差，夫妻最後一面也未能見。而周恩來外婆門第觀念嚴重，又嚴屬要求按「規格」辦事。如棺材不僅要楠木的，還要「十二朵正花」；棺材還要披五層麻，添七層漆，請和尚做道場等等。周劭綱雖然諾諾唯唯，楠木棺材都是借錢買的，哪有錢再辦這些事。但萬老太太毫不退讓，不達目的即不許安葬，最後只好將萬氏的棺木暫厝於庵中。這是留給童年周恩來第三個深刻的印象。這件事導致他數月之後為嗣母陳氏辦喪事時，力排眾議，堅決從簡入殮，並親自送母棺回淮安歸葬。而萬氏的靈柩卻一直到 28 年之後，萬張氏已病逝，周劭綱攢了一筆錢才將妻子靈柩遷回淮安，歸葬於淮安東門外周家祖塋地。

　　萬氏去世時只有 30 歲，周劭綱 33 歲，再也未續弦再娶。萬氏去世後，按照習俗要給她畫張像。但萬氏生前沒有照片。怎麼辦？因兒子恩來長得像母親，於是便照著周恩來給母親萬氏畫了一張像。以後周劭綱隨身一直攜帶著這張愛妻萬氏的畫像，後來他隨在上海從事地下革命工作的周恩來也做一些有益於革命事業的事，一次因突然遇到意外情況才將那張畫像丟失。

　　周恩來對生母萬氏一直懷著深深的眷念之情。1920 年周恩來因領導學生運動在天津被捕，被關在檢察廳，他在獄中曾寫了《念娘文》回憶母親萬氏。

　　1945 年抗日戰爭勝利後，周恩來在重慶對記者說：「35 年了，我沒有回家，母親墓前想來已白楊蕭蕭，而我卻痛悔著親恩未報！」

八、周恩來的父親及其兄妹們

1946年周恩來偕中共代表團由重慶遷到南京，在梅園新村，他多次夢見自己又回到了淮安，又回到了母親的身邊。四年後，他在北京中南海懷仁堂動員幹部要過好土地改革關時還動情地說：「那時我就想從南京回到淮安去看看，因為淮安還有我兩個母親的墳。」

1964年8月周恩來在與親屬談話時還說：「封建家庭一無是處，只有母親養育我，還是有感情的。」

20世紀90年代初，周同宇夫人王士琴請中央美術學院教授仿周恩來面容畫出萬氏遺像，贈予淮安周恩來故居紀念館，至今懸掛在周恩來出生的房間內。

1965年春節前夕，周恩來為帶頭移風易俗，交代侄兒周爾萃一項「特殊任務」：回淮安平掉周家祖墳，棺木就地下沉。萬氏的墳也同時被平掉。但當地群眾不忍心將周總理生母萬氏的墳平掉，就背著周爾萃和周爾輝的妻子孫桂雲把萬氏的棺柩悄悄抬到周家祖墳地東南方向約300公尺的知青小農場那裡重新安葬並堆土立墓，因無墓碑，每年又無人圓墳，三四年後，墓也就不見了，現在若要尋找已很困難。

3. 嗣父周貽淦

周恩來的小叔父周貽淦，後改名宗幹，字簪臣，生於清光緒四年三月初四日（1878年4月6日）。他是周劭綱的胞弟，大排行十一。到1897年在周嵩堯的中舉資料上，他已成為「國學生」，說明他已考取秀才，捐了國學生。但是他體弱多病，結婚不到一年就因患肺結核而去世。周貽淦沒有孩子，為了給他承嗣，七哥周劭綱遵父母命將長子周恩來過繼給他。孩子交給周貽淦的夫人陳氏撫養。1946年9月周恩來對美國記者李勃曼談話時說：「我出生後，因叔父周貽淦已去世，照傳統習慣，把我過繼給叔父，由守寡的叔母撫養。」

3. 嗣父周貽淦

周貽淦去世時只有 20 歲，因此，有關他的材料很少。目前只有 1950 年周嵩堯寫的一首詞《點絳唇——和約之表侄月當頭詞》中提到過周貽淦。原詞為：

花甲重輪，衰年又見童年月。鳳城佳節。玉宇瓊樓徹。

雪窖冰天，萬里行人發。邦交協。好辭黃絹，二陸皆英傑。

周嵩堯在詞後說明自己「在庚寅年（1890 年）以案首入泮。是年月當頭曾攜十一弟同遊淮安泮宮至 1950 年整六十週年」。這首詞是周嵩堯在 1950 年周恩來出訪蘇聯時寫的，「二陸」指毛澤東和周恩來，「邦交協」指毛澤東、周恩來 2 月 14 日在莫斯科簽訂的中蘇友好同盟互助條約。鳳城即京城，在這裡指北京。1950 年 2 月 14 日正是春節前夕。也就是說，周嵩堯在北京慶賀新春佳節並慶祝中蘇結盟時，不由地想起 60 年前他回原籍紹興考中第一名秀才，回到淮安後即 1890 年的農曆十一月十五日，他曾高興地帶著 11 歲的十一弟周貽淦一造成淮安孔廟即泮宮遊覽、參觀。看來周嵩堯十分偏愛這個聰明用功的小弟弟。

俗話說「過繼不為子」。周恩來從小稱貽淦為爹，稱陳氏為娘，稱自己的親生父母為乾爹乾娘，稱家中的其他長輩均是以貽淦之子為準。如對貽奎，貽奎是貽能之弟，是貽淦之兄。如果周恩來以親生父母為準，應稱貽奎為八叔，而他在旅日的日記中，稱他為八伯。這就表明他是以嗣父為準。解放後，他與胞弟周恩壽來往較多，而他的嗣父母已過世多年，他向晚輩講起家裡的老事，對長輩的稱呼又是以親生父母為準，改稱嗣父為十一叔，嗣母為十一嬸。在研究周恩來與他長輩的關係時，這種變化是應注意的。

八、周恩來的父親及其兄妹們

4. 嗣母陳氏（三姑）與她的父親陳沅

⊙周恩來的嗣母陳氏。（周秉德提供）

　　周恩來的嗣母陳氏生於 1878 年，在娘家排行第三，所以人稱陳三姑。陳三姑的父親陳沅是位秀才，他的生卒年月不詳，祖籍浙江，後遷至清河縣（今淮安市區），在縣城清江浦居住。陳家的房子比萬家九十九間還多。清咸豐三年（1853 年），洪秀全的太平天國在南京定都，命林鳳祥、李開芳率軍從浦口渡江北伐，不久打到安徽蚌埠一帶，北方蘇、魯、皖、豫、鄂等省捻軍得太平軍的威勢也隨之活躍起來，咸豐十年（1860 年）捻軍李大喜、張宗禹率步騎兵各萬餘由邳縣、宿遷一帶東進，正月二十七日攻陷桃源縣城（今泗陽），捻軍據縣城眾興鎮三日，然後東下破清江浦。火燒清河縣城。陳家的房子大都被毀，為避兵亂，從清河縣城遷出，去了寶應，從此家庭敗落。陳沅雖很有學問，但未能考中舉人。他後來娶了山東袁狀元的四小姐。袁四小姐的三姐則嫁給了原籍江蘇常州、後在山陽縣當錢穀師爺的龔懷樸。袁狀

元的另一個女兒則嫁給清河的萬立鈺，就是萬青選第八個兒子，即周恩來的八舅。周恩來的八舅母，從陳氏這邊說是周恩來外婆的妹妹。周恩來生長於一個關係錯綜複雜的大家族，從小就熟悉眾多的稱謂和輩分，懂得人倫常理。

因陳、周兩家不僅祖籍同為浙江，山陽和寶應兩地相距只40公里左右，又都在運河邊上，往來非常便利，再加之陳三姑的三姨父龔懷樸出面保媒，所以陳沅將三女兒陳三姑許給周恩來的小叔父（十一叔）周貽淦為妻。陳三姑出嫁時，周貽淦已經生病。陳家沒有毀約，一來是兩家關係密切，不能毀約。二來他們相信周起魁為人善良，不會虧待自己的女兒。果然他們結婚還不到一年，貽淦就因患肺結核病，不治而故。在舊式的大家庭，妻以夫貴，婦以子貴。有的家庭，丈夫死後，年輕的妻子無依無靠，只能和傭人一起勞作。周貽淦病危時，周起魁夫婦對陳三姑依然如故，馬上讓周劭綱將出生半年的長子大鸞（周恩來）過繼給她，由陳三姑撫養，使陳三姑有了依靠和希望。

陳三姑是個有教養的女子，她居家最小，父親陳沅沒有兒子，將她作為男孩培養，因此她上家塾讀書，能背誦許多首唐詩宋詞，書法也不錯，識文斷字，14歲就能賦詩填詞了。她知道公婆這樣對待她實屬難能可貴，她恪守家規，從不惹是生非，給公婆添亂，夫婿少喪後，從不輕易出門，遇到矛盾、糾紛從不相爭，處處隱忍，只一心一意教養繼子大鸞，和萬氏在家中的地位、作風完全不同。陳三姑這種隱忍的作風，周恩來從小耳聞目睹，影響了他的一生。

陳氏沒有生育，為了撫養大鸞，僱乳母蔣江氏。蔣江氏大約比陳氏小一歲，娘家在淮安東門外農村，嫁到淮安城內的小魚市口蔣家。丈夫蔣福是個裁縫，間或給人家抬抬轎子，且自種有一部分菜園。蔣江氏勤勞、樸素，和周家相處很好。陳氏去世後，周恩來回到淮安，周家已無錢開工資，蔣江氏仍時常到周家來幫忙。後來，周恩來還曾向淮安縣委打聽過蔣江氏及其後代的情況，表現了他對這位勞動婦女的深切懷念。

陳沅、龔懷樸這對連襟兄弟均去世較早。而龔家住在山陽縣城內的東嶽廟附近，龔師爺去世後，兒子龔蔭蓀又常外出，所以「袁三小姐」在家也很

八、周恩來的父親及其兄妹們

寂寞，陳三姑有時就帶上幼子大鸞到龔家串串門，會會親。按親家輩分算起來，袁三小姐是陳三姑的三姨母，也就是大鸞的姨外婆。

從駙馬巷周家前往東嶽廟龔家的一段路上，由鎮淮樓南邊往東必走關忠節公祠門前，由鎮淮樓後邊往東又必走漢韓侯祠門前經過。每次經過這兩座祠門前時，陳三姑都要向大鸞講述關天培的無畏忠勇、韓信的忍辱奮進的故事，年幼的恩來常常聽得入迷。山陽縣城還是歷史上的名城重鎮，為歷代郡、州、路、府的治所所在，人文景觀比比皆是，陳三姑有較高的文化素養，她每次向愛子大鸞講起這些名勝古蹟、人文景觀都是頭頭是道、生動活潑，這些都給童年周恩來留下終生難忘的印象，給以潛移默化的影響。

在大鸞五六歲上下，比他小一歲的弟弟周恩溥因母親萬氏寵愛、放任，很頑皮，常常欺負大鸞，一次在院內玩刀，險些傷著大鸞的眼睛。陳三姑怕愛子發生意外，就將大鸞整天關在房中，教他認字看書、背詩。兒童坐久了，便生厭倦，她就給他講故事，像「岳少保朱仙鎮大捷」「忠節公虎門殉國」「梁紅玉擊鼓抗金」「孫悟空大鬧天宮」「沈狀元招勇抗倭」等等。陳三姑的本意只是為了把大鸞牢牢「禁閉」於房中，不讓他到外邊與其他孩子們戲耍而發生意外，但這些愛憎分明、嫉惡如仇、保家衛國的動人故事在大鸞童年的心靈裡留下永遠難忘的記憶。同時，由於周恩來戶外運動少，嬌生慣養，身體不太好。

1905 年秋，陳三姑隨大鸞生母萬氏一起去清江浦萬氏娘家居住，後又遷居陳家花園的 14 間房屋。

陳家花園，就在萬公館對面，而且只隔一條不足一丈寬的石板街道。這是陳三姑家祖上的府邸，就地盤而言，比萬公館還要大，但人丁不及萬家興旺。它東起郭家巷，西至褲子巷，南靠大運河，北臨石板大街。東、南、西三面是堅實的青磚圍牆，北邊臨街是一長排二層樓的房舍。裡邊原先許多精美的建築，在捻軍經過清河時被大火燒了。倖存的一些未被毀壞的園林、房屋，經過修復，由一道南北走向的花牆一分為二。東院的南半部為荷花池，池中有一個小島，島上有一座假山，並有曲徑小橋通向北邊那個別緻的「草廳」。西院為住宅，高門樓內第一進院子裡是一片梅園，那裡有三間楠木結

構的「梅花廳」；第二進院子的院牆上有一腰門，門楣上方鑲著磚刻的「憩園」二字。第三進院門上方鐫刻著「竹圃」二字，院內便是一片竹林。北邊臨街的二層樓的居室中，居住著陳三姑的本家親屬。底層的門面房大多關閉，只開了一個小小的中藥鋪。在西北角、背靠褲子巷有一個小院落，十三四間房子，由於進身狹窄而又偏僻，長久廢置，無人居住。恩來的兩位母親經過一番打掃整理之後，便住進去了。

在周恩來上學期間，陳氏十分注重愛子的學業課程，在家裡開闢第二課堂，指導孩子做益智遊戲等，時時刻刻關心著兒子的成長。

大約在 1906 年農曆元宵節後，陳三姑委託表兄龔蔭蓀從淮安城裡請了一位姓趙的塾師，在陳家花園那個偏僻的小院裡自立了家塾館。恩來、恩溥兄弟倆就在自己的家塾裡念書了。

據周恩來十三舅萬立的女兒萬懷芝回憶，這年農曆二月十三日，是恩來的 8 歲生日。恩來的十三舅媽帶著女兒萬懷芝，十八舅媽（又是周恩來的大姑媽）帶著女兒萬芳貞前來祝賀。家塾館這天破例放了假，恩來帶著兩個表妹和弟弟一起在書房裡玩。恩來說，小妹妹你們倆和恩溥同年，都 6 歲了，為何不上學呢？她倆告訴恩來，老祖宗（指周恩來外婆張氏）說，丫頭中不了狀元，當不了官，學個繡花就行了，不准她們上學。恩來知道後，和母親、萬氏一起說服了外婆，請她們到陳家花園來讀書。就這樣，萬懷芝、萬芳貞與恩來、恩溥成了同窗學友了。今天，「萬公館」「陳家花園」已蕩然無存了。1979 年原中共清江市委、清江市政府將「萬公館」遺址西邊、「陳家花園」遺址西北角上現存的與「萬公館」「陳家花園」同時代建造的十幾間老式舊屋，作為「周恩來童年讀書處」，供中外賓客前往參觀、瞻仰。

在這「讀書處」的陳列室內，陳列著 1916 年 4 月周恩來在天津南開中學《敬業》雜誌上發表的《飛飛漫筆》一文。他在這篇文章中，記錄了童年看到的題詠岳飛的詩：

一自金牌頒十二，常教熱淚灑英雄。

奇冤不恨埋三字，和虜終慚失兩宮。

八、周恩來的父親及其兄妹們

南渡江山悲逝水，北征鞍馬付秋風。

低徊往事成千古，祠宇空餘夕照紅。

這不但說明他有很好的文化素養、理解能力和記憶能力，也證明他從小便具有愛國情懷。

1907年，周恩來生母不幸去世，陳氏不僅生活上陷入絕境，精神上受到沉痛打擊，也染上了肺結核病，對周恩來說：「我也活不長了。」她攜幼子大鸞前往寶應娘家，一邊治病，一邊讓大鸞在侄兒的書房中讀書。1907年，陳氏病勢不見回轉，遂攜幼子返回清江浦，不久即病逝於清江浦，時間為1908年7月28日（陰曆六月十九日），終年30歲。

10歲的周恩來以嗣子身分主持喪事，他因十分反感外婆對生母喪事的過分要求，力排眾議，主張簡葬，將嗣母棺木運回淮安與嗣父周貽淦合墓。一年之內兩位母親的喪事處理方法迥然不同，引起親友們的議論。但是周恩來完全不理會這些議論，這對10歲的孩子來說是十分不簡單的。

一年之內，連失兩位母親，給周恩來打擊很大，三個孩子在清江浦無法生活，周恩來只好帶著兩個弟弟又回到淮安駙馬巷。

陳三姑是對童年周恩來影響最大的一位女性，後來的周恩來曾多次提起過她。1918年1月2日，留學日本的周恩來曾在日記中記下懷念母親的心情：

我把帶來的母親親筆寫的詩本打開來唸了幾遍，焚好了香，靜坐了一會兒，覺得心裡非常的難受。那眼淚忍不住地要流下來。計算母親寫詩的年月離現在整整的二十六年，那時候母親才十五歲，還在外婆家呢，想起來時光容易，墨跡還有，母親已去世十年，不知道還想著我這個兒子沒有。

1945年抗日戰爭勝利後的第二年，周恩來在重慶深情地對新聞記者說：

「35年了，我沒有回家，母親墓前想來已白楊蕭蕭，而我卻痛悔著親恩未報！」「直到今天，我還得感謝母親的啟發。沒有她的愛護，我不會走上好學的道路。」

1946年9月，周恩來在南京對美國記者李勃曼談個人與革命的歷史時，也說：「我出生後，因叔父周貽淦已去世，照傳統習慣，把我過繼給叔父，由守寡的叔母撫養。叔母即嗣母陳氏，是受過教育的女子，在我5歲時就常給我講故事，如《天雨花》《再生緣》等七詞唱。嗣母終日守在房中不出門，我的好靜的性格是從她身上承繼過來的……」

兩位母親的愛護、仁慈和禮讓，也影響了周恩來的性格，使他少了男人的野性、粗獷，多了女性的柔韌、細密。

1950年，周恩來在懷仁堂動員中直幹部過好土地改革關的報告上含著淚深情地說：

「1946年，我在南京。南京離淮安只有三百餘華里，我很想回淮安老家看看，因為淮安還有我兩個母親的墳……」

上邊的星星點點事例還不足以完全表達周恩來對這位嗣母的一片崇敬懷念之情，但它深刻反映了嗣母陳三姑對周恩來的成長、早期教育所起的巨大影響和作用。

5. 四伯父周貽賡和夫人楊氏

周恩來的四伯父周貽賡，字翰臣，後改字曼青。清同治十一年壬申八月十六日（1872年9月18日）生於浙江紹興。他是周起魁的長子，大排行四，故周恩來叫他四伯父。他與周恩來的父親周劭綱為同胞兄弟。

八、周恩來的父親及其兄妹們

⊙周貽賡。（周秉德提供）

⊙四伯母楊氏。（周秉德提供）

5. 四伯父周貽賡和夫人楊氏

周貽賡從小學習刻苦，為人老成持重。光緒十六年庚寅（1890 年），18 歲的周貽賡和幾個兄弟在寄籍地淮安參加了縣試，並考上了秀才，被列入縣學的「候選訓導」。

1890 年閏二月周貽賡回到紹興，正值他的外祖父魯登四在為其兒子辦理分家一事。外祖父讓周貽賡代表父親周雲門（起魁）作為中人參加了這次分家的儀式，並代表父親在分家書上簽字畫押。後來周貽賡留在紹興跟隨他的舅父、紹興著名的師爺魯小和學習錢穀。三年以後，周貽賡出師，開始了他的師爺生涯。他「歷佐江浙各府縣幕辦理錢穀事件充漕運總督衙門暨江北提督衙門文案」。由於他學業扎實，辦事嚴謹，責任心強，而且「文筆好，所以一直有事做」。家裡還為他捐了「主事銜」和「翰林院孔目銜」官銜。

周起魁去世以後，周家家境開始中落。周貽賡的二弟周劭綱人很老實，只能做點小事，每月的收入僅夠自己餬口；三弟周貽奎則是一個腿有殘疾的病人。作為長兄，周貽賡深知自己的責任，從此挑起了養家的重擔。

周貽賡先後娶王氏、趙氏為妻，她們二人均去世較早。光緒三十四年（1908 年）9 月，周貽賡經朋友趙燕遜（他很可能是趙氏妻子的兄弟）引薦，前往東北奉天，在奉天度支司俸餉科做了一名正司書。他單身一人，為了吃住方便，就住在了離度支司不遠的紹興會館。由於他是一個肯於熱心為大家辦事的人，很快他又被推舉為會館的理事。

周貽賡身在東北，心卻始終惦記著家鄉的親人們，就在他到奉天的那年秋天，10 歲的侄子周恩來帶著兩個小弟弟從清江浦回到了淮安。他們在淮安的生活沒有著落，周貽賡實在放心不下。他不斷地給恩來侄寫信，又是詢問又是囑咐，每次俸餉發下來，他頭一件事就是寄些銀票回去，以補家用。周恩來也經常給周貽賡寫信，向四伯父請教各種問題，匯報家中的情況。周貽賡十分喜愛這個侄子，總想著待有條件時一定好好培養他。

宣統元年（1909 年）7 月，周貽賡升俸餉科科員，薪水略有提高。這時，他的三堂兄周濟渠正在鐵嶺做稅捐局主任並且準備去湖北出差，周貽賡委託周濟渠把七弟周劭綱和侄子周恩來帶到東北來。周濟渠同意了。宣統二年（1910 年）初，周恩來和父親周劭綱跟著周濟渠從江蘇來到了鐵嶺。周恩

八、周恩來的父親及其兄妹們

來在鐵嶺住了約半年多的時間。1910年秋天,周貽賡把周恩來接到了奉天,從此周恩來就和周貽賡一起生活。

1910年的秋天,周恩來入瀋陽第六兩等小學堂丁班學習。不久,這個學校和第七兩等小學堂合併,改名為奉天省官立東關模範兩等小學校。學校的設備、師資在當地都是比較好的。

周恩來回憶說:「到東北有兩個好處:上學,冬天、夏天每天都要有室外的體育鍛鍊,把身體鍛鍊好了,吃高粱米,生活習慣改變了。另外學會了交朋友,我由南方到了東北,說話口音重,同學們罵我是『南蠻子』,每天打我、欺負我,大同學還扒下我的褲子打我,我被打了兩個月。被逼得想出辦法,我就交朋友,他們再打我,我們就對打,他們就不敢再打我了。東北的幾年對我很有好處呢!」

1904年日本、俄國兩個帝國主義在東北大地上進行了一年零八個月的戰爭,這就是日俄戰爭。他們為爭奪中國而進行的非正義的侵略戰爭,使中國老百姓備受蹂躪。暑假,恩來隨同學到了瀋陽南郊沙河南岸的魏家樓子,目睹了沙俄在村後立下的碑、日本帝國主義在村東頭建的塔。這些建築都是為了紀念日本、沙皇的戰功而修建的,成為中國恥辱的標誌。何殿甲老人講述戰爭時沙俄血洗村莊的慘狀,講到悲憤之處老人引吭高歌:

遼東半島風雲緊,強俄未撤兵。

嗚呼東三省,第二波蘭錯鑄成,

哥薩克肆蹂躪,戶無雞犬寧。

日東三島頓起雄心,新仇舊恨並。

艦隊聯檣進,黃金山外炮聲聲。

俄敗何喜,日勝何欣?

吾黨何日醒?吾黨何日醒?

老人悲涼的歌聲、凝重的表情久久地留在周恩來的腦海中,深深刺痛了他少年的心靈。他想起了在家鄉流傳的梁紅玉抗金的故事,他想起淮安城內

東街虎門抗英英雄關天培的祠堂，愛國之心油然而生。吾黨何日醒？這個問題常常縈繞在心。

到東北後的所見所聞，使他對民族存亡深感匹夫之責，他關心時事，在瀋陽養成讀報的習慣，常常看《盛京時報》，從高老師那兒借到鄒容的《革命軍》看。

鄒容在《革命軍》中疾呼：「嗚呼！我中國今日不可不革命；我中國欲獨立，不可不革命；我中國欲與世界列強並雄，不可不革命；我中國欲長存於二十世紀新世界上，不可不革命；我中國欲為地球上名國、地球上主人翁，不可不革命。」

「革命者，天演之公例也；革命者，世界之公理也；革命者，爭存爭亡過渡時代之要義也；革命者，順乎天而應乎人者也；革命者，去腐敗而存善良也；革命者，由野蠻而進文明者也；革命者，除奴隸而為主人者也。」

鄒容號召革命者：

一曰養成上天下地，唯我獨尊，獨立不羈的精神。

一曰養成冒險進取，赴湯蹈火，樂死不辭之氣概。

一曰養成相親相愛，愛群敬己，盡瘁義務之公德。

一曰養成個人自治，團體自治，以進人格之人群。

這些思想深深地打動了少年周恩來的心，印在他的腦海中。

有一天老師在課堂上提問：「讀書是為了什麼？」有的同學回答：「幫助父母記帳。」有的說：「為了個人的前途。」而周恩來與眾不同，他站起來大聲地回答：「為中華之崛起！」

為中華之崛起，這就是他的志向。此後，他為之奮鬥了一生。

周恩來離開了閉塞、停滯、落伍的淮安到了工業發展迅速、民族矛盾激化的東北，成為他一生中第一個轉折點。在東北他進新式學堂，開始受到近代科學的教育，在東北他目睹了日本、俄國等帝國主義的強盜行徑，開始樹

八、周恩來的父親及其兄妹們

立起愛國、救國的思想,立下了「為中華之崛起」而讀書的志向。1911年辛亥革命推翻了清王朝的統治,周恩來十分振奮,在學校率先剪去了清朝臣民的象徵——辮子。

他後來說:「12歲的那年,我離家去東北。這是我生活和思想轉變的關鍵。沒有這一次離家,我的一生一定也是無所成就,和留在家裡的弟兄輩一樣,走向悲劇的下場。」

周貽賡是一個處事嚴謹、心地善良的人。王蘭芝小時候曾經和周貽賡夫婦是鄰居,她回憶說:我小時聽四大媽(楊氏)說過,有一年過年,她對四大爺(周貽賡)說:「要過年了,你們南方人喜歡吃大米,你去買一斤大米來吧。」四大爺就去買了一斤大米。回來的路上,他碰上一個要飯的乞丐還帶了個小孩,他看著可憐,就把大米送給了那個要飯的。回到家裡,四大媽問他:「你大米買了嗎?」他說:「買了。」「那米呢?」「讓我給了一個要飯的。」「你把米給了人家,那咱們吃什麼?」四大爺回答:「咱們再說吧。」

周貽賡先生師承儒教,不僅律己甚嚴,而且治家有方,對晚輩要求很嚴。周恩來每天放學回家,都要先「向伯父大人行禮,鞠大躬」。還要站著接受伯父的教訓。周貽賡告訴侄子「不要和有錢人家的孩子比,要自己努力刻苦學習,要本分,勤儉節約,不要浪費糧食。吃飯時米粒掉在桌上要撿起來吃了。看見大姑娘小媳婦不可抬頭看等等」。

據周恩來當時一個同學1977年回憶:「他大爺(指周貽賡)非常嚴。我們到他家都得站著,不許坐著。」

在周貽賡家主堂屋的當中經常掛著一副「事能知足心常泰,人到無求品自高」的對聯;他教育侄兒等晚輩們的治家格言是:「孔子兒孫不知罵,曾子兒孫不知怒,周家兒孫不知求(求名、求利)。」要求晚輩們勤儉,奮進,嚴於律己,寬以待人,刻苦學習,助人為樂。這些中華民族的傳統美德給了少年周恩來以極深刻的影響,周恩來在東關模範小學堂念書期間,從不亂花一文錢,每天中午只在校門口買兩個燒餅,喝大碗白開水充饑。但周恩來牢記四伯父的教誨,把自己一個銅板一個銅板攢下來的錢都給了一位老校工。1977年2月8日,原東關模範小學堂魏校長的兒子魏啟漢說:「當時學校有

5. 四伯父周貽賡和夫人楊氏

一個老堂役姓吳的，總理來到學校的那年秋末冬初病倒了。總理不知積了多少時間的錢，因為當時總理的大爺給他的錢很有限，總理的生活很清苦，有點錢也不亂花，都是買書。當時他看書買書已成習慣。看到老堂役病倒了，他就幫老堂役燒水，並給老堂役送去八個銅板，讓老堂役買點藥吃。老堂役病好後對我父親說：『我鬧了一場病倒沒什麼，你看他家很清苦（指周恩來），還給我八個銅錢，使我內心非常感動。』」由此可以看出周貽賡對周恩來的重要影響。

1913年2月，周貽賡調往天津，在天津長蘆鹽運司榷運科當科員，周恩來隨伯父一起遷到天津。伯侄二人住河北區元緯路元吉里。鹽運司掌督察場民之生計、商人之行息，適時平其鹽價，管理水陸運輸，計其道里遠近，稽查往來時間，定其鹽價之貴賤。周恩來到天津後，先進大澤英文算學補習學校補習功課。

秋天，周恩來考入南開學校，他在南開學校讀書4年，受到完整的、近代的中等教育。在共產黨開國時的各級領導人中，有他這樣學歷的為數不多。

因長蘆鹽運司設立的長蘆中學堂於1911年2月併入南開學校，長蘆中學堂的經費銀八千兩歸南開所用，「本校特為商灶子弟設優待額50名免納學費。周恩來由於家庭生活困難，品學兼優，伯父在鹽運司任職，而成為南開少數免費生之一。」

1914年周貽賡任吉林永衡官銀號派駐天津吉林官銀分號總檢員。1916年3月，他前往奉天西豐縣，任「奉天全省清丈總局西安清丈支局第一科科員」。這一次去西豐，他是隻身前往，把家留在了天津。周恩來則住宿南開學校。3月21日，周恩來收到伯父的來信，在學校寫了一篇充滿感情的作文《稟家長書》。

伯父大人尊前：

敬稟者，前日歸家，得讀手諭，恭悉大人途中順適，安抵瀋陽，私心為慰。西豐之行，有清丈護勇相衛，當不虞寂寞。屈指計時，侄稟至豐日，諒大人已早卸征塵矣。

八、周恩來的父親及其兄妹們

奉省清丈，不知較畿輔何若？以侄揣之，恐亦有名無實，虛耗國家（若干）歲費，冀應勵行新政之名耳。至豐郡僻處奉北，政塞俗陋，居上者以其無關全局，恐（似）亦恝然置之。大人雖欲力求真實，曲高寡和，恐不易為力。處茲濁世，唯有直道求己，枉道恕人，方可與眾共立（克見容於世）。侄為此言，非欲以不入耳之談，弊（蔽）大人之聰也，實為家計，不得不懇大人屈志相安。然侄自問痴長十八年，大人撫之育之，至今仍一無成就。家中贍養，不能稍分大人勞肩，反使大人隻身走千里外，為子侄謀衣食，侄罪重矣。瀕行時，侄殊不欲至站恭送，以傷大人之心。但憶七載依依，承歡膝下，驟別慈顏，忽覺親我者又少一人，是以縈懷莫去，繞繞不能離異，想大人知侄於車中又不知作若何繫念也。至伯母大人康健如常，家中事務均遵大人所囑辦理。侄在校中，各事頗行忙殊（碌），近日班內又組織同學會，會內學報，亦將付印，終朝執筆，殊無暇晷。惟於課程身體，仍不敢自棄自毀，以勞大人之憂。寄上《校風》一份，請抽暇閱覽，便知詳情。每逢星期歸省伯母，必將七日中所集之事，盡行料理，請釋慈念為禱。肅此

敬請

福安

侄　恩來謹稟　3月21日

從這篇作文中，我們可以看到周貽賡和周恩來深厚的伯侄之情。周貽賡剛正不阿，不肯與濁世同流合污。而侄子在思想和處世方面都已趨於成熟，提出處於濁世，要「直道求己，枉道恕人」（即嚴於律己，寬以待人），安慰開導伯父。對伯父7年來的撫育之恩念念不忘。侄子這麼懂事，周貽賡隻身他鄉，生活再艱辛也覺值得。

1917年9月，周恩來赴日本留學之前，先到奉天看望四伯父周貽賡，此時周貽賡也即將赴黑龍江工作。留日時期，周恩來多次致書周貽賡。1919年5月，周恩來從日本回國，也是先到哈爾濱看望四伯父，並傾談自己追求救國之路的心願。周貽賡十分理解侄子的抱負。周貽賡始終非常信任周恩來，相信侄子做的是救國救民的大事。

5. 四伯父周貽賡和夫人楊氏

1924年，周貽賡從黑龍江調往吉林，任吉林省財政廳支用科科長。這時他年已五十有二，生活條件也比過去好多了。在吉林，他和妻子楊氏單獨租了一個小院，平時深居簡出，除少數幾個朋友以外，他較少與外人接觸，和親戚們也極少來往。因為周恩來這時已在南方鬧革命，屬於「赤匪」，周貽賡不想牽連別人。

1928年4月底5月初，周恩來、鄧穎超夫婦在赴莫斯科出席中共六大途中遭到日本特務跟蹤盤查，周恩來謊說是去吉林看望舅父周貽賡騙過了敵人。周恩來擔心四伯父受驚嚇，特地轉道去了吉林。在吉林，周恩來夫婦先住在一家旅館，他用化名寫了一張條子交旅館的小夥計送到周貽賡家。周恩來的三弟周同宇正在家中，他看出了大哥的筆跡立刻和四伯父商量。周貽賡意識到了侄子處境危險，便打發周同宇去旅館把周恩來夫婦接回家來住。那一天，周恩來和四伯父周貽賡談至深夜。第二天，周恩來先離開吉林，周貽賡又派周同宇護送鄧穎超前往哈爾濱。周貽賡這樣做，在當時是冒著被殺頭的危險的。

1931年「九一八」事變後，日本人占領吉林，接管了許多機構。吉林省財政廳也被日本人把持了。周貽賡不願給日本人做事，遂安排家眷於1931年末遷回天津。他自己也於1932年夏天回到天津。由於他「聯繫廣，熟人多」，很快就在天津民政廳找到了事做，並推薦弟弟周劭綱到深縣縣政府做一名小職員。在天津，他依然深居簡出，謹言慎行。親友中有熱心人去看望他，他也好心勸告他們：「以後不要再來了。」只有和弟弟周劭綱、侄子周同宇在一起時，他才會不厭其煩地議論他的恩來侄，為他擔憂，為他牽腸掛肚，也為他自豪。

1933年夏天，周貽賡因病在天津去世，享年61歲。

周貽賡去世10年之後，1943年初夏的一個晚上，周恩來在重慶曾家岩和張穎等人值班時，談到了他的伯父周貽賡。他說：「伯父對我恩重如山。」周恩來從心裡深深感激與敬重四伯父周貽賡。

周貽賡先後娶王氏、趙氏、楊氏為妻，均沒有子女。他去世後，弟弟周劭綱將幼子周同宇過繼給他以承嗣後。

八、周恩來的父親及其兄妹們

周貽賡夫人楊氏是周貽賡的第三任妻子,原是周貽賡的妾。所以,周恩來年輕時稱呼楊氏為「四姨」,後改稱為「四伯母」。

楊氏是山東人,十幾歲時,隨母親逃荒討飯來到天津,後被周貽賡收留為妾。時間是1914年,當時周貽賡42歲,楊氏24歲,嫁給周貽賡之前,楊氏沒有去過東北。

周貽賡為人嚴肅、謹慎,楊氏則直爽潑辣,但二人都具有俠義熱心的個性,夫妻取長補短,相互關照,感情非常好。

周貽賡伯侄二人生活很清貧,淮安老家還有五六口人需要周貽賡撫養照顧。楊氏毫無怨言地幫助周貽賡分擔家中的困難,除料理周貽賡伯侄的生活外,她經常編織一些棉線的杯子套、鋼筆套和鞋面等,換些小錢回來補貼家用。楊氏年輕好熱鬧,有時到鄰居家去玩,周貽賡下班回來繞道去鄰居家接她。見她正和女眷們說得高興,也不打擾,就在門口耐心地等著。周貽賡對妻子的關心體貼贏得了楊氏的愛,也影響著侄子周恩來的品格修養,周恩來終其一生都十分尊敬婦女。

1916年秋天,周貽賡的另外兩個侄子恩溥和恩碩也先後來到天津,周貽賡的負擔加重,為養家餬口,周貽賡遠赴奉天省謀生,家中的事全由楊氏操持。無論家中生活多困難,楊氏每週都保證給周恩來一塊大洋,而其他的侄子,每人每天只發幾個銅板,讓他們中午買燒餅吃。年底,要米錢的,要煤錢的,要油錢的,都找上門來討債,楊氏如實相告:「我現在的確沒有錢,要不你們都別走了,留下來和我們一塊兒吃黑麵餃子吧。」又說:「等四大爺寄回錢來立刻就還,咱們都是老鄰居了,你們還信不過我。」就這樣,楊氏和侄子們一同度過了最艱苦的歲月。

以後,楊氏又把周家侄子一個一個地送出去工作,直到1924年,她才去吉林和丈夫周貽賡團聚。

1928年春,周恩來和鄧穎超去蘇聯參加中共六大,曾順道去吉林看望周貽賡夫婦,鄧穎超第一次見楊氏,十分尊重,自始至終站在楊氏身邊陪她說

話沒有坐下來，給楊氏留下了非常好的印象。事後，她誇獎鄧穎超「這個媳婦真懂規矩」。

1931年「九一八」事變以後，楊氏跟著周貽賡回到天津居住，直到1933年周貽賡去世。周貽賡去世時，因無子，無人打幡、戴孝，周劭綱便決定將小兒子周同宇過繼給周貽賡，對楊氏改稱「媽」。周貽賡生前一直寄錢給淮安老家，接濟他的八弟周貽奎一家的生活。周貽賡去世以後，楊氏繼續給八弟妹寄錢；以後，楊氏也沒有錢了，不能再給八弟妹寄錢，八弟妹提出要駙馬巷周家的房契，說：「有了房契還可以抵擋一陣（指可將房子抵押等）。」楊氏就把房契寄給了八弟妹。

1939年，周同宇的妻子王士琴帶著兩歲的女兒秉德和1歲的兒子秉哲（早夭）從哈爾濱去天津看望楊氏，楊氏看到孫女、孫子很高興，並且說：「老周家三代沒有女孩兒，這一回可有了一個女孩兒了。」

1942年5月，周同宇第二個兒子秉鈞出生，楊氏又特地從天津趕到哈爾濱去看望孫子。以後，周同宇一家搬到天津和楊氏一起生活。

1944年10月18日，楊氏正在病中，聽說嗣子周同宇第二個女兒秉宜出生時，笑著說了一句：「又是個丫頭。」3天後，楊氏去世，終年54歲。

6. 八伯父周貽奎和夫人楊氏

周恩來的八伯（叔）周貽奎與周恩來的父親周劭綱是同胞兄弟，他是周起魁（雲門）三子，大排行八。他生於清光緒二年三月初二日（1876年3月27日）。

周恩來因過繼給十一叔，他隨嗣父母稱貽奎為八伯。解放後總理辦公室給淮安縣委去信，提到貽奎的夫人周八太，仍稱八伯（孀）。

周貽奎患有「羊角風」病，小時又得過小兒麻痹症，留下腿疾。雖讀了一些書，有一定的教育程度，但在當時經濟落後的社會裡，卻難以有所作為，有時當帳房先生，給失學的孩子們補補功課。1908年周恩來的兩個母親去世後，周恩來帶著兩個弟弟回到淮安駙馬巷和他一起生活，貽奎也曾教過恩來、

八、周恩來的父親及其兄妹們

恩溥兄弟倆珠算。他因有殘疾一直沒有離開過淮安駙馬巷老宅。由於漕運的衰敗，淮安已淪為三等小縣城，難以就業，貽奎的兄弟們都紛紛外出謀生。周貽奎與夫人楊氏帶兒子恩碩，侄子恩來、恩溥、恩壽一家六口，只有半畝祖塋地，生活十分艱難。他自己沒有經濟來源，又一直受疾病和饑餓的困擾，久臥床上，既無飯吃，又無錢請醫問藥，雖然有時四兄長周貽賡從外地寄點錢回來，但也只是杯水車薪，難以養家餬口，所以他去世較早。去世的時間，據周恩來在日本留學的日記記載，當為1917年的年底或1918年年初。

1918年1月8日，正在日本留學的周恩來忽然接到八弟周恩溥的來信，告知他久病在家的八伯周貽奎去世了。周恩來對這一不幸的消息甚為震驚，因為他的這位叔父年僅41歲，而且又一直是貧病交加。故他在自己的日記中寫道：「我身在海外，猛然接到這個惡消息，那時候心中不知是痛是悲，好像是已沒了知覺的一樣。」第二天，他又接著在日記上寫道：「想起家中一個要緊的男子也沒有，後事如何了法？這幾年來八伯和八媽的苦處已算受盡了，債務天天逼著，錢是沒有，一家幾口子飯是要吃的，當也當盡了，賣也賣絕了，借是沒處借，賒是沒處賒，不要說臉面是沒了，就是不要臉向人家去要飯吃，恐怕也沒有別的地方去要。八伯這個病，雖說老病，然而病到現在何曾用一個錢去醫治的呢？簡直說是窮死了。」真是一字一淚。這反映出周恩來在淮安的那個大家庭生活困難到何等程度，同時也反映了周恩來與八叔一房的叔侄親情。

周貽奎與妻子楊氏只生一子周恩碩，一女早夭。

周貽奎的妻子楊氏娘家在寶應鄉間天平大鎮，與陳氏是同鄉，但是她沒有什麼文化。晚輩和淮安人尊稱她叫「周八太」或「八太」。她大約生於西元1877年，去世於1956年。

楊氏恪守封建倫理道德，尤其篤信佛教「積善積德」「不修今生修來世」等虛無思想，終日吃齋念佛。她把周家的敗落看成是「命不好」，但堅信「只要善事做多了，來世還會有報應，有福享的」。所以在周家十分敗落艱難的困境下，她仍不忘燒香拜佛，以求來生。

6. 八伯父周貽奎和夫人楊氏

　　她與侄兒周恩來的感情也很深。那是因為 1908 年周恩來的兩位母親在不到一年中相繼去世，父親又在外謀生，無依無靠的周恩來只好帶著兩個弟弟從清江浦回到淮安老家。這時的老家只有長年臥床的八伯和照料一應家事的八伯母楊氏，楊氏也成了周恩來事實上的監護人。為了一家人生存，楊氏和周恩來一起跑當舖典當衣物，將房子押給人家，以維持那半饑半飽的生活。

　　家庭生活那麼困難，還要講禮。牆上貼一張紙，上面寫著親戚們的生日、祭日，到日子都要去，而且要帶著禮品，就是借錢也要去送禮。八伯殘廢不能出門，八伯母楊氏是個女流，不能在這些場面拋頭露面，因此這些事便落在周恩來的身上。因為周恩來的輩分小，送禮時還要磕頭。到外婆家要走 30 里路，還要坐船過河。夏日頂著太陽，冬日冒著嚴寒，沒有車可坐，沒有牲口可騎，只能用兩條腿走。連吃飯都困難，還要講這些排場。他痛恨虛榮，痛恨講排場。這段艱難的生活給周恩來留下深刻的印象，過了 50 多年，周恩來向侄女、侄子等回憶起往事時還感慨地說：「這個家真難當啊！」

　　短短幾年之內，家庭發生如此巨大的變故，曾在兩個母親的呵護下成長，突然間家破人亡的周恩來，不得不承擔生活重負；從嬌生慣養的小少爺，突然變成看別人的臉色行事、受盡刁難的破落子弟，真乃天壤之別。這對於年少體弱的周恩來是多麼大的刺激！生活的艱難迫使少年周恩來常常會想到這是為什麼。為什麼媽媽會突然離他而去？年幼的周恩來不可能想得太深刻，他痛恨樂透。他看到中彩完全是曇花一現。樂透太壞了，助長人們僥倖的心理，助長人們不勞而獲的惡習。從那時起，他就痛恨不勞而獲的思想。

　　周恩來失去母親帶著兩個弟弟回到淮安後，和八伯、八伯母一起生活。他這一支在大家庭裡無權無勢，受人歧視。既是弱支，他年齡又比別人小，辦事更要處處小心，因而周恩來從小養成多思多慮的習慣，辦事縝密、周到的作風。這兩年艱難的生活使周恩來一下子長大了。

　　那時，10 歲的周恩來已懂事，但僅比周恩來小一歲的周恩溥因母親萬氏的嬌慣，調皮、倔強、膽大，玩刀子、打彈子、爬樹捕蟬等，許多冒險的遊戲都敢做。一次，他們家的一位親戚帶著他們兄弟仁和恩燦等坐小船出北水關到勺湖及河下去玩，玩得十分開心，以後就戀戀不捨，希望能再乘船出去。

203

八、周恩來的父親及其兄妹們

八伯母怕他們有閃失，一再不允，後來乾脆讓人將小木船鎖定文渠岸邊，以防萬一。誰知聰明的恩溥很有辦法，他用一根鐵絲撥弄開銅鎖，和恩來兄弟們偷偷划出小船。時值午前，文渠漲水，小船順流直下，很快出了北水關，穿夾城，直到河下狀元樓的橋下，他們上岸聽人說書、講故事，又逛了竹巷街，玩得很開心，結果時間耽擱較久，上游關閘，河床水位陡減，回程時，水淺逆流，小船行進十分艱難。楊氏到中午不見其兄弟回家，就邁著小腳到處尋找，幾家親戚和幾個可能去的地方都找遍了，仍不見人影。楊氏又急又慌，便請了親戚、鄰居，借了大鑼，滿街敲鑼，到處尋找。直到太陽快落山，周恩來兄弟才姍姍地將小船划到駙馬巷自家門前。1958 年 7 月，周恩來和當時淮安縣副縣長王汝祥交談時還回憶起這段往事：

「小時候，我和玩伴常常在文渠划船打水仗，大人們怕出事，把小船鎖起來，我們就悄悄把鎖敲掉，划船遠遊，嚇得家長們敲起大鑼，滿街巷吆喝尋找。」

「一天中午，我和幾個玩伴偷偷把船從文渠划到河下去，嬸娘守在碼頭，左盼右望，直到太陽落山，才見我們船影。她急忙跑步相迎，身子晃動了一下，差點跌倒。我很怕，心想，這回免不了要挨懲罰！可嬸娘半句也沒責怪，相反，一把緊緊地摟住我，眼淚刷刷往下淌，這比挨了一頓打還使我難受，我忍不住也哭了⋯⋯」

這是周恩來回憶八嬸母楊氏最生動的一段往事，也體現著他們之間那一段的母子親情。

1938 年初，日本軍國主義的鐵蹄踏進淮安城，為避兵亂，楊氏與兒子周恩碩、兒媳陶華和兩個幼小的孫子避居淮安城西南方淮北區淮寶縣林集區鄉間，住在當地一家無遮無擋的棄用牛棚內，夏不遮蔭，冬不蔽涼。特別是夏天，不僅天熱難當，而且蚊蟲轟鬧，多如霧雲，又一點吃的東西也沒有，有時房東討飯歸來多少將吃剩的東西給楊氏的兩個孫子充充饑。後來感到實在沒法活下去，楊氏就帶著兩個幼小的孫子及兒媳陶華一行回城居住，城裡、鄉下「兩頭跑」。兒子周恩碩參加革命，在淮寶縣被害後，生不見人，死不

見屍，楊氏尋子不著，幾乎哭乾眼淚，只好橫下一條心：返城居住。也許是他們與周圍鄰舍的關係較好，侵略軍駐淮城8年，一直不知道他們的身分。

在淮安，孤兒寡母，生活更加艱難。為養活孫子，楊氏帶著兒媳婦陶華去給人洗衣服，縫棉襪，或者幫助別人賣衣物，收些手續費。周家的老親、鄭仁壽的曾孫沙青回憶說：「八老太十分要強。你若白送她錢物她絕不收，你讓她做點小活，然後請她吃頓飯，給她報酬，她才收下。日本人來了以後，大家的生活都不好過，我家也開始典賣衣物。我母親不好意思出去賣，八老太就過來把衣服拿走，幫我母親上街去賣。要不是她這麼潑辣敢闖，周家兩個小孫子也活不到解放了。」直到1945年日本帝國主義投降，周恩來才透過組織關係讓華中分局五分區委的萬金培同志，給楊氏一家撥了一點救濟糧。

1946年9月，國民黨反動軍隊重新占領淮安，楊氏一家再次被推入水深火熱之中，全家合蓋的唯一一床被子竟被反動的保長搶走，楊氏為了一家老小的生存，不顧生命安危前往國民黨反動政權的勺湖鎮鎮長處討要，哭鬧得該鎮長不得一點安寧，才將那床被子歸還。她還因全家斷炊而直上國民黨縣政府大堂，向國民黨縣長牛作善要飯吃。牛作善曾在抗日戰爭結束後被軍隊俘獲，由其弟、時任國民黨江蘇省保安司令部政治部主任的牛踐初求請周恩來而得以釋放。但這位文盲縣長好像並未記住舊情，竟譏笑楊氏說：「你沒飯吃找我幹什麼？你侄兒周恩來不是還有一輛別爾卡轎車在南京嗎？你去賣了他那輛汽車夠你吃一輩子！」

度過了將近一生的災難生活，過了古稀之年的楊氏終於盼來了中華人民共和國的誕生。當毛澤東、周恩來等中華人民共和國領導人的像懸掛於淮安縣文化館牆上時，楊氏一邊唸著「阿彌陀佛」，一邊扶著孫子爾輝、爾萃，指著周恩來的畫像對他們說：「這就是你們的七伯。」並興奮地對孫子們說：「我早就知道你七伯要做大官，一是他心善人好，二是我一年到頭為他念經誦佛，燒香禱告，求菩薩保佑他平安，保佑他升官發財。」

1950年秋天，中華人民共和國剛剛從廢墟中誕生，周恩來與老家通上了信，八太和孫子爾輝到北京去看望周恩來。因西花廳不僅是周恩來的住所，也是他的辦公室，周恩來安排他們住在國務院機關事務管理局的惠中飯店。

八、周恩來的父親及其兄妹們

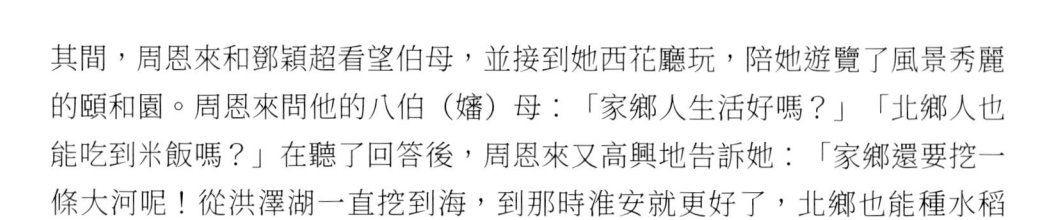

其間，周恩來和鄧穎超看望伯母，並接到她西花廳玩，陪她遊覽了風景秀麗的頤和園。周恩來問他的八伯（孀）母：「家鄉人生活好嗎？」「北鄉人也能吃到米飯嗎？」在聽了回答後，周恩來又高興地告訴她：「家鄉還要挖一條大河呢！從洪澤湖一直挖到海，到那時淮安就更好了，北鄉也能種水稻了。」

周八太在北京住了一段時間後，留下孫子爾輝在北京念書，自己返回淮安，當時幹部實行供給制，所以八太臨走時，周恩來只給了她5萬元人民幣，並告訴她：「這是公家發給我們的零花錢，別的錢我們也沒有。」因周八太年老體弱，沒有勞動能力，生活無著落，又是烈屬，靠國家撫卹生活，所以周嵩堯說她「月領公糧」。

1953年，周八太到北京來看病，在惠中飯店又住了一個多月的時間。這一次，周八太向侄兒周恩來談起社會上的反映，說別人都勸她應該把故居重新修理一下，祖墳也該修一修了。周八太的話引起了周恩來的重視。周八太要返回淮安時，周恩來特地派了中央警衛局的幹部王雨波把老太太送回去。走之前，周恩來將王雨波叫到辦公室，向他交代了兩個任務：第一，關於駙馬巷的房子，一是不准修理，不准組織人參觀，尤其不准告訴人們他住過的房子是哪一間。二是住在這所房子裡的人，不准叫他們搬家。如果政府要徵用是可以的。第二，周家的祖墳要平掉。辦法是：挖開，把骨頭揀出來，買個大瓷罈子，裝在裡面深埋。能用的東西和土地全都交給生產大隊使用。

周八太回淮安後，因年事已高，又長期吃苦受累，故常有病痛。淮安方面，特別是縣裡領導，不僅登門探望，或送點食品什麼的，還把她的病情及時向周恩來做了報告。周恩來於日理萬機中看了家鄉的有關信件，並做了具體的指示。他的這些指示是透過三封信來表達的，這也是他留給家鄉淮安的一段佳話。

周恩來的三封信都是使用的「中華人民共和國國務院總理辦公室」的信箋。其第一封信的內容是：

淮安縣人民委員會：

前幾日接到縣人民醫院一信，知我嬸母的病最近又重復發。

陶華來信說你們也常派人去看望和給予治療，謝謝你們親切的關心和照顧。

我嬸母的病我們知道是無法治療，今後一切治療還要麻煩你們。（請縣人民醫院治療好了）不要向外地轉治。如果治療無效，一切後事也請你們代為辦理。但要本著節約和簡樸的精神辦理。現寄去人民幣貳佰元作為治療和辦理後事的費用，如不夠時，請你們先墊付，事後來信說明支付情況，我再補錢去。

此致

敬禮

周恩來

一九五六年十月廿九日

在這封信的信箋底線外又補寫了一行小字：「此信請轉人民醫院負責同志一閱，不另附信。」

1956年底，周八太終因病體不支而離開人世，當淮安縣人民委員會將這一不幸消息報告周恩來後，周恩來又讓祕書給回了第二封信：

淮安縣人民委員會：

負責同志：

總理伯（嬸）母去年逝世的善後費用，請你們將費用單據郵寄我室呈總理，總理說由他工薪扣除匯寄你們。

致

敬禮！

一九五七年三月十三日

當總理辦公室收到有關收據後，周恩來又回了第三封信：

八、周恩來的父親及其兄妹們

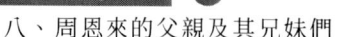

淮安縣人民委員會負責同志：

來信收到，幾年來你們對我伯（嬸）母的照顧與關懷，尤其在她患病、住院治療期間，為了她的健康，住院治療，的確給你們增添了不少麻煩，今特向你們表示謝意。

我伯母家現還有陶華等人，今後她的生活費用均由我這兒接濟，請當地政府對她勿再予照顧。

現寄去為安葬我伯母善後費用所尾欠墊款二十五元，請查收。

致

敬禮！

周恩來

一九五七年四月十七日

周恩來的第一封信是用鋼筆書寫的，由保健護士鄭淑藝代筆，文末加蓋有周恩來的一方陰刻白文印。第三封信是影印件，文末蓋有周恩來的一方陽刻朱文印。

最近，我們又在周恩來的老家淮安市淮安區檔案館發現一封由鄧穎超親筆書寫的有關周八太去世的信：

淮安縣人民委員會：

先後收到給恩來同志的兩次來電。我們的嬸母亡故的後事，承你們照料辦理，深為感謝。前寄費用，如有不足，請告知，當由我們寄還。

專此，並致

敬禮！

鄧穎超

1956.12.24

透過鄧穎超的這封信，我們更加清楚地看到了周恩來夫婦對這位八嬸的關心，也看到了他們的清廉之風。

周恩來對伯母的感情，還表現在對她兩個孫子成長的關心。

需要多交代一句的是，周八太雖歷盡滄桑辛苦，但對淮安駙馬巷周家老宅和淮安東門外的周家祖塋地都盡心盡力地保護、修葺，不使其毀壞。每年清明節她都要到東門外祖墳地「圓墳」、燒紙，若沒有她的保護，在幾十年風風雨雨中，這些文物或遺蹟都將蕩然無存。

7. 大伯父周炳豫

周恩來的大伯父原名貽豫，又名炳煜，後更名炳豫，字笠之，是周恩來二祖父周昂駿（霞軒）的長子，清同治三年七月初十日（1864年8月11日）出生。娶孔氏，子恩濤（祖蔭）、恩煦。

周炳豫17歲時父親去世，他的二弟周龢鼐過繼給大伯晉侯（逸帆），後來他自己也向大伯學習幕業。周炳豫幕業學成之後，到江寧（南京）布政司等衙門做師爺，後來還買官銜「布政司理問」。他作幕的時間比較長，收入也十分豐厚。民國以後，周炳豫和當時許多做師爺的人一樣直接轉入了當地地方政府部門工作。1918年3月周恩來在日本留學期間還與大伯父通過信。周炳豫在外工作時很少回淮安。抗戰時期江蘇淪陷，他的家境開始沒落，最後孤身一人死在揚州一座破廟裡，時間大約是1942年左右。

周炳豫的兒子恩濤去世較早，孫子周爾圻曾在杜聿明身邊當過文書，後來在解放戰爭中向人民解放軍投誠。新中國成立後定居南京，因此娶了周恩來保健護士鄭淑藝丈夫崔北庚的姐姐崔青雲為妻。「文革」期間，周爾圻受到造反派的批鬥，並和兒子周強一起下放到老家淮安縣的仇橋鄉。現在，周強成了周家從紹興遷居淮安後僅存的周家後代支系。

八、周恩來的父親及其兄妹們

8. 二伯父周龢鼐

周恩來的二伯父原名周貽康，字調之，號陽初，後改名周龢鼐。是周恩來二祖父周昂駿（霞軒）的次子。清同治六年十二月十一日（西元1868年1月5日）生於江蘇淮安。聘高氏，早卒。娶王氏。後又娶程氏。

據他的後輩說，他的改名和取字都有一定的說法。他之所以要改名，是因為他少年時過繼給大伯父周晉侯為子，這樣他在同輩兄弟中據「長房」位置。他認為，既是長房長子，就得有包容一切的胸懷，因此將自己的名字改為「龢鼐」，並另起一個旨在充當調解周家這個大家庭中方方面面關係主宰人的字「調之」。

周龢鼐為人忠厚，讀書也很用功，曾獲國學生和候選訓導的學位和頭銜。但他認為自己居長，要照顧家庭，因此一再謙讓，要叔伯兄弟們先考，自己可以晚點應考。後在家人勸說下，於光緒二十年（1894年）考中甲午科第107名舉人。

⊙周龢鼐。（周爾鎏提供）

8. 二伯父周龢鼐

⊙周龢鼐。（周爾鎏提供）

周龢鼐中舉後，做過河南巡撫的幕僚，於「戊戌科會試」時曾「堂備分省補用知縣」。但他安分守己，治家守業，如現存他生前寫作的一本詩集裡就留有「名不求高但近情」的詩句，說明他很注重家庭和人情，求真意識較強。

據他的兒子周恩霔回憶，周龢鼐為人忠厚，不善逢迎，也不喜歡做官，改就幕僚。1907年在江蘇巡撫陳夔龍處做總文案，1908年在武漢。辛亥革命後，家由南京搬到北京，賦閒在家，依靠在淮安買的100畝田產和一些股份生活。1917年到南京督軍李純處當主任祕書。1921年在上海去世。

他十分喜愛勤學、刻苦的周恩來，周恩來在南開讀書時，他住在北京、天津，假期周恩來時常住在他家。周恩來赴歐學習，從天津南下到南京看望二伯父，周龢鼐送給周恩來路費。1984年8月，鄧穎超在與周龢鼐的孫子周爾均談話中說道：「你爺爺（指周龢鼐）對你七伯（指周恩來）很好。在你七伯青年時給他以經濟資助，這在當時是難能可貴的。」

據周龢鼐的長孫周爾鎏回憶：「七爸（指周恩來）1917年東渡日本前，我祖父當時寓居天津，他曾到我家中，祖父和他進行長談，臨走還給了他一

八、周恩來的父親及其兄妹們

筆路費。七伯後來赴歐留學時，我們家已搬到南京，他又專程來南京看望我祖父，臨走時，我祖父又給了他不少錢。」「我們周家是個受儒教影響比較深的家庭，我祖父作為清末舉人，在思想上、文化上乃至經濟上給七爸一定的影響和支持，這都是肯定的。」

1921年1月周恩來到達英國，交涉入學事，將一切手續辦好，致信伯父周龢鼐。信中說：「倫敦為世界最大都城，地大北京四五倍，人口多七倍，交通複雜，人種萃集，舉凡世界之大觀，殆無不具備。而世界之政治商業中心，亦唯此地是賴。居倫敦者，並不能周知倫敦，欲知倫敦，非專心致意於研究實驗不為功。故倫敦為世界之縮影。」最後要求二伯父幫助申請官費留學生。二伯父十分喜愛這個侄子，但因他於當年病故，此事未辦成。

周恩來一直記掛著二伯母，抗戰期間他在重慶專門寫信向老人問安。解放初他到上海，因工作忙，派衛士成元功到周恩霔家看望二伯母。鄧穎超到上海時，也代表周恩來去看望過二伯母。

周龢鼐娶王氏，王氏有點精神病又沒有生育，又娶程儀貞，生子周恩霔。王氏鬱鬱寡歡而生病，回到淮安駙馬巷周家老宅生活，被晚輩稱為痴二奶，死於淮安。

9. 三伯父周濟渠與他的大舅哥錢能訓

錢能訓

周恩來1946年回顧自己成長過程時說：「12歲的那年，我離家去東北。這是我生活和思想轉變的關鍵。沒有這一次離家，我的一生一定也是無所成就，和留在家裡的弟兄輩一樣，走向悲劇的下場。」

他為什麼能從淮安去東北？這與周恩來的三伯父周濟渠、四伯父周貽賡、父親周劭綱到東北謀生有關。這要先介紹周濟渠的大舅哥錢能訓。

⊙錢能訓。（錢家提供）

錢能訓（1869—1924 年）字幹丞、幹臣。浙江嘉善人。嘉善與紹興隔杭州灣相望。他是吳越武肅王錢的第 36 代孫。錢 893 年為唐朝的節度使，907 年封為吳越王。錢創建的吳越國是五代十國之一，轄今浙江及江蘇一部。施行保境安民，治水患，發展生產，心向統一，與日本、朝鮮交流的政策。978 年錢的後人領導的吳越國投降宋朝，使人民免受戰亂塗炭，為後世所稱頌。從而錢氏為顯姓，枝流葉布。貴胄之家一般是三世而澤，五世而斬，而錢家傳近 40 代，代代出人才，如近現代，人們耳熟能詳的有：錢復、錢三強、錢偉長、錢學森、錢鍾書、錢正英、錢其琛。這得益於錢家家訓甚嚴，僅關於個人修養：「心術不可得罪天地，言行皆當無愧於聖賢，曾子之三省勿忘，程子之四箴宜佩，持躬不可不決斷，存心不可不寬厚。」2003 年 7 月，李海文訪問錢能訓的孫子錢家。他生於 1944 年，中華人民共和國成立時只有 5 歲，又經歷了這麼多的運動，談起家訓，脫口而出，倒背如流。由此可見其家風極嚴格，傳統之深厚。

錢能訓曾祖父錢熠，德州州判。祖父錢塤，郡庠生。父親錢寶廉，字湘吟，進士，歷任吏部侍郎，母親張氏封為一品夫人。

八、周恩來的父親及其兄妹們

錢能訓大哥元訓早卒，父母過繼叔叔滌香先生之次子文訓為嗣。錢文訓比錢能訓大8歲，18歲病歿。錢文訓病歿時錢能訓10歲。

錢能訓4歲從生母張氏學習認字。張氏教子極嚴，「植以禮義，導以仁恕，雖幼弱，不少寬假嬉之，具悉屏絕之。塾無曠日，日無廢晷」，錢能訓「十一歲畢十三經，周旋動作克中規矩，凜奉慈訓，無稍逾迨」。

錢能訓十二歲時（1881年）父亡。母子投靠滌香先生來到淮北。而此時周恩來的大爺爺周晉侯、二爺爺周昂駿隨大舅樊文煒、二舅樊燮到安徽、江蘇一帶從幕已經30年了。周恩來的爺爺周起魁19歲（1863年）時隨二哥周昂駿北上淮安，隨館學幕，也已近20年了。樊文煒門生多，樊燮先後在皖北和蘇北的碭山、蕭縣、宿遷、沭陽、沛縣和銅山等縣擔任過知縣。周氏兄弟五人均是師爺，其中有四人，大、二、三、四從師爺而到知縣，周家在淮安也是望族。想必長期生活在淮北的滌香先生應與周家眾兄弟相識，相誼。

1887年，錢能訓應童子試，補博士弟子員。「周覽涉博，綜貫經藝，通識國典。」1890年，「以蔭生報試於吏部，授主事，分刑部，雲南司行走」。他每臨事「惕然懼隕」，處理公允，名聲噪甚，母親時常敦促、勉勵，錢能訓更加自勵。1894年參加順天府（即北京）鄉試，1895年進士（二甲第18名）。經歷了戊戌百日變法，「方始群議，糾紛朝野，隔閡愈甚」，最後變法失敗。錢能訓心向改革，不求官位，請就原官，而將精力用於遍求日本、歐洲政治、典籍，比較兩者的異同、得失，究其意而融會貫通。

1896年，補山東司主事。1900年夏，西太后支持義和團反對列強。兵部尚書徐用儀、戶部尚書立山兩位上諫而被誅。行刑後，徐公棄屍於市，親屬不敢收殮。錢能訓與好友朱彭壽（同年進士）備衣冠為徐公收屍，暫時停放在郊外寺廟。立山之子懼怕被捕，深夜逃到錢府。錢能訓將其藏匿，第二天尋機安排出走。八國聯軍打入北京後，畫界分駐。駐在宣武門以西的德海軍統領瑪代來函索要三千元銀子。錢能訓即告聯軍統帥瓦德西。瓦德西立即將瑪代撤職，於是各軍將不敢放肆。同時，戰亂後的北京，瘡痍滿目，屍橫遍野，百姓饑寒交迫，錢能訓聯合眾人編立救護團，賑濟饑饉、掩埋屍體不可窮計。

9. 三伯父周濟渠與他的大舅哥錢能訓

前國務總理幹臣錢公行狀

甲子仲夏四日幹臣錢公薨於京邸秉章與公誼屬舊姻少年角逐文場契好彌篤嗣公以蔭授官十餘年不相見迨秉章從事練兵處公時官巡警部左參議自是蹤跡相尋二十載於茲中間惟公赴秦睽隔年餘而憂患之中猶通聲問淚墨交縈藏在篋笥遺孫承祜等以狀請何敢辭按公姓錢氏諱能訓字幹臣浙之嘉善人世胄華裔為邑望族曾祖諱焌字溥官德州州判祖諱塤字芝亭郡庠生考諱寶廉字相吟道光庚戌進士吏部左侍郎曾祖妣氏吳祖妣

⊙錢能訓行狀第一頁。

八、周恩來的父親及其兄妹們

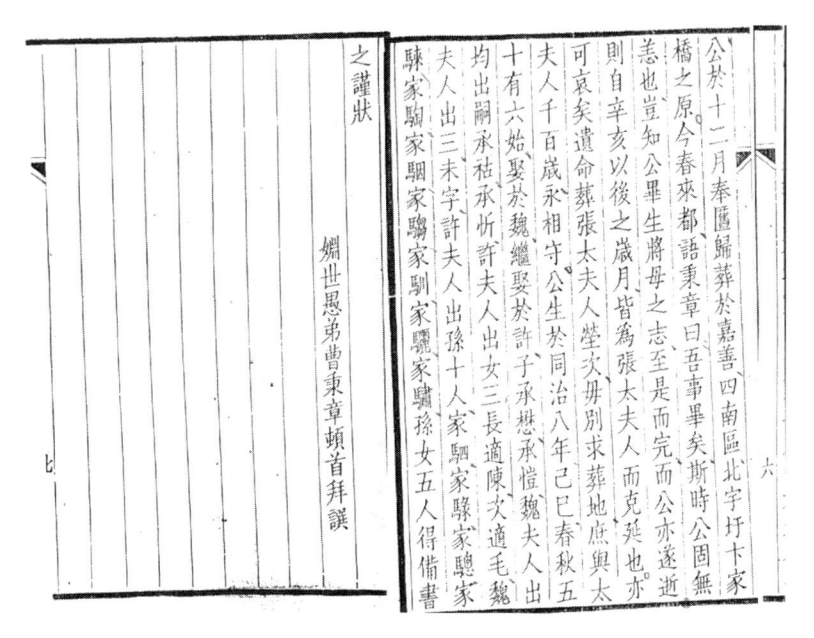

⊙錢能訓行狀最後一頁。（錢家提供）

當年冬，錢能訓升江蘇司員外郎。1903年典試，歷任廣東、湖北學政（鄉試主考官），河南道監察御史，江南道監察御史等職。大約在1904年期間，錢能訓曾回過一次淮安，錢家住淮安城裡磚橋。可能他是利用到南方出差的機會順便回家送妹妹錢馥蘭出嫁，夫家即是周恩來的三伯周濟渠。周濟渠的原配夫人姓曹，去世較早，又續娶錢家的錢馥蘭為妻。有人說錢馥蘭是錢能訓的胞妹，也有人說是堂妹，因女兒不能上家譜，已經不可考，但是從後來兩者的經歷來看，兩家關係密切。此時周濟渠已是33歲。現在錢馥蘭的年齡不可考。這樣一位高官將自己的妹妹嫁給二婚的中年男子，可見他是多麼看重周濟渠，與周濟渠秉性相投。就在這段時間，錢能訓常去駙馬巷周家串門做客，他曾經見過6歲的周恩來，並且還給他輔導過書法。

錢能訓秉公辦事。旗民趙文榮與俄國主教勾結賄通宗室，盜賣祖塋地。錢能訓認為：「律有明條，豈天皇貴胄，而可容此喪心蔑義之行。」上疏彈劾，沒收其所得。在江南，他要求清查浙江漕運之積弊，建議裁併衛所，嚴禁丁役把持；要求戶部銀行，請按約查辦英國商人誣告華商案，維護華商的利益。

9. 三伯父周濟渠與他的大舅哥錢能訓

錢能訓因得到左都御史裕德的保舉，參加經濟特科考試，成績優良，深得比他大15歲的徐世昌的賞識，成為徐世昌的左膀右臂。徐世昌評價他為：「究擘憲法，揖陳政要、利害、先後、錙銖剖決，是以偽戻，優順蒙惑，開析忠讜著烈，廷論嘉焉。」

徐世昌（1855—1939年），河南汲縣人，與袁世凱結為金蘭兄弟，1886年中進士，入翰林。1895年以文人身分和袁世凱一起在小站練兵。以城府深、沉穩、圓滑著稱，有人稱他為「活曹操」、玻璃球。1900年八國聯軍進攻北京，西太后攜光緒逃到西安時，徐世昌先由京師到濟南，而後赴西安行在。這時西太后令各省舉薦賢才。袁世凱推薦了徐世昌。徐世昌從此官運亨通，1903年商部甫開即任左丞缺，1904年春任兵部左侍郎，次年任軍機大臣、巡警部尚書。1906年巡警部改為民政部，仍任尚書。

錢能訓的仕途與徐世昌息息相關。1905年徐世昌任巡警部尚書，錢能訓任巡警部左參議、左丞。巡警部改為民政部，錢能訓任右丞。錢能訓改刑律，清戶口，恤流民，正風俗，修路，修河渠，建立警官學堂。巡警部章制文告皆出於錢能訓一人之手，他是中國警察的創始人之一。他主張「改訂刑律謂宜精求，中外古今，律義重視民生，以清訟源，而輔政之。行政之才，必備予於改律之先，不可貿然徑行」。

1906年徐世昌偕貝子載振赴東北考察，錢能訓隨行。東北是「滿清」的發祥地。清王朝建都北京之後，對東北地區的地方行政管理及設官，均有別於關內各省。除盛京（今瀋陽）為陪都，建奉天府（今遼寧）為京府外，整個東北地區仍以清朝固有的八旗組織為基本統治形式，成為清王朝統治下的特別地區。徐世昌力言東北外交、內政、吏治、財政均岌岌可危，建議東北建行省。這些均是錢能訓代為起草，有數十萬言。

1907年4月20日，朝廷任命徐世昌為欽差大臣、東三省總督兼管東北三省將軍事務。總督、將軍府設在奉天，權勢居各省督撫之上。1907年徐世昌到東北任總督，錢能訓即為奉天右參贊，改革官制總督為長官，巡撫為副官。下設承宣廳，總匯機要及考核用人。諮議廳，議定法令章制，由左、右參贊分管。下設七司：交涉、旗務、民政、提學、度支、勸業、蒙務。各設

八、周恩來的父親及其兄妹們

司員一人,總領司事。承宣廳及各司下均分設科,每科設僉事及一二三等科員。攬天下人才,有軍人及法律、財政、外交、工商、教育等專門人才,分職授事,量設郡縣,撥駐軍隊,整理荒蕪,窮治盜匪,其事艱巨,殫精竭慮,百廢俱舉,走在各省的前面。

在這種情況下,周家幾兄弟才有機會到東北做事。

1909年袁世凱被罷回籍,徐世昌離開東北。錢能訓亦被裁缺,1910年被命為順天府府尹。1911年徐世昌任軍機大臣密薦錢能訓任陝西布政使,並護理巡撫。從此錢能訓躋身於督撫封疆大吏之列。徐世昌評價他:「所至釐正制度,勤恤民隱,每為文誥,揚今權古,精思贍訓,讀者嘆服。」

辛亥革命時,錢在西安搜捕革命黨人。後陝西宣布獨立。錢能訓被迫任藩司,舉槍自殺未成,逃回北京。

1913年熊希齡組閣,錢能訓任內務部次長。1914年徐世昌任國務卿,錢能訓任政事堂右丞協助徐世昌處理政務,深得袁世凱的賞識。1916年錢能訓升任軍政院院長。

1917年11月馮國璋代理大總統時,錢能訓任王士珍內閣的內務總長。1918年2月王士珍下臺,錢能訓為內務總長兼代國務總理。3月,段祺瑞任總理,錢仍任內務總長。9月4日徐世昌被選為大總統,10月10日就職,馬上宣布錢能訓暫代總理。錢能訓力主南北議和,派代表參加上海和平會議。上海會議得到南北各將軍的同意,徐世昌乘機請求各將軍疏通國會通過錢內閣。12月20日,徐世昌發布任命錢能訓為國務總理。1919年6月10日,錢能訓因政府內部紛爭,以處理五四運動不力下臺。1921年和熊希齡、汪大燮等人發起組織「華盛頓會議中國後援會」,主張山東應無條件歸還中國。

他下臺後,關心民生。浙江西部各縣自明朝起賦稅過重,尤其嘉善居全國之首,錢能訓觀察甚久,1919年8月,與從兄銘伯聯合紳民公呈政府請減。從此,嘉善每年減米30600石多。致力於慈善事業,見京城貧民日多,聯合憫困苦、濟窮乏者,一起收集衣服、藥品、錢、糧,廣施行善。又設貧民工廠,解決生計。1921年成立南北各省賑災聯合會,集款300萬元之多。

錢能訓是孝子。1923 年農曆三月生母張夫人病逝，年底，錢能訓將母送歸嘉善安葬，對朋友曹秉章說：「吾事畢矣。」此時錢能訓並沒有病症，但是很快，第二年即 1924 年 6 月 5 日於北京病故，享年 55 歲。曹秉章才知錢能訓自辛亥以後之歲月皆為母親而活。

錢能訓編有《浙江公會事實記》。他一生「溫厚治事，生平無狗馬聲色之好，唯豪於飲」。後因咯血不再飲酒。「讀書觀大意，不為章句餖飣之學（餖飣即堆砌辭藻）。晚年研尋內典，亦能觀其奧，旨愛人利物之志。」

1972 年尼克森訪華之後，中美恢復往來。同年 7 月 14 日，周恩來會見來中國參觀、探親美籍中國學者參觀團和美籍中國學者訪問團，團內有錢能訓的叔侄孫、放射物理學教授錢家其。周恩來與他談到錢能訓當過民國總理一事。可見周恩來對錢能訓家庭了解之深。1983 年 9 月，錢家其與夫人顧維鈞的女兒、聯合國前高級官員顧菊珍再次到北京，受到外交部長黃華夫婦的宴請。報紙報導時，顧菊珍在前，錢家其以顧菊珍先生身分出現。據周秉宜推測，這次錢家其到醫院看望了周恩來的弟弟周同宇，談論起 1972 年周恩來接見一事。

1986 年，嘉善政府出資修復了錢能訓墓，成為縣裡重點文物保護單位。

周濟渠

周濟渠，原名貽德，又名貽謙，更名濟渠，字劼之。清同治十年九月十五日（1871 年 10 月 28 日）生於浙江紹興。他是周恩來的五祖父周子龐的長子。大排行三，故周恩來稱他為三伯父。周濟渠尚有兩個年齡與他相差較多的弟弟周貽震（字誠之，大排行十四）、周貽升（字元之，大排行十六），他們均早夭。故周濟渠也算是周子龐的獨生子。

周濟渠幼時學習刻苦，故精通詩書，很有學問，並寫得一手漂亮的行書。他年輕時在淮安教過書，當過師爺，以後總被人稱「老夫子」。他後來捐納官銜為「國子監典簿銜」。

周濟渠的原配夫人姓曹，去世較早，又續娶家住淮安城裡磚橋的錢馥蘭為妻。錢馥蘭的哥哥即錢能訓。大約在 1904 年期間，錢能訓曾回過一次淮安，

八、周恩來的父親及其兄妹們

可能他是利用到南方出差的機會順便回家送妹妹錢馥蘭出嫁的。就在這段時間，錢能訓常去駙馬巷周家串門做客，他曾經見過 6 歲的周恩來，並且還給他輔導過書法。此時周濟渠已是 33 歲。現在錢馥蘭的年齡不可考。這樣一位高官將自己的妹妹嫁給二婚的中年男子，可見他是多麼看重周濟渠，與周濟渠秉性相投。

⊙ 1928 年，周恩彥、葛少文於天津結婚時所攝。前排自右至左：周濟渠、錢馥蘭、萬十三姑，後排自右至左為周恩彥、葛少文。（周保章提供）

1905 年，錢馥蘭在駙馬巷周家生下一子，起名恩彥。他是周濟渠的獨生子，大排行十三。

宣統元年（1909 年），淮安因發生水災，大批的人出外逃荒。周濟渠所在的衙門也裁減人員，周濟渠是師爺，本不在編制內，自然就丟了飯碗。他在淮安無法生活，便帶著妻子錢馥蘭和 4 歲的兒子周恩彥前往東北奉天投奔大舅哥錢能訓。

周濟渠到奉天以後，錢能訓安排他去了鐵嶺，任鐵嶺稅捐局主任，兼辦鐵嶺礦務，時間是 1909 年 5 月。秋天，周濟渠奉命去湖北賑災，「10 月在湖北賑捐案內捐加四品銜並指歸分省試用」。

周濟渠來湖北之前，在奉天度支司工作的四弟周貽賡曾委託他，這次去南方，順便把七弟周劭綱和侄子周恩來也帶到東北來。熱心的周濟渠一口應

承了下來。他也剛從淮安過來，淮安家中的困難他心裡最清楚。待湖北的公事一結束，周濟渠帶著在武漢教書的七弟周劭綱和侄子恩來一起離開江蘇，乘船北上。1910年初，周恩來和父親周劭綱在三伯周濟渠的帶領下，來到了天寒地凍的東北大平原。

在鐵嶺，周濟渠為周劭綱父子做了安排。他先把周劭綱介紹到縣衙門去做紅筆師爺。

周恩來就讀的銀岡書院離周濟渠所在的縣稅捐局不遠。周濟渠是個天性豪爽、樂於助人的人。有時，周濟渠讓侄子到他家來吃午飯。只可惜，他在鐵嶺的時間並不長。1910年5月，周濟渠任期滿，「奉札回省，六月初六日交卸稅差」。周濟渠將工作交代完畢，就帶著妻兒回到了奉天。以後他全家又隨著錢能訓遷往天津居住。

民國元年（1912年），周濟渠「奉直隸勸業道委充水產股科員」。

民國三年（1914年）10月，周濟渠到奉天「蒙廳長委辦鐵嶺稅捐徵收局局長，12月到差」。周濟渠這次赴任，把家眷留在了天津。

民國五年（1916年），周濟渠回到天津任津浦鐵路局局長祕書。20世紀初各地興辦鐵路，這是新興高科技產業，收入自然要比其他部門高出許多，周濟渠的生活有了較大的改善。他時常接濟一些錢給四弟和侄子周恩來。1917年周恩來去日本留學時，他也給過侄子一些資助。

1919年五四運動期間，剛從日本留學回來的周恩來積極熱情地投入了愛國學生運動，而正在擔任北洋政府總理的錢能訓卻因處理學運不力引咎辭職。夾在大舅子和侄子中間的周濟渠出於對侄子的關心和愛護，只有一再告誡周恩來「不要參加亂黨」，否則將登報聲明與他脫離叔侄關係。可事實上，他後來也並沒有真的那麼做。

在周家部分親屬中，還有這麼一個生動的傳說。1928年12月，周恩來從上海化裝成商人乘船去天津。他是代表黨中央為解決順直省委問題祕密赴天津的。不料一次集會時走漏風聲，現場被敵人包圍，好在敵人不知道裡邊人員的具體身分，反動軍警們只是嚴令被圍人員都必須有親屬前來認領才予

八、周恩來的父親及其兄妹們

放行。周恩來就機智地託已被親屬認出去的同志帶信給在天津的三伯父。周濟渠得知，大驚失色，忙穿上長袍馬褂，叫了一輛車前往出事地點。一路上，他就盤算著，多年未見到恩來，不知他現在長成什麼模樣，因為在這一節骨眼上，見面時稍一遲疑或其他任何一點疏忽都會造成反動軍警們的懷疑，帶來不堪設想的後果；直接寫上「接周恩來」的字幅吧，雖能讓他早早發現，但無疑是把他送入虎口。老人忖度再三，就寫了一個「接周大鸞」的大字條幅置於車前。周恩來老遠就看到了，心領神會，忙親熱地高喊：「三伯，三伯！爸爸叫我給您拜壽來了。」由於叔侄之間親密無間，使周恩來從容擺脫了敵人的包圍。敵人沒有抓到中共要人十分不甘心，派人跟蹤「周大鸞」。

回到家中，周濟渠力勸侄兒不要再參加「亂黨」：「清王朝都推翻了，還革什麼命？」周恩來則一邊感謝伯父的救護，一邊堅定地表示，只要他一息尚存，他認準的事業就一定要幹下去。周濟渠論理不過，只好既愛撫又無可奈何地說：「那就只好『人各有志』，我不強勉了。不過山高水險，千萬得小心為之呀！」

周恩來住進周濟渠公館，仍日夜受到敵人的監視。如何才能脫身？周恩來發現敵人對女眷出入監視不嚴，他就化裝成女人，騙過敵人才徹底脫險。

1929 年，周濟渠調往南京任津浦鐵路總務處文管課課員。1934 年，周濟渠的妻子錢氏因病故去，他便退休去武漢他的兒子周恩彥家，和兒孫們同住。兩年之後即 1936 年，周濟渠病故於漢口，享年 63 歲。1937 年與妻子合葬於南京永安公墓。

10. 五伯父周貽鼎

周貽鼎，周恩來三祖父周聯駿之獨生子，原名貽定，後更名貽鼎，字靜之。清同治十二年四月十八日（1873 年 5 月 14 日）生於紹興。娶萬青選的第十三個女兒萬十三姑為妻。周恩來稱萬十三姑為五伯母，不稱她為十三姨。

1908 年周恩來和弟弟們回到淮安時，五伯父周貽鼎正在淮安一帶做師爺，並住在駙馬巷周宅。這段時間，周貽鼎也曾資助過這幾個失去母親的小

侄子。1910 年周恩來去東北之前，五伯母萬十三姑怕他去東北受凍，還為他趕做了一件棉背心。

在周恩來去東北天津之後，周貽鼎一家人也去了天津，他一家和三伯父周貽謙交往比較多，周貽鼎在天津做什麼工作尚不知道，但他家生活還是比較富裕的，周嘉琛的女兒周毓濟在 1932 年左右曾去過周貽鼎家，見過五媽——萬十三姑，當時五伯父貽鼎已經去世，但是家境仍較富裕。

11. 六伯父周嵩堯

周恩來的六伯父原名周貽良，後更名嵩堯，字峋芝，號薰士，晚號芝叟。清同治十二年閏六月十八日（西元 1873 年 7 月 17 日）生於江蘇，是周恩來二祖父周昂駿的第三子，大排行六，所以周恩來一直稱他為六伯父。在周恩來上一輩中，「以峋老為著名」。

周嵩堯幼年時，父親周昂駿在江都、儀征一帶做官，他和哥哥跟隨父母居住儀征、揚州等地。光緒四年六月（1878 年 7 月）周嵩堯 5 歲喪母。過了 3 年，繼之喪父。由其二舅鄭仁壽（字見山，晚號鏡華，福建閩侯人）撫養長大。鄭仁壽於設在淮安的漕運總督府任總文案（首席幕僚），對周嵩堯管教極嚴，還為他聘請了淮安著名學者劉立三（號星階）先生為家塾館執教。大約 1892 年，周嵩堯娶周樵水夫人樊氏胞侄孫女樊氏為妻。樊氏是師爺世家，她的兩個弟弟前有介紹。那時中國是自給自足的小農經濟，以血緣關係維繫，多是親上加親。

光緒十六年（1890 年）周嵩堯 17 歲入泮，中紹興府（轄六縣）第一名秀才。第二年他返回原籍參加鄉試未中。對這次回鄉，周嵩堯記憶猶新。1951 年 3 月 3 日他給表侄魯覺侯寫信說：「回憶前六十年辛卯應試鄉闈，曾回紹住多日，時尚未完姻也。從前由西興雇烏篷船返紹，一路常有戲臺，燈火夾岸，船中可買食物，風景妙絕。今恐不可得。去年有越劇團來京，曾招至中南海懷仁堂表演，列坐而觀，反不如在吾紹城鄉之觀擁擠之有趣，戲則皆無甚意思，土氣不能脫。」他接到家鄉特產，十分高興，回信說：「嗣接糟雞乾蚱，鄉味滿前，摯意隆情，殊深銘感。尤難得者，在家鄉一二千里之外，

八、周恩來的父親及其兄妹們

於屠蘇春風送暖之初，竟得大嚼越雞，飽餐魚膾，糟香四溢，如六十年前在百歲堂祭畢散福情形，當日皋埠尊府登四外公健在（舍侄恩來之祖母，即登四公長女也）。」

周嵩堯鄉試未中，二舅鄭仁壽勉勵他不要灰心、繼續努力。同時安排他在鄭家塾館一邊教表弟們讀書，一邊複習功課，準備參加下一屆的鄉試。在此期間他是否做過別的工作，目前尚無資料。

光緒二十三年（1897年），周嵩堯25歲時考中丁酉科第35名舉人。後來有一次周恩來在與親屬談話時特意提到了這件事：「我們上一代，還都去拜紹興師爺，給人家做徒弟，但沒學好。只有二伯父、六伯父學得較好，六伯父中了舉人，做了師爺，後來曾給袁世凱做過祕書，在中南海辦過公。」

周嵩堯中舉之後，在漕運總督衙門擔任文案，成為總文案鄭仁壽的得力助手。1908年初，升總文案。當時漕運總督裁撤，改設江淮巡撫暨江北提督府，由袁世凱最信任的王士珍擔任江淮巡撫暨江北提督。

周嵩堯在政治上較有遠見，才幹高人一籌，所以他在江北提督王士珍保薦下進京，經光緒皇帝和慈禧太后在頤和園仁壽殿集體召見面試，委為郵傳部郎中掌路政司。在當時的一本叫做《新語林》的書上，有這樣一段關於他的記載：「周峋芝以部郎入浙，查辦滬杭甬路橋工，秉公無私。湯蟄仙（名壽潛，浙江蕭山人，曾任浙江鐵路公司經理，民初任南京臨時政府交通總長等）以文報部曰：『周郎中識窮兩戒、清絕一塵。』並註釋說：『周名嵩堯，浙江紹興人，舉人，以內閣中書久居江蘇幕府。歷任漕運總督、江淮巡撫咸倚之。劉永慶、王士珍先後為江北提督，尤器其才。王專疏保其才堪大用，擢侍讀，授郵傳部郎中掌路政司。入民國為江西督軍公署祕書長，以道尹存記，內調統率辦事處祕書。李純移督江蘇仍任祕書長。李屢薦其才堪勝省長任，未獲簡放，授浦口商埠幫辦。』」周嵩堯在任職期間還曾獲得二等文虎勳章和二等嘉禾勳章。

1914年，周嵩堯在袁世凱的大帥府辦事處祕書任上時，曾經力主南北議和並一再為南北和平統一而奔走呼籲。

11. 六伯父周嵩堯

1920年，周嵩堯卸職回到淮安，帶著兒孫住在離駙馬巷不太遠的一幢條件比較好的房子裡。此房子為《老殘遊記》作者劉鶚的故居。

周嵩堯先生是個多才多藝的人。他不僅為政清正廉潔，而且書法、詩詞、文物收藏、鑑賞等水平也很高。早年他曾著作過詩集《磨綺集》。他的文章讀來朗朗上口，結構嚴謹，文筆流暢，足見他有著很強的文字功底。另外，他在石印本《國學叢編》《跬圍謎刊三種》和《賓楚叢談》卷三等也著有詩作；20世紀40年代，他在揚州還為舅父鄭仁壽編輯《鏡華老人文集》10卷，並在卷首作序和寫了《鏡華老人傳》。他自己也寫作過《客恥》等30多篇詩歌、散文。而他和兩位胞兄周炳豫、周龢鼎共同將父親周昂駿手錄曾祖父周元棠的詩集《海巢書屋詩稿》和鄭仁壽的詩集《方壺遺客詩存》合併刊印成冊。該書現存於淮安周恩來故居。

1929年，周嵩堯攜全家移居揚州。

「七七」事變後不久，揚州陷落，他的一些故友至交中有一部分人當了漢奸，由於他的才幹和聲望，日偽方面多次請其出山，要他為中日「親善」效力。他慎而不應，堅持隱居。而1946年當他得悉七侄周恩來率中共和談代表團抵南京時，頓時喜出望外，到梅園與周恩來晤談。後因時局維艱，和談破裂，才又輾轉北返揚州。

周嵩堯在賦閒生活中收藏古玩器、古玉器、古字畫、古錢幣等。他收藏的古玉器中有周代玉圭，古錢幣中有漢代的五銖錢，古字畫中也有不少清代的一些名家作品。但終因歷史的局限和專業技能的不足，他一生精心收藏的自謂「傳世珍寶」，竟有近半數為贗品。如他花了很大代價才弄到手的一塊銅質秦詔版、一幅宋代燕文貴的山水畫等，經故宮博物院有關專家鑑定均係後人仿作。1949年初，抗美援朝戰爭爆發，周嵩堯還曾將自己收藏幾十年、傳世二百餘年的清初王雲的一本山水畫冊捐獻給國家，期望變賣後買飛機、大炮以打擊侵略者，後因當時尚無文物商店，輾轉數月又退還給他。此舉雖未獲成功，但卻表現了周嵩堯的一腔愛國情懷。1953年他臨終前又將自己收藏觀賞一生的20多件老古董遺贈給侄兒周恩來。周恩來臨終前，又遺言將

八、周恩來的父親及其兄妹們

這批古文物全部贈送給故宮博物院，由故宮全權處理。1995年，這批19類23件文物已全部由故宮博物院移交周恩來紀念館收藏。

1949年冬天，中華人民共和國剛剛成立，周恩來即致信六伯父周嵩堯，邀他進京。周嵩堯遂由揚州乘船經鎮江換乘火車赴京，在中南海西花廳與七侄周恩來相見。周恩來一見面就高興地對六伯父說：「這次來就『既來之，則安之』了。」周恩來即讓行政祕書何謙送周嵩堯到北京的遠東飯店下榻，這是當時政務院交際處所屬四家招待所當中最好的一家，包括莊希泉、高士其、梅蘭芳等知名人士當時都住在這裡。1950年國慶一週年時，周嵩堯應邀登上了天安門觀禮臺參加觀禮，這是當時一種比較高的榮譽。

解放初，成立了中央文史研究館。館長為符定一，他曾是毛澤東的老師。文史館聘請了一些曾在清末和民國時期擔任過要職的政界人士和社會名流。如曾任北洋政府交通總長的葉恭綽，曾任北洋政府內務總長的朱啟鈐，國民黨元老、毛澤東的世交章士釗，大畫家齊白石等。這些老人在歷史上曾為國家為民族做過一些有益的事情。解放前夕，他們又堅持留在大陸，表示擁護新的共產黨政權。現在人民共和國歡迎他們繼續發揮餘熱，盡自己所能為人民大眾做貢獻。1951年6月，周嵩堯由政務院常務副祕書長齊燕銘推薦，政務院總理周恩來批准，被正式聘為中央文史館首批館員。

周恩來在安排聘用周嵩堯這一工作前曾對他說：「你一生做了兩件好事，人民不應該忘記：第一，你在江蘇督軍李純祕書長的任上平息了江、浙兩省的一場軍閥戰爭，使人民的生命財產免遭了戰火的塗炭；第二，袁世凱稱帝時，你沒有跟他走，這是政治上很有遠見的做法。現在人民當家做主了，應該考慮你為人民做點事。」

那麼周恩來說的周嵩堯做的「兩件好事」是怎麼回事呢？

那還是20世紀的民國初年，中華大地軍閥割據，各霸一方。天津的李純仰慕周嵩堯的才幹，在江西督軍任上就聘請了周嵩堯做他的祕書長。李純移督江蘇後又繼續聘用周嵩堯做他的祕書長這一要職。這時，曾任李純的參謀長、後任陸軍第六師師長的齊燮元被浙江督軍盧永祥逐出浙江，再次投到李純麾下。李純靠這一文一武的「左膀右臂」輔佐，加之江蘇地處長江三角

洲的經濟發達地區,真所謂兵精糧足,春風得意。但是齊燮元卻因被盧永祥所逐而不甘心,做夢都想奪回浙江那塊失去的「天堂」,於是他挖空心思,千方百計從中挑撥:他先使人向盧永祥送去假情報,說李純依仗自己人多勢眾,以強凌弱,即將起兵入浙。這使盧永祥一時很緊張,急忙調兵遣將,在江浙兩省交界處嚴密布防。於是齊燮元又有了新的藉口,在李純面前說盧永祥正在向江浙兩省交界處調集重兵,圖謀不軌,並極力慫恿李純起兵伐盧。李純未敢貿然自決,就找周嵩堯商量。周嵩堯主張先查明真相,再作結論,並從雙方力量對比等各方面分析比較,作出了盧永祥不可能主動出兵的準確判斷。接著,周嵩堯又利用自己的浙江原籍的同鄉關係,很快與盧永祥的祕書長聯繫上,終於說服盧永祥從江、浙沿線撤回了軍隊,這才使一場一觸即發的江蘇、浙江兩省的軍閥混戰煙消雲散,從而使兩省民眾的生命財產免遭了一場劫難。

1920年李純不明不白地暴死於江蘇督軍公署,齊燮元走馬上任江蘇督軍這一肥缺。當他邀周嵩堯繼續當他的祕書長一職時,周嵩堯憤而不允,並拂袖而歸淮安。齊燮元1923年任蘇皖贛巡閱使。1924年因直系在第二次直奉戰爭中失利,齊被段祺瑞免職。抗日戰爭中,齊出任偽職。抗戰後被捕。1946年被槍決。

第二件是袁世凱要做「中華帝國」的「洪憲皇帝」時,身為袁世凱大帥府辦事處祕書的周嵩堯曾不顧個人安危,直言上書袁世凱不可逆歷史潮流而動,結果遭到袁世凱及其爪牙們的冷落,周嵩堯也就只好憤而離去。

周恩來正是出於對其六伯父上述兩件德政的考慮,才安排聘用周嵩堯為首批中央文史研究館館員的。

周嵩堯的孫子周華章曾回憶:「周嵩堯以77歲高齡擔任文史館館員。他刻苦學習,努力適應新社會。在《毛澤東選集》尚未出版之前,他就用毛筆逐字逐句地全文抄錄了毛澤東的《新民主主義論》和毛澤東的詩詞。他在報紙上發表文章,熱情讚頌黨的領導,讚頌新中國。他在給其表弟魯覺侯的一封信中說:『吾鄉城河汙濁,飲料艱難。人家多吃天水,居水鄉而淨水少,相沿數百千年官吏無人問及。今竟大加改良,真是可喜之佳音。』」在建黨30

八、周恩來的父親及其兄妹們

週年慶祝會上，他還被推選為中央文史館的代表，和符定一老先生一同向毛主席敬酒，表示衷心的祝賀。」

周恩來幾次將周嵩堯請到西花廳來，向他請教一些歷史問題，如清末民初政府各級機構之建制、各級官吏工資之安排等。周嵩堯皆一一給予耐心的講解，他為自己能老有所為而感到無限欣慰。

1951年，中華人民共和國誕生不久，舊中國留下的爛攤子，人民生活艱難，百業待興。常常有一些人假冒周恩來的本家或親屬找到西花廳，有的要求安排工作，有的希望給予經濟上的資助等等。周恩來工作非常忙，一般無暇與見，鄧穎超對周家情況也不是都能知道，隨意「得罪」不太合適；來者就給予禮遇又怕是「假冒偽劣」。於是，周恩來就讓何謙給周嵩堯寫信，請六老爺子介紹一下周家的各方親屬。周嵩堯很快回信，並附了周家親屬情況。周嵩堯的信寫道：

何祕書同志：

電話有分機的，我常會聽不清。昨日所說周振中，堂房絕沒有這人。總理堂兄弟，現只有：恩夔，我之子，年五十；恩霔，二房的，在上海，年四十二；恩宏，五房的，在上海，年四十九，最近他的原配未見；前單所寫恩煦，已死，才知道他在上海有工作；恩燕，三房的，在廣東，年四十餘，亦最近知他在廣東鐵路局工作，四個。又，從堂弟恩燦，九房的，在揚州，年四十餘。如此而已。此人定是假冒，未必敢來見我，若來見，或是遠房本家，當由電話奉告。

此布並致　敬禮：

周峋芝　啟

十一月廿五日

周嵩堯在寫完這封信後還不放心，又特意詳詳細細寫下一份附件，附件的全文共3000多字，是周嵩堯用毛筆工整地書寫而成。這是一份有關周恩來親屬最為全面和具體的「圖譜」，也是研究周恩來家世的一份珍貴資料。

11. 六伯父周嵩堯

　　周嵩堯還幫助周恩來做過親屬的工作。1951年2月14日他給表侄魯覺侯的信中解釋：「迭次來函並尊府世系表及令侄彥本《自傳》均交中南海，唯舍侄夫婦一日萬機，直無刻暇，各處函件，多未閱覽。而於尊府失業人多，則深為注意，不獨尊府，舍間本家親戚年誼知交，大率情形相同。舍侄地位固不便一一發交下屬，致涉私心，實亦人數太多，難於在京安插。是以去年政務院兩次明令，頒布救濟知識分子及失業失學群眾各項辦法，實皆有為。而然今令郎得有工作，令侄未知若何。人事局積存太多，無可安置，最好亦囑其在外就近向某某機關伺機登記，青年則投考學習或參軍等等，工商軍政各視所宜可耳。」

　　周嵩堯雖然身在北京，「館職優閒」，生活上也有人照顧，卻依然思念家鄉，尤其是想回紹興看看。可是周恩來考慮到，如果送老人回去，「當地政府一定會對他給予特殊的接待和照顧。這樣無形中就會給當地政府增加負擔，也影響人家正常工作」。「況且周恩來歷來反對『衣錦還鄉』的舊習俗，他要樹立新社會的新風尚，給全黨做出榜樣」。所以婉言規勸六伯父不要回去。周嵩堯在1951年3月1日給表弟魯覺侯的信中提到了此事：「本欲就浙省一席，舍侄以相距太遠，年衰獨行，不能獨行。」周嵩堯是個見過世面又十分識大體的老人，他馬上理解了侄兒的意思，以後他再也不向周恩來提任何個人要求。

　　六伯父的通情達理令周恩來十分欣慰。他更加關心周嵩堯，經常接周嵩堯到西花廳玩，有時給他買戲票送他去看越劇，有時邀他去頤和園坐船遊昆明湖，他還多次囑咐在北京的弟妹們：「六伯年紀大了，你們有空常去看看他，陪他說說話。」1951年3月，周嵩堯的獨生子周恩夔在揚州去世，周恩來體貼周嵩堯老年喪子的心情，這時，他的曾孫周國鎮從揚州到北京，一邊上學一邊陪伴老人家，由周恩來負責周國鎮的生活及學雜費用。1952年8月周嵩堯80大壽初度，周恩來在西花廳設家宴為他做壽。據周恩來生前的衛士長成元功、衛士韓福裕回憶說：「那一天周總理還特意繫上圍裙，親自下廚房做了兩道六老爺子喜歡吃的家鄉菜。」

八、周恩來的父親及其兄妹們

1953年9月2日周嵩堯患老年性氣管炎在北京去世，享年80歲。百忙之中的周恩來親臨北京嘉興寺向他的六伯父遺體告別並主持入殮儀式。9月6日，周嵩堯出殯，周恩來因公務繁忙，無法分身，便囑託鄧穎超代表他前往送葬。鄧穎超親自送靈到北京東郊第一人民公墓，並為周嵩堯的墓培土。

周嵩堯生前娶樊氏，續娶趙氏、孫氏。樊氏生一子恩夔，即後來周恩來寫信稱為「鐵仙」的「四哥」。

12. 姑母周桂珍和姑父王子余

周桂珍（1873—1913年），是周恩來大伯祖父周晉侯（逸帆）的女兒，按大排行，她應是周恩來的二姑母。清末，紹興人王庸吾宦遊蘇北，與周晉侯在淮陰共事，結為好友。王庸吾之子王子余少年聰慧，周晉侯應允將女兒許配給他。1887年王庸吾去世，客居淮陰的王家遷回紹興，住城內火珠巷板橋頭（現光明路木橋弄12、14號）。1894年，王子余與周桂珍結婚。婚後生子4人，即長子覬甫、次子瑾甫、三子遠甫、四子同甫，生女2人，即長女王深、次女王沖。

周恩來的姑父王子余（1874—1944年），名世裕，字子余，晚年自號廬老人，清末秀才。王子余青年時期深受康、梁維新變法影響，力主「喚起民眾愛國，開通地方風氣」。1902年，出任紹興府會稽縣學堂督辦，並在倉橋開設「萬卷書樓」和「進化書莊」，與徐錫麟在軒亭口所設的「特別書局」互為呼應，以「蒙學課本」為掩護，暗中推銷進步書刊。1903年，王子余創辦紹興第一張白話報紙《紹興白話報》，內容豐富，文字通俗，集時事、政論、廣告於一體，頗受各界讀者歡迎，同時在紹興試辦「紹興印刷局」，使該報堅持長達5年之久。

1906年，經蔡元培堂弟蔡元康介紹，加入光復會。不久，又加入同盟會，透過《紹興白話報》宣傳孫中山的革命主張。1908年4月，復又與劉大白、甘潤生等創辦《紹興公報》，以「為民喉舌，秉筆直言」為宗旨，讀者踴躍，街巷爭相傳閱，深受民眾歡迎。

12. 姑母周桂珍和姑父王子余

1909年8月，王子余被選為浙江省諮議局第一屆議員，提出《官有財產管理規則法案》，希圖透過法制廓清財政弊端。

1912年，與蔡元培發起籌建旨在紀念陶成章烈士的「成章女校」，任校董；同時，又籌辦紀念徐錫麟烈士的「徐社」，為傳揚先賢精神不辭勞苦。1928年，王子余被聘為「紹興縣建設委員」，竭力主張為秋瑾烈士在軒亭口就義處建碑紀念。為衝破當時「不設專祠」的規定，他四處奔波，聯絡老同盟會會員，要求中央撥款建造，並邀請蔡元培、于右任、張靜江等名人為「秋瑾烈士紀念碑」撰寫碑文、碑名；自己則親自擇地、設計、監督施工，完工後，接著又在府山西南峰建造紀念亭，根據烈士臨刑前的詩句，定名為「風雨亭」。

王子余是位革命志士，1912年中華民國建立之初，被委任為嵊縣第一任縣知事。這時周桂珍正要生產，但王子余重任在肩，毅然赴任。嵊縣在當時是窮山僻野，土地貧瘠，人民難以謀生，社會秩序混亂。王子余只帶了一個工役赴任，要收拾清政府垮臺後的這副爛攤子，並非輕而易舉之事，但是上撥經費非常有限，他又不想因此去加重百姓負擔，常常不得不以自己的名義，向親友告貸，三個月過去，這位縣知事已負債纍纍。再做下去，勢必傾家蕩產，為此，他只好提出辭呈，賣掉祖田30畝，加上周氏夫人的一些首飾，總算勉強還清了債務，才得以卸任歸里。

他在任上，夫人周桂珍在產第五子時因病母子雙亡。對此，他十分沉痛，作有《悼亡室周》詩，其中一首是：

百種牢愁鬱不平，歸家每自到三更。

欲教戒酒還斟酒，慰我無聊一片情。

王子余深更半夜回來以酒消愁，妻子愛惜他的身體，勸他少喝或不喝，但又不忍丈夫因失去這個愛好而愁上加愁。這種「欲教戒酒還斟酒」的神情，真是令人感動不已！

另一首是：

一官我自輕於葉，盼得歸來月已斜。

八、周恩來的父親及其兄妹們

撒手不聞留一語,終宵開眼恨無涯。

看來,等到王子余從嵊縣卸任歸來時,夫人周桂珍已經溘然長逝了,什麼話都沒有聽她說一句,所留下的唯有綿綿長恨,追憶往事,使他難以入睡。

20世紀20年代初,王子余從杭州中國銀行調任為中國銀行紹興支行行長。這應該是一個「肥缺」。但他依然清廉自守,自奉儉樸,公私分明,或匯兌周轉,或社交應酬,從不借公肥己,相反,親朋中一時經濟短缺,或孤兒寡母求學告借,他總是解他人急難於先,故薪俸雖高,也難免家中時有柴米之急。在銀行辦公室,他掛著兩句自嘲詩:

嫁衣實為他人作,金穴誰知住者貧。

1934年退休時,多虧了朱仲華和金湯侯兩位好友的幫助,才得以順利卸任。

1939年3月,周恩來順道訪問故鄉,3月28日到紹,當日傍晚即與祕書邱南章、警衛員劉久洲步行至火珠巷板橋弄4號拜望姑父王子余。因為王子余參加過辛亥革命,周恩來對他十分敬重。

在紹興軒亭口附近,有一條東西向的用青石板鋪成的小巷,早稱火珠巷。火珠巷東頭與山陰大街成「丁」字形,西頭為一拱形古石橋,即「寶珠橋」。巷內原有一小山,名「火珠山」,火珠巷即因此山而得名。火珠巷原為一河一街格局,河北岸為石板小街,河南岸為住宅區,巷的中段,有一木橋過河,進入南岸住宅區,其弄即為板橋弄。

此時周桂珍去世已27年,王子余領他瞻仰姑媽周桂珍遺像,周恩來在姑媽遺像前默哀並恭敬地鞠了三個躬。

周恩來在紹興三日,四次到姑父王子余家,3月29日,周恩來下鄉掃墓回來,王子余特備大宴,宴請這位遠道而來的貴客。王子余敬重共產黨,敬重身為共產黨領導人的內姪。散席後,王子余長子王貺甫已備好紙筆,請周恩來為大家題詞以作留念。

周恩來首先為姑父王子余寫了岳飛的《滿江紅》詞一大幅。據當時《紹興民國日報》記者宋子亢（宋山）回憶，3月30日一早，周恩來從小教場縣商會下榻處來到火珠巷王家，原來昨晚他想起給姑父王子余題詞中錯了一字，所以一大早跑來要改一下，宋子亢說由此「足見（周恩來的）細心處」。

王貺甫在《周恩來來紹興小住片段》一文中說：周恩來表兄題寫的《滿江紅》詞，「為我二弟瑾甫接去，不知下落，殊為可惜」。

為姻叔王緇塵的題詞：

生聚教訓廿年，猶未為晚，願吾叔老當益壯！

王緇塵，名子澄，號緇塵，王子余三弟，曾閱讀過不少進步書籍，當時失業在家。

為表弟王貺甫的題詞：

埋頭苦幹，只要抗戰勝利，定必苦盡甜來！

給表弟王同甫的題詞：

從孤島生涯中認識故國才是真認識！

王同甫，王子余第四子，曾為嘉興中國銀行職員，嘉興淪陷後，逃往上海孤島避難。

給表弟王雲甫的題詞：

人人盡力，人人享受，人人快樂，這是大同世界！

王雲甫，銀行職員，當時因患病在家休養。周恩來表妹王去病在《永久的思念》一文中說：「我的一位堂兄問周表兄（恩來）什麼是共產主義。周表兄就為他題了一幅『人人盡力，人人享受，人人快樂，這是大同世界』。使我這位堂兄懂得了沒有不勞而獲的世界，只有勞動才有享受和快樂，他以後在工作中不再像以前那樣懶散了。」

為表妹王逸鷗的題詞：

精研中國文學，發揚民族意識，創造出中國民族的新文學！

八、周恩來的父親及其兄妹們

王逸鷗，王子余的女兒，時為紹興中學國文教師。

為表妹王去病的題詞：

勿忘鑑湖女俠之遺風，望為我越東女兒爭光！

周恩來為王去病寫好這幅題詞，筆墨都已收起。王去病卻又取出一本緞面紀念冊來，翻到第一頁，要表哥再給她題一幅。周恩來為此從軍裝上衣口袋拔出鋼筆，看了一下紀念冊，對她說：「這頭一頁我不能寫，這應該留給姑父他老人家給你題的，我只能在第二頁上給你寫。」於是翻過一頁，用鋼筆橫寫道：

青年是學習時代，從課堂中學習，從服務中學習，從師友中學習，要認識學無止境！

王去病，王子余幼女，時為紹興中學住校生。周恩來寫好這幅題詞，然後問她：「你三姐字逸鷗，你有沒有字呀？」王去病說：「有呀，我父親叫我們姐妹，在成年之後，給自己取字，我學名去病，字逸鶯，黃鶯的鶯，我就想請你給我題一張『逸鶯』的！」於是周恩來在這幅鋼筆題詞之後，又寫下了「逸鶯表妹」四字，還在署名「周恩來」之後又寫上了題詞的日期：「廿八、三、廿九」。周恩來用毛筆為王家表親題詞11幅，只這幅鋼筆題詞，寫有日期。

為表侄王戍的題詞：

衝過錢塘江，收復杭嘉湖！

乘長風，破萬里浪！

王戍，號慕向，王貺甫長子，當時正在紹興中學讀書。1939年3月周恩來在紹興的日子裡，王戍一直與周恩來隨員邱南章、劉久洲在一起，跟著表伯周恩來去開會、去掃墓、去遊覽大禹陵，周很喜歡他，就認他為義子，不僅為他寫了兩幅題詞，還拿出10元錢給他的母親，請他的母親為他代買點書，希望他好好學習。周恩來到金華後，又給王戍寄來一張穿軍裝的相片，

背後寫有「慕向表侄義兒」六字。王成對周恩來的題詞視若珍寶，遺憾的是逃難到福建時，第二幅題詞連同箱子被日寇炸彈炸為灰燼。

為表侄王儉的題詞：

青年是黃金時代，要學習、學習、再學習！

王儉，號德懷，王貺甫第二子，當時在辛弄（今春波弄）紹興縣立聯合中學讀初中。他回憶說：「三月廿八日這天下午放學回家，母親欣喜地對我們說：『共產黨裡的表伯來了，就在前廳。我們幾個兄弟雀躍地湧進廳前，見到了表伯周恩來。」又說：「三月廿九日晚上，表伯應邀來我家歡聚，飯後父親陪表伯在客堂間和大明電氣公司的顧康年等座談。座談結束，我們一家紛紛要求表伯題詞留念。表伯欣然揮筆，給我題的是：『青年是黃金時代，要學習，學習，再學習！』寫到這裡，表伯停筆問我號是什麼，我說『號德懷』。表伯親切地問：『為什麼叫德懷？』我說：『太甲經書上有一句：慎乃儉德，唯懷永圖，取其中的意思。』表伯又說：我們部隊有個很會打仗的副總司令也叫『德懷』。我忙不迭地回答：『彭德懷。』表伯微笑地點點頭表示讚許，其實我是不久前才從斯諾的《西行漫記》中看到的。隨後，表伯在題詞的落款處，灑脫地寫下了『周恩來』三個字。」

王子余也欣然賦詩，以五言絕句回贈周恩來：

廿載音書絕，連朝情話欣。

老去終伏櫪，當待紀奇勳。

《喜內侄來越》

30日清晨，周恩來又到王子余家與親友們在槐蔭堂合影留念。

30日晚，周恩來第四次來到火珠巷，在姑父的幫助下，召集了大明電氣公司的青年工人陸與可、周文元等5人，進行了座談，親切地詢問他們工作、家庭等情況，勉勵他們要好好生產，積極投入到抗日救國鬥爭中去，並為他們題寫了「光明在前」「前途光明」「為光明而奮鬥」等共5幅字。

八、周恩來的父親及其兄妹們

⊙ 1939年周恩來在紹興和親友的合影。左起：王遠甫、章問渠、周恩來、王戌（慕向）、王貺甫、陳建珍（王貺甫夫人）、王逸歐。（紹興魯迅紀念館提供）

浙江杭嘉湖相繼淪陷，1940年5月，王子余做好了以身殉國的一切準備，並分錄陸游《示兒》詩給子女，教育子女保持民族氣節。他舉家搬住到離城10餘里的張墅。1941年4月17日，日寇侵占紹興，他鎮靜自若，默默地整理著各種文件。以後消息不斷傳來，日寇正在找他，他被列為「紹興維持會長」首席名單。至此，王子余召集全家，對妻子和兒女們說：「日本人如果來張墅，一定走水路。為了不禍及鄉鄰，我還是跟著他們去，但是，我絕不會跟到城裡，待船到半路，我跳進『大銅盤』（紹興湖泊之一）一死，你們不必悲傷，做人總有一死，只要記住我們的仇敵是日本鬼子……」

1944年8月8日，王子余抱著未見抗戰勝利的深深遺憾病逝於紹興筆飛弄的「難童教養所」，享年71歲。他不僅是金融家、愛國人士，而且還是著作甚豐的學者，他整理核訂了《紹興縣志資料》第一、二兩輯初稿（其中第一輯已於1937年出版），重新刊印了《嘉慶山陰縣志》《康熙會稽縣志》《紹興府志》《道光會稽縣志》《山陰縣志》和《禹域叢書》的第一、二集，以及《越中文獻文輯叢書》等書。

12. 姑母周桂珍和姑父王子余

1947年，紹興縣參議會為追念王子余生前功績，立案通過，把「火珠巷」改為「子余路」。1963年，由王子余長子王貺甫，建議改「子余路」為「光明路」，取義於1939年3月周恩來為大明電氣公司職工題詞均帶有「光明」二字。

周恩來對姑父十分敬重。1946年他到南京和國民黨談判，住在梅園新村，邀請六伯周嵩堯到南京相見。久別重逢，數次晤談。一次周恩來憶敘了1939年故鄉之行的情景，從周嵩堯這裡得知姑父王子余已離世二年。在追念緬懷中，周恩來回憶背誦了王子余在1939年回贈的五言絕句，並手錄給周嵩堯看。時隔七載，周恩來猶能一字不忘地錄下來，足證周恩來對姑丈王子余始終懷著親敬的心情。

周恩來對辛亥革命志士王子余的感情還表現在對王子余的後人的態度上。

解放初，王子余的小女兒王逸鳴從浙江大學法律系畢業，被分配到最高檢察署研究室工作，星期天到周恩來家去玩。周恩來認為一個娃娃剛從學校畢業，沒有實踐經驗，不應該在中央機關工作，應該到基層去鍛鍊。逸鳴很高興地接受了組織調動，到基層法院工作了。1955年，她得了肺結核，住在通縣肺結核防治所。後來病情惡化，她才告訴周恩來。鄧穎超馬上派車將她接到中蘇友誼醫院，請蘇聯專家診斷，說是肺癌晚期，無法醫治。在中蘇友誼醫院住了不長時間，便病逝了，時年僅30歲，留下一子二女，小女兒魯希還不足周歲。1959年周恩來見到王貺甫，歉意地說：「你的小妹妹在我身邊，我沒有照顧好，感到十分抱歉。」

周恩來去世後，已長大成人的魯希趕到北京醫院，最後與表舅周恩來遺體告別。

周恩來也曾多次在西花廳會見王子余的女兒王去病（逸鶯），了解王家後代的工作和生活的情況。

13. 表弟王貺甫

　　王貺甫（1901—1967年），王子余、周桂珍長子，浙江紹興人。因他生日在農曆六月初六，是「天貺節」，故名貺，字貺生，後改為貺甫。

　　王貺甫高小畢業後，先去上海、無錫的上海商業儲蓄銀行工作。後又去北京的山東省銀行任職，該行系軍閥張宗昌所辦，張失敗後，該行也隨之解散。王貺甫回到紹興，到大明電氣公司和華光電燈公司的共管處（後該處轉為大明電氣公司），任會計、科長。1937年抗戰爆發，日寇迫近杭州，經王貺甫設法周旋，將其中兩臺發電機拆往嵊縣隱藏。1941年4月紹興淪陷，日寇占領電廠，王貺甫辭職閒居，變賣器具度日。後電廠又歸民營，王貺甫於1943年又回廠任祕書工作。1945年8月抗戰勝利，次年王貺甫被聘為電廠副經理，以圖重振。但那時做事很難，辦地方公用事業更難。電廠因抗戰期間虧蝕過大，加之大批物資被盜賣，物價飛漲，發電成本升高，而電廠的董事、經理又多不在紹興，許多廠內外大小事務都由王貺甫奔走於杭、滬、寧（南京）之間，備極辛勞。

　　1949年紹興解放前夕，王貺甫為迎接解放，和家鄉的一些人士，組織成立了臨時救濟委員會，並任副主任，主動與浙東人民游擊隊和解放軍聯繫，同時組織電廠護廠隊，使電廠沒有受到重大損失。

　　解放給大明電廠帶來了生機，王貺甫本人也獲得了新生，為人民、為社會做出有益的貢獻。

　　王貺甫1949年8月受軍管會委派去接收舊商會，籌備成立工商聯。10月2日又被任命為紹興市「勞資關係委員會」副主任。1951年市工商聯成立，被推為主任委員。1952年2月被選任紹興市副市長，分管文教衛生工作。他在任職期間擁護黨的領導，努力團結群眾，認真貫徹黨和政府的方針政策，兢兢業業、勤勤懇懇地完成各項工作。

　　解放初，在舊中國受到很大破壞的工農業生產，百廢待興。工商聯的首要任務是克服困難發展生產，繁榮經濟。在這期間，王貺甫毅然挑起重擔，主要做了以下幾件事：

1950年2月，王貺甫為大明電燈公司經理。在公司面臨用電量減少、經濟困難的情況下，他主動團結依靠職工，努力維持經營。隨著形勢的好轉，王貺甫又親赴上海，動員在滬資方增資，購買發電機一臺，整修原來二臺舊機，改善發電、供電設備，提高供電量，保證了用電需要。

1953年12月積極申請要求公私合營，得到市府批准，大明公司成為紹興第一家公私合營企業。

在工商聯，穩定市場經濟、減少失業是當時的頭等大事。王貺甫工作繁忙，每天回家經常已是夜深，他本來身體瘦弱，又因勞累過度引起肺結核復發，大吐血而住院治療。休息僅半年，又支撐著身體去上班。

1956年全中國掀起社會主義改造高潮，王貺甫組織工商界的骨幹進行社會主義改造的學習，並因勢利導，推動全市工商業實現公私合營，大明公司則由公私合營轉變為國營。在工商聯舉行的慶祝大會上，他說：「工商業進行公私合營，走社會主義道路，是值得慶賀的事情。」王貺甫和大家一起興高采烈地歌唱《社會主義好》等歌曲，盡情歡呼社會主義的到來。

此後他又組建「中國民主建國會」紹興市委會，連續擔任主任委員，團結了一大批工商界中的先進分子，在中國共產黨的領導下，與黨同心同德，為建設社會主義的新紹興不遺餘力。

王貺甫在紹興市副市長任內，主管文教和衛生工作，與此同時他仍任大明公司經理，兼任工商聯主委，工作繁忙，按日去市府辦公，履行自己的職責，尤其是對文物工作，可真是盡其所能，熱誠備至。

1949年7月，王貺甫與壽積明先生等發起籌建民間的魯迅文化館，從而保護了三味書屋。1952年在魯迅紀念館內成立文物管理小組，他兼任組長。不久省文管會派人來紹普查文物，他和文管小組的幾位老先生提供線索，幫助調查，由紹興市主管部門確定了紹興最早的一批文保單位，紹興的文物保護工作由此起步。

1956年成立紹興市文管會，王貺甫任副主任，每會必到，積極參加座談，凡紹興的歷史、掌故、名勝古蹟、文物線索、古器收購等，均是主要議題。

八、周恩來的父親及其兄妹們

有時又分組外出查實或考察文保單位的遺址、現狀，提出保護和維修的意見，諸如祁彪佳殉節地、禹陵、秋瑾故居、青藤書屋等，均經親自察看，當時文管會經費有限，他往往自掏腰包付船資，或備餐招待同去的委員。

由王子余精心保存下來的辛亥革命烈士徐錫麟的血衣、手槍，秋瑾石膏像，以及抗英名將葛雲飛的遺盔遺甲等珍貴文物，解放初期，王貺甫就全部捐贈給文管會，以充實秋瑾故居等地的辛亥革命文物陳列。

1960年紹興魯迅紀念館負責修復周恩來祖宅百歲堂。王貺甫積極配合，將工商聯修房時拆換下來的兩支粗大屋梁，派人送至百歲堂，順利地完成了維修任務。又如對太平天國壁畫的保護工作，他親自找李家臺門房東談話，動員將壁畫這一間屋騰出來，不作他用，並與稅務局聯繫，給房東減免稅收，由原房主負責保護，直到現在仍沿其法。

王貺甫由於受父親王子余的影響，酷愛文獻整理工作，熱心收集地方文物資料，加上父親留傳下來的圖書，收藏頗富。解放後，他帶頭捐贈藏書字畫，從1951年開始，他不斷地整理家中所藏，陸續捐贈的計有下列幾類圖書文物：

地方志及史料方面：《康熙會稽縣志》《道光會稽縣志》《嘉慶山陰縣志》《紹興縣志資料》及縣志資料未成稿部分，《祁忠敏公日記》，有關徐渭、陸游文集等圖書，現代報刊史料剪貼本等，有關太平天國的文摘資料剪報《太平遺事》九冊等，先後贈送給魯迅紀念館、文管會、魯迅圖書館。

革命文物文獻：1959年又將他冒著生命危險精心收藏的周恩來1939年來紹時的題詞，動員王家親屬捐獻，他裝裱成精美古雅的冊頁，作為建國十週年獻禮，送魯迅紀念館入庫，後因中央指示徵集國家領導人題詞手跡，此項珍貴文物又由市、地委轉送中央保管。

字畫金石類：1962年初，他特地邀請幾位文管會的老委員來到家中，將所藏字畫一一鑑定，挑選出20餘幅字畫、石章五方、詩巢六賢照片六張等送給文管會，並連同畫箱一起贈送。他還向杭州西泠印社等捐贈一批印譜。

王貺甫在捐贈前，將這些圖書資料精心整理，再行送交，足見他的誠心和負責態度。

王貺甫對紹興其他文化設施，以及對紹劇、越劇也給予一定的支持和關心。

對於學校教育，他亦熱心支持。解放初期，有3個中學、9個小學，皆是私立，因國家補助有限，他動員工商聯各同業公會、商店包幹這些學校的經費。他自己和陳景甫、吳惠之兩位副主委，各擔任三所中學的董事長，幫助安排學校經濟，直到這些學校轉為公辦為止。

1963年，為了解決一部分失學和待業青年的教育問題，王貺甫將歷年所購建設公債券3000元全數送交工商聯，帶頭捐贈集資創辦「青年中學」和「青年夜校補習班」，並親赴上海等地籌款。「青年夜校補習班」有會計、中醫培訓班等，滿足了青年求知要求，深受社會歡迎，周建人省長曾親自視察，表揚這種民辦方式的學校。

王貺甫對子女教育極為嚴格。他要求子女從小過集體生活，培養獨立生活能力。6個子女從小學起便寄宿於學校，無寄宿條件的，便參加學校包膳。他除了付給必要的膳宿費外，從不給多餘的零花錢，要求他們養成艱苦樸素的習慣。在政治上，他要求他們努力上進，他的6個子女均加入了共產黨。

1947年至1948年間，長子王戍、次子王儉都參加共產黨領導的上海學生反饑餓抗爭，王貺甫知道後，非但不加斥責，而是予以首肯。王戍曾任回鄉大專學生聯誼會理事長，經常有學生來家中聚會，在一起抨擊政局，舉行各種活動，王貺甫知道後不加干涉，還提醒大家要小心些。

1953年他任紹興市副市長後，更加嚴格要求子女。王足是他唯一的女兒，高中畢業後，身體不佳，在家休息待業。許多人認為只要王貺甫去打個招呼，女兒要找個工作是不成問題的，但王貺甫對她說：「現在社會上有一批待業青年，如果我給你去打招呼進廠，那麼親朋好友都來求我打招呼，該如何解決呢？」後來，由女兒自己去魯迅圖書館聯繫，在出借處幫助工作，

八、周恩來的父親及其兄妹們

義務勞動。王貺甫知道後，說這個工作蠻好，今後要遵守制度，認真工作，不要計較報酬。王足在那裡工作長達一年半，分文未取。

1964年全國掀起知識青年支邊、支農運動。王貺甫從省政協開會回來，對女兒說的第一句話：「我在省裡已表態，把你送到農村去鍛鍊。」並動員她首先寫報告給團市委，要求去農村。6月，王足參加了團市委組織的青年學習班，8月在全市舉行「知青」到農村去的歡送大會上，王貺甫代表家長發言，他精神抖擻地讀了對王足的「十要三必爭」的要求。讀完後，又大聲問道：「王足，你能爭取做到嗎？」這時，全場激動，氣氛熱烈。此情此景，使人難以忘懷。

王貺甫生前對共產黨的深厚感情與周恩來的教誨和關懷是分不開的。

1939年3月，抗日戰爭烽火中，周恩來以國民政府軍事委員會政治部副部長的公開身分來到故鄉紹興，從事抗日活動，因王貺甫的父親是周恩來的姑父，故每天來王家，以探親為名，宣傳黨的抗日方針政策，並要王貺甫的父親找來電廠的工人來家座談，同時為各界人士題詞鼓勵，希望克服困難，堅持抗戰。那時，王貺甫因患喉炎開刀，大病初癒，家裡人口多，經濟壓力甚大，再加戰亂，更是雪上加霜，處在貧病交迫之中。因此，周恩來特為王貺甫寫下了這樣一幅題詞：「埋頭苦幹，只要抗戰勝利，定必苦盡甜來。」字少語重，給王貺甫精神上以莫大的鼓勵。周恩來在紹僅僅三天，那一次的會見對王貺甫的影響是很深的，他後來回憶說：「表兄天天來我家，給我們講共產黨的政策，使我對黨有了明確的認識。」

1954年10月，王貺甫去北京參加工商聯代表會議，受到了周恩來親切接見，周恩來問他：「您怎麼會在工商界？記得1939年我去紹興時，你是電廠職員。」他就將抗戰後廠裡主管乏人，董事會聘他為副經理的經過談了一下。又講了解放後大明電廠實現公私合營的情況和自己的工作情況。周恩來聽後很高興，又對他說：「從紹興回京的同志對我說，紹興對你反映很好，說你在紹興做了不少有益的工作。今後應該繼續起帶頭作用，堅定走社會主義道路。」

13. 表弟王貺甫

1959年12月,他再次赴京參加民建、工商聯代表會議。中共中央統戰部在北京飯店舉行宴會。代表就座後,周恩來及中央其他首長也來了。在祝酒時,周恩來來到浙江省代表席上,高聲問:「老表在哪裡?」王貺甫離席迎上前去向周恩來問候、祝酒,周恩來又把他介紹給陳雲及其他幾位領導說:「這就是我的紹興老表。」浙江代表這才知道王貺甫與周恩來原來是表兄弟關係。周恩來又問他:「你的頭髮都白了,怎麼稱我為表兄呢?」王貺甫說:「我是屬牛的,你是屬狗的,比我大三歲。」過了幾天,周恩來又派車把他接到中南海家裡,共進午餐。他介紹了自己的工作情況和子女的情況,周恩來說:「王成給我的信都收到,希望今後仍給我來信。」周恩來對王家的人從來不宣揚和他的關係感到很滿意。

1959年10月,鄧穎超來到紹興,住在交際處(即今紹興飯店),接見了王貺甫,並共進午餐。午餐後鄧穎超提出,要到他家看看,看望弟妹和照片上的人(指1939年在王家的合影)。王貺甫就陪同她來到家裡,鄧穎超十分關心地問了弟妹的工作情況和子女的情況。最後,王貺甫陪鄧穎超同車前往杭州。

1973年4月,王貺甫的妹妹在北京受到周恩來的親切接見。談到王貺甫時,總理又肯定了王貺甫與黨同心同德和他的思想、工作表現。

王貺甫自幼羸弱多病,1938年因咽喉炎發作,進醫院開刀。直至1939年周恩來來紹時,他的身體尚未完全康復,因此,當年陪同周恩來在大禹陵石階上合影時,只有他一人坐在地上。1962年因血尿而發現膀胱癌,赴上海中山醫院開刀,切除癌變部分,手術7小時。

1965年秋季,他又患血尿,在杭確診,準備第二次手術。1966年發生「文革」風暴,他首先受到衝擊,治療拖延停頓。9月被揪鬥,掃地出門,借住三弟王遠甫一個灶披間。他雖臥病床上,不喊病痛,但當他聽到不少老領導也被揪鬥,往往嘆息不止。在去世前幾天,王足上城來看父親。他對妻女說:「恐怕在世日子不長,想到杭州去治療,萬一死去,也可在那裡火葬。」(當時紹興尚無火葬場)他又對王足說:「目前有些問題,說不清楚,但你要相

八、周恩來的父親及其兄妹們

信黨，相信群眾，今後對我會有正確結論。」1967年3月1日晚上竟含冤病故。前幾天他對女兒說的話，竟成了最後遺囑。

　　1978年，紹興縣委、縣政府為王貺甫平反昭雪，並舉行了追悼會。悼詞說：「王貺甫先生是我縣知名的愛國民主人士。早在抗日戰爭時期，王貺甫先生就擁護我黨抗日統一戰線政策，贊同國共合作，一致抗戰，在抗日戰爭中做了不少有益的工作。……全國解放後，王貺甫先生擁護中國共產黨的領導，堅定走社會主義道路。……他積極響應我黨領導的歷次政治運動，貫徹執行我黨的各項方針政策。……多年來，他在我縣工商界及其他愛國人士中，做了大量的工作，在對民族資產階級進行團結、教育、改造的工作中，起了帶頭作用，為鞏固和發展黨的統一戰線工作貢獻了力量，他對我縣教育、衛生和文保等工作也做出了貢獻。他是一位與我黨長期合作共事的老朋友……」這就是黨和人民對他的正確評價。王貺甫可以安息了！

九、周恩來的外祖父家

1. 外祖父萬青選

　　周恩來的外祖父，譜名啟甸，官名青選，字泉甫，號少昀，又號隨庵。他祖籍江西南昌市南昌縣，清嘉慶二十三年（1818年）出生。歷經清朝嘉慶、道光、咸豐、同治和光緒五代皇帝，卒於清光緒二十四年二月十二日（1898年3月4日），也就是周恩來出生的頭一天，活了80歲。這在當時是很了不起的高壽。

　　萬青選與淮安的關係可上溯到其祖父。祖父萬承紀嘉慶十九年（1814年）就做過山陽縣知縣，道光四年、五年（1824、1825年）做外南同知，署理淮安知府。同時萬承紀是一個藝術家，擅長金石、繪畫。

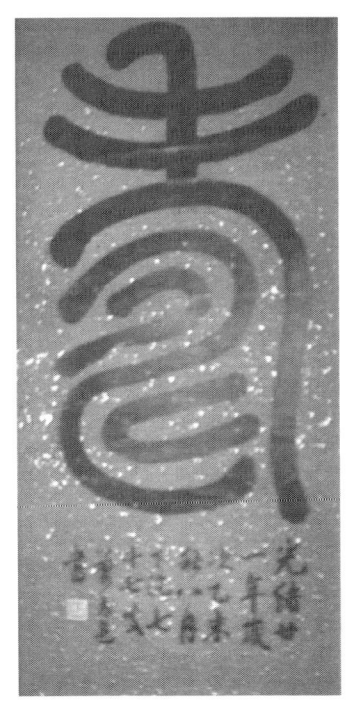

⊙萬青選書寫的「壽」字中堂。（秦九鳳提供）

九、周恩來的外祖父家

萬青選在淮安、清河（今淮安市區一帶）、安東（今漣水）和鹽城等地先後做官達 30 餘年，而且很有政績。據《光緒淮安府志》《光緒丙子清河縣志》和《民國續纂清河縣志》等地方志書記載，他的主要任職是：

咸豐十一年（1861 年）七月起任清河縣知縣，在任不到一年即於同治元年（1862 年）卸任；同治二年（1863 年）他改任鹽城縣（今鹽城）知縣，至同治四年（1865 年）卸任；同治十年（1871 年）他再次出任清河縣知縣，任期達 4 年多，至同治十三年（1874 年）卸任；光緒二年（1876 年）他改任安東縣知縣，任期只有半年多；同年八月，他第三次出任清河縣知縣，任期也達 4 年多。萬青選三次任清河縣知縣時間加起來長達 10 年之久。

光緒十六年（1890 年）二月，萬青選升任淮安府同知，官階升至正五品，是分管水利的「裡河同知」，駐節清江浦（今淮安市清江浦區）。光緒十八年（1892 年），他曾在淮安府裡河同知任上代理一段時間的淮安知府。那年他在為宿遷的黃銘慶捐田一事作《向善堂捐田碑記》的文末就注有「光緒十八年署淮安知府南昌萬青選撰文」的字樣。1894 年到 1897 年任徐州府運河同知。

從 1861 年任清河縣知縣，到 1897 年任徐州府運河同知，前後有 36 年。他在清江浦（今淮安市區一帶）的西北，運河北岸的十里長街置了家產，有房屋 99 間，占了整整一條街。1904 年周恩來曾隨父母在此住了一年，留下深刻印象。因此周恩來 1964 年 8 月與親屬們談話時，說：「外祖父姓萬，在淮陰（應為清河）做知縣 30 年。」可能就是因為三次出任清河縣知縣和出任淮安知府之緣因。

同時，21 世紀初，還有學者考證出，萬青選除了在蘇北、主要是在淮安府轄區內做官外，還曾在蘇南的震澤、吳江等地做官，具體任職情況為：清同治十一年（1872 年）至同治十三年（1874 年）署理吳江縣知縣，光緒元年（1875 年）任震澤縣知縣，在震澤任職不久，他又被調到南京的江浦縣任知縣。他在江浦的任職比較長，而且政績斐然。據江浦地方志記載：「舊有科派馬草弊政，甫下車即申請裁草，勒石永禁，民德之。城內河房溝久塞，

1. 外祖父萬青選

雨甚民居半為沮洳，青選捐廉疏濬。時浦口興復同文書院，經費苦絀，適有充公房基田畝洲產三項，先後撥給為膏火資，通評立案，上林歌頌焉。」

從上述記載中可以看出，萬青選一上任即大膽革除弊政，在任內又比較注重治水，注意資助和興辦教育，是位很有政績和注重民意的知縣。這在腐敗無能的清末，他可以算得上是出類拔萃的一位知縣。

萬青選長年負責治水，成為一個水利專家。據說從河中舀出一杯水，他聞一聞、看一看便知道水的質量。因而他過了古稀之年仍在任上。周恩來擔任總理27年，他說：「20年我關心兩件事，一個上天，一個水利。這是關係人民生命的大事，我雖是外行，也要抓。」他重視水利，其淵源可追溯到外祖父是治水專家，祖父為知縣也以治水為主要工作。另外，也與他童年在淮安、淮陰長大有關。他從小目睹淮河河床淤塞，入海不暢，經常鬧水災，災民流離失所、饑寒交迫。

萬青選為官清正廉明，深得民望。他的愛民政績也很多。在《民國續纂清河縣志》中均有記載，其主要政績是：

一、築圩代城，保境安民。

咸豐十一年（1860年），萬青選署理清河知縣時，正是清政府腐敗無能，各地盜賊蜂起，兵匪不分的年代。而「清江為南北咽喉之地，四通八達，向無城廓」，被地方人戲稱為「紙糊的清江」，百姓皆無安全之感。萬青選即「首議築運河兩岸土圩，周迴二十餘里」，並「檄勸鄉耆，遍築圩寨」，使清河民眾得以安居，而且上行下效，清河縣治內鄉間照樣築土圩的竟達數十處，使治安狀況大大好轉。

二、公正廉明，據實斷案。

萬青選多處為官，多年做官，但辦案都十分仔細認真，「為治不尚覈（核）察」，「而鉤（勾）疑獄必詳審再四」。這是他一貫的辦案作風，可見他審理案件時是重視調查研究、據實定案的。這在那個「官府衙門朝南開，有理無錢莫進來」的社會裡也是難能可貴的。

三、勸課棉桑，富民衣食。

萬青選二任和三任清河知縣時，因治安狀況大大好轉，認為應該發展生產，讓黎民百姓擺脫貧窮而衣食有餘，便引導百姓「既學技藝以資生，又獲利以餬口」。這樣，他和山陽縣（今淮安）知縣姚德彰一起勸導棉桑，教民紡織。萬青選不僅「說服邑境產棉」，而且因為他曾在蘇南任職，便利用舊有關係，「雇江南工師教民機織」，引進蘇南的先進紡織技術，使地方養蠶、栽桑和紡織業等發展很快，一度形成規模，從淮安的河下到淮陰的石碼頭「戶戶皆聞織機聲」。

四、疏濬文渠，便民飲用。

原清江浦有一條始修於明代的文渠，以供清河縣城居民飲用。後因久用不治，河床淤填，水流不暢。同治十二年（1873年），萬青選具文呈請駐節淮安府城的漕運總督文彬（滿族正白旗人，字質夫），提出疏濬文渠的建議，並得到批准。隨後，萬青選又以工代賑，疏濬了文渠。「東自雲曇壩起，西入泮池，又屢折而西南出西水關，轉而東，至文筆峰，出水洞，遂由涵洞故道徑錫林橋、來鳳橋入白馬湖」。

疏濬文渠工程竣工後，原來渾濁的渠水變成一條清流玉帶，沿渠兩岸民眾無不交口讚譽他的功德。

五、設廠賑粥，拯救饑民。

萬青選三任清河知縣時，正值「天大旱，秋禾焦枯」的光緒丙子年（1876年）。是年，「道殣相望」「值歲大祲」。萬青選看在眼裡，疼在心上。他再次上書漕督文彬，得以「設廠賑粥，全活十餘萬人」。這是他在任為官時又一深得民心的舉措。

當然，由於歷史的局限，萬青選也鎮壓過捻軍起義。但全面衡量起來，他仍是一位正直廉明的官，「先後任事十年，民以大和論者」。所以，在他去世十多年後，「邑人牒請大府醵貲建祠祀之」，祠建於清江東土圩門內湖南會館之側，人們稱之為「萬公祠」。直到民國二十五年（1936年），淮陰人編纂的《淮陰風土記》一書裡還有關於萬公祠的詳細記載，今已毀之不存。

2. 舅舅萬立鐘、萬立鈺、萬立銳、萬立鍠、萬立鋐、萬立鈐及後代萬敘生、萬方澍、萬芳貞

萬青選先娶李氏（江西人），李氏病故後又娶一妾張氏，共生育了18個兒子，14個女兒，但未全成活，成家的有17個兒女。周恩來的生母萬冬兒係萬青選的妾所生，屬「庶出」。萬妾張氏出身寒微，是淮陰鄉間的農家女，故周恩來曾說，「我的血液裡還有農民的成分。」

在封建社會裡，萬青選不僅稱得上是一位好官，而且師承家傳，他的書法功底也很厚，留有許多篆書和行書字幅。現今發現的除淮安市博物館所藏一幅篆書「壽」字中堂外，還有淮安區博物館、周恩來紀念館收藏的兩副楹聯和一幅橫批。他的行書都顯現著顏體加魏碑的筆鋒，有人就此推斷說，周恩來的顏體加魏碑的書法功底可能就是他於光緒三十年（1904年）隨父母去清江浦外婆家生活三年時常進外公書房讀書而受的影響。這話雖無確切根據，但也不是胡編亂造。不過萬青選的為官清正、愛民如子的做法肯定會給後來的周恩來產生較為強烈的影響，這是今人毋庸懷疑的。

2. 舅舅萬立鐘、萬立鈺、萬立銳、萬立鍠、萬立鋐、萬立鈐及後代萬敘生、萬方澍、萬芳貞

萬立鐘

萬立鐘，周恩來六舅父，字祿之，號稚泉，為萬青選原配夫人李氏所生。曾任兩淮候補鹽運司，歷署角斜、板浦鹽運倉大使。他一共生了三個兒子，長子萬方澍、次子萬方沛、三子萬方澤。

萬立鈺

萬立鈺，譜名立鐶，字遠之，號筱庵，是周恩來的八舅父，為萬青選原配夫人李氏所生。萬立鈺娶山東袁狀元的女兒為妻，即和周恩來嗣母陳氏的母親、表舅龔蔭蓀的母親為同胞姐妹。萬立鈺曾任江蘇通判，並署理過宿遷縣知縣，他生有兩子：長子萬方洵，次子萬方洽。

萬立銳

萬立銳，周恩來九舅父，字靜之，號荔孫，曾做官至江蘇候補道員。他一共生三子，長子方淑，次子方濟，三子方涵（早夭）。

九、周恩來的外祖父家

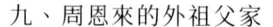

萬立鍠

萬立鍠，周恩來十舅父，字印之，曾任江蘇典史。生子三：長子方涅、次子方漣、三子方滋（早夭）。

萬立鉉

萬立鉉是周恩來的十三舅父，號富之，號石珊（十三的諧音）。萬青選眾多兒子，活到老年的只有十三舅父萬立鉉、十五舅父萬立鋼和十八舅父萬立鈐兄弟三人。他們生於官宦人家，生活優裕。萬青選因子女相繼夭折，沒有強求他們考科舉，走仕途。但是他們受到良好的教育，擅長詩詞書畫。八舅萬立鈺畫的桃花、荷花、菊花、梅花，九舅萬立銳的草書，十三舅萬立的篆字「劍匣之中有龍氣，酒杯以外如鴻毛」。這些作品均藏於淮安周恩來紀念館。由這些字畫，可以想見萬氏兄弟風流倜儻，萬家大院內的文化氣氛是十分濃厚的。1904年6歲的周恩來隨母親回到了萬家大院住了近一年，他也受到這種文化氛圍的影響。

但是僅會詩詞書畫是無法賺錢養家的，這只是有錢人家的閒情逸致，當這種名士是要有物質基礎的。1898年3月4日萬青選去世後，萬家坐吃山空，家裡人又多，開支大，進項少。如果再有不肖子孫染上吸食鴉片等惡習，家產揮霍得更加快了。在舊社會，抽鴉片、賭博、嫖娼比比皆是，是困擾社會的三大問題，多少家庭由此而家破人亡。萬立於清末時，曾任國史館膳錄，也任過議敘鹽倉大使。入民國後，社會上汙濁橫流，但萬立能潔身自好，到外謀生，1916年在山東臨沂縣知事公署內工作，幫助周恩來的二弟周博宇從揚州到天津上學。現僅保留下來周恩來致十三舅的感謝信，但他具體做什麼工作，已無可考。他有生了四個兒子：萬方泳（早夭）、萬方池、萬方永、萬方泰（早夭）和女兒萬懷芝。

萬立鈐

萬立鈐是周恩來的十八舅父，字發之，清末任過直隸府巡檢。因他曾與周恩來父親合買過一張樂透並中了頭獎，這件事成為後人和周恩來研究者的話題。他的功名是「國學生」。幾年後家裡又為他捐了「理問銜，江蘇候補

2. 舅舅萬立鐘、萬立鈺、萬立銳、萬立鍠、萬立鋐、萬立鉁及後代萬敘生、萬方澍、萬芳貞

巡檢」。他的妻子則是周昂駿的長女，周龢鼐的胞妹，周嵩堯的胞姐，亦即周恩來的大姑母。他與周氏曾生了四個兒子：方準、方渥、方漢、方淳，均早夭，只成活了一個女兒萬芳貞。

萬青選還將第十三個女兒嫁給周恩來的三祖父周聯駿的獨生子周貽鼎。周萬兩家互相嫁娶，是「連環親」。

萬敘生

萬立的三子萬芳永，乳名小彌哥，童年入學後即改名敘生。他生於清光緒壬辰年（1892年），去世於1964年2月，長周恩來6歲。萬敘生為人厚道，待人誠懇，少年時和他的表弟周恩來交往很深。周恩來在萬家塾館寄讀時，無端受到委屈後，表哥萬敘生仗義執言，為表弟解圍。

萬家在萬青選去世後，敗落得較快。萬敘生青年時，就外出謀生。他曾在安徽蚌埠銀行做事，後又調到江蘇揚州銀行當管理員，只能勉強養家活口。1939年日本侵略者占領揚州，銀行被日本人接管，他受表弟的影響，不願為日本人做事，帶著女兒萬文俊、萬明珠和兒子萬竟成等下鄉逃難，在饑寒交迫中熬到中華人民共和國成立。

⊙萬敘生。（秦九鳳提供）

九、周恩來的外祖父家

揚州解放後，萬敘生已經是年過半百的人了，雖兩個大孩子有了工作，但一家七口人生活還是比較困難的。恰在這時，他的胞妹萬懷芝家的一個親戚觸犯了法律。萬懷芝是周恩來的嫡親舅表妹妹，小時還和周恩來同過學。她知道表哥如今是中國共產黨的頭臉人物，如果去北京找一下「老七」，讓他打個招呼應該就沒事了。只可惜自己是女流之輩，不適宜到外邊「拋頭露面」。於是，萬懷芝從自己的上海居住地坐船來到揚州，求請哥哥萬敘生幫她走一趟。萬敘生自己也有赴京會會當年的「翔宇表弟」的念頭。徵得周恩來的同意後，他於1949年8月前往北京。8月25日，周恩來在中南海松壽齋會見了他的這位表兄，也是他的童友。周恩來與他一起談起了童年的交往，還特別親切地回憶了當年敘生表哥和他一起放鴿子、教他做鴿哨子的往事。待萬敘生說到他這次赴京的使命時，周恩來聽了只回應了一句話：「這事我知道了。」他當然不會動用自己手中的權力為自己的親戚說情。所以，萬懷芝的那位親戚還是受到了應有的懲罰。等說到萬敘生本人時，萬敘生認為自己年歲已經大了，不打算再費心煩神了，能過安閒的晚年就可以了。周恩來稱讚了他不給日本人做事的做法，說：「過去，你不給日本人做，是愛國的，很好。現在，是人民的天下了，你怎麼能不想工作呢？現在做工作，不是為了吃飯，是為人民服務。……按你的年紀，還可為人民做15年。」

萬敘生聽懂了表弟的意思，回揚州後即參加了地方街道居委會組建工作，並遵照表弟的囑咐，沒有向他人透露他與周恩來的親戚關係。後來，他當選為瓊花居民委員會的主任。由於他工作勤懇，辦事認真，先後兼任過人民法庭的陪審員、銀行的協儲員、稅務部門的代徵員，並當選為薛家巷居民區的副主任。1964年春節期間，揚州普降大雪，72歲高齡的萬敘生在街上和群眾一起掃雪時，因天冷和勞累，突然心肌梗塞，在街頭雪地上昏倒，被立即送往醫院搶救治療。待他甦醒後，身體非常虛弱無力，但他掙扎著向護士要了紙筆，寫了一封當時人們誰也不知就裡的信：

翔宇表弟：

2. 舅舅萬立鐘、萬立鈺、萬立鋭、萬立鍠、萬立鋐、萬立鉁及後代萬敘生、萬方澍、萬芳貞

……敘生碌碌如常,毫無進展,所幸在為人民服務方面未敢懈怠延誤,也未犯過錯誤,所做工作均得各方面滿意。至為遺憾的是,你要我為人民服務十五年,我才工作了十三年……

當終於弄明白是怎麼一回事時,人們這才知道這位老人積極工作的原動力是來源於中南海西花廳,不由地更增添了幾分敬意。揚州市人民政府專門為這位基層的街道幹部組織了一個簡樸的追悼會。周恩來收到信後,特意給揚州市公安局寫了一封信,說萬敘生為人民做了一些有益的事是應該的,不必開較大範圍人士參加的追悼會。現在已經開了,追悼會所花的錢應由他負擔,並從自己的工資裡匯了150元錢,還做了交代:「追悼會如果花了錢,就用這150元,如果沒有花錢或沒有用到150元,就將餘款轉給他的親屬使用。」

萬方澍

萬立鐘先生長子萬方澍,官名才澍,字霖生,號泉生。家裡曾為他捐過兩淮候補鹽知。據1928年民國《續纂清河縣志》卷十一第48頁記載,「(萬方澍)性主孝。母病,割股以療之。母歿,遂不復取。方澍將奉承順,無幾微忤旨。善漢隸工寫,花卉得十三峰草堂遺意,青選風精。篆刻有存養崮印存行世。方澍幼承祖訓,一意為之論者,謂為直閩浙諸大家之室云。」他的生卒年月均已不得而知。《續纂清河縣志》的編纂者之所以把他編選入志,看來還是繼承中華傳統的「孝道」。

萬貞

萬貞,周恩來的表妹,十八舅萬立的女兒。乳名黑妹,曾用名萬芳貞。清光緒二十五年(1899年2月19日)生於江蘇淮陰(清江浦)。其母周氏乃周恩來的大姑母,周嵩堯的胞姐。

1904年冬,周恩來和兩個弟弟隨生母萬氏、嗣母陳氏回到清江浦外婆家住。他常和表妹萬貞、萬懷芝及表哥萬敘生一起遊戲。萬貞因為長得稍黑一點,乳名黑妹,而周恩來的三弟周同宇乳名叫「小黑」,故周恩來稱他們一個「黑妹」,一個「黑弟」。1905—1906年間,周恩來七八歲時在陳家花園

九、周恩來的外祖父家

家塾館讀書，表妹萬貞、萬懷芝因是女孩子，家裡不允許讀書。後在周恩來的力爭之下，她們才被允許進入塾館，跟周恩來一起讀書。萬貞後來回憶說：「七哥才七八歲就很聰明，就會寫詩了。字也寫得好。」她說她自己就差得多，念書念不進去。

1908年秋天，周恩來的兩個母親先後去世，他帶著兩個弟弟回到淮安駙馬巷以後，還經常去清江浦外婆家看望。萬貞也常跟隨母親周氏回淮安駙馬巷周家。兄妹之間仍常在一起玩耍。

1910年初，周恩來要去東北上學。臨行前，姑母周氏為送侄子上路，抓緊時間趕製了幾雙布鞋和布襪子。10歲的萬貞聽說七哥要去很遠的地方，也拿起針線，幫助母親給七哥做襪子。

辛亥革命之後，約1914—1915年間，周嵩堯在北洋政府袁世凱身邊做幕僚時，曾經把姐姐周氏和外甥女萬貞接到北京小住。周嵩堯帶萬貞到故宮裡去玩，萬貞參觀了金鑾殿，還爬上皇帝的寶座坐了一坐，增長了不少見識。

萬貞20歲左右受父母媒妁之言，嫁給了江西興國人鐘鼎。婚後萬貞為人隨和又老實。平日說話不多，卻喜歡幫助別人。在揚州，她經常幫助鐘鼎的妹妹一家照顧孩子，有時還把外甥們接到自己家來住。外甥們都喜歡和她相處。直到晚年，外甥們對她依然像對自己的母親一樣孝順。

解放以後，萬貞隨嗣子鐘則朱居住廬山。她雖然知道「七哥」恩來已是國家總理，卻從未去找過周恩來。她守著兒子媳婦默默無聞地做一個平民百姓。

1961年9月，周恩來在廬山開會。一個偶然的機會，得知「黑妹」萬貞就住在廬山植物園的職工宿舍。幾天之後，周恩來抽空去看望了萬貞。周恩來在衛士長成元功的陪同下來到萬貞家中，外甥鐘則朱扶母親起身迎接。周恩來對待親屬嚴格是出了名的，這一次，他見到外甥的第一句話也照樣語出不凡：「我是來看你母親的，你不能有任何要求。」鐘則朱立即回答說：「請七舅放心，不會有什麼要求。」

2. 舅舅萬立鐘、萬立鈺、萬立銳、萬立鍠、萬立鋐、萬立鉁及後代萬敘生、萬方澍、萬芳貞

周恩來和萬貞握過手之後坐下來，關切地問她身體怎麼樣，又和她敘舊、拉家常，了解淮安的親友情況。萬貞不善言辭，鐘則朱在一旁幫助母親應答。鐘則朱告訴周恩來，民國二十七年（1938年）他13歲時曾回過一次淮安。周恩來馬上轉過頭來問他：「噢，你是怎麼去的？」鐘則朱說是跟著母親去的，記得駙馬巷有3—4進的房子，有前門、後門，門口有石墩子。

周恩來聽到這裡連連擺手說：「你別說了，那房子弄了好多麻煩呢。後來地方上知道了，就把房子全都修理了。公家給私人修理房子，影響太不好。我就告訴他們留下一進房子給八奶奶（周恩來的八嬸即周八太）住，剩下的全交公了。」

周恩來又告訴萬貞，他曾經把八嬸接到北京來住，想讓她多住些日子。可老太太非要回去，就送她回去了。他說：「回家以後，老太太比在北京思想有了進步，跟周圍群眾的關係也好多了。」

鐘則朱就問周恩來：「七舅為什麼不回老家去看一看？」

周恩來搖了搖頭：「現在不能回去。一回去就找麻煩，親戚們全找來了。我滿足不了他們。我要等到大家的生活都提高了，我再回去看。」說到這裡，周恩來回頭囑咐成元功道：「我們回京以後，給他們寄點錢。」

鐘則朱聽了趕緊向周恩來表示：「七舅不用操心。我們現在的日子比解放前好過多了。我和珍華（鐘則朱之妻）都有固定的工作，不但吃得上飯，而且生活也有了改善。我們能照顧好母親。」說完，他又從床下拖出一麻袋馬鈴薯，打開讓周恩來看，並且告訴七舅，今年因為糧食受災，大家的口糧定量都少了。他們在家門口的山坡上開了一片地，種上馬鈴薯和南瓜，現在已收穫了七八百斤，足夠過冬了。

周恩來很感興趣地聽著，他走到窗前，指著山坡上的那一片菜地，對鐘則朱說：「你們在山上開地，一定要搞成梯田。用石頭把邊上壘起來，要避免水土沖刷。」

萬貞默默地坐在一邊，臉上始終掛著微笑。看到七哥和兒子談得這麼興致盎然，她的心裡已經很滿足了。

九、周恩來的外祖父家

周恩來在萬貞家裡坐了一個半小時方才告辭。臨走時他一再囑咐鐘則朱要好好照顧母親,又告訴他同宇舅舅也在北京。以後到北京去玩,可不要忘了也去看看同宇舅。

周恩來走了,他乘坐的汽車沿著蜿蜒的山路急速行駛。萬貞站在窗前一直注視著「七哥」離去,直到汽車已經消失在雲霧繚繞的大山後面,她仍然望著前方一動也不肯動。

萬貞1980年歿於揚州,享年80歲。

3. 清河萬家世系簡表

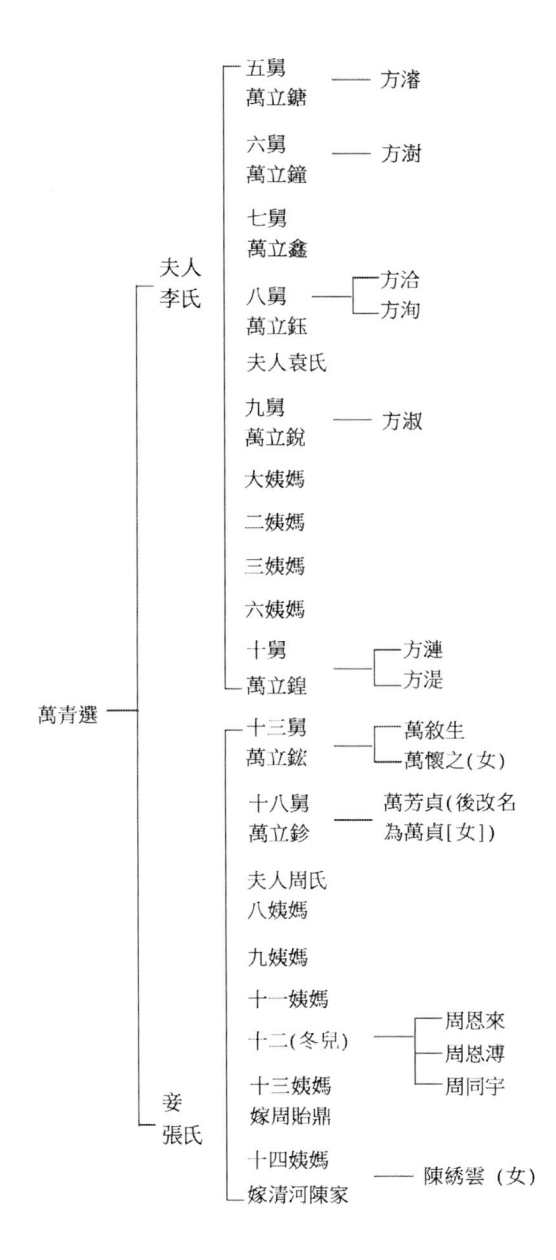

```
                    ┌─ 五舅      ── 方濬
                    │  萬立鏵
                    │
                    ├─ 六舅      ── 方澍
                    │  萬立鐘
                    │
                    ├─ 七舅
                    │  萬立鑫
             夫人   │              ┌─ 方洽
             李氏   ├─ 八舅        ┤
                    │  萬立鈺      └─ 方洵
                    │
                    │  夫人袁氏
                    │
                    ├─ 九舅      ── 方淑
                    │  萬立鋭
                    │
                    ├─ 大姨媽
                    │
                    ├─ 二姨媽
                    │
                    ├─ 三姨媽
                    │
                    ├─ 六姨媽
                    │
                    │  十舅        ┌─ 方漣
                    └─ 萬立鍠      └─ 方湜

 萬青選 ──┤
                    ┌─ 十三舅      ┌─ 萬敘生
                    │  萬立鋐      └─ 萬懷之(女)
                    │
                    ├─ 十八舅      萬芳貞(後改名
                    │  萬立鈐      為萬貞[女])
                    │
                    │  夫人周氏
                    ├─ 八姨媽
                    │
                    ├─ 九姨媽
                    │
             妾    ├─ 十一姨媽
             張氏   │                ┌─ 周恩來
                    ├─ 十二(冬兒)   ├─ 周恩溥
                    │                └─ 周同宇
                    │
                    ├─ 十三姨媽
                    │  嫁周貽鼎
                    │
                    │  十四姨媽
                    └─ 嫁清河陳家   ── 陳綉雲(女)
```

257

九、周恩來的外祖父家

4. 表舅龔蔭蓀和夫人蔡氏及後代

兩個母親去世後，周恩來帶著兩個弟弟回到淮安，生活十分困難，曾在表舅龔蔭蓀家就讀。前面講過周恩來嗣母陳氏的三姨嫁給淮安的龔懷樸，因而龔懷樸的兒子龔蔭蓀是周恩來的姨表舅。龔蔭蓀的妻子蔡氏生於清光緒三年（1877年），南京人。

龔蔭蓀原籍江蘇常州，字天樞。因他的父親龔懷樸在淮安府任錢穀師爺多年，家境殷實，和周家一直往來密切。龔蔭蓀是清末一位具有革命思想的知識分子。他經常在外面為革命奔走，早就發現少年恩來聰慧、果敢和堅毅，具有不同於他人的氣質。因此，他既是出於親情，也是出於偏愛，對處於困境中的大鸞，經常給以生活上的資助和思想上的引導。少年恩來對這位表舅也很敬仰和愛戴。

蔡氏是個心地善良的婦女。她心靈手巧，做得一手好針線活。出於對表妹陳三姑的同情和對大鸞的寵愛，按照當地風俗，曾將大鸞認為義子。這是因為她屬牛，而「牛」與「留」同音，也就是說，大鸞做了她的乾兒子後就可以長留人間，祛病消災，永遠不會被病魔和災難奪走。據周恩來的表妹龔志惠回憶，大鸞哥認乾媽的那天，龔家還特意張燈結綵，明燭焚香，讓大鸞行跪拜大禮，龔家設宴相慶。從那以後，大鸞基本就像龔家的家庭成員一樣出入往來。

龔蔭蓀和蔡氏共有三個孩子：長女志如，比大鸞大三個多月；次子仁甫，小大鸞一歲；三女志惠，小大鸞四歲。蔡氏因大鸞聰明，長得又漂亮，打從心眼裡喜歡他。因此，她不許家人以客人對待大鸞，讓子女們叫他「鸞哥」或「鸞弟」，把他當家裡人一樣。大鸞從小善解人意、友善待人，和龔家姐弟情同手足，相處得十分親密。

1908年，大鸞相繼失去兩個母親後，生活窘迫，龔蔭蓀和蔡氏不僅沒有嫌棄他，反而給予了關心和愛護。

龔蔭蓀早年曾是康有為、梁啟超的崇拜者，之後，他看到改良主義這條路在中國走不通，就改走革命派的道路，成了孫中山的一名忠實信徒。他多

4. 表舅龔蔭蓀和夫人蔡氏及後代

次去過日本，在那裡結交了不少同盟會會員，參加他們的革命活動；在中國國內，他也終年奔波於上海、武漢、南京、蘇州等地，不惜變賣家產，換來資金支持革命。他雖受封建教育，但他不尊封建禮教，不信鬼神，主張男女平等，讓女兒和男孩一塊讀書識字，不讓家人給女兒纏足，而是鼓勵他們自立自強，學好本領，將來做一番自己的事業。

在龔家書房裡，周恩來還讀到了問世不久的《革命軍》等當時的一些禁書。周恩來正是在家庭衰敗、備嘗人情冷暖的困境中，得到了龔蔭蓀新思潮的傳播，而萌生了嚮往光明、追求進步的新思想，萌生了像龔表舅一樣能走出淮安到外面闖蕩的想法。周恩來特別敬佩表舅龔蔭蓀毀家愛國的俠膽義舉，更敬佩他的博學多才。直到1952年，周恩來在上海會見表姐龔志如時，還滿懷深情地說：「表舅是我政治上的啟蒙老師！」

大鸞在龔家塾館寄讀時，塾師周先生善於因材施教，又不拘泥於舊的教育方式，常常給少年恩來「吃偏食」。在書法教育上，周家祖訓是學習顏體，大鸞已練有一定基礎，周先生為了引導他練得更好，又教他增練魏碑，以添加他筆鋒中的剛陽之氣。所以少年恩來在龔家寄讀的時間雖不到一年，但收穫頗豐，周恩來後來也曾說過：「周先生是我文化上的啟蒙老師。」

蔡氏則對少年恩來的生活多有關心。1909年春節過後不久，即是大鸞的11歲生日，當時周家已是「門庭冷落車馬稀」，靠典當艱難維生。蔡氏則專門為大鸞辦了一桌家宴，給恩來做了一雙新鞋，表姐弟們也向大鸞贈送了一些生日禮品，讓大鸞過了一個幸福愉快的生日。

在那之後不久，龔蔭蓀又一次要離家遠行，大鸞決心跟隨他外出。龔蔭蓀對他說，你年紀還小，父親又不在家，還有兩個弟弟要你照顧，以後有機會再帶你出去。誰知龔蔭蓀那次離家不久，他家突然發生意外，被抄家封門。由於當事人均去世較早，無法查明原因。龔蔭蓀1938年在湖北天門因肝病而去世。蔡氏1942年病故。龔仁甫去世於建國前。龔志惠因當時只有六七歲，也說不清，如今她也已作古。是不是因龔蔭蓀祕密投身革命事業一事被察覺？這只是揣測。龔家被抄家封門後，於1909年秋天起，全家人由祖母袁氏帶領遷移清江浦，也寄居去依附了萬家。少年恩來在故鄉的最後一個「樂園」

九、周恩來的外祖父家

也就不復存在了。從此,他也下定決心,一定要像表舅那樣,到外面去闖一番天地,做一番事業。

龔志如

周恩來在龔家寄讀期間,和他關係最好的是僅比他大三個月的小表姐龔志如。他倆當時都是十歲,比他們的弟妹大好幾歲。志如嫻靜聰慧,是奶奶、父母寵愛的掌上明珠。她對表弟周恩來的才氣、好學、敬業等都十分敬佩。做遊戲時,姐弟倆共同策劃、互相配合;讀書寫字時,互相勉勵,共同切磋。在志如的心目中,表弟恩來對事物發表的見解,總有高人一籌的感覺,令小表姐驚奇而又趕之不及,但龔志如從不忌妒他。在日常生活中,志如表姐又十分同情表弟的不幸遭遇,她關心他的生活,為他解決她力所能及的困難。

⊙龔志如。(丁龔敏提供)

那年周恩來過生日時,表姐龔志如特意送他一只「金魚」風箏,作為生日禮品。1909年龔蔭蓀遭清朝政府通緝,被抄家,全家被迫搬去清河(今淮安市清河區一帶)投靠萬家,姐弟倆不能相見,但仍傳書帶信互通訊息,互勉進步。

1910年周恩來離家赴東北讀書後,表姐弟倆曾多次書信往來。志如在信中告知他家中發生的一些大小事情及家鄉的變化,恩來也曾多次給表姐寫信,把他在沿途和東北的所見所聞,函告志如表姐,並鼓勵她努力掙脫家庭樊籠

和封建枷鎖，到大城市去，囑告她要到社會的世面上去闖蕩，為民族、為國家、為人民去做一番事業。龔志如在表弟的鼓勵下，就向父母提出要出去念書，父親倒沒什麼，但是遭到守舊的母親蔡氏的激烈反對，認為一個女孩子家單獨到外邊去東跑西顛的成何體統。但龔志如牢記表弟周恩來的囑告，整天哭呀鬧的，最後連飯也不肯吃。心疼女兒的母親最終屈服了，同意她到南京的姨媽蔡素娟那兒去。龔志如帶著美好的憧憬，從清河縣乘船到了南京找到了姨媽蔡素娟。姨媽是個留學美國歸來的基督教徒，一生獨身獨居。她答應收志如為自己的養女，供給她生活和學習費用，條件是終身不得嫁人，如果違反，立即斷絕一切關係。那時，志如年歲還小，又剛剛從家庭的束縛中掙脫出來，就全部答應了。隨後，她被蔡素娟送入南京的一所教會學校，畢業後又被送入金陵女子神學院，也就必然成了一名基督教徒。

龔志如漸漸長大後，她才發覺自己雖掙脫了家庭的樊籠，但卻進入了另一座被囚禁的「牢獄」。因為姨媽蔡素娟性情孤僻執拗，龔志如名為姨侄女和養女，但在她眼裡，只是一個必須聽她使喚的女僕、丫頭。志如作為舊社會裡的一名年輕的女子，沒有外力救援和幫助，只好忍氣吞聲地熬著那一天又一天當人使女的日子。

人總是要和自己的命運抗爭的，何況志如有表弟對她的一些影響呢！1928年，她30歲那年，終於在南京和一位歸國華僑魏國忠結婚了。婚禮是豪華的，場面也是氣派的。然而命運又一次捉弄了龔志如：原來她的新婚丈夫魏國忠先天就有生理缺陷，根本就不應該結婚，所謂愛情的甜蜜和家庭的幸福也就全成了一句空話。更為悽慘的是不到一年魏國忠就撒手西歸了。在當時社會裡，「一女不嫁二夫」這一封建思想牢牢束縛著婦女的「手腳」，作為一名弱女子的龔志如是沒有膽量去反抗的，只能做魏國忠的「未亡人」而孀居。而那位姨媽倒是忠實地履行了前約：和龔志如斷絕了一切來往和一切聯繫。龔志如面對這一系列的人生折磨和打擊，卻仍堅守著舊的儒學家教，過著悽清孤獨的守寡生活。這時的龔家困境是不用說的了，連藉以勉強蟄居的萬家也早已破落不堪。抗日戰爭前夕，蔡素娟又去了美國定居。龔志如只能靠自己幫別人做雜務、當家庭教師等過著自食其力的艱苦生活。後來，她又收養了妹妹龔志惠的二女兒做養女，從此母女相依為命，勉強度日，一起

九、周恩來的外祖父家

熬到南京和上海的相繼解放。到1951年，她已是一個50多歲的基督教徒，還能幹什麼呢？可她總得有個職業，有口飯吃呀！

龔志如想到過她的那位童年時代的表弟，如今他是新中國的政務院總理，但她考慮再三，似乎沒有那份勇氣。最後她在幾位好心親友的鼓勵勸說下，也是在她走投無路的情況下才懷著忐忑不安的心情給她當年的童年摯友也是她表弟的周恩來寫了一封訴說自己坎坷經歷和目前窘境的信。信發出後，龔志如猜想，表弟如今日理萬機，又秉性耿直、坦蕩無私，不可能處理她這樣瑣碎的「家事」。但是，出乎她的料想，不久他便收到了中華人民共和國政務院的公用信函，她打開一看就驚喜得大叫：「是親筆，是親筆。還是小時候的筆鋒……」同時，她還收到周恩來匯給她的50萬元人民幣。信中，恩來表弟向她感謝了當年龔家對他的關心和照顧，至於她的工作問題應靠自己努力，先向地方政府登記報名，由地方政府量才使用，以期晚年為人民服務。於是，龔志如少報了六歲年齡在基層作為一名普通失業者登了記，再經街道考核推薦，被安排到華東行政區的機關幼兒園當上了保育員，開始了她為建設新中國的服務工作。

20世紀50年代初的一個秋天，豔陽懸空，風和日麗，龔志如正在幼兒園圖書室專心致志地修補那些被孩子們弄壞了的書頁、封面，一位陌生的客人悄悄來到她的面前，彬彬有禮地把她請上車，帶她到上海霞飛路。龔志如有一種神祕感，她似乎想到了找她的人是誰，但她又不敢相信。就在這繁多的思緒中，她最終意外地見到了他經常想念的表弟周恩來和表弟媳鄧穎超。開始，龔志如非常緊張，當周恩來、鄧穎超一左一右來攙扶她時，她幾乎不知所措。周恩來看到了她的不自然，當即還像童年在一起時那樣用輕鬆幽默的語調說：「志如姐，你怎麼長得比從前矮啦！」

龔志如一聽，緊張的心理很快消失了。原來，當年他們在一起時還都是天真活潑的孩子。龔志如比周恩來大三個多月，家庭生活條件也好，周恩來不僅小幾個月，當時的家境又每況愈下，所以，當十歲的周恩來在龔家塾館寄讀時，姐弟倆曾比過高矮，那時他長得還沒有志如表姐高；如今，都已是年過半百的成年人，龔志如作為一位普通的女性，自然沒有男性長得高了。

4. 表舅龔蔭蓀和夫人蔡氏及後代

周恩來的這句幽默話一下就把龔志如帶回了孩提時代，緊張情緒也就蕩然無存了。

他們談了很長時間，從童年趣事漸漸談到志如的家庭人生。後來，志如表姐已是邊談邊哭，邊泣邊訴，好像她要把一生所受的委屈一股腦兒地統統倒在自己的親人面前，然後自己心裡才舒暢。周恩來靜靜地聽著，不忍打斷表姐的哭訴，只是必要時才糾正一些她的那些欠妥的看法和說法。當志如說起她現在和孩子們在一起的歡樂時，突然停下話語，望著周恩來和鄧穎超說：「美中不足的是，你們倆沒有個孩子。」周恩來一聽，笑著搖搖頭，又望著鄧穎超對表姐說：「不。我們一共有 10 個孩子。」他一邊說還一邊伸出右手五個手指，上下翻了一下，表示 10 個。龔志如正在疑惑不解，周恩來又很快地解釋說：「我們撫養的都是烈士子女。他們的父母為革命犧牲了，我們就擔當起他們父母的責任。現在他們都健康地成長著。」鄧穎超當時身體不太好，提前告辭，姐弟倆又一直談到深夜。

鄧穎超剛一離開，志如又忐忑不安地說：「表弟，有一件事我一直放在心裡，從不敢對外人講。」周恩來睜著他的濃眉大眼問：「什麼事？可以告訴我嘛。」志如這才不無尷尬地說：「剛登記工作時，我怕我 52 歲了人家不要，就謊說自己是 46 歲，我欺騙了領導……」「原來是這事。你原來瞞報了，現在改過來就行了。」周恩來不等表姐說完就接過話題輕鬆地表了態，自己還朗聲地笑了起來，從而消除表姐緊張的心理。

龔志如與表弟周恩來的那次會見消除了她的內心疑懼，使她的思想得到了解放。打那以後，龔志如完全像換了一個人。她熱愛工作，疼愛幼兒園的每一個孩子，與同事們都能友好相處。而那本她一直珍藏在身邊的《聖經》卻被她漸漸冷落、遺忘，後來乾脆不唸了。她的晚年是在心情舒暢的情況下連續工作了十多年，並時而與周恩來、鄧穎超之間有書信往返，間或互贈一點小禮品，直到「文革」風起才中斷。令人惋惜的是，周恩來的那封親筆信被龔志如丟失了，僅剩鄧穎超的兩封信還在，並由淮安《周恩來與故鄉》寫作組在 1978 年從她的養女處徵集到。

九、周恩來的外祖父家

龔志如於 1968 年 11 月 11 日在上海市南京路上被兩個學齡前的兒童追逐嬉戲時撞倒，誘發腦溢血而去世。當時正值「文化大革命」的特殊歲月，幼兒園給她開了追悼會，正確評價了龔志如的晚年工作。

龔仁甫

周恩來的童年小友中，還有龔志如的弟弟、妹妹，龔仁甫和龔志惠。

龔仁甫是周恩來表舅龔蔭蓀唯一的兒子，出生於光緒二十五年（1899年），比周恩來小一歲。周恩來痛失兩母後返回淮安龔家塾館寄讀時，與仁甫可以說是最親密的夥伴，他們一同做遊戲，一同外出郊遊、放風箏等。

⊙龔仁甫與吳七妹。（丁龔敏提供）

龔仁甫會畫畫，會拉大提琴，受過良好的教育。1909 年龔家出事敗落依附清河萬家後，他到上海，曾先後在上海南洋中學和交易所等地做工。後經人介紹，進入上海申新九廠當一名普通職員。在申新九廠時，他認識一位漁民出身的紗廠女工吳七妹，與之結婚。據當年《周恩來與故鄉》寫作組成員邢熙坤 1978 年調查，龔仁甫很可能是共產黨的一位抗日的地下工作者。

1926年，周恩來為領導組織上海第三次工人武裝起義來到上海後，很快就與表弟龔仁甫聯繫上。因為周恩來要利用一切可以利用的關係，盡可能地爭取更多的革命同情者，擴大革命的力量。龔仁甫也樂於參與，特別是把自己的家作為革命者或革命者家屬的一個落腳點，使得周恩來父親周劭綱等能經常避居其家，甚至留宿數天。蔣介石叛變革命後，龔仁甫這個「落腳點」被暴露，為此，他被視為共產黨的嫌疑分子而開除出廠。

龔仁甫童年時就和周恩來搭檔「演」過戲，後來對文藝就一直頗有興趣，拉得一手好胡琴，是業餘琴師中的佼佼者。他從申新九廠出來以後曾到蘇州一家茶館為唱戲的伴奏、拉大提琴，既餬口度日，又以此作掩護繼續做一些於革命有益的工作。

1941年12月8日，日本人發動珍珠港事件，占領了上海各租界之後，龔仁甫要搬家，先將妻子吳七妹送回娘家浦東，等新家安置好後，回浦東接妻子女兒，不幸生病，戰時缺醫少藥，又常常戒嚴、封城。

1942年，龔仁甫生病吐血，不治而亡，終年44歲。吳七妹安葬丈夫後，派人回家的原址已是空無一物，又趕到龔病危時說的聯絡地點，早已人去樓空，沒有留下任何東西、資料。吳七妹對女兒張莉華說：你父親和爺爺一樣都是敗家的。這裡所的「敗家」就是毀家紓難。

1953年周恩來在上海見到表姐龔志如時，一落座就問：「仁甫弟現在哪裡？我多次打聽，都沒有查到他的下落……」當得悉仁甫已過世時，周恩來非常懷念地說：「可惜，可惜，他沒有等到解放，沒有等到我……」這簡短的幾句話可以看出周恩來對這位表弟的一片深情，也是對龔仁甫短暫一生的評價，透過這種評價，我們可以判斷出龔仁甫生前的政治表現和他的所作所為。

龔志惠

龔志惠是龔家三姐弟中最小的妹妹，生於清光緒二十八年（1902年），比周恩來小4歲。當年周恩來在龔家寄館時，她才六七歲，是位小妹妹，和她姐姐志如、哥哥仁甫比，與周恩來的關係就要稍遜一籌了。她自龔家出

事被逼到清河後，祖母不久一病不起離開人世。姐姐志如、哥哥仁甫又先後離家外出，只有她留在清江浦，後與宋天民結婚並伺候老母蔡氏。建國前夕夫婦一造成南京定居。自她離開淮安與表哥分別那天起，便再也未能與「大鶯哥」見面。但她對與周恩來共同讀書、生活的那一年一直記憶猶新。直到1978年，中共淮安縣委組織有關人員調查周恩來的童年與家世時，龔志惠還對往事侃侃而談，並把當年與周恩來等一起讀書時共同使用過的一把銅柄裁紙刀捐獻淮安周恩來故居。

5. 表哥陳式周

陳式周是周恩來嗣母陳氏的堂侄兒，他叫陳氏為三姑。陳式周出生於清光緒八年（1882年），比周恩來大16歲。

陳式周的曾祖輩從浙江到蘇北清河做事，後來發了財，便在清江浦水門橋西邊、大運河北岸、石板大街以南，營造了一座漂亮的花園住宅，堂號為「世德堂」，街坊稱它為「陳家花園」。這是一個大家族。在1860年左右捻軍火燒清河之後，大家族中排行老九和十四的兄弟倆陳鑫和陳沅，先後遷居到寶應城裡。

⊙陳式周。（秦九鳳提供）

5. 表哥陳式周

陳沅是個了不起的秀才，擅長文學、書法，行醫兼做慈善事業，曾經用他自己製作的中藥救活了一個臨危的病人，博得了眾人的稱頌。當時，住在他家對門的清河縣令萬青選，對他亦十分尊重。陳沅夫人袁氏，是狀元門第的閨秀，袁氏有兩個親姐妹，一個姐妹嫁給了淮安府錢穀師爺龔懷樸，另一個姐妹則嫁給了萬青選的兒子萬立鈺。從這來說陳家和萬家還是親戚。

陳沅夫婦沒有兒子，有三個女兒，小女兒長得俊秀，街坊鄰里都喚她「美三姑」。三姑因相貌出眾，便成了父母的掌上明珠。少女時代，她除了跟母親去淮安姨媽家串親，很少出門，總是在家裡專心致志地讀書、寫字和繪畫，間或縫製衣衫和描圖繡花。她很幸運，得到了父親的精心指教和培養，並從父親的許多藏書中閱讀了不少名人傳記、筆記小說和歷史故事，還閱讀了許多唐詩宋詞和民間歌謠。同時，在表兄龔蔭蓀的影響下，她還讀了一些「禁書」。因此，她不僅有文學修養和藝術才華，而且有愛國心和正義感。這在當時提倡「女子無才便是德」的封建社會裡，確實是很少見的。後來，這位「美三姑」嫁給了海州直隸州知州周起魁（雲門）的小兒子周貽淦，就成了周恩來的小嬸母。後周恩來過繼給她為子。周恩來喊陳氏為「娘」，喊自己的生母為「乾娘」。

陳沅的長兄陳鑫生一獨子叫恩培。陳恩培娶妻陶氏，生了三男二女。由於陳沅有女無子，陳鑫就把自己的小孫子陳式周過繼給陳沅為孫。因此，陳式周便成為陳三姑的嫡親侄兒了。陳式周只比三姑媽小5歲，恩來叫他大表哥。

1907年夏，恩來生母萬十二姑去世後，陳三姑十分悲傷。因為他們孤兒寡母的生活，全靠十二姑一手扶持的，這個靠山倒了，三姑急得生了病。

周恩來認識陳式周是在生母萬氏去世後的那年夏天。嗣母陳氏因肺結核病日重，便回了一趟寶應娘家，因她的堂侄兒，也就是過繼出嗣給她父親為孫子的陳式周的哥哥陳伯容，不僅懂醫學，且還在家中懸壺問診，可以為她免費治病。在陳伯容的熱情邀請下，陳氏帶著周恩來一道去了寶應水巷口。當年周恩來才9歲，而陳伯容則比陳三姑還大8歲，那年已經37歲了，只

267

九、周恩來的外祖父家

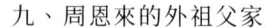

把周恩來當孩子。陳伯容有兩個弟弟，兩個妹妹，一個弟弟早夭，兩個妹妹都出嫁了，周恩來就和陳伯容的弟弟陳式周交上了朋友。

陳式周小時就在周家塾館寄讀過，本來和周家人就很熟，他對表弟周恩來的到來很歡迎。由於他有很高的文化素養，正在家中開一所蒙館，家裡藏書也比較多，周恩來感到他的表哥談吐不凡，很有學問，卻沒有迂腐味和假斯文。陳式周很喜歡這位聰慧過人的小表弟，兄弟倆大有相見恨晚的感覺，遂成忘年交。周恩來提出跟表哥讀書，陳式周謙虛地迴避了，同意讓他進自己的書房，以「溫故而知新」。暇餘之時，陳式周滔滔不絕，講諸子百家，講焚書坑儒，講太平天國。周恩來不時向他提出些問題，兩人互相研討，共同切磋，無拘無束，各自受到教益。他倆在一起雖只有兩月之餘，但周恩來把表哥陳式周視為老師和知心朋友，陳式周也把表弟周恩來視為知己和兄弟。兩人分開後，互相間的聯繫一直未斷。

清末，陳式周考入張謇創辦的通州（今南通）師範學堂。1913年，陳式周經朋友介紹前往上海，在《申報》當了一名編輯。由於報館收入不多，陳式周還應聘於李鴻章的家中做家庭教師，教李鴻章的孫子李國超學習國文，從此生活才有所改善。周恩來在南開學校上學時經常寫文章寄給陳式周，由陳式周幫他推薦給報館發表。

1920年11月初，周恩來從上海乘船去法國勤工儉學。臨行的前一天晚上，就住在陳式周家中。表哥送他一筆費用，資助他出國留學。他和表哥徹夜暢談自己救國的理想。第二天，陳式周又將周恩來一直送到碼頭，並送他上了船。周恩來到法國以後，繼續給中國國內寫文章，還翻譯一些東西，也都寄給陳式周，由陳式周幫他聯繫報館發表。陳式周的長子陳萊官回憶說：「那些稿子有的發表了，有的沒發表退了回來。小時候我在家還見過那些退回的手稿。」

周恩來和陳式周來往信件頗多，兄弟二人經常在信中探討人生，為尋求救國的真理而熱烈地交換看法。在保留下來的1921年1月30日周恩來寫給式周表哥的信中，周恩來寫道：「來書語重心長，讀之數遍，思潮起伏，恨不能與兄作數日談，一傾所懷。」思念之情，溢於言表。周恩來介紹了自己

5. 表哥陳式周

到歐洲的思想：「弟之思想，在今日本未大定，且既來歐洲獵取學術，初入異邦，更不敢有所自恃，有所論列。」信中對比了英國穩健式革命和俄國暴動式革命之後，說：「若在吾國，則積弊既深，似非效法俄式之革命，不易收改革之效；然強鄰環處，動輒受制，則又以穩進之說為有力矣。執此二者，取俄取英，弟原無成見，但以為與其各走極端，莫若得其中和以導國人。至實行之時，奮進之力，則弟終以為勇宜先也。」這封信成為研究周恩來思想發展的重要史料。

1921年2月23日，恩來在致陳式周的信中說：「吾國今日最大之患，為產業不興，教育不振。吾國立國以農，然今日之急，又非工農兼重不為功。……至於教育，則根本問題，端在平民身上。使今日之留學界能有徹底的覺悟，回國能不為勢動，能不為利誘，多在社會上做一點平民運動，則工場技師，農莊莊師，何不可兼為啟誘工農階級智識之良師。產業與教育之振興兼程並進，根本方面只要多著一分力，表面上的軍閥資本家政客便動搖一塊，此種面下宣傳，吾以為較空言哲理改造者強得多多矣。」陳式周由此信而得啟發，便積極投身於民眾教育運動了。

1927年大革命時期，周恩來在上海領導工人武裝鬥爭。他常去陳式周家中看望表哥。蔣介石發動「四‧一二」政變以後，上海的形勢十分嚴峻，大批共產黨員遭到逮捕和槍殺。陳萊官說：「有一天，七叔（周恩來）忽然來了，他對我父親說：『以後我們要少聯繫，有事我會找你的。』從那以後，七叔就不再來我家了。」

1930年至1931年，周恩來在上海從事革命活動期間，和陳式周又有了接觸。陳式周始終理解和同情革命，還為周恩來做過掩護。1931年底，周恩來離開上海前往江西革命根據地，陳式周也攜家眷返回家鄉寶應。從此兄弟二人失去了聯繫。

解放後，周恩來一直設法尋找陳式周，還託表哥萬敘生代為尋找。陳式周已離開寶應，後到北京住在兒子家中。兩人始終沒有聯繫上。

1954年，陳式周在北京病故，享年72歲。

十、周恩来的祖母家

十、周恩來的祖母家

1. 魯登四小傳

魯登四，周恩來祖母的父親，字敏惠，會稽縣（今紹興縣）皋埠鎮西魯村人。排行七，人稱「七太公」。生前就幕福建，因此，他在《利字分書》中有這樣一段話：

余前在閩藩幕中，患病甚劇，卜云不吉，長妾親赴城隍獄帝神前磕頭，泣禱請減己壽，以延余命，余病遂癒，此雖會逢其適，而其誠懇，殊屬可嘉，今則長妾卸世多年，而我尚存。言之不免感悼！

說明魯登四在福建的幕僚生活中曾大病一場。大約由於這場大病的關係，到了光緒十年（1884年）也就辭去福建幕中職務，返回了故鄉紹興。他有水田100多畝，生活殷實。

魯登四有4個兒子，到光緒十六年（1890年），他已開始考慮後事，就是給子女們分配財產，也就是「分家」，並寫就《利字分書》，有關人各執一份。這時，原配夫人周氏、長妾周氏均已去世，次妾車氏尚在世。長子志周也已病故，二子志青、三子志尹、四子志渭尚「年幼」，但魯登四想到「余老矣，風燭草霜危在旦夕」，清光緒十六年（1890年）閏二月的一天，他將親侄小和及少卿和女婿起魁（外孫周翰臣即周恩來的四伯父周貽賡代為出席）、親戚陳虞賓、章迪臣，再外甥李子澄，侄孫魯列庭、魯達甫，曾侄孫魯嵩堂、魯學禮等叫到跟前，說：「嘗聞張公藝，九世同居後人傳為美談，吾豈不願子若孫久遠同居合炊哉，惟先人所遺及余自置之產，則肥瘠之不同，屋亦大小之各別，若不先為分定，恐啟後日之爭。所以決定給子女分配家中財產，即「分家」。並由曾侄孫魯寶齋代寫《利字分書》。

按紹興慣例，兄弟分居，姑爺是必須在場的。周家出席的是代表，周起魁（雲門）的長子周貽賡，時18歲，可能是和周嵩堯一起回鄉考試。周貽賡代表父親周雲門在《利字分書》上簽字，魯登四在「周雲門」名字下寫了「一生清白」四字。

十、周恩來的祖母家

據《利字分書》記載，魯登四有先人分授之田五畝五分，自行置買田一百三十三畝五分，活典田七畝五分及一部分房產。他將「先人遺產及余自置田舍，除撥作祭田公產（余之公田已照條議撥給江官矣）及幼兒女婚嫁之費外，余田估價配搭三股，分給志周、志青、志尹等三房，各得一股」，又考慮到正妻、長妾皆先後去世，庶出子女俱幼稚尚未婚娶許字，刻下田產分定之後，如今各自分炊，「則無知幼孩何能料理」，「商諸戚族，咸議將分給各子女婚嫁之田，自己丑年（1889年）起，所收租穀另行提存，以作各人添置衣飾之用，余之存公田租，亦自行收作零用之費，其餘公私田屋租花，概歸長媳平氏收管」，志青、志尹等完娶後，將田交還管業，各自分炊。也就是分居之後由於魯登四子女尚年幼，暫由長媳做魯氏家族的總管理。

魯登四共有6個女兒：大姑、二姑、三姑、定姑、五姑、媛姑。大姑即周恩來的奶奶。魯登四不但給四個兒子分了田產，也給二位未嫁女兒分了嫁妝田。對已嫁寶祐橋周家的長女周大姑，也有分配，《利字分書》中記載道：「適周氏大姑娘寄存之款，係交長媳平氏代為放息，又周雲門姑爺託收田租，糶價一切亦由長媳交付，將來設（若）有糾纏未清之款，仍歸長媳料理，不涉諸子之事。」從這則記載看：周恩來祖父周雲門在魯家分居時，也得到了一點田產，是託岳父家代為收租的。周恩來表弟魯學海也說：「上代相傳，周雲門在外做師爺，家中不動產是託岳父家代管的。看了《利字分書》記載，證明傳說是對的。」這就說明周恩來祖父雖已適居淮安，但和紹興還有千絲萬縷的聯繫，和紹興的關係是斬不斷的。

魯登四的家訓是，今後家人「務當誼篤親親，顧全大局，勿以錙銖而起爭競，勿因小節而致摧殘，倘能勵志青雲，光大門戶，或即克承前緒，添置田園，此爾等之自奮，亦稍慰余老人之期望焉」。

大家族能和睦相處，顧全大局是首要的。周恩來深受此文化的影響，他在黨內一直以顧全大局、忍辱負重、相忍為黨著稱。他善於團結同志，維護黨、國家的統一和穩定，贏得全黨、全國人民的愛戴，人民稱他為「人民的好總理」。

2. 魯氏世系表

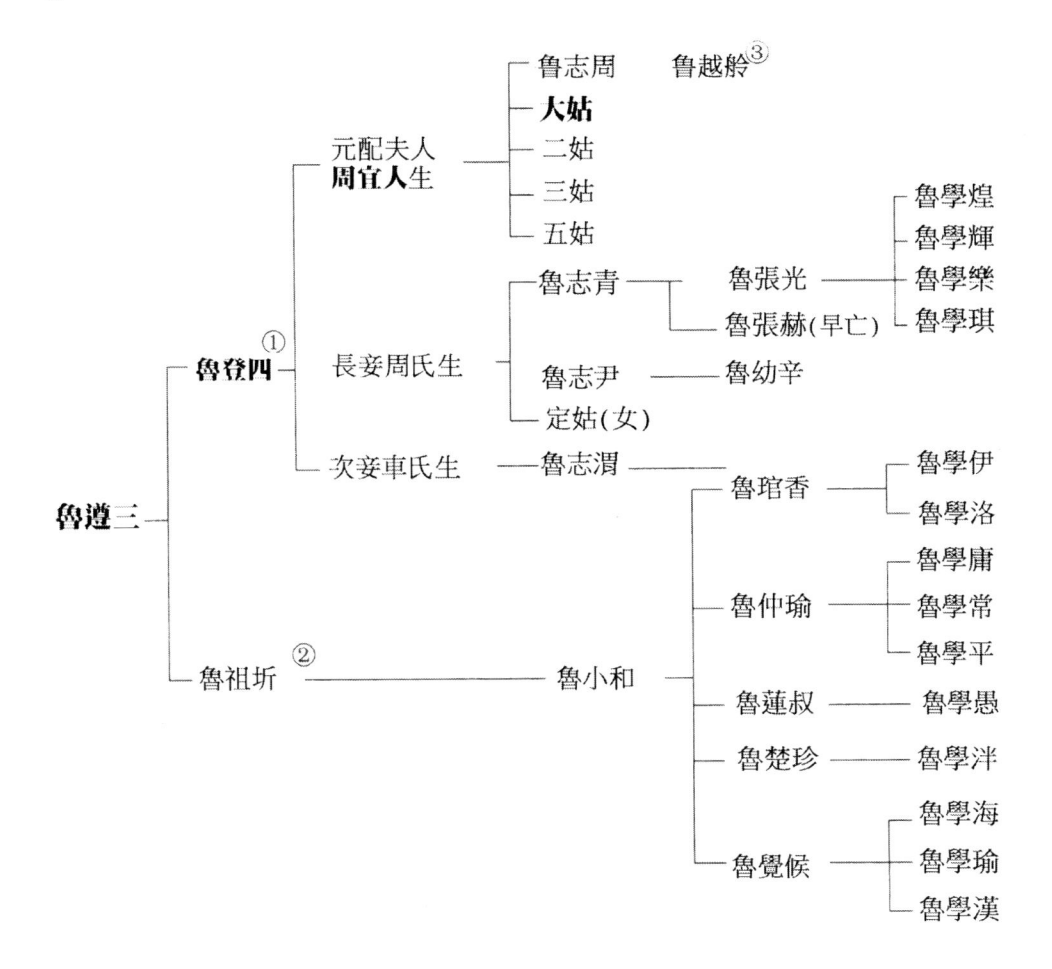

```
魯遵三 ─┬─ 魯登四① ─┬─ 元配夫人周宜人生 ─┬─ 魯志周    魯越舲③
        │            │                    ├─ 大姑
        │            │                    ├─ 二姑
        │            │                    ├─ 三姑
        │            │                    └─ 五姑
        │            ├─ 長妾周氏生 ─┬─ 魯志青 ─┬─ 魯張光 ─┬─ 魯學煌
        │            │              │          │          ├─ 魯學輝
        │            │              │          │          ├─ 魯學樂
        │            │              │          └─ 魯張赫(早亡) └─ 魯學琪
        │            │              ├─ 魯志尹 ── 魯幼辛
        │            │              └─ 定姑(女)
        │            └─ 次妾車氏生 ── 魯志渭 ─┬─ 魯琯香 ─┬─ 魯學伊
        │                                      │          └─ 魯學洛
        │                                      ├─ 魯仲瑜 ─┬─ 魯學庸
        │                                      │          ├─ 魯學常
        │                                      │          └─ 魯學平
        │                                      ├─ 魯蓮叔 ── 魯學愚
        │                                      ├─ 魯楚珍 ── 魯學泮
        │                                      └─ 魯覺候 ─┬─ 魯學海
        │                                                  ├─ 魯學瑜
        │                                                  └─ 魯學漢
        └─ 魯祖圻② ──────────── 魯小和
```

①此表魯登四一支，原寫於魯氏《利字分書》末尾空白處，用藍墨水鋼筆寫成，當是魯氏後裔所寫，但不知作者為何人，現抄錄如上。魯張光後裔為魯學琪所提供。

②此表魯祖圻一支，根據周恩來表弟魯學海先生提供資料編訂而成。

③魯越舲有子4人。

3. 皋埠鎮介紹

皋埠是周恩來祖母的娘家，位於紹興城東，距城 7 公里，宋時寫作皋步。步與埠通，清時改為皋部，後寫作皋埠。皋埠素與紹興城西柯橋並稱「金柯橋、銀皋埠」。

皋埠地名的由來，據有關史料記載，與紀念皋陶有關。皋陶亦稱咎繇，原為舜大臣，掌管刑獄，後協助大禹治水有功，但早於禹而逝世。皋陶雖然死了，但 4000 多年來，紹興人民一直懷念著他。據《康熙會稽縣志》記載，他死後葬於「城東皋盛村」，有廟謂「皋隍廟」。經查，乃在今皋埠鎮之皋平。現廟尚存，墓已毀。皋埠地名即由此衍化而來。

在皋埠，與皋陶有關的地名，還有皋平、皋北、大皋埠、小皋埠、下皋村、下皋山、上皋山等。而上皋山，在南宋被闢為皇陵，即宋六陵。

周恩來祖母娘家西魯村，就在皋埠鎮上，隔市大湖（又稱獨樹洋）與皋埠老街相望。湖寬約百丈，蕭曹運河通過湖面，為紹興水上交通要道之一。湖南岸之西魯村，清時亦稱西甫，乃典型的平原水鄉，土地肥沃，河道縱橫，阡陌交叉，物產豐富，民風淳樸。

目前，皋埠鎮是紹興國家技術產業開發區鄉鎮之一，東鄰陶堰鎮，南毗富盛鎮、平水鎮，北隔 104 國道與東湖鎮相望，西接紹興市主城區，是省級生態鎮和省級文明鎮。全鎮地域面積 59.5 平方公里，下轄 36 個行政村，3 個社區居委會，全鎮總人口 5.6 萬人。境內水鄉風光獨特，歷史文化深厚，自然資源豐富，有省級風景名勝區吼山、浙江省三大名湖之一的東湖風景區、省級文物保護單位宋六陵以及水鄉特色濃郁的古運河汽車站等。

2007 年皋埠鎮名列浙江省「十一五」中心鎮培育工程，成為省級重點中心鎮。近年來，皋埠鎮經濟和社會各項事業繼續保持良好的發展勢頭。全鎮現有各類企業 368 家，規模以上企業 64 家，國家級重點高新企業 8 家，省級專利示範企業 6 家，省級農業科技型企業 6 家，省級科技型中小企業 18 家，已初步形成了以電纜、機電、新型包裝材料和輕紡化纖等為主的支柱產業。據 2014 年統計，全鎮完成社會固定資產投入 16.32 億元，實現戰略性新興

產業產值19.7億元。隨著經濟的不斷發展，皋埠的民生事業也得到長足發展，城鄉統籌力度不斷加大，高新產業和人口集聚的作用日益凸顯。

4. 魯登四的後代

周恩來祖母的娘家亦屬幕僚世家，她的父親魯登四先後娶過三位夫人，生有四個兒子，他們是志周、志青、志尹、志渭。根據我們現在掌握的情況，這四位兒子後來的境況大都不是太好。1840年以來，國勢衰敗，大家族紛紛破產分崩離析是必然的。

魯志周、妻平氏及子越舲

魯志周，原名承周，官名雲，為魯登四原配夫人周氏所生。志周初學師爺，後捐班進入仕途，捐官指分閩地，「在厘局辦公病故」。娶平氏，光緒十六年（1890年）魯登四給兒女分家時，志周雖已去世，但他後代已經長大，即《利字分書》所稱的「子已生孫，孫又生子」，志周後裔因屬魯家之長子長孫長曾孫，「分家」時魯登四照例加給田柒畝伍分。

同時，由於光緒十六年「分家」時，志青、志尹、志渭或年輕，或年幼，因此，魯登四決定：除給各子女婚嫁之田所收租穀另行提存，作各人添置衣飾之用，「余之存公田租亦自行收作零用之費」外，其餘公私甲屋租花，概歸長媳平氏收管。也就是此後歸志周夫人平氏統一代為主持家政。

由於「分家」後歸平氏統一主持家政，於是規定以後「家中各人及西席工匠茶飯肴菜統由長媳備辦。應送人情並應完公私之錢糧南米，亦由長媳籌送完納」。魯登四囑咐因「積產之無多，務宜量入為出，而當家之不易，尤須秉公無私，切勿借稱虧空，將分授他人之田遽為變賣」。規定「志青、志尹等完娶後，平氏將田交還管業，各自分炊」。魯登四計劃得面面俱到，真是煞費苦心。志周生卒年不明，只知生一子，名越舲。

越舲也是師爺，在皋埠均呼作「越舲大師爺」。民國時做過參議員。抗日戰爭前去世，死時大約六七十歲。

十、周恩來的祖母家

魯越齡,生卒年不明。生子4人。1951年2月周嵩堯給魯覺侯的信中,關於魯越齡及其後裔,有這樣一段話:「如六十年前(即光緒十六年,1890年)在百歲堂祭畢散福情形,當日皋埠尊府登四外公健在(舍侄恩來之祖母,即登四公長女也),越齡才及壯年,今其四子均故,唯有弱孫,思之悵惘。」

魯志青和兒子魯張光

魯志青(?—1918年),魯登四長妾周氏所生,幼名松官,字松軒。據《利字分書》記載,清光緒十六年(1890年)分居時,志青尚年輕未婚,因此,給留婚娶田六畝。不久,魯志青娶妻完婚,關於六畝婚娶田的處理,族中便有了一份議單,從中透露了不少資訊,全文如下:

此項娶親田六畝,原給志青娶親時售價動用,今志青已於光緒十六年十月間完娶。伊係閩藩幕中出世,彌月、得周、辭歲、拜年,承各同事來人及長輩等,各送有禮番,經伊嫡母為其收起凍成百元,甲申夏回紹,存店生息,每月得利番乙元。自甲申九月起,至庚寅十月止,連閩計得息番柒拾陸元,又分給田價短少應貼番陸拾元,庚寅年娶親田租穀碾米糴價番陸拾元,娶親時親友給賀禮番柒拾肆元,共有番三百念陸元零。原係志青之款,足敷完姻之用,以故田未出售,所有此田,仍應照給志青收管。

根據這份議單,說明志青生於福建,光緒十年(1884年)回紹興,光緒十六年(1890年)十月結婚。又據魯張光《自傳》,魯志青以後曾為亡清小吏,但因連續喪偶,又長期失業,遂家道中落。生二子,名張光、張赫。

魯張光(1911—1954年),少年時代做過綢廠學徒。21歲畢業於浙江地政講習所,此後做過小學教員,又在鹽務部門服務13年。1939年3月周恩來順道訪問故鄉時,魯張光正隨岳母住在諸暨縣楓橋鎮。1939年3月31日,周恩來離紹興去金華,道經楓橋,在楓橋停留的間隙,特地前往表叔魯張光家拜訪。

魯張光在楓橋鎮的住址是五仙橋下,今和平路21號。可惜,周恩來特地來到表叔魯張光的家時,魯張光因任職外地,不在家;魯張光夫人陳文惠去市場買菜也不在家。周恩來給魯張光表叔寫了一封信交給一位在家的老太

太，她是魯張光的親戚。周恩來剛離開魯張光的家，就有幾個便衣特務進來搜查。老太太為防再來搜查，就把這封信燒掉了。

這一天，周恩來曾在離魯張光家僅百米左右的楓橋大廟發表抗日演說，並於當日下午4時離開楓橋，晚七時抵達諸暨，當晚即乘火車去金華。

建國前，魯張光一直在鹽務部門工作。1949年在瀲浦鮑郎場任鹽務查檢處主任，瀲浦解放時，被遣散回楓橋，失業在家。中華人民共和國成立後，魯張光知道他與周恩來總理有親戚關係，便在1952年透過堂兄魯覺侯給周恩來去信。據魯張光夫人陳文惠說：1954年4月份，接到周恩來回信，叫魯張光去北京，並向魯張光全家問好。但在此時，魯張光因患肺病七八年，病情日重，行動不便，1954年農曆十二月十二日（即1955年1月5日）就去世了，終年45歲。魯張光兒子魯學琪，解放後住楓橋鎮大悟村，解放初即為村幹部。

三子魯志尹

魯志尹，幼名龍官，魯登四長妾周氏所生，生卒年不明，但據魯家《利字分書》記載，光緒十六年（1890年）兄弟分居時，尚屬年幼。現在魯氏還保存有一張民國四年（1915年）的魯志尹的典屋契紙，契云：「此屋四圍門壁俱全，自典之後憑錢主管業居住，限定民國拾壹年錢到回贖。」「老堂前有喜慶紅事照原主出入公用。」可見家境不佳，生子名幼辛。

魯幼辛，幼名阿千，解放後因失業生活困難，曾給周恩來總理連去二信。第一封信沒有回音，第二封信去後，過了二年，民政部門到皋埠西魯來看望魯幼辛，政府給予了救濟，不久，魯幼辛就去世了。魯幼辛去世後，魯登四老宅由其產權人賣給了西魯村的魯雲海。魯雲海在整理房子時發現了《利字分書》，便送給魯張光兒子魯學琪保存。90年代初，張能耿為調查周恩來在紹史蹟，去皋埠鎮西魯村訪問魯氏後代，魯雲海談起此事，便由魯雲海帶領去楓橋大悟村訪問魯學琪。魯學琪思想進步，即將《利字分書》捐獻給國家，蒐集人張能耿交給了紹興魯迅紀念館保存。

幼子魯志渭

十、周恩來的祖母家

魯志渭，光緒十六年（1890年）農曆七月二十一日生於皋埠鎮西魯村，乳名江官，書名志渭，魯登四次妾車氏所生。兄弟分居時，志渭出生不久，魯登四在《利字分書》上批道：「余之公田，已照條議撥給江官矣！」分家時，也給魯登四自己留田拾陸畝貳分捌厘，作為他「在世之日零用之需」。魯登四又在關於這十六畝多田的「分書」上批道：「現已查照後條之議，撥給車氏所生之子江官矣。」志渭卒年不明，無後裔。

5. 周恩來父親的表叔和老師魯小和

魯小和（1845—1904年），周恩來祖母的嫡堂兄弟，皋埠西魯魯祖圻的兒子，清末紹興著名師爺，是周恩來四伯周貽賡、父親周劭綱（懋臣）學做師爺的老師。

周恩來祖母魯氏娘家的堂名叫「留耕堂」，耕讀傳家的意思。他們有一副聯語，上聯「達士遵祖志」，下聯「家學紹先賢」。他們這個小家族，就是照這副聯語取名和排輩分。魯登四與魯祖圻的父親屬「遵」字輩，名魯遵三。

魯遵三生七子，五個兒子早亡，僅活四子和七子，即魯祖圻與魯登四。周恩來祖母的父親魯登四，名祖口，「登四」是他的號，兄弟兩人均學幕。祖圻遊幕福建，在福建討了姨太太後，即在那裡成家，薪俸不再寄回皋埠，所以他的兒子魯小和少年時代生活極苦。

魯小和少年時代靠母親出外念佛度日。這段生活對魯小和印象實在太深，以後他就常以小時所經歷的兩件事來教育子女。第一件事，由於小時不得溫飽，有一次母親外出念佛帶回一碗綠豆湯，他搶著去喝，結果頭上跌出了一個疤。說明小時家中生活的艱難。第二件事是他小時的苦讀精神，說他小時讀書，夏天蚊子多，就把腳伸進甕裡，苦讀不休，以後終於成才。

魯小和長大後，仍繼承父親的職業，先後在紹興、湖州、衢州、臺州及江蘇等地的知府衙門做師爺，並已具一定名聲。如他在紹興府衙門做師爺時，

其地位已相當於現在的祕書長。家中財產也迅速積聚起，土地達二百多畝，在皋埠鎮房產達七八處，紹興城裡也有房產。

師爺是受過專門訓練，具有一技之長的讀書人。刑名師爺要懂刑法，善於斷案判案，錢糧師爺要懂得管理財政，從而才受各級長官的聘請，受僱為某一專門方面的私人顧問，幫助長官處理各項專門的公務。因為要具備一定的專門知識，所以做師爺也要學習，當時沒有學校，只能拜師學徒，向名師請教。魯小和是名聲頗大的師爺，門下的學生也就較多。周恩來的四伯周貽賡、父親周懋臣，也就是在這時拜魯小和為師傅學做師爺的。當時拜師照例由師傅隨帶三年，滿師後由師傅負責介紹至衙門作幕僚。以後三年內，學生（徒弟）的一半工資要歸師傅。魯小和的孫子魯學海說，周恩來父親跟著魯小和做了三年後，魯小和將其介紹至何處就業已不清楚，但有一點是清楚的，就是此後三年內，徒弟的一半工資要歸師傅，因為這是通例，周恩來的父親當然也不會例外。此外還得一年三節給師傅送禮，所以魯、周「兩家之間交情密切，不比尋常，既是甥舅關係，又有師生之誼」。

魯祖圻終生遊幕，去世於福建任所。在皋埠，魯小和成了魯祖圻系統的一家之主。魯登四在光緒十六年（1890年）所寫的《利字分書》中，稱魯小和為「見分中人」，並稱其為「親侄」。光緒二十五年（1899年）十一月，魯志青、魯志尹為互換房屋訂立的《合約議單》中，魯小和已是魯家「族長」，魯家的族譜也保存在魯小和家中。

魯小和所業為錢糧師爺，亦稱金穀師爺，近60歲時，任紹興府衙門折奏師爺。魯小和孫子魯學海小時，還在家裡見過魯小和所寫奏摺的底稿。張能耿訪問魯學海時，魯先生說：「魯小和的字寫得真好啊！」魯小和在皋埠做60大壽時，左右河港停滿了官船，還做戲兩臺，演員落地請壽。做壽不久，他就去世了。

魯家的師爺生涯，隨著清朝政府的結束而結束，因為在魯小和的幾位兒子中，魯琯香仍是師爺，不過其他人就沒有再做師爺。如魯仲瑜，為魯小和第三子，他畢業於南洋公學，辛亥革命後，任杭州國立藝專國文教師，是潘天壽的同事。仲瑜娶陶氏，是周恩來姑父王子余的連襟，即繼妻陶青君的姐

十、周恩來的祖母家

夫。以後王子余女兒王逸鳴，又為魯仲瑜媳婦，魯仲瑜與王子余又成了親家。王逸鳴與魯學平夫婦在北京工作，解放初期與周恩來過往頗多。

6. 周恩來的表叔魯覺侯

魯覺侯（1890—1961年），是魯小和的第五個兒子，畢業於浙江法政專門學校，以後曾在蕭山、餘姚、寧波等地政府部門任科長或科員。抗日戰爭爆發前二年，因與金湯侯有親戚關係，進入湖（州）蘇（州）嘉（興）汽車公司工作。抗日戰爭爆發，杭嘉湖淪陷，湖蘇嘉汽車公司撤到紹興，在紹興建立了一個點。當時，魯覺侯在浙江省民食調配委員會工作，但仍兼任湖蘇嘉汽車公司副經理。

1939年3月，周恩來順道訪問故鄉，他問姑父王子余：「紹興還有哪些親戚？」王子余說：「覺侯是你表叔，現在紹興。」周恩來得知皋埠西魯還有祖母的親屬，十分高興，即於3月30日備小舟去離城7公里的皋埠鎮西魯村訪問表叔魯覺侯。不巧，魯覺侯正外出永康辦事，接待周恩來的是魯覺侯的妹妹魯鳳林。據魯學海說，周恩來首先自我介紹了姓名、與魯家的親戚關係，然後說明此次特來拜訪表叔。順便問起幾位舊日夥伴的近況，並在老屋四處環視一週，說道：「舊居依然老樣子，我還有印象。」

因為魯鳳林說魯覺侯已去永康，周恩來到金華後，又於4月5日，特地去永康拜訪魯覺侯，接待周恩來的是省民食調配委員會主任朱惠清，他說魯覺侯因採辦糧食已出差去上饒，又沒有碰上。但他沒有灰心，幾天後到了當時第三戰區司令長官公署所在地的江西上饒，周恩來再次打聽魯覺侯的行蹤，不巧，魯覺侯又下鄉辦糧食去了，仍未晤見。於是周恩來手書字條一紙：

我是懋臣公的兒子，曾兩次拜訪均未得見，今後希多聯繫。我的通訊地址是重慶。□□□

翔宇

民國二十八年四月□日

這張字條託當時在上饒第三戰區長官公署接洽運糧車輛的紹興糧商、周恩來姑父王子余的內弟陶康侯轉交給魯覺侯。

事後，兒子魯學海好奇地問父親，我們與周家是什麼關係，魯覺侯說：「周家是上一代的老親，恩來的祖母是魯家的姑奶奶，就是我的姑母。恩來的父親，又是我父親的門生，曾經相隨學幕，兩家之間交情密切，不比尋常。恩來童年時，年年歲歲隨其父親都來我家拜年走親。此次恩來於百忙中專程來訪，不忘舊情也是人情之常。」

魯覺侯雖身兼民食調配與汽車運輸兩職，汽車公司的境況對他的命運仍然造成很大的作用。湖蘇嘉汽車公司撤到紹興後，曾替中茶公司運送茶葉，最後終因生意清淡而關門。湖蘇嘉汽車公司關門後，魯覺侯轉入金湯侯的蕭曹汽車運輸公司工作。抗戰勝利後，任蕭曹汽車公司董事會祕書。

1949年5月紹興解放，有關部門派他去衢州工作，魯覺侯因年齡已大，嫌遠沒有去。1961年因病在紹興去世。

周恩來表弟魯學海，生於1914年，1930年畢業於寧波三一書院，1932年考進杭州郵政局，曾先後被調往紹興、麗水、福州、永安、廣州、梧州、南寧、昆明、百色、寧波等地工作，20世紀70年代在紹興郵電局退休。1950年1月，周恩來委託他的六伯父周嵩堯出面同魯覺侯家取得聯繫，兩家之間互贈土特產和交換合家照。當時魯學海從寧波郵匯局精簡回家，曾寫信給周恩來，可否在北京安排工作。魯學海說：「後接周嵩堯先生來信，總理婉言謝絕了我們的要求，由此可見，周總理處理事務公私分明，令人肅然起敬。」

7. 周恩來與陶尚釗是祖表親

1920年1月，周恩來曾被捕入獄，一起被捕的一位難友叫陶尚釗，他與周恩來是表親。

陶尚釗，字念強，1905年生，原籍紹興陶家堰。祖父陶壽熙，字久芳，原配夫人是紹興皋埠東岸陳村魯氏，周恩來祖母即為陶尚釗祖母之堂妹。所

十、周恩來的祖母家

以陶尚釗與周恩來,屬祖表親。這在《利字分書》中就可以找到有關記載:「西魯之東岸亭子下田伍分,先經捐作祖先祭產,今已抽回撥作別用,另將續買翔字肆佰拾捌號坐落林家蕩西漊底之棱子田壹畝捌分肆厘捌毫捐入純如公名下,作為添湊祭掃。需歸東岸陳祖大、祖二、祖三及西魯祖四、祖七、祖八等六房值祭之人收租完糧。」可見六房之內的東岸陳魯氏與西魯村魯氏確是本家。

陶尚釗父親陶大均,曾任東三省奉天交涉使,1908年以外務部左丞調任江西按察使。1910年在任所去世,留下二子,長子尚銘,次子尚釗。陶大均調任江西攜眷出京時,曾帶兩個兒子歸里省親,在陶堰渡里榮祿第家中團聚匝月後,偕全家赴任所;陶大均去世時,遺囑運柩回籍,故使念強兄弟歸居故鄉。因陶尚銘早年畢業於日本早稻田大學,當時擔任外交部特派員奉天交涉使公署第三科科長。為此尚釗隨兄寓居天津。

陶尚釗(念強)因父母異常鍾愛,從小嬌生慣養,但個性頗強而聰慧過人,1917年入天津南開學校求學,與在南開大學讀書的周恩來因係同鄉,時相往來,後來知道原是表親,過往益密。自五四運動開始,尚釗受周恩來薰陶,積極參加運動,遇事必勇往直前。當時紹興人參加運動者還有潘世綸,字述庵;李錫智,字愚如。其中李愚如係越縵堂主人李慈銘之孫女,即潘述庵夫人,亦即當時周恩來文章中一再提及所稱之述弟、愚如等人。陶尚銘夫人李錫瑕,字純如,係李慈銘侄孫女,這就又加上了一層關係。

當時河北省警務處處長楊以德用暴力鎮壓五四運動,1920年1月逮捕大批學生,周、陶亦不例外地被拘禁,後經斡旋,始獲自由。1920年7月17日出獄時,陶尚釗與周恩來等被捕學生曾合影留念,此照至今尚存。此後尚釗與周恩來等人關係更加密切,時常謀面,一起探索救國之路。

由於執政者對進步青年所施壓力日益加重,參加運動的學生處境日益緊張,陶尚銘為念強等人謀劃,並與蔡元培先生再三商量,決定讓他們暫離國土,並資助費用,留學法國,勤工儉學。一批學生即由李石曾院長伴送至法國里昂入學。到法國後,陶尚釗與周恩來及趙光宸、張家駿、張申府、李愚如、劉清揚等七人曾合拍一張照片,此照片由陶氏捐獻給紹興魯迅紀念館保存。

尚釗在法國工讀之餘，仍與周恩來共策救國事宜，詎料一次用酒精爐燒開水時，因補注酒精，引燃衣服，延燒全身，醫治無效，竟齎志而歿。一切善後經周恩來諸人料理安置，並將身後安葬及墳墓等現場攝成照片寄予陶尚銘。

陶馨遠，紹興陶堰人，與陶大均同住陶堰渡里，因祖父陶方琦與陶大均為莫逆。「文革」高潮，陶尚銘被迫回鄉，住在其從弟尚鈺家中，因路近常謀面，相互傾談往事甚祥，故知一切。

陶尚釗出身官僚家庭，自幼席豐履厚，驕奢放縱。自生母包氏故世，能敬事嫡母，謹事兄長，從而一改舊習。特別是與周恩來為友後，棄享樂，甘辛苦，並與戀人陸宗輿之女斷然決絕，為革命、為救國、為人民事業而遠渡重洋，不幸齎志以歿，卒年僅19歲。中華人民共和國成立後，名列南昌烈士紀念館，其在地下亦可瞑目矣。至於周、陶兩氏革命情誼，為國為民之精神，尤為陶氏後代敬仰。

8. 陶堰鎮介紹

陶堰鎮西距紹興15公里。東漢永和年間，會稽郡太守馬臻築鑑湖，湖堤從曹娥江邊的蒿口斗門，經大湖沿，在白米堰轉西，經東關、陶堰、皋埠，環紹興城南而行，至偏門、行宮山、柯山、經賓舍折南，止於通夏履江的廣陵斗門，堤長56.5公里，水面面積172.7平方公里，湖中有小島115個，總庫容4.4億立方公尺以上。沿堤設堰，陶家堰為其中之一。陶家堰簡稱陶堰，現為紹興縣陶堰鎮政府所在地。

據陶氏史料記載，元末明初陶氏始祖開始定居於此，以後漸成村落，至明成化年間，陶家堰陶氏作為一個望族開始在紹興崛起。從明成化七年（1471年）至清末的400多年間，該村孕育進士42人，舉人111人，其中有解元、會元、榜眼、探花各1人，成為全國少有的人才村。乾隆四十六年（1781年）辛丑科京中會試，全國取進士170名，陶家堰村竟獨得2名。有幾位還做過朝廷大臣，包括禮部尚書、吏部尚書和國子監祭酒等。其中陶尚釗的父親陶大鈞，官至從一品。在當代，陶堰也出了1位中國科學院院士、5位博士生

十、周恩來的祖母家

導師。同時，這裡也是中國近代著名革命家、光復會副會長陶成章，和平老人邵力子的故里。

十一、周恩來的兄弟們

1. 胞弟周博宇（恩溥）和夫人王蘭芳

周恩來的二弟周恩溥，字博宇，乳名「和尚」，清光緒二十五年（1899年）生於江蘇淮安。他只比周恩來小一歲，大排行為八。大革命失敗後，周恩來被通緝。為保護弟弟，周恩來要求他們以字為名，周恩溥遂以博宇為名。

周博宇乳名「和尚」，是根據紹興人的習俗而來。在紹興，人們總喜歡用十二生肖給剛出世的小孩起名，比如「阿貓」「阿狗」或是用「和尚」。魯迅說：「名孩子為『和尚』，其中是含有迷信的。中國有許多妖魔鬼怪，專喜歡殺害有出息的人，尤其是孩子。要下賤，他們才放手、安心。」周博宇出生時，大哥恩來已經過繼給十一嬸陳氏，而祖母魯氏尚健在。老人在，孩子的名字自然應由老人給起。魯氏給二孫子起名「和尚」，一來是理解兒子周劭綱夫婦疼愛孩子的心情，二來是她已年老，思鄉之心越發迫切，起個紹興小孩的名字，或許正是魯氏懷戀故土之心的自然流露吧。

⊙二弟周恩溥。（由周秉德提供）

十一、周恩來的兄弟們

周恩來在兩個母親謝世以後即攜二弟「小和尚」，三弟「小黑子」回淮安駙馬巷老宅居住。院內有亞老太（周昂駿妾王氏）、痴二奶（周龢鼐夫人王氏）、周恩來的堂弟周恩燦與家人、周恩來五伯父周貽鼎一家、八伯父周貽奎一家。兄弟仨的三口之家，恩來就是家長，在八嬸的幫助下艱難地過日子。這老宅的景況與他們三年前離開時相比，已是敗落。有的房子典押了，有的已經拆掉了，至於那個周家塾館早已名存實亡了。回老宅來暫住的也都是在外一時混不下去的叔伯或兄弟等人，孩子讀書根本請不起教師。念在往日情分上，昔日應聘的老師，有時也會到周家塾館來「客串」一下，做點奉獻。教這個孩子「趙錢孫李」，教那個孩子「弔民伐罪」，又教另一個孩子「混沌初開，乾坤始奠」，磨蹭個把小時就離去了。後來恩來被住在東嶽廟附近的姨表舅龔蔭蓀接到他家的塾館寄讀，可「小和尚」仍留在這個周家大院裡，因為他生性頑皮，龔家不同意他去。

周博宇少年時十分聰明活躍，他留在家中跟八叔貽奎學習珠算。他很快學會了打算盤，後來又自告奮勇教給弟弟小黑子。周同宇後來回憶說，他那一手打算盤的手藝就是由「和尚哥」教的。晚上，哥哥恩來回到家，還要督促「和尚」練習書法，背誦詩詞，並且把自己看過的書也送給他看。周博宇腦子快、悟性高。雖然他這時沒有條件念家塾，但跟著八叔和哥哥，他學會了不少知識，無論文學、書法還是算術，都打下了一定的基礎。待恩來「應伯父召，趨遼東」以後，這個兄弟三口之家就暫時被肢解了：6歲的三弟「小黑子」寄託到清江浦的十四姨媽家（姨夫姓陳）；11歲的二弟「小和尚」則留在八嬸家餬口度日。

周恩來的八叔是個一條腿殘疾的人，既不能外出做事，又不能勞動賺錢，一家生活全靠八嬸周全，其境況之困難可想而知了。「小和尚」由於從小受父母寵愛，比較任性。哥哥恩來一走，就沒有人督促他學習，沒有人管得了他了，他經常出去玩耍，爬樹、摘野果、飛彈弓、打麻雀、挖野菜、捉迷藏等，甚至乘船遊到城外去玩，玩得很開心。但他這樣做很可能也是因為哥哥不在家，他感到十分憂鬱和寂寞。由於心情煩躁，他不服八嬸的管教，有一次，他又跟八嬸頂起嘴來，頂得相當厲害，竟至於「犯逃」而出走，沿著大運河堤，徒步跑去揚州，摸到十三舅父萬立家中。他的表姐萬懷芝生前曾回憶說：「他

1. 胞弟周博宇（恩溥）和夫人王蘭芳

在路上把鞋子都跑壞了，後來乾脆摔掉了，赤腳而行，腳指頭已碰破了，是夜間摸到我們家的。那一身打扮，太寒酸了。媽媽跟我兩個人沒日沒夜地幫人家織毛線，縫衣服賺錢，用來為他趕做新衣新鞋，同時讓大哥萬敘生寫信告訴在山東臨沂做事的父親，父親又寫信去天津告訴恩來表哥。恩來表哥決定讓『小和尚』去天津，卻又沒有錢買火車票，直到父親寄錢來家，大哥才送他去浦口買票上車……」這個時間是在 1916 年的夏天，博宇 17 歲。周博宇到達天津以後的情形，周恩來在 1916 年秋天所寫的一篇作文《避暑記》中，曾有所提及：「期考畢，暑假放，校中寂，學子歸。……南望鄉關，欲歸不得。陽關送友，益觸愁思。……余弟適以是時自南至，同胞兄弟，七載形（睽）離，一朝把晤，不禁淚下。然斯聚也，雖悲實喜……」

周恩來為讓十三舅萬立放心，立即寫信報告平安。信上說：

……揚中寄款於八日接到，溥甥遂於當日動身，前日下午抵津，一路尚屬平安，現寓四家伯處。擬令其暫束身心，俾一切習慣漸變故態，然後再量材施教，以冀有成。唯恨時機已晚，不克受完全教育。七載荒廢，責在父兄。今而後知教育子弟事，非可疏忽視之，致貽後日無窮之悔也。至此次北上，一切照應均惟敘生表哥是賴，乃復蒙送之浦口，尤深感激。此後管束之方，尚望不棄，時錫教言，俾作指南，以匡甥之不逮，是為至盼。專以謹稟，敬請福安。

甥　謹稟 8 月 15 日

周博宇到天津後，進南開中學讀書。他的功課學得很好，幾年下來，他能寫得一手出色的文章，能迅速地翻譯英文書信。在書法上他也是班中的佼佼者。他在南開心情舒暢，春風得意。

1921 年周恩來在歐洲留學尋求救國的道路，在與表兄陳式周的通信中他曾有兩次提到他的這位胞弟。「八弟事，歸津作解決，亦良好。此等各人之道，總以自決為佳。彼蓋勇於一時盛氣，若無持久力，不入紗廠，未始非彼之有見而然也，近來消息如何，來函中亦望提及為盼。」

十一、周恩來的兄弟們

這一年周博宇 22 歲，可能正在上海陳式周處。過了一個月，周恩來接到陳式周表哥的信，又對周博宇選擇職業發表了看法：「博宇八弟事承關懷，甚感。家中至今尚未有信來，吾固未聞彼有吐血症也。今何犯此，頗繫念人。紡織工業本為今世重要產業，我很希望彼能置身此道。使彼銀行事終不成，而南通紗廠有機可圖，我仍希之為一試如何？」從這封信裡，不僅看到博宇患病吐血，而且周恩來希望他的這位胞弟能進南通紗廠就業，對他十分關心想念。

後來，周博宇北上黑龍江，到哈爾濱去找正在黑龍江財政廳做事的四伯父周貽賡，由周貽賡為他在稅務部門安排了工作。

1927 年左右，周博宇由四伯父周貽賡出面做主，娶王子修的女兒王蘭芳為妻。王子修是瀋陽人，周貽賡多年的同事和好友。周博宇結婚時的「大媒」（主婚人）是周貽賡的從堂兄弟周嘉琛。第二年，王蘭芳生下一男孩，取名榮慶。

1928 年 5 月，周恩來、鄧穎超由上海赴莫斯科出席中共六大時，路經哈爾濱，住在周博宇家中。後又在周博宇、周同宇二位胞弟的掩護下平安出境。

1937 年 4 月，周博宇的三弟周同宇的長女周秉德在哈爾濱出生時，周博宇特意為侄女的出生寫下「吾家添丁，周門大喜」八個字。周同宇的妻子王士琴回憶說：「博宇的書法頗見功底。寫得一手好字。」

周博宇思想開朗，生就一副熱心腸。別人有了困難，他總要出手相助。他的小姨子王蘭芝曾笑他「好管閒事」，他卻一本正經地說：「該管的事我就得管。」可見他是一個很有主見的人。但周博宇生性桀驁不馴，與人交往則難免發生衝突，甚至有時竟為此丟了飯碗。

1938 年，周博宇因為失業到北平去找「衡峰大叔」周嘉琛。經周嘉琛介紹，他前往山東工作。他雖經常失業，工作不穩定，但一直沒有離開山東。周博宇一生主要是做文書工作。

1944 年底，周博宇在山東濰坊病逝，終年 45 歲。周博宇和妻子王蘭芳只生有一子周榮慶，已於 1992 年病逝。

1. 胞弟周博宇（恩溥）和夫人王蘭芳

周博宇的夫人王蘭芳生於瀋陽。父親王子修，清末秀才，精通詩詞文章，是周恩來的四伯父周貽賡多年的同事和好友。1927年，王蘭芳由父親做主，嫁給了周博宇。第二年生有一子，起名周榮慶。王蘭芳帶著兒子隨丈夫住過哈爾濱、天津、北京、山東等地。1944年底，周博宇在濰坊去世。王蘭芳生活無著落，便去給人當保姆。

1947年或1948年初，王蘭芳不滿20歲的兒子周榮慶被國民黨軍隊抓去充壯丁，王蘭芳孤身一人十分痛苦。1948年2、3月間解放軍來到濰坊一帶，王蘭芳就參了軍，並參加了常（樂）濰（縣）戰役。開始做後勤工作，後來又被分配到幼兒園做保育員。1949年，她隨幼兒園進了北平，轉入中央軍委保育院（原延安洛杉磯保育院）工作。

1954年，部隊實行義務兵役制，大量裁減女兵，王蘭芳也復員了。因身體不好，先在西花廳七哥七嫂家中休息了幾個月。以後，王蘭芳就去河南焦作和她的兒子周榮慶一起生活。當時，周榮慶在焦作衛生學校工作。

王蘭芳性格內向，平日寡言少語，從來不對人說她和周恩來的關係。三年自然災害時期，王蘭芳家中生活非常困難，街道食堂沒有她的份兒，她也從不給周恩來和鄧穎超寫信訴說。後來還是鄧穎超託一個去河南出差的同志順便看望她，才了解到實情。由此，市委的同志知道她的情況後給她送去了糧食，她卻不接受。她說：「我沒有什麼功勞，我不能要。」她對她的妹妹王蘭芝說：「咱們做對了沒什麼，要是做錯了，人家就會把過錯全栽在七哥的頭上。」周恩來和鄧穎超非常關心王蘭芳，20多年間，他們每個月都寄給她幾十元生活費。她患有哮喘病，每次到北京看病，也是七哥七嫂替她承擔住宿和醫療的全部費用。

王蘭芳不善言辭，卻心裡有數。她自覺遵守周家的紀律，帶著兒孫在河南焦作過著普通百姓的生活，毫無怨言。她知道這正是七哥周恩來對她的要求。

王蘭芳於1975年病逝，享年69歲。

2. 胞弟周同宇（恩壽）和夫人王士琴

周同宇於清光緒三十年二月二十三日（1904年4月8日）生於江蘇省淮安府山陽縣駙馬巷周家老宅，比周恩來小6歲。他出生後因皮膚稍黑一些，家裡人便順口喊他「小黑」，算作乳名，取學名恩壽，字同宇，也用過桐宇。在周家大排行是十二。大革命失敗後，周恩來因長期遭敵人通緝，為保護弟弟，要他們改名，周恩壽遂以字為名。

他來到這個人世時，因祖父已病逝，淮安由於清朝撤銷了漕運總督，經濟蕭條，周家開始敗落，生活條件下降。他出生不到一歲，父親因買樂透中頭彩，家中經濟狀況改善，母親便帶著三兄弟一起去了清河縣（今淮陰市市區及淮陰縣一帶）清江浦的外婆家那邊，斷斷續續住了兩三年，在同宇3歲時，年輕的母親病故。次年秋天大哥恩來便帶著二哥和他一起從清江浦返回淮安駙馬巷老家。當時他只有4歲。

這時父親在外地謀生，工資甚低，無法養家，而老家的周姓各房俱相繼外出謀生，在駙馬巷住的還有五伯周貽鼎一家和患有殘疾的周貽奎夫婦，亦即當時淮安人常稱的「八爺」「八太」和他們的兒子恩碩。周恩壽的八叔（這是按周家大排行，嫡親是三叔）周貽奎由於腿疾行走不便，又體弱多病，他和八嬸母楊氏曾撫養他們兄弟仨一段時間，使幼時的恩壽從八叔和哥哥那裡學了一點珠算，也讀了一些古書。周恩來去東北時，八嬸母實在無力撫養博宇（恩溥）、同宇（恩壽）兄弟，就將年幼的同宇託付給住在清江浦的十四姨媽撫養。兩年後同宇8歲，回淮安和八叔八嬸、哥哥博宇一起生活。從此開始學習上鍋臺燒水、做飯，在菜園裡種蔬菜。就這樣，同宇在多災多難中度過了他那不幸的童年，也養成了沉默寡言的性格。

當時在東北謀生的四伯父（嫡親是大伯）周貽賡工資也不多。自1910年起，哥哥恩來已在四伯父處念書，1913年考入南開學校後，他因成績優異而得到校方獎勵，同時以為學校刻鋼板等勤工儉學。1918年底，15歲的周同宇向奶媽和舅舅借了點路費步上兩位兄長後塵，前往天津四伯父的家。1919年5月周恩來從日本回國，同宇去天津火車站迎接，兄弟二人分別8年

之後又重逢。周恩來看到當年他離家時只有6歲的黑弟已長成眉目清秀的少年。

周同宇自幼為人忠厚老實，到天津後，讀書用功，頭腦聰明，接受能力也比較強。因他的成績好，幾次「跳級」升學，深得老師的喜愛。放學後他還經常幫助四伯母做些家務，生爐子、燒水、洗衣服，正所謂「窮人的孩子早當家」了。

1921年，周同宇考入南開學校讀書。在這所新型學校進步思潮影響下，周同宇於1924年春即加入中國社會主義青年團，且是哥哥創建的「覺悟社」的小交通員。同年冬又轉為中國共產黨黨員。1925年，周同宇受黨組織派遣，以入北平宏達學院學習為掩護，到北平市做黨的地下交通和宣傳工作。

隨著歲月的流逝，周同宇在一片白色恐怖中一天天長大，並與其兄長一直保持著密切的聯繫，並在周恩來赴歐勤工儉學後期認識了長兄的女友鄧穎超。當時，他稱鄧穎超為「姐姐」，稱鄧穎超的母親楊振德老太太叫「楊伯母」。後來周同宇曾回憶說：「那時，姐姐用毛線給我編織了一雙棉鞋，那是我一生中第一次在寒冷的冬天穿上那麼暖和的鞋。」可見鄧大姐對他的關心和愛護。

1925年10月，已與兄長結婚的鄧穎超根據黨組織決定從廣州發來電報，讓周同宇陪同楊伯母一道去當時大革命的中心廣州。1926年1月經黨組織決定，周同宇進入黃埔軍校第四期政治科學習，同年6月畢業。

1926年，國民革命軍揮師北伐，周同宇任國民革命軍總政治部宣傳員。北伐軍攻打武昌城時，周同宇隨攻城部隊在火線上採訪，不幸右腳被敵人炮火炸傷，由當時任總政治部祕書長的郭沫若和宣傳大隊長的胡公冕抬下火線搶救脫險。一個多月後傷癒，周同宇被任命為國民革命軍總政治部勞資仲裁委員會代表，1927年春改任國民政府武漢郵電檢查委員會主任，並繼續參加北伐宣傳的籌備工作。

就在這期間，周同宇因年紀輕，涉世不深，僅為一件生活小事離開隊伍一個短暫時期。一向律己甚嚴的周恩來知道後非常生氣，嚴厲地批評和處理

十一、周恩來的兄弟們

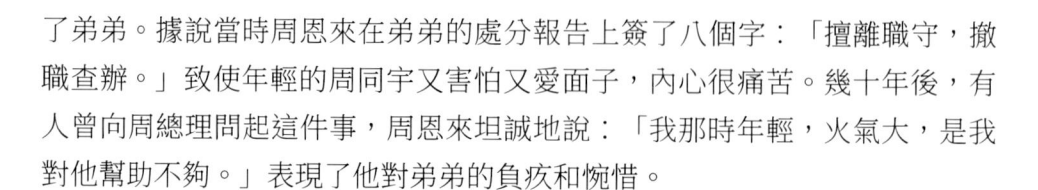

了弟弟。據說當時周恩來在弟弟的處分報告上簽了八個字：「擅離職守，撤職查辦。」致使年輕的周同宇又害怕又愛面子，內心很痛苦。幾十年後，有人曾向周總理問起這件事，周恩來坦誠地說：「我那時年輕，火氣大，是我對他幫助不夠。」表現了他對弟弟的負疚和惋惜。

1928年初，周同宇隨黨的組織去上海做地下工作，由於對上一次挫折仍成見在心，遂向兄長周恩來提出自己讀書太少，想離開革命隊伍去念點書。雖經兄嫂勸阻而無效，於是他離開了革命隊伍，也自行脫離了共產黨。然後，他隻身前往吉林的四伯父處。在吉林時，周同宇擔任吉（林）海（拉爾）鐵路局檢查課的課員，過起了平民生活。

是年5月上旬，周恩來、鄧穎超從上海祕密乘船赴莫斯科出席中共六大。船經青島時，受到日本偵探的注意，並跟蹤到大連，對他們進行盤查。在這生死攸關的時候，周恩來想到了弟弟周同宇。到吉林下火車後，有著豐富地下抗爭經驗的周恩來先住進旅館，沒有直接去四伯父家，而是用乳名給四伯父寫了一封信，請旅館的人送到四伯父家。周同宇接信後，見上邊只簡單地寫著「問舅父好」，下邊簽著「大鸞」兩個字。周同宇一見到哥哥那熟悉的字體，知道他到了吉林，並根據信中對四伯父稱「舅父」這一形式判斷他一定處境很危險，就悄悄前往旅館接回了哥嫂。

但是周恩來、鄧穎超在大連遭日本特務盤查時，已將去蘇聯接關係的證件全部毀掉了。沒有證件他們就去不成蘇聯。周恩來本人因認識他的人太多，當時東北又基本在日本人控制之下，他們仍隨時都有生命危險。經商量，周恩來一個人先啟程去哈爾濱的二弟博宇處住下，翌日再讓周同宇陪鄧穎超趕去哈爾濱會合，並由鄧穎超、周同宇在哈爾濱火車站等候比他們晚起程的李立三。一連等了六七天，終於等到了李立三。這樣，在周博宇和周同宇的掩護下，周恩來、鄧穎超和李立三等便安全地去了蘇聯。

1931年「九一八」事變以後，周同宇和四伯父周貽賡、父親周劭綱一起回到天津。

2. 胞弟周同宇（恩壽）和夫人王士琴

1933年夏天，四伯父周貽賡在天津法租界33號清河里17號病逝，周同宇協助父親料理喪事。因四伯父沒有孩子，父親周劭綱做主，將周同宇過繼給四伯父、四伯母。以兒子身分為四伯父守靈盡孝，使四伯父後繼有人。

此後周同宇先後在東北的吉林、哈爾濱和關內的太原、天津等地謀差做事，職及稅務、禁煙、證券等多個行業。曾任哈爾濱稅捐局課員、松江綏化稅務局課長、哈爾濱稅務監督署股長、哈爾濱濱江稅捐局課長，以及天津「天益成」布莊老闆等。在哈爾濱做事時，透過周恩來的好友、同學張鴻誥（王士琴的大姨夫）夫婦介紹，認識了在哈爾濱電業局工作的王士琴，他倆於1936年結婚。

王士琴生於1914年，是位滿族姑娘，通曉俄、英、日等多種語言，所以建國後一直任中學外語教師。

1943年，周同宇夫婦攜帶兩個孩子從哈爾濱遷到天津，與嗣母楊氏同住，同宇在天津一個證券行當司帳員，依然過著艱辛的生活，有時入不敷出，同宇的嗣母和王士琴不得不做些手工活，以貼補家用。

1945年冬，周同宇經過多方努力，又與黨組織取得了聯繫。1946年政治協商會議在重慶召開，周同宇從天津給在重慶的兄嫂寫了信，告知了四伯父、四伯母先後去世的情況，從而使周恩來得知了三弟的下落。是年2月底，周恩來與軍事調停處執行部的另兩位成員——美國的馬歇爾和國民黨方面的張治中前往北平（今北京），他讓工作人員給周同宇發份電報，讓其到北平一見。這是兄弟倆分別18年後重新相聚。

兄弟倆各敘離別之情之後，周同宇向哥哥提出繼續參加革命的要求。一貫遵守組織紀律的周恩來就叫他去找葉劍英。葉劍英同志代表組織，根據當時抗爭情況，讓北平軍調處管理財務的賴祖烈給周同宇一筆資金，要求他繼續隱瞞身分，仍回天津以做生意為掩護，為黨組織提供活動經費和醫療器械及藥品等緊缺物資，在隱蔽戰線上繼續為革命做貢獻。遵照葉劍英的安排，周同宇回天津後即開辦了一處「民生貨棧」，並按規定與天津地下黨員周世昌取得了聯繫，有關藥品、經費等均透過周世昌轉交給黨的組織。

十一、周恩來的兄弟們

1947年3月,國民黨關閉了國共和談的大門,人民解放戰爭也進入決戰階段。國民黨政府採取強化地方統治,實行保甲連坐的殘酷政策。周同宇被一壞鄰居告發,理由是:他是周恩來的親弟弟。1947年7月,周同宇被國民黨特務機關、天津警備司令部稽查處逮捕。在獄中,周同宇除了承認是周恩來的弟弟外,沒有暴露為黨工作的任何蛛絲馬跡。

周同宇被反動當局逮捕後,在天津的周恩來的老師、同學及舊友們紛紛設法營救,最後由南開學校周恩來的化學老師、時任南開大學教務主任的伉乃如和周恩來的南開同學常策歐、吳玉如三位先生出面擔保,3個月後周同宇獲釋出獄。「文化大革命」後,中組部於1979年對此事做出結論:「周同宇同志1947年被捕期間總的表現是好的,出獄後繼續跟地下黨員周世昌同志保持祕密聯繫。」

1949年4月,北平解放不久,周同宇和王士琴夫婦便從天津前往北平(京)見兄嫂。周恩來派人到住處接他們到黨中央所在地香山。周恩來因工作太忙,深夜才抽空和他們一起談話。

那年周同宇45歲,希望能繼續為革命做些工作,周恩來對親弟弟卻嚴肅地建議說:「我看你應先去上革大(指華北人民革命大學),學習後才能為人民工作。」當時,周同宇夫婦已經有了秉德、秉鈞、秉宜和秉華四個孩子了。所以周恩來讓弟媳王士琴先回家照顧好孩子,沒有讓她去上「革大」。

周同宇在「革大」學習一年後,1950年畢業被分配到北京鋼鐵局當科長,後來又調到冶金部。他曾先後擔任過華北鋼鐵局工務處副管理師,重工業部鋼鐵局供銷處祕書、購運總站副站長、倉庫管理科科長等職。

1953年周嵩堯去世後,周恩來的親屬初次來京要求到西花廳,都先由周同宇「甄別」真偽,報告鄧穎超視情況而定。

1959年,周同宇因身患胃病,年歲也較大,由組織上調內務部任專員。周恩來得悉弟弟調內務部後,就再三向內務部交待:「周同宇的工作,要安排得職務儘量低,工資級別儘量低,因為他是我弟弟。」

2. 胞弟周同宇（恩壽）和夫人王士琴

　　周同宇到內務部後，因患胃潰瘍，身體不好，經常請假休養，不能正常上班。周恩來就又囑內務部讓他提前退休。時任內務部長的曾山認為總理只是表個態，說一說，他工作忙，不會老記著這事，所以也就沒當回事。但周恩來不僅沒忘掉，而是嚴肅地對曾山說：「你再不辦，我就要給你處分了，他不能拿著全工資不上班。」於是，周同宇於1963年6月提前一年辦理了退休手續。打那以後，周恩來也把對同宇家的經濟補貼由100元提高到了每月200元，這幾乎花去周恩來自己工資的一半。

　　1964年8月周恩來抽空約一部分親屬來西花廳，以教育他的親屬、晚輩們要好好學習，努力工作，過好「五關」。這次他又對弟弟同宇說：「同宇已退休一年了，退休時我說過，現在小學的二部制多，孩子一放學回來就野了，吵嚷打鬧得很亂。你現在拿著國家的退休金，應該為人民做點事情。你可以把孩子組織起來活動、學習。」周同宇馬上回答：「已經做了。」周恩來繼續說：「你一天用兩小時對孩子盡點義務，起點作用，不是什麼大的負擔！」接著，周恩來又嚴肅地說：「你是我的親兄弟，你身體不好，人家讓你夠年齡退休，而不退職，一定會說是因為我的關係，這樣你就要表現出模範行動來。你盡點義務，雖然勞累，但是你的精神一定會好的。」

　　退休後的周同宇除了輔導孩子們的功課外，也參加些社會活動，有時與社會主義學院的學友王光琦（王光英的弟弟、王光美的哥哥）等人相約幾個人一起聚一聚，吃頓飯，改善一下伙食，聊聊天，當時有人戲稱這種聚會是「神仙會」。「文革」期間，江青為了整倒周恩來，想方設法找材料，當然也就「挖」到周同宇身上，硬是無中生有地把周同宇說成是「劉少奇黑線上的人物」，把「神仙會」也誣衊為「反革命聚餐會」等等，並發難到毛澤東、周恩來處。洞察一切的周恩來十分明白「四人幫」的險惡用心，於1968年2月在謝富治「拘留」周同宇的請示報告上寫了「拘捕審查」幾個字。而後由北京衛戍區執行。周恩來對自己的弟弟是了解的，他這樣做是從大局出發，不得已而為之。而且當時社會上武鬥不止，十分混亂，如果周同宇被「群眾組織」抓走，後果不堪設想。1974年春夏之際，周同宇的大兒子秉鈞從廣州回京，到西花廳看望伯父。周恩來知道自己不久將住院做手術，一向不談家事的周恩來對秉鈞說：「雖然你們父親那時（1928年）脫了黨，但我相信他

十一、周恩來的兄弟們

不會出賣我們，實際上他還掩護了我們。」他用這種方式表達對弟弟的看法，給弟弟一家巨大的安慰。

周同宇雖然失去了自由，但他心裡很清楚，他是為哥哥坐牢。他在獄中從不亂講，「四人幫」沒有撈到任何材料。1975年4月末毛澤東決定要解決幹部問題，釋放被關押多年的幹部。他經毛澤東過問批准，被釋放回家。

「文革」結束後，1979年中央組織部對周同宇一案進行了複查，全部撤銷了1975年7月的中央專案審查小組辦公室強加在周同宇身上的誣衊不實之詞，為周同宇同志徹底平反，恢復名譽。這使晚年的他激動不已，興奮不已，曾不顧病體拄著拐杖乘著無軌電車、公共汽車四處向親友們報告：「我徹底平反了！」接著，他當選為全國政協第五屆和第六屆委員，1985年初又落實政策，將退休改為離休，享受離休幹部待遇。

1985年5月13日，周同宇同志因病醫治無效，離開人世，享年82歲。

周同宇和王士琴共有子女6人，長女周秉德、長子周秉鈞、二女周秉宜、二子周秉華、三子周秉和、三女周秉建。

1982年，也就是在周恩來辭世6年後，周同宇夫婦和他們的孩子去中南海西花廳，看望當時健在的鄧大姐。談及家事時，鄧穎超同志對孩子們說：「你們伯伯（指周恩來）當時對同宇問題的處理，我都不清楚內情，直到最近我才弄明白，是『四人幫』發難。伯伯把同宇交北京衛戍區監護審查，是他採取的保護幹部的一種措施。如果讓同宇落在『紅衛兵』或『四人幫』手裡，那他就不會有今天，可能叫你死無對證了。」

據我們目前所掌握的零星資料看，周同宇同志生前有兩件遺憾的事。

其一是未能為哥哥親自送別。1975年雖然讓周同宇回家養病，但在當時極左思潮統治下，他仍由群眾監督，沒有讓他享有應該享受的公民權利：周恩來病重，不讓他去探望；周恩來去世後，作為一母所生唯一在世的胞弟，卻沒「資格」參加追悼會；他只能在家中設個靈堂，以淚水洗面，默默地悼念哥哥。「長兄如父」，周同宇十分敬愛自己的哥哥，而當哥哥告別人世時，他卻連見最後一面的「資格」都沒有，他內心的痛苦是常人們難以想像的。

2. 胞弟周同宇（恩壽）和夫人王士琴

其二是未能回故鄉看看。人到老年，難免思鄉懷舊，周同宇也不例外。前半生他由於顛沛流離，無法回到淮安。後來，他有機會回淮安看看，卻又因當總理的哥哥律己甚嚴，一次又一次不准周同宇回故鄉，怕驚動地方，給地方帶來麻煩。特別是1965年春節前夕，退休不久的周同宇得悉哥哥在安排平掉淮安老家的祖墳，但又擔心一直居住淮安的陶華（周恩來的叔伯兄弟周恩碩的妻子、周爾輝的母親）年歲大，想不通，需要有人去說服她。周同宇認為這是一個回故鄉的好機會，趁一次去西花廳時提出來：「哥哥，聽說你要平掉淮安老家的祖墳？讓我回去吧，十嫂（指陶華）的思想工作我一定能做好。」

「好呀——」周恩來開始很高興，可他轉念一想，馬上斬釘截鐵地說：「不行，你不能回去！」

「為什麼？」一向敬重哥哥的周同宇歸鄉心切，竟不顧一切地反問起來。

「因為你是周恩來的弟弟！」周恩來目光炯炯地說，「你回去之後，江蘇省委、淮陰地委、淮安縣委要派人陪同你，接待你，既浪費了地方的錢財，還要耽誤人家的工作。」

同宇不敢再說什麼了。只聽哥哥繼續說：「還是等爾萃放寒假回去探家，不會驚動地方領導。」

周恩來這麼一說，周同宇還有啥辦法呢？

「文革」開始以後的情況大家都已知道了，承受不白之冤坐了7年半的牢獄，到周同宇完全恢復自由後，又身患重病，失去了回鄉探望的身體條件。他臨終前曾動情地向老伴王士琴說：「我死以後，你們無論如何也要把我的骨灰送回淮安去，在我老家後院小時種過菜的地方深埋，讓我回到家鄉去看看……」

周同宇早年投身於大革命洪流，並曾在革命洪流的風口浪尖上拚搏、戰鬥。他雖後來被革命浪潮湧到了一邊，用他生前自己的話說，我是被「大浪淘沙」「淘」下來的人，但他在哥哥的影響、教誨下，始終與中國的革命事業保持著千絲萬縷的聯繫。應該說他是一個對國家對人民有過一定貢獻的人，

十一、周恩來的兄弟們

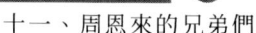

也是一生坎坷的人。他生前的最後遺願體現著我們中華民族幾千年的傳統，也表達了他對故土親情的眷戀和對家鄉的熱愛。誠如周恩來 1965 年 7 月 5 日在新疆石河子對另一位淮安老鄉所說的話：「一個熱愛祖國的人是沒有不愛他的家鄉的。」

王士琴，民國三年（1914 年）4 月 18 日生於吉林。6 歲左右隨父親遷居黑龍江省哈爾濱市。

王士琴的父親王洪杰（字孚忱），黑龍江愛暉縣人，是一名受過洗禮的東正教教徒。王洪杰幼年家貧，靠自學成才而後成為一個有名的俄語專家。20 世紀二三十年代時，王洪杰在中東鐵路擔任俄文翻譯處處長，並兼任哈爾濱工業大學的客座教授，其間他還做過駐海參崴的副領事，經濟收入十分豐厚。王洪杰透過自己的生活經歷深感個人奮鬥和自食其力的重要性，故十分重視對子女的教育。他為孩子們請了家庭教師，讓他們學習俄語，同時又學習一點英語和日語。他說：「我沒有什麼財產給你們，只能給你們留下一碗飯吃。」王士琴的大哥早年去世。二哥王語今後來成為 20 世紀 40 年代一個有名的小說翻譯家，曾翻譯過蘇聯著名作家尼·奧斯特洛夫斯基的小說《暴風雨所誕生的》。抗戰期間，王語今在重慶中蘇文化協會工作，還曾為中共代表周恩來和許多民主人士做過即席翻譯。

王士琴高中畢業以後本想東渡日本學習醫學。但時逢父親退休，家庭收入銳減。王士琴為了照顧家庭，替父親分憂，遂放棄了留日的計劃，考入哈爾濱電業局做了文祕。

王士琴 5 歲喪母，繼母陳玉文出身於書香之家，畢業於民國早期的吉林女子師範學校。陳玉文有一個姐夫名叫張鴻誥，他正是周恩來在南開學校時的同窗密友，後來又和周恩來一同在日本留學，1919 年周恩來離開東京準備回國之前，曾寫了一首詩《大江歌罷掉頭東》贈給張鴻誥留念。1936 年夏天，王士琴就是經由姨夫張鴻誥介紹，嫁給了正在哈爾濱稅捐局工作的周同宇。第二年，王士琴生長女周秉德，從此她像那個時代絕大多數的已婚婦女一樣，當上了家庭主婦。每日的柴米油鹽、丈夫孩子的衣食冷暖成為她主要的生活內容。

2. 胞弟周同宇（恩壽）和夫人王士琴

　　1943 年，周同宇為躲避日本人的盤查，帶著全家移居天津，與嗣母楊氏（四伯母）一起生活。王士琴在哈爾濱時生有長女周秉德和長子周秉鈞；移居天津之後，又生次女周秉宜和次子周秉華。

　　1947 年 8 月，胡宗南軍隊進攻延安，周恩來隨毛澤東轉戰陝北，周同宇被國民黨天津警備司令部拘捕。王士琴憂心如焚，帶著 4 個孩子在擔驚受怕中度過了 3 個多月。後來，經周恩來在南開學校時的老師伉乃如和同學常策歐、吳玉如三位先生出面做保，周同宇才得以獲釋出獄。

　　1949 年春，天津、北平先後解放。王士琴隨丈夫一同赴北平拜見周恩來、鄧穎超二位兄嫂。王士琴因是第一次見到兄長，很拘束。周恩來卻很隨意地問王士琴：「你是哪裡人呢？」王士琴不好意思地回答：「我的家鄉不太好，我是哈爾濱人，是東北的。」那時，因為東北很長一段時間在日本人統治之下，北平有部分人對東北人印象不太好。周恩來馬上睜大眼睛表示不同意地說：「東北有什麼不好呢？我就喜歡東北，因為我就是吃你們東北的高粱米長大的。」一句話使王士琴輕鬆了。

　　周恩來要求周同宇立即去華北人民革命大學學習，等待組織分配工作。要強的王士琴向周恩來表示她也想出來參加工作。王士琴的志向立刻得到了周恩來和鄧穎超的理解與支持。在他們的安排下，周同宇和王士琴的 4 個孩子很快被送進了寄宿制的中學、小學和幼兒園。週末，周秉德、周秉鈞、周秉宜回西花廳來住，減少了王士琴的後顧之憂。1950 年，王士琴受聘於北京女四中，任高中俄語教師。多年來的願望終於實現了，她成為一名人民教師。

　　周同宇和王士琴當時有 4 個孩子，周恩來卻沒有孩子。他們提出來過繼一個孩子給大哥，周恩來沒有同意。他說：「假如我要了一個孩子，將來別的孩子就會認為我這個做伯伯的偏向不公平。現在這樣不是挺好嗎？你們的孩子我都會當作自己的孩子來看待的。」周恩來不僅這樣說了，同時也這樣做了。

　　解放初期，國家尚未實行計劃生育。1951 年和 1952 年，王士琴又先後生了幼子周秉和、幼女周秉建。這時她正在北京女四中教書並擔任班主任，學校教學任務重，她的學生不能沒有她。困難之際，大嫂鄧穎超出錢為她請

十一、周恩來的兄弟們

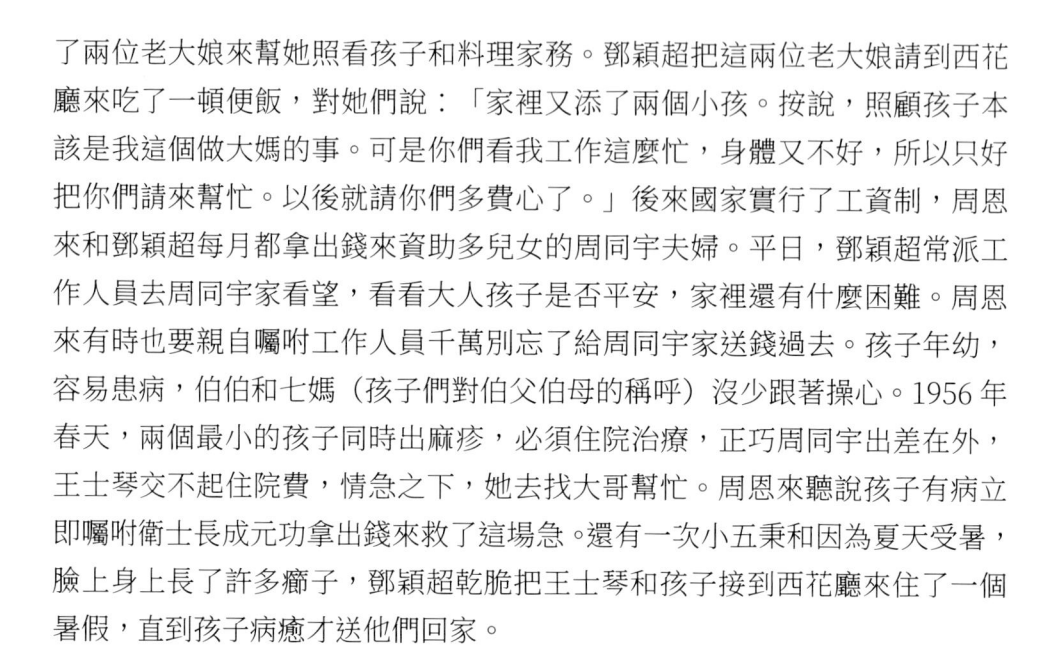

了兩位老大娘來幫她照看孩子和料理家務。鄧穎超把這兩位老大娘請到西花廳來吃了一頓便飯，對她們說：「家裡又添了兩個小孩。按說，照顧孩子本該是我這個做大媽的事。可是你們看我工作這麼忙，身體又不好，所以只好把你們請來幫忙。以後就請你們多費心了。」後來國家實行了工資制，周恩來和鄧穎超每月都拿出錢來資助多兒女的周同宇夫婦。平日，鄧穎超常派工作人員去周同宇家看望，看看大人孩子是否平安，家裡還有什麼困難。周恩來有時也要親自囑咐工作人員千萬別忘了給周同宇家送錢過去。孩子年幼，容易患病，伯伯和七媽（孩子們對伯父伯母的稱呼）沒少跟著操心。1956年春天，兩個最小的孩子同時出麻疹，必須住院治療，正巧周同宇出差在外，王士琴交不起住院費，情急之下，她去找大哥幫忙。周恩來聽說孩子有病立即囑咐衛士長成元功拿出錢來救了這場急。還有一次小五秉和因為夏天受暑，臉上身上長了許多瘡子，鄧穎超乾脆把王士琴和孩子接到西花廳來住了一個暑假，直到孩子病癒才送他們回家。

在周恩來和鄧穎超的盡心關照下，孩子們健康成長，王士琴也能安心地在學校教課。她早出晚歸，兢兢業業，學生生了病，她親自到學生家裡去為學生補課。她愛學生，學生也愛她。為此她獲得了「優秀班導師」的榮譽稱號，也受到了周恩來和鄧穎超的多次表揚。

周恩來和鄧穎超一向視教育孩子為自己義不容辭的責任。他們經常召開家庭會議或找孩子們談話，鼓勵他們認真學習毛主席著作，關心國家大事，努力改造世界觀，徹底背叛封建家庭。周恩來還一再要求孩子們將來要去基層工作，做一個普通的自食其力的勞動者。對秉德去做小學教師，秉鈞和秉華參軍，秉和和秉建去農村插隊，周恩來一次又一次地給予最熱情的支持與鼓勵。

十年浩劫中的1968年2月，已經退休在家養病的周同宇受江青等人的誣陷而被拘審入獄。王士琴忍受著極大的痛苦和精神壓力，照常堅持去學校上課，一天都沒有耽誤過，表現得十分堅強。當時周同宇的退休金已經停發，王士琴要從自己有限的工資中拿出一部分按時給獄中的丈夫送去。而她的6個孩子也分別在西安、廣東、河北、四川、延安、內蒙工作與勞動。尤其是

兩個小的孩子秉和、秉建只有十五六歲就去了延安、內蒙插隊，更讓她牽腸掛肚。農村條件艱苦，王士琴擔心在延安的小兒子挨餓，又擔心在內蒙的小女兒受凍，她省吃儉用攢點錢，又把自己珍藏多年的首飾拿出來賣掉，買了食品和棉鞋棉衣給孩子們寄去。在這最艱難的時刻，又是大哥周恩來、大嫂鄧穎超向她伸出了有力的手幫助她，與她共渡難關。鄧穎超把兩個大孩子秉德、秉鈞找到西花廳來商量，她說：「現在我們來分分工：秉德負責秉和的生活費，秉鈞負責秉宜的生活費（當時秉宜還在大學沒有畢業），我來負責小六秉建。不是我和你伯伯出不起這些錢，我們是想讓你們也為媽媽分點憂，養成對弟弟妹妹的責任心。」

周恩來和鄧穎超透過書信往來密切注視著孩子們的成長，不斷鼓勵他們在基層、在勞動中鍛鍊自己的思想、體質和意志。如果哪個孩子沒有信來，鄧穎超就會坐立不安，跑去向老伴「匯報」，又忙著給其他的孩子寫信詢問，直到把情況了解清楚，她的心才算踏實下來。

「文革」期間，有的孩子沒有公費醫療，有的孩子戶口不在北京，當時的規定，戶口不在北京的不能在北京的醫院就診，於是孩子們生了病，老兩口就自己掏錢送孩子去 305 醫院（當時還只是個門診部）檢查治療。孩子們回到北京來看望伯伯和七媽，周恩來和鄧穎超又一再叮囑他們要立足基層，扎根民眾，樹立為人民服務的思想。漫長的 8 年終於過去了，當周同宇拖著虛弱的病體，拄著拐杖從獄中回到家裡時，大哥大嫂還給他的是一群健康、自立、樸實無華的青年。俗話說「長兄如父、長嫂如母」，周恩來、鄧穎超則賦予了它全新的內涵。

王士琴和周同宇風雨同舟、相濡以沫度過 50 年。王士琴老人教書幾十年，桃李滿天下，學生們常常來看望她，師生相聚，歡聲笑語不斷。每逢 3 月 5 日，王士琴都要在周恩來、鄧穎超的合影前放上一束鮮花，再點上一炷香。花香四溢，青煙裊裊，她在心裡默默地祈禱，感謝大哥大嫂對她一生一世的幫助與恩德。

1993 年清明節，王士琴特寫詩一首紀念故去的七嫂鄧穎超：

妯娌情

十一、周恩來的兄弟們

革命大姐鄧穎超，國內國外人知曉。

婦女兒童貼心人，有口皆碑人稱好。

初見大姐第一天，端莊慈祥映眼前。

正逢婦聯第一大，忙於革命不得閒。

會後匆匆來相見，安排子女進校園。

從此解放我手腳，後顧無憂去上班。

替兄分勞抓家務，教育侄輩如己出。

循循善誘多教誨，以身作則嚴要求。

我生何幸遇大姐，雖非同胞勝手足。

每遇困難伸助手，問寒問暖常關注。

大姐年高又多病，老驥伏櫪志千里。

她為革命不歇肩，鞠躬盡瘁而後已。

噩耗傳來驚天地，大姐久病不再起。

恨我未及來送終，一生遺憾悔不已。

不堪回首憶當年，大姐對我恩如山。

千言萬語訴不盡，化作相思記心間。

清明時節雨紛紛，路上行人欲斷魂。

親人不見心欲碎，想念大姐淚沾襟。

西花廳前春意暖，懷念主人海棠開。

人去樓空兩不見，魂兮魂兮何時來？

2002年10月6日，王士琴老人以八十八高齡病逝於北京，她的子女們遵從父親的遺願，將父母的靈骨歸葬淮安，讓他們葉落歸根。

3. 十堂弟周恩碩和夫人陶華

周恩碩是周恩來八伯（叔）周貽奎的獨生子，字潘宇，乳名大黥，大排行十，生於清光緒二十八年（1902年）。周恩碩幼時在家塾館讀書，後由父親多年輔導，有一定的文化基礎。1916年周恩溥到天津投奔四伯父後，1917年周恩碩也到天津由四伯父供養上學讀書，也曾考入南開學校就讀。1917年底父親周貽奎去世，1918年底周恩壽也從淮安到了天津。從小一起長大的三兄弟恩溥、恩碩、恩壽和四伯父、四伯母一起生活。

20世紀20年代初，中國各地軍閥「稱雄」一方，戰亂頻頻。一次，周恩碩被天津軍閥抓了壯丁。但他既不願為反動的軍閥賣命，也過不慣軍閥部隊的生活，就偷偷開了小差。一路上，他歷盡千辛萬苦，最後靠討飯才回到淮安老家。歸淮後，為生活計，周恩碩曾當過糧行管帳，應聘到家塾館教書，娶妻陶華。

1938年，日本軍國主義的鐵蹄踐踏到古城淮安，時周恩來已作為共產黨的要人參與國共抗日統一戰線的工作，名聲很大。周恩碩因小時臂膀上刺有「周恩碩」三字，怕被日本人發覺，也怕有人向日本人告密，就悄悄跑到淮安城西南方的林集鄉下，靠給有錢人家當塾師維持生計。當時，周恩來關心遠在老家的叔伯弟弟，透過組織指示淮北解放區的中共淮寶縣委，帶口信給周恩碩，要他下鄉參加抗日游擊隊，投身抗日救亡工作。據他的兒子周爾輝1996年12月回憶，中共淮寶縣委當時派出送信的聯絡員是化裝成一個賣韭菜的窮苦農民，頭上戴著一頂破斗笠，挑著一擔韭菜一路叫賣著，潛入日偽軍戒備森嚴的淮安城，悄悄找到駙馬巷周家老宅。

周恩碩接到周恩來的指示後，在林集鄉下就地參加了抗日游擊隊，還當選為淮寶縣參議會的參議。當時的淮寶縣地處水網地區，西有洪澤湖，東有白馬湖，這些湖上都有湖霸水匪活動，無人管問。他們打家劫舍，吸毒嫖娼，為非作歹，欺壓百姓。群眾紛紛投訴，為保境安民，淮寶縣組織了專門的禁煙懲匪機構，並讓周恩碩參加了禁煙懲匪工作。據說，周恩碩因為禁煙嚴厲，遭到「煙鬼」們的忌恨，不幸被煙鬼偷偷害死，毀屍滅跡。後來，周恩碩的媽媽楊氏因思子心切，曾四處奔走尋找，在那以後近一年的時間內，凡是她

十一、周恩來的兄弟們

聽到淮寶縣境內有無名的屍體出現，她都要前去認屍，生怕是自己的兒子周恩碩。結果，她一次次尋找，一次次失望，始終連屍體也沒找到。綜合地方史料及家人的回憶，周恩碩過世時間大約在1943年夏天，享年只有40歲。淮寶縣人民政府給周恩碩家發過「抗屬證」和「烈屬證」，對周恩碩以失蹤革命人員處理。

周恩碩遺有兩子：周爾輝、周爾萃。他遇難時一個五六歲，一個七八歲。周恩來很關注他們的成長。1950年周恩來接孀（伯）母周八太進京時，周八太帶了周爾輝一起來。周恩來送爾輝上中學，一切費用由他負擔。爾輝從北京鋼鐵學院畢業後留校工作。鄧穎超十分關心他的婚姻，請淮安縣委的同志在家鄉為他找了一個未婚妻孫桂雲，1961年7月1日，周恩來為周爾輝孫桂雲結婚設簡單的便宴，得知孫桂雲從淮安調到北京。當時正值困難時期，大量裁減城市人口，他們響應周恩來的號召，回到淮安工作，周爾輝做中學老師，孫桂雲做小學教員。20世紀80年代孫桂雲生病，鄧穎超將她接到北京治病，留她住西花廳。周爾萃於1958年參軍，不久入西安部隊航校學習。

周恩碩的妻子陶華出生於清光緒三十一年的四月初八（1905年5月11日），因周恩碩大排行十，故周同宇等稱她「十嫂」。

陶華的娘家在淮安縣城西南三四十里的鄉下林集，從小沒念過書，是位道地的農村家庭婦女。陶華的娘家比較貧寒，嫁到周家後，周家生活已十分艱難，這使她大半生都處在極端艱難困苦的境遇裡。1941年丈夫參加革命失蹤後，她仍一直孀居在淮安駙馬巷周家老宅，孝敬婆母，撫育兩個年幼的兒子。因周家在淮安無地，陶華什麼經濟收入也沒有，一家人備嘗艱辛。有時家中斷炊，只有靠她給人家洗衣漿裳、縫縫補補，賺回幾個銅板，糴點米熬粥餬口。直到建國後才按月領一點由人民政府發給的撫卹糧度日。1952年國家由發糧食改為發錢，每月45元，以供應三口人（周爾輝已赴京讀書）生活及爾萃的上學費用。全中國開展掃除文盲活動後，陶華由當時上學讀書的小兒子周爾萃「包教」，認識了500餘字，算是摘掉了文盲帽子。為了彌補生活上的困難，她曾與婆母楊氏一起將周家老宅的部分房屋修繕出租，每月房租也只三五元而已。

3. 十堂弟周恩碩和夫人陶華

1956年婆母楊氏病故後，周恩來曾致信淮安縣人委負責同志：「我伯母家現還有陶華等人，今後她的生活費用均由我這兒接濟，請當地政府對她勿再予照顧。」

解放初期，陶華已年近50歲，不可能參加工作。她是家庭婦女，盡到了媳婦、妻子、母親的職責，並為周家盡了「看家守院」責任，保護了故居，照看著周家祖塋地。同時，她牢記兄長周恩來的教誨：不給地方政府增加經濟負擔和其他麻煩。1958年，淮安以周爾萃已經參軍，作為照顧軍人家屬，要修理破敗不堪的周家老宅。陶華立即寫信向周恩來報告，周恩來回信即說：「前接我家弟媳陶華來信，得知縣人委準備修理我家房屋，我認為萬萬不可，已託辦公室同志從電話中轉告在案……現在正好趁著這個機會，由我寄錢給你們先將屋漏的部分修好，然後將除陶華住的房屋外的全部房院交給公家處理，陶華也不再收房租。此事我將同時函告陶華，並隨此信附去人民幣50元，如不夠用，當再補寄。」

周八太將孫子周爾輝帶去北京念書並在北京鋼鐵學院工作後，陶華也曾被接去北京居住。鄧穎超將她請到中南海西花廳做客。妯娌倆談古說今，頗為親切。鄧穎超問及陶華的生活等情況時，知道陶華有一手「補窮」的絕活手藝。「補窮」就是補破衣、破鞋、破襪等等，淮安話叫補窮。鄧穎超很高興，就一邊和她聊天，一邊找了舊衣裳，請她縫補。陶華的針工手藝確實不錯，經她縫補後，舊衣又可在家常穿用。可是沒幾天，鄧大姐和周總理的破舊衣服等就補完了。鄧穎超同志又讓西花廳的其他工作人員找來各自的破舊衣服請她補。那時，大家都以艱苦樸素為榮，另外棉布實行定量供應，各人的衣服都比較少，加之他們受周恩來、鄧穎超儉樸之風的薰陶，大都將破舊衣服補一補以便能繼續穿。大家將自己及家中老人的、孩子的破舊衣服都找來了。可是不到一個星期，陶華又全給補完了。

在西花廳補完破衣服，陶華感到沒事做，加之生活上也不習慣，就又返回了老家淮安。他的兒子周爾輝和媳婦孫桂雲遵照周恩來的指示也從北京回到淮安，和她一起生活。

十一、周恩來的兄弟們

陶華因從三十幾歲孀居，又沒有受教育，很少與外界接觸，所以對國家大事、外部世界了解較少。這樣，周恩來認為，陶華是個思想比較守舊的人，要她的親屬，特別是侄兒輩們多幫助她。

1964年8月10日下午，周恩來在中南海西花廳邀約一部分親屬談「過五關」時，曾四五次用陶華舉例。如他在說過「思想關」時說：「天外是什麼？那是個未知數，人還不知道，但是要問陶華，她就可能說是菩薩、天老爺。」又說：「看問題的方法不一樣，我們這些人，都有距離，陶華與我們的距離較大了。」在說到要自己創造環境改造自己時，周恩來說：「如陶華，不要總悶在駙馬巷周家院子裡，和那些老太太談舊事。要打開這個圈子，要和工人、農民、勞動者多接觸，談談新鮮事，認識些新人。兒子、媳婦都是黨員，要幫助她，帶她到外面走走，了解些新鮮事兒。不然整天和鄰居老太太在一起，都沒有勞動，都只知道過去的事，在一起就是說舊事。」在說到要創造環境的第二種人時，周恩來又說：「王士琴也是要自己去創造環境，不必像陶華那樣需要別人幫助。」

由於周恩來對陶華有這樣的看法，所以1965年春節前，他要平掉淮安周家祖塋地、退耕還田時，首先就想到陶華思想上會想不通，需要有人回去先做好她的思想工作。

周恩來一向主張平墳深葬。1958年他給淮安縣委寫信就力主這點。每次見到淮安來的同志都要談到這個問題。1964年他對晚輩說：墳地問題一定要解決，中國有六七億人口，只有16億畝耕地，平均一人二畝三分地，將來人口越多，每人平均土地越少。並說：堅決反對重修祖墳，要有時間親自回家鄉說服大家。他深知厚葬是中國幾千年的傳統，一時難以改變，但作為一國總理要身體力行，帶頭移風易俗。可是，他知道他要是回故鄉會驚動地方，給省、縣帶來很多麻煩。最後，他把這件「特殊任務」交給了侄兒，也就是陶華的小兒子周爾萃。當時周爾萃在西安航校學習，正在南苑機場實習，寒假準備回老家看媽媽。周恩來讓周爾萃回淮安老家時向陶華轉達要平掉祖墳的想法，希望她能想得通和積極予以配合。經過周爾萃、周爾輝、孫桂雲做

工作，陶華轉變了看法，完全同意周恩來的做法，把周家在淮安東門外的七座墳墓全部平掉，棺木就地下沉，土地交生產隊耕種。

另外，位於淮安駙馬巷的周家老宅院，也是在她婆媳兩代人的精心保護下得以修繕，才有後來的對外開放。

陶華晚年還被選為淮安縣政協委員，1985年8月15日去世，享年81歲。

4. 大堂兄周恩濤

周恩濤，後更名祖蔭，係周恩來大伯父周炳豫的長子，後居南京，大排行一，娶妻萬氏，生有一子爾圻，兩女長華、長榮。爾圻生三子、兩女，子周強，現生活在淮安區，他現在成了周家遷淮安後唯一的「留守」者。

5. 四堂兄周恩夔

周恩來堂兄周恩夔，號鐵仙，是周恩來六伯父周嵩堯的獨生子。他生於清光緒十九年十二月初十日（1893年11月17日），大排行四。

周恩夔從小時即有殘疾，腿行走不便，父親為他起名恩夔。「夔」即獨角龍。意思是他雖然一條腿不太方便，但仍不失為一個好漢。他還未成年，父親就為他捐了國學生、江蘇州同分蘇縣知事。周恩夔從小身體病弱，又是周嵩堯唯一的兒子，難免嬌寵，但他受過良好的教育。他擅長國畫，喜好文學，尤其喜歡陸游的詩詞，粗通英文。他為人本分正派，平日潔身自好，不求功名利祿。他有兩大愛好，一個是畫國畫，一個是和孩子在一起。他有10個兒女。他教孩子們畫畫，給他們買芥子園畫譜，帶他們上天寧寺等風景勝地遊覽參觀。

1937年冬，日寇占領了揚州，老百姓成了亡國奴。周恩夔的兒子周華章回憶說：「當亡國奴什麼都得由日本人配給，中國人只許吃黑麵，交通方便之處也被日本人占了。我家在淮安的田產也被日本人徵收。」一家人生活日漸貧困。周恩夔的繼母孫氏、兒媳、孫女先後病逝。當時有人勸周嵩堯出山，去日偽政權中擔任職務。同時，憑著周嵩堯的地位和社會關係，周恩夔找個

十一、周恩來的兄弟們

工作也並不困難。但周嵩堯和周恩夔都拒絕出來給日本人做事，保持了民族氣節。周恩夔在家中還教給孩子們唱《打倒列強》等愛國歌曲。為謀生存和養活他的孩子們，周恩夔曾去跑過單幫，往返於滬、揚，給人家帶貨，賺一點腳力錢。但終因腿腳不便而作罷，轉由他的妻子出去做小生意。他則留在家中開辦私塾，以教國文，教畫、賣畫勉強維持生活。

1946年周恩來率中共代表團駐南京，周恩夔、陸淑珍從揚州家中赴南京看望並期望七弟能幫他找個工作，周恩來與之晤談後，鑑於當時時局緊張，內戰一觸即發，自己事情又太忙，無暇再談，便寫了一封情深意長的信，託人送至旅館交恩夔夫婦。鑑於此信不長，不妨錄之於後：

鐵仙四哥嫂：

相別幾近三十年，一朝晤對，幸何如之。舊社會日趨沒落，吾家亦同此命運，理有固然，寧庸迴戀。惟人生賴奮鬥而存，兄嫂此來，弟處他人檐下，實無可為助。倘在蘇北，或可引兄嫂入生產之途，今則只能以弟應得之公家補助金五萬元，送兄嫂作歸途費用，敢希收納。目前局勢，正在變化萬端，兄嫂宜即返揚，俾免六伯父懸念。弟正值萬忙之中，無法再謀一面。設大局能轉危為安，或有機緣再見，屆時亦當勸兄嫂作生產計也。

匆匆函告，恕不一一。順頌旅安，並祈代向六伯父問候安好為懇。

七弟　拜啟

六月十一日

弟妹附筆。

此信言辭懇切，親情融融。「人生賴奮鬥而存」，道出人生真諦。

在周恩來的鼓勵下，周恩夔大約於1947年左右在《蘇北日報》找到了一份校對的工作。1949年3月，揚州解放，周恩夔受解放軍駐揚州軍管會的委託，保護報社，以防敵人破壞。後又被安排在揚州市人民教育圖書館工作，這才有了安定的生活。由於十多年的飢餓辛勞，周恩夔體弱多病，年近六旬已是「近更龍鍾，病肺高枕，如少陵行將就木，死不為大」。

周恩夔 1952 年 3 月因病在揚州去世，終年 59 歲。

周恩夔先娶妻王碧英，繼娶陸淑珍。他共生育 10 個子女，八男二女，分別為：周華彩（女）、周華禹、周華寶、周華田、周華東、周華璋、周華琪、周華瑞、周華凱和周華絨（女）。

6. 五堂兄周恩煥和九堂弟周恩宏

周恩煥生於清光緒二十年（1894 年），係周恩來五伯父周貽鼎長子，大排行五，早夭。

周恩宏生於清光緒壬寅年（1902 年），係周貽鼎次子，大排行九，生子延嶺，女延燕。

7. 十一堂弟周恩煦

周恩煦係周恩來大伯父周貽豫次子，大排行十一，娶妻王氏，早逝。

8. 十三堂弟周恩彥

周恩彥是周恩來三伯父周濟渠的獨生子，乳名大英，字蔚人，大排行十三，後以字行。清光緒三十一年十月二十八日（1905 年 11 月 24 日）生於江蘇省淮安府山陽縣駙馬巷周家老宅院。周恩彥 4 歲時隨父母去東北，後又隨父母遷居天津。因父親周濟渠薪金待遇等均不錯，因此他的童年生活還比較優裕。周濟渠對獨生兒子既寵愛有加，又望子成龍，8 歲時才把他送入家塾讀書。1918 年 9 月周恩彥入天津直指庵小學讀書。不久，周恩來東渡日本歸來，在天津投身並領導五四運動，哥倆便多了接觸，周恩來的愛國赤忱、積極進取、無私無畏等敬業精神曾給少年周恩彥一定的影響。

1920 年周恩彥考取天津南開學校讀書，是繼周恩來、博宇（恩溥）、同宇（恩壽）、恩碩之後，周家第五位進南開學校讀書的同輩兄弟。1923 年他於南開初中畢業，後考入天津扶輪中學，這是一所相當於今天職業高中的學校。兩年後畢業，即到天津津浦鐵路會計處擔任司事。1928 年 10 月，津浦

十一、周恩來的兄弟們

鐵路會計處遷浦口,周恩彥也隨之由天津到浦口任職,並由司事升任課員。1932年他調到武漢粵(廣東)漢(漢口)鐵路會計處,先任課員,後升任課長。周恩彥以孝子著稱。錢能訓的孫子錢家還記得父親常常講周恩彥十分孝順。

周恩彥在漢口期間,適逢抗日戰爭全民抗戰,國共兩黨第二次合作,周恩來作為中共首席和談代表暨中共長江局負責人,在武漢三鎮開展抗日統一戰線工作,與周恩彥交往甚多。周恩來還利用周恩彥的有利身分,將中共駐武漢八路軍辦事處的一架祕密電臺架設在周恩彥住處樓上。為掩護這架電臺,周恩彥做了不少工作,冒了極大的風險。在武漢期間,由周恩來的南開同學趙光宸出面提議,把周恩彥的兒子周保章、女兒周保莊過繼給周恩來為嗣子女。應該說,這期間的周恩彥是對革命工作有過一定的支持和幫助的。

1938年為了躲避日本軍的殺戮,周恩彥和夫人葛少文帶著5個孩子從武漢撤到衡陽。1939年形勢緊張,周恩彥因公務在身,讓葛少文帶著5個孩子逃到桂林。剛安頓好,新家就被日本飛機炸毀,只好向八路軍駐桂林辦事處求助。葉劍英安排他們住進八路軍在桂林鄉下的大院子裡。周恩來聞訊後趕來看望。因為工作太忙,站著和周恩彥夫人說話。形勢緩和後,葛少文帶著孩子又回到衡陽和周恩彥團聚。

1938年10月武漢失陷,隨著國土淪陷,1941年4月周恩彥調到江西玉山任浙贛鐵路會計處課長;10月又調回粵漢鐵路會計處復任課長。1941年周恩彥夫人在戰亂中因勞累、焦慮病逝,只有34歲。當時周恩彥36歲,顧及六個未成年的孩子,終身未娶。不久兩歲小女兒夭折。1943年調至粵漢鐵路附業處任課長,住在貴州獨山。

1944年,中國共產黨領導的解放區開始恢復和擴大。日本為了挽救在太平洋戰場的失敗,發動「一號作戰」,要打通大陸交通線,發動豫湘桂戰役。在40萬日軍進攻下,由於國民黨避戰,百萬大軍除少數進行激烈抵抗外,大都潰不成軍,8個月喪失了河南、湖北、湖南、廣西20萬平方公里領土,洛陽、長沙、福州、桂林4個省會和146座城市,7個空軍基地,36個飛機場,

使6000萬人口落入敵手。日軍占領桂林後，沿黔桂公路向貴州進攻如入無人之境，12月2日占領獨山，震動重慶，蔣介石準備遷都雅安。

日本打到獨山時，國民黨當局沒有任何準備，群眾聽到槍聲，才開始逃命，一切財產都丟棄了。周恩彥要押公文箱坐著火車離開獨山。他站在最後一節車廂，望著在路上艱難行走的一家老少病殘，心如絞痛。

夫人病故後，家中一個小腳保姆黃嫂帶著五個孩子逃難，最大的兒子15歲，是個殘廢人，一條腿長，一條腿短，行走不便。最小的才6歲。13歲的周保常背著妹妹走。一家人開始跟著人群走，很快就掉隊了，一步一步向前挪。從獨山到貴州二三百里路，走了兩個多月。一路上沒有水喝，沒有飯吃，只能到地裡找些收成過後地瓜頭、野菜，甚至吃死驢肉充饑。睏了就由路邊弄點稻草胡亂睡一夜。幸虧有黃嫂照料，五個孩子才沒有走散。黃嫂帶著五個孩子走到貴陽，到湖南會館才找到周恩彥，一家人才團圓。不久又逃到重慶。再苦，周恩彥也讓兩個健康的兒子周保常、周保章讀書。生活漂泊不定，讀書也是斷斷續續。苦難的生活，使孩子們痛恨日本鬼子，痛恨國民黨的腐敗無能。兄弟倆1948年在中學參加了黨的外圍組織新民社，1949年轉入青年團，1950年參加人民解放軍。

1945年周恩彥又回粵漢鐵路會計處任課長、副處長等職。抗日戰爭勝利後，蔣介石三次電邀毛澤東赴重慶和談，共產黨方面為了不負全國人民的厚望，決定由毛澤東為首前往會談。周恩來隨毛澤東與蔣介石等在重慶談判之餘，特意抽出時間相約周恩彥到重慶紅岩村竟夜長談。周恩來要周恩彥認清形勢，不要做對不起人民的事，並說服周恩彥將其兩個兒子周保常和周保章送往延安魯迅藝術學院就讀。並定好了接送地點和時間，後因時局劇變，加之當時長江、嘉陵江漲大水，使住在江北縣溉瀾溪的周保常、周保章無法應約前往。周恩來的這一安排未能實現，也成了周保常、周保章兄弟倆的終生遺憾。

1948年，國民黨反動政權已經土崩瓦解，國民黨特務們為拽住周恩彥這個與共產黨要人周恩來有關係的人，以便造謠誣衊，便千方百計地拉他加入國民黨。周恩彥婉拒之後，受到特務們的跟蹤監視。如1948年春，周恩彥

十一、周恩來的兄弟們

家買了一臺老式收音機，當即受到國民黨特務們的懷疑。一個夏天的清晨，幾名彪形大漢突然闖進他家，先是厲聲喝問收什麼電臺，然後又強行將機件拆開，檢查能否發報。弄得他們一家終日膽顫心驚，過著惶惶不安的日子。周恩彥在迫不得已的情況下，屈服於特務們的壓力，被迫加入國民黨。國民黨還送給他區分部委員的頭銜，從而使他在政治生活上鑄成大錯。

1949年，解放大軍如滾滾鐵流向南推進。南方各地為迎接解放，紛紛成立「應變會」，周恩彥也被公推為粵漢鐵路局衡陽應變委員會的副主任。國民黨特務馬上向當地主政的桂系頭臉人物白崇禧報告。白崇禧一看到「周恩彥」這個名字就神經緊張地問：「周恩彥與周恩來是什麼關係？」當他一聽是兄弟關係時，馬上毫不猶豫地下達命令：「這是個危險人物，要嚴加監控。」從此，周恩彥家的周圍一直是鬼影不斷。

那年10月，人民解放軍解放了廣州，隨粵漢鐵路會計處跑到廣州的周恩彥一起被解放。他曾企盼周恩來這株大樹能對他有個蔭庇關照，所以廣州郵政業務一恢復，他就以子女的名義向北京中南海發了一份電報，周恩來的回電很簡單，只有7個字：「請到原單位報到。」收到電報後，他非常震驚，同時也十分敬佩中國共產黨人不徇私情、不謀己利的作風。1949年10月他回單位報到後，被委為廣州鐵路分局財務科副科長。1951年2月調（湖北）武昌鐵路分局財務科繼續任副科長。1951年4月被調至湖南衡陽集訓隊受訓，年底調回武昌集訓隊受訓。1951年12月因他曾擔任國民黨區分部委員被捕並判處7年徒刑，先後送瀋陽新生磚瓦廠和內蒙古安北農場勞動改造；1957年1月提前釋放，先去東北錦州大兒子周保昌處，後在女兒周保莊等處照料家務。

周恩彥雖出身於舊官僚家庭，不信仰馬列主義，但絕不反對共產黨。而對國民黨誣衊共產黨的謠言，即便在國民黨的白色恐怖統治之下，他也敢在私下裡講真話，講公道話，如他曾在同事間痛斥國民黨打內戰的做法；對國民黨鎮壓學生運動，「國統區」的物價飛漲等也經常表示不滿。這除了他自己正直誠實的一面外，也和他多次受到周恩來的教育和影響分不開。經查閱有關檔案，周恩彥在充任國民黨區分部委員一職時，除了例行公事外，並無

害人、坑人等重大罪行。被捕後老老實實接受改造，所以被減刑提前釋放，因此，1964年8月2日下午，周恩來在與親屬談話時曾提到周恩彥說：「叫他去勞改，他還老實一點，沒有怨恨情緒。」

周恩彥被捕後，由於他的子女多，年齡小，生活困難，周恩來曾給孩子們寄過數量不多的錢。父親的問題影響了子女的進步，孩子們也搞不清楚父親的問題真相，周保章給七伯、七媽寫信，很快得到回信，書信不斷。周保章在信中匯報思想工作、社會情況、人民要求，也談家庭、婚姻戀愛、人生等問題，得到周恩來和鄧穎超的諄諄教導，受益頗豐。1961年周保章要求看望兩位老人家，很快得到批准。1961年2月初周保章在西花廳住了一週，過了一個愉快的春節。鄧穎超特將自己保存的兩張1938年夏在武漢八路軍辦事處樓頂陽臺與周恩彥家子女的合影送給周保章，並一一說明照片中每個人的姓名。七哥七嫂對孩子們的關心教育使周恩彥甚感寬慰和感激。事過3年，周保章的妹妹周保莊夫婦回丈夫老家河北樂亭接女兒路過北京，周恩來、鄧穎超又留他們一家三口住在西花廳。這反映了周恩來對他們和對他們上輩人的感情。

周恩彥1962年1月27日在蕪湖女兒周保莊處去世，終年57歲。

周恩彥與妻子葛少文生有五男二女，妻子去世較早，只活了36歲，當時孩子還都未成年，周恩彥也一直獨身沒有續弦。其中有二子一女未成年早夭，現在健在的尚有長子保昌，四子保章和六女保莊，三子保常已於2012年病逝。

9. 十四堂弟周恩霔

周恩霔是周恩來二伯父周龢鼐的兒子。他於清光緒三十四年二月初九（1908年3月11日）生在武漢。乳名大歡，字潤民，號翕園，大排行十四。

周龢鼐中舉後，曾先後在保定、武漢、北京、南京、上海等地做官或居住。周恩霔七八歲時，袁世凱稱帝、張勛復辟，社會動盪不安。當時周恩來正在

十一、周恩來的兄弟們

南開學校讀書，暑期到北京看望父親，演出話劇，常住東直門大街柳樹井對面的周恩霔家，教小堂弟英文和體操。在遊戲中、談話中周恩來常講中國政治非徹底改革不可，周恩霔雖然年幼，也受影響，感到中國的確是人事很糟，又感到比自己大10歲的七哥不尋常，頗為敬畏，又怕又愛。

⊙周恩　。（周爾均提供）

1920年10月中旬周恩來準備去歐洲留學，從天津到上海，路經南京，到繡花巷一號向伯父周龢鼐辭行，和二伯父談了許多。周龢鼐對周恩來的改革社會的遠大志向十分理解和支持，並十分器重他的才幹和膽識，常在人前人後誇獎他。臨行時二伯父給周恩來一些經濟上的支持。這時周恩霔正在南京五卅公學讀書。

1921年周恩霔隨父親搬到上海，住在華隆路（現雁蕩路）。不久父親病故，他只有13歲，母子兩人相依為命。在舊社會「女子無才便是德」，婦女是不能受教育的，母親程儀貞是目不識丁的文盲。父親為官多年，但書生本色，兩袖清風，家無片瓦，只靠在淮安的100畝田租和一些股票利息生活。母親不識字，他又年少，無法管理遠在千里之外的田產，全憑佃戶交多少算多少。

周恩霔從小體弱多病，聽力不大好。大學畢業後又生肺病 4 年，不能工作，只能在家中靜養。因讀書、婚、喪等事，田產陸續賣光。

1927 年蔣介石叛變革命，懸賞通緝周恩來。時周恩霔 19 歲，正在上海大同大學讀書。周恩來透過父親輾轉得知周恩霔的下落（周恩霔曾在揚州住過一段時間，因而失去聯繫），約他到三馬路（現漢口路）畫錦里附近一家不大的「上海旅館」祕密見面。那天周恩霔和周恩來的父親同去，看到多年未晤的七哥，顯得有些蒼老，但雙目炯炯有神，態度從容鎮定，在緊張嚴肅中談笑自如，與在中國國內讀書時更是不同。這次會見中，他除和七叔談論革命工作外，還殷切詢問恩霔母親的健康情況和他讀書的情況，叮囑他努力學習，注意鍛鍊身體，切勿沾染遊蕩習氣。周恩霔那時雖長大成人，但涉事不多，也不關心政治，可是對七哥周恩來不計個人得失、一心為大眾的革命精神和他所特有的那種臨危不懼、堅毅沉著的高貴風度，卻留下極其深刻的印象。

十一、周恩來的兄弟們

⊙周恩　之母程儀貞。（周爾均提供）

1930 年末 1931 年初，周恩來、鄧穎超祕密住過周恩霔家。當時周恩霔的家在虹口，周恩來身穿長袍，頭戴禮帽，化裝成商人的樣子，曾向他講述從天津經煙台到上海在船上遇險的經過。

1931 年 6 月周恩霔從上海法學院畢業，因肺病二期無法工作，只能在家中靜養。此時他的家已搬到四川北路永安里 44 號，獨居一幢房子。這時七哥周恩來、七嫂鄧穎超為躲避反動派屠殺，潛亡各處，隱藏在他家，無一人知悉。

周恩來、鄧穎超為什麼隱藏在他家？大革命失敗後 1927 年 9 月，中共中央機關從武漢搬到上海，利用租界、華界管理的空隙而生存。周恩來在上海擔任臨時中共中央政治局常委，領導全國武裝抗爭和地下抗爭。1931 年 4 月，中共中央政治局候補委員、特科負責人顧順章在武漢被捕後叛變，他要帶敵人到上海將中共中央領導人一網打盡。幸虧打入國民黨中央組織部調查科的錢壯飛及時得到這個消息，搶先報告了周恩來。周恩來果斷採取緊急措施，連夜將中共中央、江蘇省委和共產國際遠東局的機關全部安全轉移，使敵人的陰謀未能得逞。

周恩來白天不能外出活動。中共中央領導機關在上海的處境困難，一度陷於停頓狀態，中央政治局和常委會難以開會。中央決定改變工作方式，盡可能地減少會議，採取分頭負責方法。周恩來負責軍事工作和中央蘇區、贛東北蘇區。中央決定工人出身的總書記向忠發到中央蘇區去，暫時隱蔽在周恩來寓所。當時周恩來住在小沙渡。

6 月 21 日，向忠發不聽勸告，外出違反紀律在外面留宿，第二天他在叫出租汽車時，因缺一個手指被人認出，很快被捕。

周恩來見他一夜未歸，心知有變，和鄧穎超一起撤離，他到特科二科負責人但忠余、周惠年夫婦家中住了 3 天，每天夜間仍化裝成日本人外出活動。

後來，他夜間活動也十分困難。中央決定周恩來迅速隱蔽，和中共中央領導人王明等停止聯繫。9月，國民黨懸賞重金緝拿周恩來。大約就是這個期間，周恩來和鄧穎超曾隱藏在周恩霔的家中。

周恩來夫婦為什麼選擇周恩霔的家呢？雖然恩霔家時有叔叔、伯伯、外婆、娘舅來串親，但基本是母子相依為命，母親是家庭婦女，恩霔是大學生，受學校教務長沈鈞儒的影響，有民主思想，但偏重於書本研究，從不參與黨派活動。他從小家教甚嚴，沒有不良嗜好和習慣，家庭簡單，與社會上聯繫較少。在周恩霔家中，周恩來夫婦常常和他談話，使他對革命有所認識。但因他身體過弱，不能積極參加革命工作，只能潔身自好，雖然學習法律，卻從不參加國民黨政府的任何工作。

周恩來夫婦在恩霔家住了多長時間及詳細情況，因當事人相繼作古，已不可能有更詳細的了解。

12月上旬，周恩來離開上海，祕密到達江西中央蘇區。

周恩霔病了4年，身體逐漸好轉，終於可以工作，在上海律師大會擔任了律師。這時家已坐吃山空，靠工資生活。

1937年淞滬會戰後，日本人占領上海。全面抗戰爆發後，周恩來代表中共先在武漢，後到重慶與國民黨談判，並領導中共南方局工作。1939年4月，周恩霔從上海到重慶周恩來身邊做文祕工作。1939年3月，周恩來視察東南迴渝後，從紹興帶回一份不太完整的《周氏家譜》，讓周恩霔進行系統整理。周恩霔整理好後，將正本交給周恩來，自己留下副本。後來，《周氏家譜》的副本捐給了中國歷史博物館，正本不知去向。

在曾家岩，周恩霔與周恩來、董必武、陳雲、葉劍英等領導人相處，得益匪淺，進步很大。可是因他身體不好，9月離開重慶，回到上海，生活很困難，後曾到北京周嘉琛家住過一段時間。

抗戰勝利不久，國民政府還都南京，周恩來等中共代表也從重慶到南京繼續和國民黨談判。周恩霔到南京梅園新村找七哥。此時淮安、淮陰已被新四軍三師七旅、八旅和十旅解放，並在淮陰建立了蘇皖邊區政府。周恩來介

十一、周恩來的兄弟們

紹他到淮陰解放區工作。他和夫人程繡雲於 1946 年 6 月到了淮陰蘇皖邊區人民政府，在劇團任編導，參加《三打祝家莊》等劇的演出。不久內戰爆發，他隨劇團退到魯南。因肺病復發，經組織上批准，周恩來、鄧穎超同意，12月從魯南又回到上海，從事律師職業，正式掛牌。因沒有什麼生意，又在祥雲交通公司擔任文書兼法律顧問。

上海解放後，周恩霔在上海法院擔任審判員。1956 年 9 月到上海參事室擔任參事。

周恩霔對文藝特別是京劇情有獨鍾，是票友。與梅蘭芳先生是至交，過從甚密。抗戰期間周恩來曾透過他給梅蘭芳捎過話。晚年他主要研究京劇。

周恩霔是獨子，結婚較早，娶蔡龐榮。1929 年蔡氏病故。1931 年春娶馬舜宜，後離異。20 世紀 40 年代娶程繡雲。周恩霔有二子一女，長子周爾鎏、次子周爾均、女兒周爾美。女兒隨馬氏生活。

周恩霔於 1983 年 1 月 30 日病故於上海，享年 75 歲。

十二、周恩來的岳母楊振德

周恩來的岳母楊振德是一位剛烈的奇女子。

她生於光緒二年（1876年）8月，祖籍長沙，祖父是富商，但是幾個兒子都不會經商，只會大手大腳花錢，祖父去世後，坐吃山空。她的父親喜愛讀書，楊振德是他唯一的孩子，十分疼愛，從小教她識字、讀書，指導她學習中醫，說既可防身也可助人。他敢於破除當時風俗，不願意女兒過早出嫁。家業敗光後，背井離鄉，父親帶著妻女到廣西南寧謀生。楊振德14歲時，父母相繼去世。她遵守父訓，鑽研中醫三年，漸漸能為人治病。她為人端莊文雅，態度和善，醫術好，在當地小有名氣，不少達官貴夫人慕名前來看病。無論是富貴人家還是普通百姓她都平等對待，對貧苦人家分文不取。在那個年代，「女子無才便是德」，「大門不出二門不邁」，她卻有自立的本領和自立的勇氣，可謂特立獨行。

但是那個時代是不能容許女子獨立創業、獨自生活的，25歲時楊振德經媒妁之言，續弦嫁給鎮臺大人鄧忠庭，鄧忠庭死去的妻子留下三個兒子。鄧忠庭，河南光山人，自幼習武，是武舉人，到廣西任鎮臺。楊振德過門後生了一個男孩，不幸夭折。楊振德不願在家享清福，繼續鑽研醫術。對她行醫一事，鄧忠庭很不以為然，在她第二次懷孕後，就禁止她給別人看病。她為了保全孩子，隱痛答應。

清光緒三十年臘月十九日（1904年2月4日），楊振德生下一個女孩，取名玉愛，就是鄧穎超。鄧忠庭一看是女孩，非常不滿意，從不進房間看妻女一眼。玉愛剛滿月，鄧忠庭決定將女兒送人。這時一向文靜的楊振德一手抱著孩子，一手拿著菜刀，厲聲說：「你要是把女兒送人，先把我殺了。」鄧忠庭嚇得倒退了幾步，他沒有想到一向溫順的夫人會和他拚命，他退縮了。後來，鄧忠庭提出給女兒纏足，楊振德堅決反對，因此鄧穎超從來沒有纏過足。

鄧忠庭性情暴烈，工作不順利，想調動工作。那時調動工作是很困難的，他就謊對上司說要回河南修墓。上司同意了，但是他並沒有去河南，而是到

十二、周恩來的岳母楊振德

雲南找妹夫。妹夫是一個小官，為他謀到一個官職。不久消息敗露，說他犯了欺君之罪，發配新疆流放3年，3年後仍可官復原職。楊振德因女兒小不能隨行，變賣家產，為丈夫湊齊路費。後朝廷又說他貪汙，楊振德便每天早晚整理鄧忠庭的帳目，一筆一筆都整理得很清楚，向朝廷說明鄧忠庭沒有貪汙。

鄧忠庭走後，楊振德因是「犯官家屬」不能在廣西掛牌行醫，有親戚要讓她去昆明，她不願意寄人籬下，帶著鄧穎超遠走廣州，人生地不熟，行醫賺不到幾個錢。後又到了上海，在上海不結識青紅幫根本就做不成生意，母女倆依然無著。這時鄧穎超的三哥來信，要他們到天津。鄧穎超小小年紀隨母親從邊遠的廣西到了開放的沿海城市，走了大半個中國，漂泊、困苦的生活使鄧穎超長了見識，比一般孩子更懂事。

1910年底，母女倆到了天津才知道三哥生活窮困潦倒，只住一間小房間，沒有事做，更不可能為楊振德找到事做。兩個人都很失望，原來三哥以為繼母手裡有一筆錢。這時鄧忠庭的老鄉幫助楊振德在育嬰堂找到校醫的工作，一個月有10元錢，管食住。本來夠母女倆用，楊振德為接濟前妻的兒子，便讓7歲的鄧穎超和孤兒一起，在育嬰堂開辦的編織廠裡做織毛巾的活，一天可以賺到7個銅板，同時鄧穎超跟母親學習知識。後來有人介紹楊振德到戒毒所工作，每月可以賺30元。這樣鄧穎超不用再織毛巾，專心跟母親學習。這時鄧忠庭流放3年期滿，正準備回來，突然病故。從此，只剩下母女倆相依為命。

1913年初，同盟會員張星華介紹楊振德在中國社會黨北京支部辦的平民學校工作。學校只提供食宿，教師盡義務，沒有工資。這年鄧穎超9歲，在此學校讀書。中國社會黨是受國際社會主義思潮而成立的，創辦這個學校的宗旨是「從教育入手改造社會」。當時都是男女分校，而平民學校卻一反傳統實行男女生同校。後來，五四運動時，鄧穎超投身運動，並參加男女統一的團體——覺悟社，這段經歷是肇始。在中國社會黨北京支部辦的平民學校裡，楊振德如饑似渴地閱讀進步書籍，在飯桌上和同事們針砭時政，議論自由、平等，討論改革黑暗的舊社會、建立新社會的計劃。從此，楊振德走出

個人、家庭的困苦，開始關心時局，尋求國家、民族的出路。這也是她一輩子歷經艱難，無怨無悔支持、追隨女兒革命的思想基礎。

好景不長，僅過半年，中國社會黨北京支部的負責人陳翼龍被袁世凱抓捕。楊振德勇敢地和同事們一起營救陳翼龍，不果。陳翼龍被殺害後，楊振德不顧個人安危，參加了革命黨同事們為陳校長收屍安葬的壯舉。從此她知道，改革、革命是要流血犧牲的，內心更加堅強。媽媽的一言一行就這樣影響著幼年的鄧穎超。

平民學校被取締後，楊振德不得不帶著鄧穎超又回到天津。楊振德一心一意培養女兒讀書，要她做一個自強、自立、自重、追求進步的新女性。為了維持生計，她有時兼職四份工作，生活十分艱難，有時失業就在家裡織毛巾勉強餬口。1913年秋，鄧穎超虛報了兩歲，考上直隸第一女子師範附屬小學，食宿、學費全免，她終於可以繼續上學了。因生活顛簸不定，鄧穎超上學晚，一直跳班。晚上也認真學習，因勞累而吐血，在母親的醫治下痊癒，後在中央蘇區時復發。1915年鄧穎超考上直隸第一女子師範預科，次年進入本科學習。這樣，楊振德住在別人家裡教書，女兒住在學校裡讀書，母女倆每星期天才能相會，時間雖短，有說不完的話，互相慰藉，互相鼓勵。楊振德看著女兒一天天長大，再苦再難，心裡也是甜的。

在此期間，鄧穎超的三個異母哥哥相繼得了肺結核去世，所以鄧穎超的親友很少。鄧穎超是獨女，她看見母親處理三個哥哥的生活、喪事，都記在心裡。後來她幫助周恩來處理眾多親戚的事情都非常周到，入情入理。

1919年，鄧穎超投身五四運動，提議成立天津女界愛國同志會，5月25日在女界愛國同志會成立大會上，鄧穎超被推舉為講演隊隊長，這年鄧穎超15歲。在抗爭中她與周恩來相識，一起創辦覺悟社。1920年夏，鄧穎超以優異的成績畢業，京師國立高等師範（即現在的北京師範大學）附屬小學破例聘請她為教師。當時女教師只能到女校任教，鄧穎超卻能到男校任教。

1922年，鄧穎超回到天津在達仁女校任教。鄧穎超無論在北京還是天津一直和母親一起生活。1923年遠赴歐洲勤工儉學的周恩來來信向鄧穎超表白心跡。楊振德早就見過周恩來，欣賞他的才能、品德。只是考慮到自己婚姻

十二、周恩來的岳母楊振德

的不幸,要女兒謹慎,勸她等周恩來回國再說。可是年輕人等不及,周恩來與鄧穎超確定朋友關係後,開明的楊振德默許了,並接待周恩來的弟弟周同宇。當時,周同宇叫鄧穎超「姐姐」,稱楊振德為「楊伯母」。

1924年1月,鄧穎超加入共青團,1925年3月轉為共產黨員。7月,天津當局通緝鄧穎超,鄧穎超在北方局幹部李國瑄的陪同南下到革命的中心廣州。1924年10月,周恩來回國到廣州,先任中共兩廣區委委員長,後任黃埔軍校政治部主任。楊振德第一次與女兒分別,心中不捨,但她知道女兒從事的是正義事業,支持她南下。她相信周恩來是女兒可以託付一生的人,支持她與周恩來的婚事。

1925年10月,已與周恩來結婚的鄧穎超從廣州發來電報,讓周同宇陪同楊振德一道去廣州,此時周恩來正在領導東征,不在廣州。楊振德見女兒面色蠟黃,十分心疼,一問才知是私自打胎所至,責備她太不懂事。在母親的悉心照顧下,鄧穎超的身體很快恢復了,她於11月20日趕到汕頭和周恩來會合,以國民黨廣東省黨部婦女部長的身分公開活動,成立了國民黨汕頭市黨部婦女運動委員會。楊振德不願意依靠女兒、女婿,於是到執信中學當校監。這年,楊振德50歲。

1926年底,周恩來從廣州調到上海中共中央軍委、組織部工作。鄧穎超此時懷孕面臨分娩,來年4月,在母親楊振德的陪同下,住進德國辦的教會婦產醫院。可是孩子不幸因難產而死,楊振德一直陪伴女兒身邊,安慰並悉心照料女兒。

1927年3月,周恩來領導了第三次工人起義,占領上海。但是蔣介石率北伐軍進入上海後,4月12日開始屠殺、鎮壓共產黨,通緝周恩來。4月15日,廣州軍閥也開始屠殺共產黨。因鄧穎超住院,敵人一時沒有找到她。在醫生、護士的掩護下,張治中送來500大洋,楊振德扮成女工,鄧穎超扮成護士,乘船離開廣州到了香港。5月1日,乘船到了上海,住在一個小旅店裡,楊振德在報紙上登出尋人啟事,大意是:伍豪,你久已不要你的妻子,現在我帶她到上海找你,見報後希速到旅館來。周恩來天天注意報紙上有無消息,見到啟事後便立即派人來接鄧穎超母女,將鄧穎超送進福民醫院治病。醫生

說：由於生孩子後過於緊張、疲勞，子宮沒有收縮好，今後恐怕不能再懷孕。楊振德陪伴她度過了這段危險而痛苦的時光。

楊振德陪女兒到武漢，住在李富春、蔡暢家裡繼續養病。7月15日汪精衛在武漢開始屠殺、鎮壓共產黨，楊振德又陪女兒回到上海。這時共產黨轉入地下，楊振德以行醫為名，掩護黨的工作。她駐機關的同時為來往的同志診病治療。有時和夏之栩的母親夏娘娘在一起。由於黨的地下工作機關幾度遭到破壞，一開始敵人搜查時，不注意這兩個老太婆，她就說自己是來幫工的姨娘。後來，敵人發現抓捕共產黨時，常常碰上這兩位「姨娘」，開始注意她們。

1927年11月，周恩來從廣東汕頭回到上海擔任臨時中共中央政治局常委，領導全國武裝抗爭和地下抗爭。1931年4月，中共中央政治局委員、特科負責人顧順章在武漢被捕後叛變，要帶敵人到上海將中共中央領導人一網打盡。幸虧打入國民黨中央組織部調查科的錢壯飛及時得到這個消息，搶先報告了周恩來。周恩來果斷採取緊急措施，連夜將中共中央、江蘇省委和共產國際遠東局的機關全部安全轉移，使敵人的陰謀未能得逞。從此，周恩來白天不能外出活動。周恩來負責軍事工作和中央蘇區、贛東北蘇區。中央決定工人出身的總書記向忠發到中央蘇區去，暫時隱蔽在周恩來寓所，當時周恩來住在小沙渡。

6月21日，向忠發不聽勸告，擅自外出，並且違反紀律在外面留宿，第二天他在叫出租汽車時，因缺一個手指，被人認出，被捕。周恩來見他一夜未歸，心知有變，和鄧穎超一起撤離。楊振德和夏娘娘兩位老太太為了掩護，執意不走。23日，得知敵人要來搜查，兩個老太太很機警，設置了暗號。敵人審問，她倆嚴守黨的祕密，什麼也不說，遭到敵人殘忍的打罵。敵人留下人守候，妄想抓住周恩來。

周恩來為了證實向忠發是否叛變，23日晚上，他到小沙渡後頭的高堤上，看到他住宅後窗戶的窗簾拉開了，透出燈光。這是預定的暗號，周恩來痛心地知道，向忠發確實叛變了。

十二、周恩來的岳母楊振德

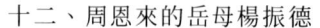

　　1931年12月，周恩來告別鄧穎超和岳母，奔赴中央蘇區。1932年4月，鄧穎超離開母親也遠赴中央蘇區。不久楊振德和夏娘娘一起住在杭州司馬渡巷蓮如庵，楊振德繼續行醫。1934年5月間，由組織安排，楊振德終於到中央蘇區瑞金和女兒、女婿團聚。當時戰爭形勢緊張，她不給女兒、女婿添麻煩，到紅軍醫院工作。吃的是粗米淡飯，無油缺鹽，每天都吃不飽，穿的是粗布破衣、麻草鞋，她從不叫苦。人人都知道鄧穎超的母親是個好醫生。這年楊振德57歲。周恩來很尊敬她，在別人面前稱她為鄧老太太。

　　這年8月，鄧穎超患肺病吐血，高燒不退，楊振德回到女兒的身邊，服侍治療。一個月以後，中央決定長征，組織上決定用擔架抬著鄧穎超參加長征。楊振德因年邁留下向白區轉移。戰火連天，母女倆不知此次分別何日能相見，依依惜別，但是誰也沒掉一滴眼淚。

　　楊振德轉移時，在南昌附近不幸被俘，被送到了九江反省院關押。楊振德鎮定自若。法官要她勸周恩來和鄧穎超不要當共產黨，楊振德義正辭嚴，說：「子女的事情我們父母管不了，即使蔣委員長也管不了自己的兒子。」蔣經國當時正在蘇聯。

　　不久，反省院流行傷寒病，連院長的侄子也染上了，經西醫治療無效。院長讓楊振德先給犯人治病，果然病情減輕，院長這才要她給侄兒下藥。於是她成了反省院的義務中醫，給犯人、看守及其家屬們治病。她利用行醫的機會宣傳革命，鼓勵難友。

　　西安事變後，為建立全國抗日統一戰線，1937年，周恩來參加國共談判，提出釋放政治犯。國民黨提出要有人出保，才能釋放。楊振德不願連累別人，說：「我無親無故，沒人出保，你們要放就放，不放就算！」直到反省院關門，她才最後一個被放出來。以後，侵華日軍進逼九江，占領了蕪湖，人們紛紛逃難，黨組織想方設法把楊振德接到武漢，與在武漢八路軍辦事處工作女兒相見。楊振德見大石洋行人多房子擠，主動提出住在外面的機關。鄧穎超天天忙於工作，20多天才能擠時間來看媽媽，每次見面都不能超過15分鐘、半個小時。女兒常問：「生活上有什麼困難？」她總是回答：「很好，很好。」其實她心裡多麼想念女兒。一次她對張元說：「當一個慈母太難太苦了。」

1938年8月，日軍逼近武漢，根據周恩來的指示，楊振德和周恩來的父親周劭綱在八路軍辦事處副官長袁超俊的帶領下，隨著一部分工作人員和家屬，從武漢撤退到湖南湘鄉。11月長沙大火以後，袁超俊又奉命安排撤退，他將楊振德、周劭綱等家屬經衡陽、桂林一直護送到貴陽。朱端綬、朱慧姐妹保護兩位老人。一路沒有火車，只能乘汽車、乘船輾轉遷移，有時風餐露宿，有時晝夜兼程，楊振德的腳被壓傷了也不說，在旅途勞頓或候船等車的時間，還為大家治病，受到大家的稱讚。在貴陽，楊振德和其他家屬被安排住在青岩，和當地群眾相處得非常好。

1939年5月，楊振德和周劭綱到了重慶，先住在曾家岩，後劉老太太在紅岩騰出兩間房子，他們才搬到紅岩。雖然同在重慶，鄧穎超和周恩來住在曾家岩，每週到紅岩開會，才能看望她。楊振德心裡想念女兒，但是知道女兒工作繁忙，從不提出見面的要求。她63歲高齡，仍然為大家治病，她曾治好周恩來的瘧疾。只有在給女兒、女婿治病時，才能和他們團聚。

這年冬，國民黨發動第一次反共高潮。楊振德天天看報關心時局變化，主動提出住在紅岩不方便，最好找個尼姑庵住。周恩來堅決不同意，將她與父親又送回貴州。1940年春天，周恩來、鄧穎超到蘇聯治病後回到重慶，又把她和周劭綱接回來。幾十年的勞累，兵荒馬亂中的顛沛流離，饑一頓，飽一頓，64歲的楊振德病倒了，11月，她高燒不退，又拉肚子。周恩來和鄧穎超來看她，見她身體極度虛弱，鄧穎超淚如雨流，她卻十分平靜地說：「小超、恩來，我要回『老家』去了，你們不要難過。」

18日，她要拉肚子，鄧穎超下樓去找痰盂，她對在場的同志說的最後一句話是：「我是不重要的人，不要為我奔忙了！」女兒回來，她已安然瞑目。鄧穎超撫屍痛哭。周恩來趕來，默默地站在鄧穎超的身邊，他知道什麼言語也不能安慰妻子。兩個人肩並肩，默立了很久，他們沒有一句話，但是在場的同志無不為之動容。楊振德一生清苦，死時仍穿著那件舊棉襖，享年64歲。

19日、20日《新華日報》上發了訃告。19日在《新華日報》第二版登了楊振德生平：「經年襄助革命工作，歷盡艱辛，抗戰爆發後，對於中國人

十二、周恩來的岳母楊振德

民之自由解放事業,尤異熱忱,終日讀報,不忍釋手。」這些簡短的評價表達了周恩來對她的尊敬。

20日,在十八集團軍駐重慶辦事處的樓下,舉行悼念祭禮。兩壁掛著輓聯,地上放著花圈,早上9時開始公祭,儀式簡單莊重,行禮後,由鄧穎超、周恩來、葉劍英、錢之光、吳克堅獻花圈。熊瑾玎宣讀祭文:

鄧母志潔行芳,思想前進,性情剛強。早入社會,艱苦備嘗;自食其力,毋怠毋荒,或執教鞭,或施岐黃,稍有所得,不敢或蔽。撫女入學,教女有方,引女自立,訓女周詳。救援志士,盡力相將。追隨革命,曾坐監房,不懼威脅,不畏風霜,法庭傳訊,慷慨激昂。意志堅決,孤處潯陽,江西迎迓,歡躍無疆。日寇來襲,雖老不慌,關心國事,無日或忘。方期寇敗,得睹安康,豈料一疾,遽爾云忘。回溯往昔,悲痛異常。爰備花果,敬獻靈旁。嗚呼哀哉尚饗!

隨後鄧穎超講話,她首先感謝同志們對母親的照顧。然後說:「當昨天與慈母永別的一天,是不能禁止我的哀泣,但是今天已不是繼續哀泣的時候。在三年多抗戰中,在敵人的炮火,敵機的轟炸下,不知有多少千千萬萬的父親母親慘死,拋開了他們親愛的兒女。同時不知有多少千千萬萬的青年和兒童喪失了他們親愛的父母。父母子女的死別終不能免的,一個革命者還有艱巨的革命任務與事業,關於母親的生平已略載於今日新華日報,在內心悲痛之中,不忍贅述。」她那顫抖的聲音在寂靜的靈堂裡顯得特別清晰,每個人都和她一樣悲傷。她強抑悲痛,振奮有力地說:「今天我在親愛的母親前,在同志們和朋友們面前宣誓:我一定堅守母教,堅定忠實於中國革命事業,為民族、為階級抗爭到底!在我們中國共產黨內,在全中國面前,在女同胞中,我要更加自律謹嚴,絕不做一件對不起母親、發生壞影響的事。我要積極地努力著起模範的作用,應不致有辱剛強賢良的母教、母德、母儀。我這樣永遠地紀念著向封建勢力、舊社會、舊制度鬥爭的賢良慈母。親愛的媽媽,請你安息吧!」鄧穎超的一生實現了她在母親面前的誓言。

追悼會之後,一百多人的長隊,在周恩來、葉劍英等同志的帶領下,隨靈柩向重慶小龍坎伏園寺葬地哀進。

鄧穎超每當回憶起母親時常說：「我媽媽是一位平凡的婦女，慈祥的母親，她的一生是很曲折、坎坷流離的一生。她具有獨特的性格，反對一切封建習俗，追求進步，嚮往大同世界，有助人為樂的精神。自強自立，勤奮閱讀，深研醫術。她對我的教育和影響是起了很好的作用的。」

　　1958年11月，周恩來和鄧穎超派總理辦公室主任童小鵬將周恩來父親的遺骨和鄧穎超母親的遺骨火化並就近深葬。1984年6月11日，重慶市人民政府又將骨灰遷葬於「紅岩公墓」，以誌紀念。

　　楊振德的一生是革命的一生，是中國母親的典範。

十三、周恩來與鄧穎超

十三、周恩來與鄧穎超

20世紀50年代中期，周恩來在教育晚輩正確對待戀愛和婚姻問題時說：「你們的終身大事應該由你們自己選擇，自己決定。人們為了反對包辦婚姻，要求婚姻自由、戀愛自由，奮鬥了幾十年。在解放後的新中國，你們得到了這種權利，你們是幸福的。但也可以聽聽旁人的意見。」接著，他就講了自己和鄧穎超定情的經過：「當我決定獻身革命的時候，我就考慮，作為一個革命者的終身伴侶，必須也能一輩子從事革命，應該選擇一個能夠經受得住革命的艱難險阻和驚濤駭浪的人作為伴侶，共同戰鬥。我是這樣選擇了你們的七媽（即鄧穎超）的。接著，就和她通起信來了。我和你們七媽在共同的抗爭和長期的通信中，相互了解的基礎是堅實的，是共同的革命理想和不畏艱險的奮鬥精神把我們緊緊地連結在一起的。」在一旁凝神諦聽的鄧穎超，這時兩手一張，笑著插嘴說：「怪不得那會兒突然連連接到你的信呢！」

嚴肅的教誨，幽默的插話，相映成趣，充分表達了他們之間的融洽與和諧。

鄧穎超接著又補充說：「婚姻、戀愛應該由自己決定，但是不要一見傾心，就決定終身。一致的思想，共同的信仰，性情的融洽，個性的契合，都要經過一定時間的、全面的了解，然後再確定關係，這樣才能結成美滿姻緣。」

他們的談話，表達了他們的戀愛觀。假如愛情真像詩人讚譽的，是「一種相似的靈魂聯盟」，那麼，周恩來與鄧穎超就是這樣。他們一樣有堅定不移的信仰，堅韌不拔的毅力，驚人的膽識與才幹，高尚的品德與情操，豁達大度的襟懷和革命樂觀主義的精神。正是這樣一種高尚心靈的聯盟，使他們的愛情在共同的革命抗爭中放出異彩，被人們譽為模範夫妻。

1. 相識

周恩來和鄧穎超是在1919年反帝反封建的五四運動中相識的。那時，在北洋直隸第一女子師範讀書的鄧穎超，是「女界愛國同志會」的講演隊長。這支女學生講演隊是天津愛國抗爭中十分活躍、影響突出的一支宣傳隊伍。

十三、周恩來與鄧穎超

剛從日本留學歸國的周恩來是《天津學生聯合會報》的主編。報紙在周恩來主持下，立場鮮明，抨擊時弊，揭露反動政府的賣國陰謀，宣傳反帝愛國思想，在京、津、保等地聲譽鵲起，日銷量最多時達兩萬餘份。這在當時是一個不小的數字。

隨著愛國運動的不斷深入，為了加強抗爭的力量，馬駿、諶志篤、周恩來、郭隆真、劉清揚、鄧穎超等 20 名男女青年，成立了天津學生愛國運動的核心組織——「覺悟社」，並出版了不定期刊物——《覺悟》。由周恩來執筆的《〈覺悟〉宣言》，舉起了「革心」（對主觀世界的改造）和「革新」（對客觀世界的改造）兩面旗幟，表達了中國先進青年在十月革命啟發下，徹底反帝、反封建的革命要求，也體現了「五四」時期革命青年「努力向『覺悟』道上走」的進取精神。

在天津愛國學生運動中，周恩來與鄧穎超都是衝鋒在前的勇士。在覺悟社內，他們又是志趣相投的戰友。照常情，青年男女，特別是志趣相投的青年男女，在相互交往中相互愛慕是自然之理。但那時，周恩來與鄧穎超這兩顆充滿激情的心，卻絲毫沒有心思去顧及個人感情。他們一心一意忙著救國，忙著抗爭。那時，社會上封建思想還很嚴重，對於男女之間的社交，「道學家」們攻擊尤烈。覺悟社的社員們懂得，他們的行動，是對流言與誣衊最有力的回答。因此，他們為了抗爭，都更加嚴格地克制著自己感情的閘門。

2. 定情

1920 年 11 月 7 日，法國郵船「波爾多斯」號由滬啟航。在四等艙裡，坐著 197 名赴法勤工儉學的學生，其中就有來自天津的周恩來、郭隆真、李福景等。他們是到巴黎公社的故鄉去進一步探求救國救民的真理。

留在中國國內的鄧穎超和覺悟社的其他社友，則開始走向社會。鄧穎超到北京師大附小當了教員。

他們雖然相隔雲山萬重，但從未間斷彼此的聯繫。憑著鴻雁傳書，他們交換著情況，交流著思想。鄧穎超把她們在中國國內組織「女權運動同盟」

2. 定情

直隸支部，成立「女星社」、出版《女星》旬刊，創辦《婦女日報》等消息，不斷寫信告訴國外的社友；周恩來從法國寄來的「旅歐中國少年共產黨」的油印刊物《少年》《赤光》也使鄧穎超等中國國內社友耳目一新。特別是周恩來撰寫的那些學習馬克思主義著作的心得，對工人運動中各種錯誤思想的批判，以及對中國國內政治經濟等問題的分析文章，常使中國國內社友讀後有頓開茅塞之感。

與此同時，中國國內社友還收到了由周恩來、郭隆真等編輯出版的油印刊物《覺郵》（即「覺悟社的郵箱」之意）。《覺郵》專登覺悟社社友彼此來往討論問題的信件。受國外《覺郵》的啟發，鄧穎超等也在天津《新民意報》的副刊上，出版了不定期的《覺郵》專刊。在中國國內《覺郵》專刊第一期上，便刊登著1923年1月周恩來給逸豪（即鄧穎超）的信，談的是德法問題與革命。

覺悟社社友之間的通信，討論的都是革命與抗爭。但在信件之外，中國國內社友們還常會收到寄自法國的明信片或賀年卡。其中許多是周恩來寄來的。他曾在盧森堡、李卜克內西被害四週年之際，給社友寄來了他們兩人的相片，並在信裡聯想到被軍閥慘殺的社友黃正品（即黃愛）的「血祭」日子；他也曾在1922年底趁友人回國之便，給已轉到天津教書的鄧穎超帶去了一張附有題詩的賀年卡。雖然許多社友都曾收到過周恩來寄來的信與明信片，但唯獨鄧穎超收到的最多、最頻繁。據廖似光大姐說：「那是些漂亮的明信片。鄧大姐有一個相本哩！」1983年，鄧穎超參觀周恩來青年時代在津革命活動紀念館，見到周恩來由法國寄給南開同學的明信片時也說，這樣的明信片，她有一百多張。

覺悟社的社友在一次通信中曾高興地寫道：我們大部分社友都站到馬克思主義的旗幟下面了。確實，他們在共同追求、探索真理的過程中逐漸成長了。而在周恩來與鄧穎超之間，更由於為共產主義理想奮鬥的共同信仰與決心，使他們那種親密的感情也逐漸發展了。他們就是在這種純真的、志同道合的通信中定情的。

3. 結合

　　1924年7月，周恩來從巴黎動身回國。他9月到達廣州後，先後擔任中共廣東區委員會委員長和廣東區委會常委兼軍事部長，同時還擔任著黃埔軍校的政治部主任。東征後，他又擔任東征軍總政治部主任兼國民革命軍第一軍政治部主任、副黨代表。他的工作十分繁忙。

　　周恩來回國時，鄧穎超仍在天津工作。她是天津最早的共青團員之一，1925年初轉為中國共產黨黨員，任中共天津地委婦女部長。

　　周恩來與鄧穎超雖在書信往還中已經定情，但周恩來歸國後幾近一年，卻不曾有機會和鄧穎超見上一面。據鄧穎超自述，在他們這一時期的戀愛史上，還曾有過這樣一段插曲：「1925年1月，高君宇同志在上海參加我們黨的第四屆全國代表大會之後，返回北京的途中，他特地在天津下車，到我任教的學校裡來看望我，因為，他受周恩來同志的委託來看我並帶一封信給我，這樣我們有緣相見，一見如故，交談甚洽。高君宇同志和周恩來同志是在黨的第四次全國代表大會期間相識的，兩人歡談甚深，彼此互通了各人的戀愛情報，於是高君宇同志做了我和恩來之間熱誠的『紅娘』，而恩來同志又做了我得見高君宇同志的介紹人。」

　　這一段小小的插曲，對於他們的結合，或許起著重要的作用。這年7月，鄧穎超奉命調廣州工作，由於南下途中在上海耽擱了一些日子，8月上旬才到廣州。

　　當時，廣東區委正全力領導省港大罷工，周恩來工作更為緊張。鄧穎超乘船到達廣州的這一天，周恩來竟無論如何抽不出時間去接她，只得委託祕書陳賡作代表，拿了一張鄧穎超的相片，去碼頭接人。在熙熙攘攘的碼頭上，憑著照片認人，談何容易，即便像陳賡這樣的機靈人，看花了眼也沒有找見鄧穎超，只得回去向周恩來致歉。

　　鄧穎超當然不知道周恩來的這個臨時計劃。當她踏上碼頭，在人群中左顧右盼沒有看到想念已久的周恩來時，只得照著通訊地址徑直找到住處去了。

就這樣，找上門去的鄧穎超成了周恩來的新娘。在廣州一間極其簡樸的小房子裡，他們結成了一對同心同德、患難與共、並肩戰鬥的革命伴侶。

4. 別離

周恩來與鄧穎超這對革命伴侶，在白色恐怖的地下抗爭年代和戰爭年代，可說是合少離多，屢經顛危。

在他們結合一年之後，即1926年冬，周恩來便去了上海。次年3月21日，他和羅亦農、趙世炎、汪壽華一起，領導了震驚中外的上海工人第三次武裝起義。

「四·一二」反革命政變後，廣東的國民黨右派也在4月15日對革命者進行了血腥的屠殺。在這血雨腥風的日子裡，周恩來和鄧穎超分別在上海、廣州兩地經受了白色恐怖的考驗。周恩來和戰友們一起組織了20萬工人參加的上海第三次總罷工，並和群眾一起參加了抗議大屠殺的示威遊行。鄧穎超在「四一五」大屠殺時卻因難產正住在醫院裡，當她得知外邊局勢的變化，正不知如何應付的時候，幸虧共產黨員陳鐵軍在自己剛逃出虎口的危急情況下，毫不考慮個人安危，和沈卓清一起趕到醫院，告訴了鄧穎超這個緊急情況以及黨組織要她立即離開廣州的決定，又幸虧得到好心的醫生王德馨和護士韓日修的仗義幫助，她和她媽媽二人才輾轉到了上海。

但是，她和周恩來會面不久，周恩來便根據黨的決定在5月下旬去了武漢。雖然6月間鄧穎超也奉命調武漢工作，他們又得以短暫聚首，但7月下旬周恩來又根據黨中央的決定去領導、指揮南昌起義了。周恩來僅在要離開武漢之時，才簡單地告訴鄧穎超他將去九江，其他什麼都沒有講。鄧穎超也什麼都沒有問。他們自覺地嚴格遵守黨的保密紀律，即便在生離死別之際也是如此。

在革命戰爭的歲月裡，別離，對周恩來與鄧穎超像是家常事。在上海、在蘇區都是如此。在長征途中，他們也分別編在各自的隊伍裡。部隊到達黎平時，由於鄧穎超肺病發作，大量嘔血，他們才得以短暫地相聚。之後，直

十三、周恩來與鄧穎超

到過草地前周恩來患阿米巴痢疾，發高燒，昏迷不醒時，鄧穎超才有機會守護在他身旁。

即便在之後，他們也常常不能團聚。特別是在周恩來為著共產主義事業，為著世界和平事業而履難歷險的時刻。1955 年，在美蔣特務製造了「克什米爾公主號」飛機爆炸事件之後，周恩來毅然決然地出席了萬隆會議；1957 年匈牙利事件後，周恩來訪問了匈牙利；1964 年正當迦納發生政變時，周恩來訪問了迦納。這些行程都有著極大的危險，但是，周恩來為了革命事業從不顧及個人的安危，而鄧穎超則總是他革命工作的積極的支持者。

對這樣頻繁的分離，究竟要承擔怎樣的精神痛苦？鄧穎超曾這樣坦率地說過：「每次分別後，不知何日相會。無論是作為同志，還是夫婦，每次的生離實意味著死別啊！」但共產黨人是特種材料鑄成的人，他們能正確對待這種動盪無常的家庭生活。正是為了廣大人民大眾能安居樂業，過和平幸福的家庭生活，他們才自覺地捨生忘死。

5. 遙念

戰爭環境、工作需要，經常使周恩來與鄧穎超分離，但他們無論何時都心心相印。他們的相互關懷、相互思念，在經常分處兩地的情況下，顯得特別動人。

「八一」南昌起義失敗後，在撤退途中周恩來患病發高燒到 40℃。他因抱病安排善後，勞累過度，已經神志昏迷，由聶榮臻、楊石魂（時任汕頭市委書記）護送到香港治療。當他第一次從昏迷中醒來時，便向在身邊做護理工作的一位女同志問道：「鄧穎超有沒有消息？」這位同志答道：「到上海了。」他又問：「你怎麼知道的？」這位同志告訴他消息確實。他聽後十分高興。後來，他得知這位女同志的男朋友是個地下黨員，遠在湖南，便對她說：「只要你們相愛，總會找到的。」這話既是對那位同志的慰藉，也表示著他自己執著的信念。

1947年3月，國民黨把對解放區的全面進攻改變為向陝北、山東兩翼的重點進攻，中共中央主動撤出延安。毛澤東、周恩來、任弼時留在陝北指揮西北和全國的解放戰爭。轉戰陝北戰場的周恩來，在戎馬倥傯之中，於中秋之夜抽暇給鄧穎超寫了一封信，表達思念之情。這封信託人輾轉送到鄧穎超手中時，她正在晉察冀邊區做土地改革，和祕書陳楚平一起住在一個老鄉家裡。楚平開玩笑說：「大姐的情書來啦！」鄧穎超愉快地閱信後，詼諧地說：「什麼情書，是形勢報告。不信你看！」她大大方方地把信交給楚平。楚平指著「今日中秋，對月懷人」等處說：「這不是情書嗎？落款處還特地寫明了是舊曆中秋寫的哩！」

　　他們夫妻之間表達思念的方式，有時十分獨特。1954年，為和平解決朝鮮問題和恢復印度支那和平問題，周恩來率領中國代表團出席了在瑞士舉行的日內瓦會議。這時，中國國內家中的庭院裡，嬌豔的海棠花正在盛開。海棠，是周恩來最喜歡的花。鄧穎超趕緊壓了一枝，連同一片原來壓好的紅葉，一併裝在信封裡寄給了周恩來。信中寫道：「紅葉一片，寄上想念。」表示了真摯的思念之情。周恩來為回報親人的問候，託人帶回了壓製好的日內瓦出名的芍藥花。這兩地相思的花和葉，後來被裝在一個鏡框裡保存著，成為一件特殊的工藝品，也成為他們似海深情的永久見證。

6. 恩愛

　　在延安，領導和群眾親密無間，同志間相處真誠坦率。負責同志也往往散步在塵土飛揚的道路上，很隨意地到各單位去串門。

　　有一次，周恩來、陳毅、李富春三人結伴踱到楊家嶺的後溝去，那裡是中央統戰部和中央婦委所在地。他們一到那裡，便被一群女孩子包圍了。一個女孩子開門見山地向周恩來問道：「周副主席，延安的同志們都說您和小超大姐是模範夫妻，你們是怎樣戀愛的？」周恩來饒有風趣地答道：「我在法國勤工儉學的時候，好多同志都配上對了。我啊，就扳了指頭算，算啊算，算到了你們的小超大姐。」周恩來毫不掩飾的開頭，使女孩子們更大膽了。她們又追問道：「您愛她什麼？」周恩來就實實在在地講了他的小超在愛國

十三、周恩來與鄧穎超

運動中衝鋒在前的故事,也講了他自己和其他戰友被捕後,小超和其他同學一起營救他們的故事。

周恩來遇到的事,鄧穎超也遇到過。在延安一次「三八」婦女節的座談會上,中央婦委的女孩子起鬨要鄧大姐講她的戀愛故事。鄧大姐毫不忸怩地站起來背誦了一封周恩來給她的信。她背得那樣純熟,真令人驚訝。在這封信裡,還有一首含蓄的詩呢!周恩來傾訴衷腸的信,在鄧穎超心目中有著怎樣的份量,便由此可知了。

周恩來與鄧穎超相知極深,因而相愛也極深。他們夫妻之間的恩愛,表現在相互之間無微不至的關懷上。

20世紀50年代,鄧穎超身體不好,而他倆的作息時間又不一致。每逢鄧穎超在休息而周恩來要到臥室去的時候,總是躡手躡腳,怕弄出聲音驚醒了鄧穎超。有時工作忙,不能見到鄧穎超時,也必讓警衛員去告訴一聲。

1960年夏季,鄧穎超在協和醫院做手術。當時,周恩來的外事活動已安排得滿滿的,無法抽身。他就讓身邊的工作人員在手術那天不斷和醫院取得聯繫,以便隨時了解手術的情況。有一天,他還利用去機場接外賓之便,順道到醫院看望鄧穎超。鄧穎超見他日程排得那樣緊,還抽身來看望自己,於心不忍,反勸他適當注意休息,不要以她為念。

鄧穎超對周恩來的關心,也同樣細膩而周到。周恩來工作的特點是今日事今日畢,而需要他處理的事情又那麼多,因此每每工作到深夜,經常通宵達旦。在三年困難時期,為了保證全國城市人民有最低限度的糧食供應,為了保證北京人民春節有一頓餃子吃,周恩來和有關同志不知熬了多少個夜晚。一位老同志說:現在回想起來都不寒而慄。只有總理這樣詳細、周密地掌握情況的當家人,才有辦法對付當時的困境。在那段時間,中央機關也取消了工作夜餐的規定。但每當同志們在周恩來那裡工作到午夜還酣戰不休時,鄧穎超總是派人送上幾塊點心、一些糖果,或是一小盆素湯麵,給大家增加些熱量。當然,這些點心都是他們自己開銷。一向和群眾同甘共苦的周恩來帶頭節衣縮食。

6. 恩愛

　　周恩來工作的特點是不分時間、不分地點，隨時批閱文件。有時沒有桌子，他就順手拿本書墊一墊，但書寫起來不太方便。後來他發現用一塊小三合板來襯墊就方便多了，從此他的臥室和沒有桌子的地方便都放上一塊小三合板，以備隨時取用。周恩來盤膝坐在床上，墊著三合板批改文件實在辛苦，特別在他高齡、重病之後，更是不免感到勞累。為了改善他的工作條件，鄧穎超親自設計了一個一邊高、一邊低，適合周恩來靠坐在床上伏案工作的小床桌。為了不使文件散落到床上，減少他用左手去扶持文件的力量，在桌面四周還加了邊框。這張作為他們恩愛見證的小床桌，人們可以在周恩來生平事蹟展覽會上見到。

　　鄧穎超對周恩來的愛，首先表現在對他的理想、信念和工作的全身心的支持與關懷上。這樣的支持與關懷傾注在生活中每一件細小的事情上：吃飯時的交談、休息時的散步、作為工作調劑的看戲……在兩人工作都十分繁忙的情況下，他們能這樣見縫插針似地相互照應，相互安慰，是因為他們各自心裡都有著彼此。

　　1972年，周恩來得了癌症，一直拖到1974年夏才住進醫院。在最後這一年半的時間裡，鄧穎超不論陰晴風雨，每天都要去看望周恩來，有時還參加醫療組的會議，討論治療方案。在需要做手術時，鄧穎超總是守候在手術室外邊，直到深夜、凌晨……就是在這種情況下，凡是應該由鄧穎超做的工作，或是她可能做的工作，她一項也沒有放過。每週兩次的老同志學習會，她也從未缺席。對待疾病和生命，她和周恩來一樣，充滿著革命樂觀主義精神。因此，即便在最親愛的人面臨死亡威脅的情況下，她也能保持著沉著與鎮定。

　　周恩來與鄧穎超共同生活了50年。他們結婚時沒有舉行婚禮，後來也沒有舉行過什麼紀念儀式。唯獨的一次例外是在1950年。

　　那天，周恩來的養女孫維世興沖沖地來到周恩來的住處，臉上帶著幾分詭祕的神色。中午時分，在她的鼓動下，衛士們把周恩來與鄧穎超都請了來。孫維世宣布說，今天給爸爸媽媽舉行結婚紀念儀式。接著她就活潑地把帶來的兩朵大紅花分別佩戴在周恩來與鄧穎超的外衣上，又讓衛士們簇擁著他們

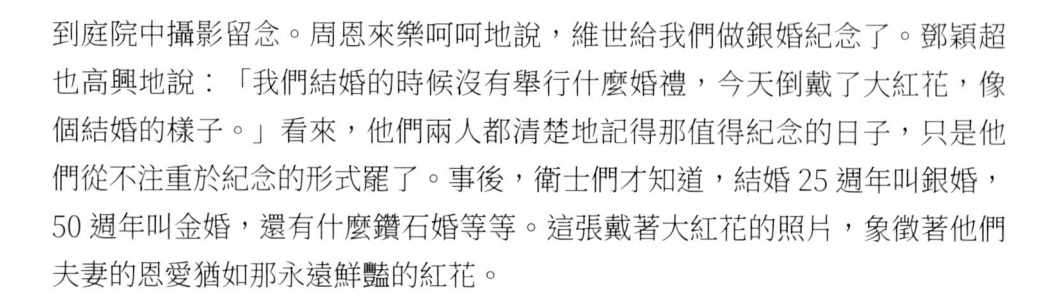

到庭院中攝影留念。周恩來樂呵呵地說，維世給我們做銀婚紀念了。鄧穎超也高興地說：「我們結婚的時候沒有舉行什麼婚禮，今天倒戴了大紅花，像個結婚的樣子。」看來，他們兩人都清楚地記得那值得紀念的日子，只是他們從不注重於紀念的形式罷了。事後，衛士們才知道，結婚25週年叫銀婚，50週年叫金婚，還有什麼鑽石婚等等。這張戴著大紅花的照片，象徵著他們夫妻的恩愛猶如那永遠鮮豔的紅花。

7. 家庭

周恩來和鄧穎超都很喜歡孩子，和孩子們在一起的時候，他們也天真得像孩子。有時得知某個孩子和他們夭折的孩子是同年出生時，周恩來也會頗有感慨地和鄧穎超說，我到上海參加領導三次武裝起義，失敗了，你在廣州難產，我們的孩子夭折了。我如果不離開廣州，我們的孩子可能活下來了。在這種時候，鄧穎超總是內疚地說：我不該背著你打掉第一胎。那時我才21歲，年紀輕，看著廣州革命形勢好，你忙我也忙，就開了點中藥打了胎。但這種父母思兒之情，一瞬就過去了。他們以父母慈愛之心，去關心、愛護革命的後代。所以，當周恩來的表姐龔志如遺憾地說「唉，美中不足的是你們沒有一個孩子」時，周恩來反駁說：「誰說沒有？我們有10個！他們的父母是為革命而犧牲的，我們就擔當起父母的責任。他們都生長得頂不錯嘛！」

這10個孩子是誰？或許這數字只是一種泛指，可以不必考證，但他們撫養革命後代的故事，卻早在革命隊伍中流傳。

1937年，16歲的孫維世和大哥孫泱一起找到武漢八路軍辦事處，要求到延安去。辦事處的工作人員不認識她，又覺得她年齡太小，沒有同意她的要求。她站在門口不肯離去，剛好被周恩來遇見。周恩來看到她哭得傷心，立即查問原因，才知道她是老戰友孫炳文的女兒，於是馬上把她帶進辦事處，端詳著這個早在廣州就熟識的機靈孩子，連連叫著她的名字。不久，周恩來和鄧穎超就派人把她送到了延安，並寫信給她的媽媽任銳說，他們願把這個孩子當作自己的女兒。此後，他們所給予孫維世的關懷，遠比父母所能給予的多。

參加南昌起義的二十五師黨代表李碩勛是在 1931 年被捕遇難的，烈士的夫人趙君陶（趙世炎的胞妹）那時也帶著孩子李鵬東躲西藏。直到 1939 年，周恩來、鄧穎超得知李鵬住在成都的親戚家中後，把他接到重慶，後又送到延安學習。從那以後，周恩來、鄧穎超每回到延安時，都關心他的學習、思想與生活。1945 年 11 月，李鵬被分配到前方工作，那時他已入黨。當他去向「周伯伯、鄧媽媽」告別時，周恩來對他說：光組織上入黨還不行，要思想上入黨，才能像先烈那樣為共產主義事業奮鬥終生。鄧穎超也勉勵他要和群眾打成一片，不要有幹部子弟的優越感，還將宋慶齡送給他們的絲棉被轉送給李鵬，而他們自己床上擺的仍是兩條洗得發白的普通戰士用的舊棉被。1983 年 6 月，李鵬被任命為國務院副總理後，已八十高齡的鄧穎超還專門到他辦公室諄諄囑咐：「不要驕傲，不要脫離群眾。」

其他如蔡和森的孩子蔡博，錢壯飛的孩子錢江、錢一平等，都是周恩來、鄧穎超將他們找到並在他們成長的過程中始終給予關懷的。

不僅革命烈士的子女，凡是在周恩來、鄧穎超身邊工作過的小鬼，都曾感受過他們慈父慈母般的親切關懷。

1963 年 1 月 31 日，周恩來曾去拜訪老作家、盆景藝術家周瘦鵑，並說這次拜訪「實現了八年前的願望」。周恩來一邊親切地和周瘦老交談，詢問他的盆景園藝技術，了解他的創作情況，鼓勵他「寫出好作品來」！一邊抱起了周瘦老最小的女兒全全，逗著她玩，給她糖果吃。周瘦鵑見到此情此景，忽然老淚盈眶地對周恩來說：「總理，您為中國革命奮鬥了幾十年，聽說還沒有一個自己的孩子。我這個全全就送給您吧。」周恩來聽後朗聲笑道：「周瘦老啊！全中國萬萬千千個兒童都是我的孩子，都是革命事業的接班人。這樣，不是就不分你的我的了嗎？」這就是周恩來的胸襟，這也是鄧穎超的胸襟，這也是他們共同的家庭觀。

作為家庭，總有一些親朋故舊，總有一些應酬，周恩來和鄧穎超也不例外。他們對親友在政治上的要求是嚴格的，但對他們生活上的困難，總是慷慨援助。周恩來一生公私分明，從不假公濟私。據他身邊工作人員講，他們自己的生活非常儉樸，家庭的經濟支出，比較多地用在以下四個方面：撫育

十三、周恩來與鄧穎超

培養烈士後代；補助有困難的同志；資助親屬；支付來開會同志（包括外地來的）的就餐費。鄧穎超有一次說：「對恩來的家屬，生活上有困難的，我們從經濟上接濟他們，最初占我們兩人工資的三分之一。我們認為，這是一個社會問題。如果我們不去解決，實際上增加了組織上的負擔。我們自己解決了，就是替社會承擔了一部分責任，恩來逝世後，我還負擔著。」

這就是他們的家庭。這個社會組織的細胞，已完全和黨的事業、和國家、和社會融為一體。這是一個偉大的、忘私無我的革命家庭。

8. 心碑

1976年1月8日，一代偉人周恩來逝世了。舉國哀慟，全球悼念。與半個多世紀同生共死的親人訣別，鄧穎超的心快碎了。她用最純潔的白色鮮花，祭獻於她心上人的靈前。她用周恩來生前對她的愛稱，獻上了用鮮花紮成的花圈。這哪裡是一個花圈啊，「戰友——小超哀獻」，這是獻出了她的一顆心啊！

當噩耗傳到鄧穎超耳朵裡的時候，長期積壓在心底的哀傷使她痛哭失聲。但是她很快便振作起來，為著繼續周恩來和她共同奮鬥了幾十年的未竟事業，當事後同志們問她，為什麼她捧著周恩來的骨灰盒，邁出勞動人民文化宮的弔唁靈堂，走過一段不短的距離送上汽車時，竟那樣莊嚴、肅穆、堅強、有力。她說：「哭，哭不活恩來；哭，哭不垮『四人幫』。妖魔還在作怪，國家和人民還在受難，我要繼續戰鬥啊！」

鄧穎超是最了解周恩來的。周恩來為共產主義事業鞠躬盡瘁的革命精神永遠鼓舞、激勵著鄧穎超。對已故戰友的最好懷念，莫過於繼承他的事業，遵循他的遺願。鄧穎超正是這樣做的。

20世紀50年代初，周恩來考慮到中國人多地少，曾倡導過殯葬改革，改土葬為火葬。後來，他便與鄧穎超相約，身後連骨灰也不保留。他說：這一點我做得到，不知你能不能做到。鄧穎超回答說，你能做到的事，我也能

做到。周恩來訣別人世之後，鄧穎超申述了他生前的遺願：「把骨灰撒在祖國的江河大地上。」

周恩來在世時，就不讓家鄉的親屬說出他住過的房子。後來又向他們建議，把房子拆掉蓋工廠或學校。由於故鄉人民對他的愛戴，當地政府和群眾都不願意這樣做。後來參觀的人絡繹不絕，周恩來十分不安。1973年11月17日，他又對舊居處置作了三點指示：不要讓人去參觀；不准動員住在裡面的居民搬家；房子壞了不准修。由於參觀的人群依然千方百計地找來，1974年8月1日，周恩來又和親屬商量，用拆遷的辦法來解決這個問題。鄧穎超還說，費用可由他們自己承擔。只因拆遷房屋要經當地政府批准，這件事一直沒有定下來，周恩來故居才得以保存下來。1976年11月，鄧穎超從侄兒、侄媳處得知當地縣委準備整修周恩來故居的消息，馬上親筆寫信給侄兒、侄媳並轉淮安縣委，希望他們尊重死者生前多次表達過的願望。

周恩來生前最喜愛海棠花。庭院中的海棠樹下，曾是周恩來邀請友好國家使節賞花之處，也曾是他和鄧穎超散步的地方。鄧穎超仍然保留了這個習慣，每當海棠花盛開的季節，她總是邀請中外的朋友前來賞花。臨行時還要贈送一束嬌豔的海棠花。她就像周恩來在世時一樣，總是善於把溫暖的情意送到朋友們的心中。

法國總統德斯坦在巴黎市政府為周恩來居住過的房子設立紀念碑的儀式上，曾說過這樣的話：「要對這位從不希望為自己樹立紀念碑的人表示敬意。」確實，周恩來的一生，只是儘量地奉獻。為國家、為人民、為共產主義事業，他奉獻出了自己的一切。他沒有企圖為自己樹立任何一座紀念碑，但是，他卻以他傑出的才能、崇高的品德，贏得了全中國人民衷心的愛戴，在國際上也享有崇高的聲譽。他的紀念碑，已樹立在人民心中。人民心中的碑才是最崇高的、永不磨滅的。鄧穎超以她的才幹、美德，以她對共產主義事業的忠誠，對國家和人民深摯的愛，使這座心碑更為崇高，更為光輝。

周恩來和鄧穎超的愛情，為什麼能數十年如一日，那樣忠貞不渝，那樣歷久彌堅？哲學家黑格爾的話或許可以用來作為回答。他說：「愛情是男女青年共同培育的一朵鮮花，倘若把它囿於『個人私生活』的狹小天地就要枯

十三、周恩來與鄧穎超

萎凋零,只有使它植根於『為人類幸福而努力奮鬥』的無垠沃壤中才會盛開不衰。」周恩來和鄧穎超幾十年革命生涯的沃壤,加上他們用自己精心總結的夫婦生活中的「八互」(互敬、互愛、互信、互勉、互助、互讓、互諒、互慰)精神栽培,才使他們的愛情之花盛開不敗,而且愈開愈鮮豔。「模範夫妻」的稱號,他們是當之無愧的。

十四、周恩來的十條家規

1. 家庭遵循的道德規範

周恩來長期擔任中共中央副主席、中央政治局常委、中央軍委負責人、國務院總理。他是革命家、政治家、軍事家、外交家，文功武略、治理國家均屬世界一流。在治家方面，他也是全黨、全民族的楷模。

他和鄧穎超是有名的模範夫妻。自從「五四運動」相識，大革命期間結合，經過20多年的共同生活，共同戰鬥，他們總結出夫妻之間應做到「八互」，即：互敬、互愛、互信、互勉、互助、互讓、互諒、互慰。他們不僅自己做到，而且還在青年同志中提倡，在黨內傳為佳話。

周恩來進城後，擔任了總理，來找他的親屬有100多人，這些親屬情況各異，找他的目的也是各式各樣的。周恩來說：我們共產黨人是歷史唯物主義者，我們要承認親屬關係。他認親，他是要建立社會主義的新型的關係，他要帶領他們走上自食其力的勞動之路。對革命做過貢獻，幫助過他上學、從事革命活動的人都沒被忘記，他一一給予回報。回報的方法因人而異，有的安排工作，有的在經濟上給予資助，有的保持往來，在思想上幫助。

他認為家庭問題是社會問題的一部分，他從不把應歸家庭承擔的責任推向社會，加重社會的負擔。很多具體的工作，瑣碎的事情，由於周恩來日理萬機，忙於國家大事，由鄧穎超出面處理。鄧穎超是他的賢內助，幫助他做了許多工作。

10多年來，周恩來有一些不成文的家規，歸納起來有10個方面：

一、晚輩不能丟下工作專程進京看望他，只能在出差路過時才可以來看。

二、外地親屬進京看望他，一律住國務院招待所，住宿費由他支付。

三、一律到國務院機關食堂排隊就餐，有工作的自付伙食費，沒工作的由他代付。

十四、周恩來的十條家規

四、看戲以家屬身分購票入場,不得享用招待券。

五、不許請客送禮。

六、不許動用公務車。

七、凡個人生活中自己能做的事,不要別人代勞,自我服務。

八、生活要艱苦樸素。

九、在任何場合都不能說出與他的關係,不要炫耀自己。

十、不謀私利,不搞特殊化。

這10條家規,就是周恩來用以律己治家的道德行為規範。他以純潔的無產階級意識,徹底的革命精神,優良的共產黨人作風,高尚的共產主義品格,身體力行,率先垂範,對親屬言傳身教,貫徹始終,並在對親屬的教育中,豐富和發展了「家規」的內容。

周恩來要求家屬自覺地克己奉公。他十分鄙視那些假公濟私、損公肥私、化公為私的腐敗行為,認為這是剝削階級的利己主義。自覺履行私事自費用車制度。因此,他一再向親屬打招呼:「我的任何親屬來京都不派車。」就連淮安老家唯一的長者、他的八嬸母,在建國初期兩次進京去探望他,他也沒有派車子接送過一次。無論情況多麼特殊,他也絕不允許親屬中的任何成員動用公務車去辦私事。有一天,他與鄧穎超外出,來京探望他們的兩位晚輩晚上要去工人俱樂部看戲,當時已經7點多鐘,他們十分焦急,說:「7點半開演,來不及了。」一位祕書就叫司機開車把他們送了過去。周恩來發覺後,批評晚輩和身邊的工作人員說:「這是搞特殊化!破壞了家規。晚到幾分鐘,少看一段有什麼了不起呀!」接著交代祕書:「記上帳,今晚用車交雙倍車費,扣我工資。」

周恩來這種自覺履行家庭道德規範的行為,一直堅持到生命的最後一刻。他在生命之火行將熄滅之際,囑咐鄧穎超說:「……希望親屬留在各自的工作崗位,不到北京來,這才是真正的悼念。如果一定要來北京,應該自己花路費,一分錢也不要政府開支……」周恩來要求親屬凡事從大處著眼,從小

1. 家庭遵循的道德規範

處入手，自覺做好別人容易忽視而又難於做到的每一件小事。對不符合「家規」、不符合共產主義道德的任何一點苗頭，都要堅決克服或加以制止，把它消滅在萌芽狀態，防微杜漸，積善成德。他經常教導親屬晚輩說，單獨從事隱蔽之事的行為，最能看出一個人的品質；對待細微之事的態度，最能看出一個人的靈魂。所謂「於細微處見精神」就是這個道理。1963年春節期間，周保莊跟丈夫張中平回河北探親路過北京時，受到伯父母周恩來、鄧穎超的熱情接待。周恩來對侄女說：「你的祖父周貽謙，是我的三伯父嘛，我小時候就是跟他到東北去的……」就這樣，他們在歡樂的氣氛中共進午餐。當周恩來一小碗飯吃完時，保莊連忙站起來幫助添飯，卻被謝絕了。周恩來笑著說：「讓別人添飯，我們周家沒這個規矩！」他起身用不大靈活的右手盛了飯，並把偶然撒在桌上的幾顆飯粒捏起來送到嘴裡。侄女侄女婿耳濡目染伯父周總理這種自我服務、愛惜糧食的表率行為，深受教益。

不僅如此，周恩來在處理親屬工作調動，同樣以自覺律己的言行給親屬以感悟。周爾萃原來是人民空軍飛行員，在準備轉業時他寫信徵求伯父周恩來的意見，問：「以後做什麼好？」在常人看來，這是家庭成員中、親屬中完全可以商討的尋常小事，也是出於晚輩對長輩的信賴和尊重。周恩來卻站在共產黨人黨性原則的高度，寫信回答侄兒說：「這要服從組織安排，我不能說。我說了，透露出來，組織上就不好辦。一切要按規定辦事。這是我向來的規矩。」這樣，他拒絕給侄兒提供轉業去向的意見，足見其嚴於律己，從嚴治家，真是人民的公僕。

周恩來要求自己和親屬「革心革新」，做一個道德高尚、適合時代需要的新人。他指出，這種新人的基本特徵，就是具有鮮明的崇尚科學、熱愛勞動、艱苦奮鬥、為人民服務等共產主義道德觀念，並能將這種觀念變成一種自然而然的道德習慣。在家庭會議上，他曾經說過，沒有共產主義道德觀念，就不能明是非、辨善惡、識美醜、知榮辱，也就不可能以堅強的道德意志去履行道德規範，自然也就不可能形成相應的道德行為和習慣。

1953年秋，他在上海和舊中國畢業的大學生、表姐龔志如的談話中，就是由引導她「革心」入手，使之實現「革新」的。當時，龔志如對表弟周恩

十四、周恩來的十條家規

來訴說了自己從上教會學校、追求一種精神寄託和高尚的做人準則而信教，一直談到貧困、失業、挨餓的苦難身世……周恩來沒有給她講大道理，也沒有和她談宗教問題，只是將共產主義道德觀念的內容，融入敘家常之類的交談之中，幫助她澄清模糊思想，引導她去追求真正高尚的做人準則。他滿腔熱情地說：「那是舊社會造成的。現在不是成了新中國的主人了嘛，走上了為人民服務的道路，在華東機關幼兒園工作，很好嘛。」並讚揚了她們幼教工作者的光榮勞動。然後又說：「孩子是祖國的花朵，是國家和民族的未來。」希望她教育孩子「從小樹立起對科學真理的信仰和追求」。鼓勵她「把自己的餘生奉獻給這一真正慈善、真正仁愛的事業」。他們還一起回憶了小時候同窗共讀，一起做「捉拿洋鬼子」的遊戲。周恩來還深情地回憶說：「你的父親，我的表舅（龔蔭蓀），他是我政治上的啟蒙老師。他曾經說過，科學是精神解放和道德進步的動力。這確實是至理名言……」

周恩來這一席話，點燃了表姐龔志如心靈與思想解放的火炬，使她思想上產生了新的飛躍，增強了崇尚科學和為人民服務的共產主義道德觀念，提高了自覺克服內心困惑和外部壓抑的決心和毅力。這位基督教徒對新中國的總理說：「聽君一席話，勝讀十年書。」她感嘆地說：在舊中國沒有見到上帝的「慈」，也沒有見到洋大人的「善」。有的是黑暗和不平、屈辱和欺騙。上帝沒有幫她解脫出精神困境，而今共產黨幫她解脫出來了，使她成了國家的主人。她覺得表弟周恩來總理的話，才是真正的「聖經」。她從周恩來下榻的賓館回到家之後，就將一本珍藏了許多年，一直放在床頭的《聖經》袖珍本，漫不經心地一扯兩半，扔進字紙簍裡去了。自此後，她把全部精力和愛心都傾注到幼兒教育工作之中，自覺地將「崇尚科學，熱愛勞動，為人民服務」的共產主義道德觀念，化為「教育孩子從小樹立對科學真理的信仰和追求」的行為，直到與世長辭。她的行為贏得了人民的欽敬。

2. 戀愛婚姻家庭生活

在戀愛、婚姻、家庭的感情世界，周恩來諄諄教導親屬特別是晚輩：在自由戀愛時要有科學的戀愛觀，以共同的革命理想為基礎，實行婚姻自主；

2. 戀愛婚姻家庭生活

在伴侶生活中要平等相處，相互信任，建立新型的夫妻關係，並自覺履行尊老愛幼的職責和義務；在興家立業時要擺正愛情與專業的位置，一切以事業為重。這樣才能建立健康、文明、幸福的家庭生活。

周恩來常說，青年人缺乏科學的戀愛觀，就會輕率地滿足於所謂「一見鍾情」，或一味地追求「美貌、金錢、地位和權勢」。當這種低級、庸俗的情趣無法隨心所欲時，愛情就會破裂。只有戀愛雙方經過相當時間的坦誠相處，相互得到了比較全面的了解，並取得思想觀點上的協調一致，使愛情真正建立在共同理想與道德的基礎之上，才是最可珍貴的。由此而結成的伴侶，才能經得起困難和挫折的考驗，共享成功和勝利的歡樂。

1956年，他教育侄兒侄女們正確對待戀愛、婚姻的終身大事時，曾現身說法談了他與鄧穎超戀愛的情況。他說：「當我決定獻身革命的時候，我就考慮，作為一個革命者的終身伴侶，必須也能一輩子從事革命。應該選擇一個能經得住革命的艱難險阻和驚濤駭浪的人作為伴侶，共同戰鬥。這樣，我就選擇了你們的七媽（鄧穎超）。接著就和她通起信來，我們是在通信中確定關係的。我和你們的七媽在共同的戰鬥和長期的通信中，相互了解的基礎是堅實的，共同的革命理想和不畏艱險的奮鬥精神把我們緊緊地連結在一起了。」

同時，鄧穎超也給晚輩們講過她與周恩來戀愛的故事。她說，1923年春天，她收到周恩來從巴黎寄來的一張精緻的明信片，上面寫著：「奔向自由自在的春天！打破一向的束縛！勇敢地奔啊奔！」她對這三句含蓄的小詩似有所悟，立即回信說：「我們思想相通，心心相印，願相依相伴，共同為共產主義理想奮鬥終生。」這樣，「我就和你們的伯伯結成了生死不渝的革命伴侶」。

在戀愛、婚姻問題上，周恩來對親屬晚輩的教育是循序漸進，逐步深入。1974年周恩來在同落戶內蒙古草原的侄女周秉建談話時，先以徵詢的口氣問：「和牧民談戀愛好不好？」接著就開門見山地說：「在當地找一個情投意合的蒙古族青年，在內蒙古安家。」「王昭君就是匈奴民族的兒媳婦嘛，你可以向她學習，做一個蒙古族的兒媳婦。這也是加強民族團結的一種表現，

十四、周恩來的十條家規

你在這方面要為增進蒙漢民族的友誼和團結做個好樣子,起個模範作用。」周秉建經伯父這一點撥,茅塞頓開。後來她毅然將愛情獻給了與自己理想一致、志同道合的蒙古族青年歌手拉蘇榮,實現了伯父周恩來的心願,贏得了伯母鄧穎超的高度讚揚。

在人生旅途中,在感情世界裡,周恩來不僅教育親屬晚輩要「慎重選擇志同道合的終身伴侶,將愛情的基礎建立在共同的理想之中」,而且還教育晚輩要「正確處理愛情與事業的關係,使美好的愛情永遠隸屬於壯麗的事業」。他指出:愛情是關係到一個人的終身大事,但愛情生活,並不是人類生活的唯一內容。一個人活在世上,還有許多比愛情生活更重要的問題要去解決。這就是匈牙利詩人裴多菲所說的「生命誠可貴,愛情價更高,若為自由故,二者皆可拋」的真諦。因此,他殷切地希望親屬晚輩擺正愛情與事業的位置,凡事以事業為重。

1958年侄兒周榮慶響應黨中央關於幹部下放勞動的號召,從北京到河南省農村當了一名拖拉機手,並和一位農村姑娘結了婚。周恩來獲悉後,十分高興,並寫信鼓勵侄兒侄媳相親相愛,同心同德,以愛情為動力,努力學習農業生產知識,刻苦鑽研農業科學技術,為建設社會主義新農村貢獻力量。「在甜蜜的事業中,享受甜蜜的愛情果實。」

爾後,周恩來又在和侄兒周爾萃談話時,諄諄教導說:「你們年輕人需要愛情,但更需要事業,要為社會的進步和人民的幸福多做貢獻。」因此,他建議侄兒「最好是晚婚,並且節制生育」。並指出:「晚婚對你們,對下一代都有好處。20歲至30歲正是精力最充沛,腦力最發達的時候,要把旺盛的精力用到學習和工作上,為壯麗的事業增添光彩。如果過早戀愛結婚,生兒育女,就分心了,把精力花到生活小事上去了,那就會損害革命事業,也會影響個人的前途。」他特別強調說:「晚婚和計劃生育的問題,我經常向年輕人講,你們要帶頭執行。」

沒有壯麗的人生,就沒有幸福的愛情。要在造福人類的偉大事業中,開鑿愛情幸福的源泉。侄兒侄女們沒有辜負伯父周恩來對他們的關懷和教育。

1949年後成家的晚輩們，都只有一兩個子女，較好地處理了愛情與事業的關係，在各自的工作崗位上，辛勤地勞動，默默地奉獻。

不僅如此，周恩來還教導親屬晚輩既要處理好夫婦之間的關係，又要處理好與父母、與子女之間的關係。他常以自己與鄧穎超共同商定的「八互原則」來教導侄兒侄女，希望他們夫妻之間「建立起互為同志、知己和良師益友的新型關係」。「在生活上互相關懷，互敬互愛，在事業上互相幫助，互勉互慰。同舟共濟，比翼雙飛。」

同時，周恩來又說，「尊老愛幼是人類共同的道德義務」，撫養和教育好子女，贍養和孝敬好父母，「那是不可推諉的責任」。他指出：「老一代曾經哺育我們成長，我們就應該贍養他們」，「家庭裡養兒育女的事情，也要共同負擔」。

他還指出：對子女絕不僅僅是生活上的關懷和照顧，還要教育孩子從小樹立遠大理想，培養他們愛國家、愛人民、愛勞動、愛科學、愛護公共財物的道德品質，協助黨和國家把孩子訓練成為共產主義事業的接班人。1974年8月1日，周恩來從醫院回到家裡，看到他的侄兒周爾輝夫婦及侄孫說，你們的兒子已上小學，成了少先隊員。他高興地彎下腰握著侄孫的手說：「希望你以後加入共青團，再加入共產黨，做一個革命者，為實現共產主義而奮鬥！」他見侄孫點頭應諾，感到十分欣慰。隨即對侄兒侄媳說：「孩子是我們的希望，教育孩子的時候，你們不要把大人的觀點強加給孩子，一定要講民主。」他還強調說：「對來自孩子誠懇的批評，做父母的要虛心接受，切實改正，為孩子做出樣子，樹立一個好的家庭風尚。」

周恩來的侄輩兒女們都沒有辜負伯伯的教導，不僅夫妻恩愛，而且在尊老愛幼等方面均做出了表率，受到各自所在的單位和周圍群眾的讚揚。

3. 教導親屬過好「五關」

周恩來在半個多世紀的革命生涯中，為了處理好自己與外部事物的關係，自覺地過好「思想關、政治關、社會關、親屬關、生活關」，並教育和引導

十四、周恩來的十條家規

親屬中每一個成員都過好這「五關」，在任何紛繁複雜的國際國內環境中，在日益發展變化的形勢面前，都能保持清醒的頭腦，科學地觀察事物、分析情況、判別是非和處理問題，不斷創造人生的輝煌。

在1963年5月中共中央和國務院直屬機關負責幹部會議上，周恩來曾經講過：「過思想關就是我們常說的思想改造，是解決世界觀和人生觀的問題，也就是要樹立馬克思列寧主義或者說辯證唯物主義和歷史唯物主義的世界觀和人生觀，學會運用毛澤東同志的《實踐論》《矛盾論》和最近講的認識論。」

他不僅這樣要求幹部，自己率先垂範教育親屬、晚輩：馬克思列寧主義、毛澤東思想反映了客觀事物的發展規律，集中代表了無產階級和勞動人民的利益，是我們認識世界、改造世界的最科學、最正確的世界觀和方法論，是我們進行思想改造的理論武器，是指導我們行動的指南。因此，他希望親屬、晚輩努力學習馬克思列寧主義、毛澤東思想，樹立起科學的世界觀和人生觀。

1964年8月10日，周恩來在向親屬、晚輩講到如何過好思想關的時候，說：「思想，就是人的腦筋裡想什麼，想什麼這裡問題就大了，有人想得不對，思想方法不對，怎麼辦？要自己一件事、一件事去實踐。大家都是一件事、一件事去弄懂，去看對不對。共產黨員、老點的，就比較對？我算老的了，但也還是要不斷改造，我常說：『要活到老，做到老，學到老，還要改造到老。』」他分析了親屬成員的狀況後又強調：「過思想關，是從小到大，改造不完的，總要前進。思想關是用什麼方法想事情就對了，用什麼方法是不對的。思想問題不解決，就是對立的矛盾。要使思想方法完整、全面，要長期鍛鍊才能學好。」

他曾對姪兒周榮慶說：「要永遠感到不足，思想才能不斷進步。我革命40多年，難道沒有一點舊思想了？要革命一輩子，學習一輩子，改造一輩子。」他並以自己走過的道路和切身感受，鼓勵晚輩一步一步地過好思想關。

教育親屬站在人民大眾的立場上，以全心全意為人民服務，過好「政治關」。

3. 教導親屬過好「五關」

周恩來曾經說過：「過政治關，最主要的是立場問題。」這樣一個政治立場問題，實質上就是對人民群眾的態度問題，就是和人民群眾的關係問題。對於黨員幹部和他們的家庭成員來說，就是全心全意為人民服務的問題。這是科學人生觀和價值觀的核心，也是共產黨人的唯一宗旨，自然也是我們考慮和處理一切問題的出發點和歸宿。

1953年秋，周恩來和剛走上幼教工作崗位的表姐龔志如談話，因勢利導，教育她「要站穩立場，過好政治這一關」。當時龔志如叫著他的別名說：「翔宇，你現在可以自由自在地在宇宙飛翔了！飛機來，飛機去，多帥呀！」周恩來笑著說：「自由嗎？可不是那麼回事。我到外國去，是代表國家吶，一舉一動有人照相，一言一語有人錄音，不能出一點差錯。」他告訴表姐，外交上的事，得處處留神，慎之又慎，站穩自己的立場。既要站在中華民族的立場上，又要站在社會主義的立場上，還要站在世界被剝削、受壓迫的人民一邊，站在維護中國人民和世界人民的根本利益的立場上，為全中國和全世界的人民服務。立場不穩，就過不了這種「政治關」。這番話，使這個信奉基督教的舊知識分子，對當時思想改造運動中經常聽到的「要把立足點移到無產階級和人民大眾的立場上來」，「要全心全意地為人民服務」之類的話，得到了真正的理解。從此，她懂得了政治立場的重要性，徹底改變了信仰，把接受中國共產黨的領導、走社會主義道路，作為自己堅定不移的政治信條，敬業勤業，為新中國的幼教事業貢獻出全部智慧和精力。

不僅如此，周恩來在教育親屬過好「政治關」時，還從自己的家庭以及自己應盡的職責進行引導。他說：「我們家的親屬關係複雜，我們是舊家庭、舊環境、舊觀念，怎麼樣才能拖著全家投降無產階級？我現在就要帶領你們投降無產階級。我總是想談封建家庭，是想批判它，否定它。要否定封建的親屬關係，不是消滅他們，是要救他們，把他們改造成新人。舊的否定了才能創造新的。」真正和人民群眾同愛憎，共甘苦，心連心，急人民所急，想人民所想，把自己的一切獻給黨，獻給人民。

教育親屬堅定社會主義政治方向，自覺抵制封建主義和資本主義腐朽意識形態和習慣勢力的影響和侵襲，過好「社會關」。

十四、周恩來的十條家規

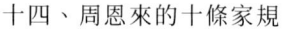

周恩來把「過社會關」看作是改造社會、改造自我的神聖職責。在對親屬教育中，他言傳身教，率先垂範，引導親屬正確處理自己與家庭內外的各種關係，逐步實現與「傳統所有制」和「傳統觀念」的決裂，做一個純粹的人、高尚的人。在一次負責幹部會議上，他說：「我特別提出後三關（社會關、親屬關、生活關），是因為中國這個社會極其複雜，我們還有改造社會的任務。在這個社會裡，舊的封建的資本主義的習慣勢力，很容易影響你，沾染你，侵蝕你，如果失去警惕，這些東西就會乘虛而入。所以改造社會的任務是艱巨的，處在領導地位的同志擔子更重。」

周恩來是這樣說，也是這樣做。如他堅決反對送禮。人民出於尊敬，幹部和他們的家屬往往被看得特殊一點，會有人上門請吃請喝，或送點東西來。這種請客送禮，不僅加重了人民的負擔，更危險的是助長了一種腐敗的社會風氣，要堅決抵制。

同樣，在中華民族的傳統習俗裡，祖墳是神聖不可侵犯的地方。為教育親屬移風易俗，實現與傳統觀念的徹底決裂，他率先做出了平墳的壯舉。1953年，周恩來就提出「平掉祖墳，把墳地交集體耕種」。1964年底，他鄭重地將此任務交給回家過年的侄兒周爾萃，還特別提醒說：「要做好這件事，也不能簡單化，既要做好你母親的工作，又要做好縣裡幹部的工作，還要做好當地群眾的工作。」爾萃回到淮安，照此辦理，在春節前完成了這個「特殊任務」，並寫信向伯父周總理作了匯報：祖墳占地不足一畝，共葬13口棺木，有總理祖父母、生母、嗣父母、八叔、八嬸等長輩的遺骨。全部深埋到一公尺以下了。周恩來收到此信後，立即寄去70元錢，並附言：「此款用作支付平墳勞力的工資和償付被踐踏的青苗費。」

總之，他把改造社會、改造自我的思想和精神品格，貫穿在教育親屬過好「社會關」的實踐之中，充分顯示了他是一個超越時空的世界偉人。

他教育親屬否定封建的親屬關係，樹立自尊、自立、自強的信心和勇氣，做一個永遠力爭上游的時代新人，過好「親屬關」。

周恩來是一個極重感情的人，他總是設身處地地為他人著想並竭力提供幫助。但是，他對親屬的關心和照顧是有原則的，絕不順從遷就，絕不動用

3. 教導親屬過好「五關」

人民賦予的權力為之牟取私利。他曾在教育親屬晚輩時說過：在共產黨執政以前的中國歷史上的執政者，包括許多出色的農民起義的領袖在內，他們走入「人亡政息」週期率的第一步，都是從人事關係上的「任人唯親」開始的。因此，我們要徹底否定「一人做官，全家享福。一人得道，雞犬升天」的封建的親屬關係，過好「親屬關」。他說：「過親屬關說起來容易，做起來就不那麼容易了。」他說：「我呼籲我們的領導幹部，首先是我也在內的這407個人應該做出一點表率來。不要造出一批少爺。我們是社會主義社會，不像封建社會和資本主義社會那樣，但是歷史也可以借鑑。秦始皇能夠統一中國，可是他溺愛秦二世，結果秦王朝就亡在秦二世。」

他和鄧穎超約定不在一個系統工作，解放後他任總理，鄧穎超就不在國務院工作，而在婦聯工作。實行迴避制度。當有人問他這是為什麼時，他解釋說：「我是政府總理，如果鄧穎超是政府的一個部長，那麼我這個總理和她那個部長就分不清了；人家會把她那個部長說的話，也當成我這個總理說的話，把她做的事當成是我支持的。這樣的家庭關係、夫妻關係、政治關係就混到一起去了。這就不利於我們黨的事業，也不利於我們的工作。」

對待親屬中的晚輩，周恩來從培養和造就革命接班人的高度，教育和引導他們「要不靠關係自奮起」「要絲毫不搞特殊化」「要艱苦奮鬥一輩子」「要自強不息永向前」，把自己改造成為時代的新人。

他教育親屬養成艱苦樸素的美德，在日常生活和工作實踐中，勤儉持家，艱苦創業，自強不息，勵精圖治，過好「生活關」。

他說：「生活關分兩種：物質生活和精神生活。物質生活方面，我們領導幹部應該知足常樂，要覺得自己的物質待遇夠了，甚至於過了，覺得少一點好，人家分給我們的多了就應該居之不安。要使艱苦樸素成為我們的美德。這樣，我們就會心情舒暢，才能在個人身上節約，給集體增加福利，為國家增加積累，才能把我們的國家更快地建設成為一個社會主義強國。精神生活方面，我們應該把整個身心放在共產主義事業上，以人民的疾苦為憂，以世界的前途為念。這樣，我們的政治責任感就會加強，精神境界就會高尚。」

十四、周恩來的十條家規

他以人民公僕無私心的高尚情操和道德風範，教育和引導親屬自覺地戒奢倡儉，拒腐防變，過好「生活關」。

1964年8月10日，周恩來教育親屬過好生活關時說：這是最難過的，在生活實踐中要勞動，就可鍛鍊自己。我為什麼痛恨舊社會封建家庭？沒落的封建家庭，什麼都敗壞了，貪汙、腐化，有許多壞東西，我們小時候都見過。鋪張、虛榮、說假話，完全是虛偽，我最痛恨這些。對這種生活方式不痛恨，就改變不了它。你們年輕一代，不要學老一代的舊的生活習慣，穿衣服要樸素。要一心一意為人民服務。

他不僅這樣要求親屬、晚輩，而且身體力行。他穿的襯衣補了又補。很多人不理解。有人說周某人是一國總理，穿著這樣補丁衣服，是不是有點過分了。他笑著說，我看不過分。前提是我們國家還很窮。身為七億人口的大國總理，我這樣做不是我個人的事，這表明我們提倡什麼！七億人口是應該提倡節儉呢，還是現在就不顧國情去追求享受呢？當然是提倡節儉！他特別強調：「現在的大好形勢是靠大家艱苦奮鬥得來的，將來國家富強了，也不能丟掉艱苦樸素、艱苦創業的光榮傳統！」

他說：「當然，我們不是說一天到晚只做政治抗爭，只做工作。人的生活要豐富一點，精神更要舒暢一點。文藝生活總是要有的，但是，我們的文藝生活是為了活躍人的思想，提高人的修養，把教育寓於文化娛樂之中。我們的文藝節目要有教育意義。那種庸俗低級的、野蠻恐怖的、墮落腐化的東西，是資產階級和封建階級的產物，我們應該堅決批判，堅決反對，不能用官僚主義態度對待它，容忍它。這些東西不僅對我們不利，對青年一代的成長更為不利。還應該看到，資本主義國家的某些文藝思潮和文藝作品是頹廢的沒落的，絕不能讓那些糟粕影響我們的幹部，影響我們的青年一代。」②

周恩來認為：要抵制這些東西，肅清其影響要經歷長期的、複雜的、艱苦的抗爭過程。因此，我們都要艱苦奮鬥一輩子！

3. 教導親屬過好「五關」

附錄一　周嵩堯中舉資料

周嵩堯，原名貽良，字峭士，號香藩，一字岣芝。行六。同治癸酉年閏六月十八日吉時生。浙江紹興府會稽縣。附生，民籍。光緒癸巳、甲午等科本省鄉試房薦者。著有《磨綺集詩草》一卷。

二十世祖

茂，字元泊。元進士。官至左丞相，特進金紫光祿大夫，封沂國公，贈太師。妣氏司馬，封一品夫人；妣氏施，封一品夫人。

十九世祖

萬，字無佘。官生。授奉政大夫，淮安府同知。妣氏錢，贈宜人。

十八世祖

壽，字葆真。進士。授高安丞，累官浙江儒學副提舉。妣氏朱，贈宜人。

十七世祖

慶，字德芳。明贈資政大夫，福建布政使司左布政使。妣氏程，封太恭人。

十六世祖

叔莊，字元童。授北京順天府大興縣第六廂萬石長。妣氏王，贈孺人。

十六世伯叔祖

叔源。叔敬。頤，選貢，歷任山西道監察御史，山東、江西布政使司左參議，福建布政使司左布政使。

十五世祖

宗，字承甫。授大興縣第五廂萬石長。妣氏柳，贈孺人。

十五世伯叔祖

容。吉。宿。杰。顯。憲。宜。

十四世祖

附錄一　周嵩堯中舉資料

富，字富三。妣氏鐘。

十四世伯叔祖

經。咸。寧。賢。福。全。英。讓。恭。紳。綺。緯。繹。

十三世祖

順，字順齋。妣氏袁。

十三世伯叔祖

朝。華。貴。芳。文英。彰。黼。輅。文彩。文盛。文魁。文祥。文原。文憲。珊。琥。文林。文理。文玉。文瑞。文佩。國楨。堯直。朗。昂。冕。律。

十二世祖

字南坡，號敏庵。晉贈中大夫。妣氏陳，晉贈太宜人。

十二世伯叔祖

鎮。欽。鏜。岳。銀。正。銘。鎬。鏉。錦。銳。鉞。鈺。鐘。振。羲。恕。大忠。大經。大綱。恩。肆。制。健一。健二。繼宗。仁。義。

十一世祖

廷孝，字宇明。上壽鄉賓，敕贈文林郎，晉贈奉政大夫，山西大寧縣知縣，揚州府同知。妣氏胡，晉贈太宜人。

十一世伯叔祖

化。侃。廷諫。廷椿。廷節。廷章。禟。光義。書。易。廷元。廷忠。廷愷。廷簋。廷簏。廷爵。廷簫。廷符。廷登。廷祥。廷祿。廷科。廷佐。廷輔。廷臣。廷俊。廷韶。廷勛。廷魁。廷禮。廷樂。

十世祖

懋章，字奕庵，號宜迪。上壽鄉賓，敕贈承德郎，州同知。妣氏王，敕贈太安人，欽旌百壽。

3. 教導親屬過好「五關」

十世伯叔祖

懋（文），明壬午舉人，山西大寧縣知縣，揚州府同知。乾。坤。長。巽。時兌。時茂。時憲。時杰。時晉。時祚。聯芳。有芳。桂芳。時泰。時官。時益。時富。時懋。時新。時成。時敏。時誥。時仁。昇。官郎。時隆。時鳴。時雍。時和。時澄。時清。時來。時達。時逵。時旦。時升。良輔。良仕。良臣。良相。良宰。進。達。達。遠。暹。良儒。

九世祖

汝相。妣氏。

九世伯叔祖

祖堯。祖舜。來王。鼎臣。鼎耀。顯懋。顯忠。言昌。世榮。世澤，順治辛丑科進士。世汲。逢甲。世沽。世洽。世潤。世淇。世治。起鳳。起鵬。國祚。鼎。國俊。國禮。世昌。興文。興宗。興讓。士敬。自夏。鼎元。維賢。維彥。家助。麟忠。國鼎。國鼐。國厝。國初。國芳。國祥。國昌。國賓。礦生。望生。謹。

八世祖

熙祚。妣氏。

八世伯叔祖

日文。格麟。裔祚。遐祚。繼祚。敬祚。欽祚。殷祚。祜祚。邦祚。家祚。奎祚。懿德。士良。士賢。士芳。元秀。之鳳。之駿。棟。棵。柱。威。成。咸。之鼐。思怙。顯祚。景。繁祚。錫祚。永祚。綿祚。啟祚。礦祚。士欽。岐祚。邠祚。長祚。

七世祖

步超。妣氏。

七世伯叔祖

附錄一　周嵩堯中舉資料

然,雍正癸丑科進士,授內江縣知縣。坫。程。增。墉。均。□。垣。基。兆龍。合愷。夢龍。增。繼蒿。堃。垌,乾隆甲子科順天舉人。步杰。恆。思。恂。圭。堂。坦。日培。日坤。日佳。士廼。璽。惠。坡。丙。風。雪。

太高祖

應麟,字孔錫,號紅雪。贈奉政大夫,晉封中憲大夫。妣氏陳,晉封淑人。妣氏俞,晉封淑人。妣氏魯,晉封淑人。妣氏王,晉封淑人。

六世伯叔祖

汝基。渭基。秉鈞。大鈞。成鈞。其達。其顯。新。鏞。璟。申。甫。鎮。易。中規。銓。綏曾。應鳳,歲貢,例贈修職郎。應熊。應彪。福鈞。榮。廣鈞。宗鈞。蘭鈞。芝鈞。菁鈞。綱鈞。毅鈞。國鈞。朝鈞。輔鈞。寶鈞。可鈞。馭鈞。衡鈞。誠鈞。和鈞。恭鈞。

高祖

文灝,字景商。贈奉政大夫,晉封中憲大夫。妣氏魯,晉封淑人。

高伯叔祖

淇。渭。學泗。學濂。書。河。淮。品。焱。森。垚。瀛。建中。建功。建偉。益謙。文溥。益清。兆濂。兆斌。兆法。順蛟。順龍。順鰲。潮,國學生,候選從九同知銜。溶。濤。淞。藩。藻。式序。右序。淇。淦。沂。

曾祖

元棠,字笑岩。邑庠生,歷科薦卷堂備,贈奉政大夫,提舉銜兩淮候補鹽運判,升用同知直隸州,儀征縣知縣,江蘇候補同知,晉封中憲大夫,著有詩鈔。妣氏史,晉封淑人。

曾伯叔祖

元林,五品銜藍翎。元杰。夢齡。夢焱。廷潞。廷瓚。元椿,國學生。元季。元枚。元棣。元燮。元植,廩膳生。元祐。元樞。元榮。元杏。元樟。元楳。

元菜。宗夏。元機。元桂。焜蓀，道光壬千科順天舉人。謙。誥。謨。承績。承霖。南金。南成。南，邑庠生。

祖

光勛，字樵水。邑庠生，誥贈奉政大夫，提舉銜兩淮候補鹽運判，升用同知直隸州。儀征縣知縣。江蘇候補同知，晉封中憲大夫。妣氏樊，誥封宜人，晉封淑人，欽旌節孝。同邑邑庠生諱維城公女，藍翎五品銜前署江蘇甘草司巡檢諱文煒公，花翎知州銜，歷任碭山、蕭縣、宿遷、沭陽、沛縣、銅山等縣知縣諱鑾公胞姊；藍翎五品銜兩淮候補鹽巡檢印沛霖，藍翎五品銜代理江蘇召伯、衡陽等司巡檢印祥霖，提舉銜候補通判印瑞霖，國學生印衡霖、印為霖，江蘇候補縣丞印壽霖，國學生印承霖、印溥霖、印時霖、印甘霖胞姑母。

伯叔祖

光熹，例贈承德郎。耀祖。念祖，邑庠生。衍祖。蕃祖。浩祖。純亮，藍翎六品頂戴候選從九品。懷蘭。犇。發祥。發普。福種。

父

昂駿，字霞軒。國學生，代理江蘇揚州府儀征、江都等縣知縣；署理通州、如皋縣知縣；特授揚州府儀征縣知縣；調補徐州府宿遷縣知縣；欽加知州銜升用同知直隸州。前江督沈文肅公以「每事躬親、不避嫌怨可備任使等語」保奏，奉旨軍機處存記。賞戴花翎，誥授奉政大夫，晉封朝議大夫。

妣氏

鄭。誥封宜人，晉封恭人。侯官誥封資政大夫諱興宗公女；誥封資政大夫前江蘇候補知府、署東臺縣知縣諱仁昌公胞妹；花翎三品銜候補知府印仁壽公胞姊；五品銜兩淮候補鹽知事印貽庚，候補同知印言德，五品銜江蘇候補府稅課大使、前代理淮安府經歷、阜寧縣典史印履安，五品封典候選道庫大使諱錫蕃，候選道諱庭鯉，浙江候補布政司理問印貽鼎，六品銜印貽壯胞姑母。永感下，庶母氏王，贈儒人。

從堂叔

附錄一　周嵩堯中舉資料

延曾，藍翎五品頂戴。延春，候選鹽大使。延祐。延壽。

嫡堂叔

殿魁，理問銜現任江寧布政使司倉大使。駿皆。駿發，南河候補閘官。

胞伯叔

晉侯，提舉銜兩淮候補鹽運判。聯駿。提舉銜縣丞。起魁，花翎江蘇同知，前代理安東、阜寧、桃源等縣知縣，海州直隸州知州。子龐，藍翎五品銜、從九品前署丹陽縣典史。

胞姑母

一。早故。

再從堂弟

嘉琛，邑庠生。嘉瑛。學文。學行。祐麟。

從堂弟

貽寬，國學生。

嫡堂兄弟

貽謙，國學生、國子監典簿銜。貽庚，附貢生、翰林院孔目銜。貽鼎，原名貽定，國學生。劭綱，原名貽能，國學生，主事銜。貽奎，國學生。宗幹，原名貽淦，國學生。震岳，原名貽震，國學生。毓章，原名貽升，業儒。

胞兄

炳豫，原名貽豫，字立之，國學生，指分江蘇布政使司理問，欽加五品銜。龢鼐，字調之，附貢生，候選儒學訓導，甲午科舉人，乙未科會試薦卷，出嗣胞伯逸帆公。

胞姊

一，適花翎鹽運使銜現任徐州運河同知前代理淮安府知府萬印青選公子、理問銜江蘇候補巡檢名立。

胞妹

一。未字。

嫡堂姪

恩瀛。恩煥。

胞侄

恩濤。

妻

樊氏，同邑藍翎五品銜前代理江蘇召伯、衡陽等司巡檢印祥霖公女。

子

恩夔。

族繁不及備載

世居紹城寶祐橋現寓淮城駙馬巷。

附錄二　周氏淵源考

附錄二　周氏淵源考

粵稽周本國號，在岐山之周原，今陝西岐山縣也。帝嚳子后稷十三世孫古公亶父邑其地，因以為國號。至平王東遷洛陽，少子食采汝墳十九傳而秦並其地。遂為汝南著姓，蓋姬姓於前周姓於後也。周自得姓，居汝南至晉太康中少府卿裴，子武城侯浚娶李氏女絡秀為側室，生子曰顗、曰嵩、曰謨，皆為晉名臣，稱一時望族。逮唐永泰中廉白二州太守崇昌，七傳而徙營道濂溪，係今湖南道州也。數傳而生元公敦頤，因知南康軍卜居於廬，公於蓮花峰下築屋曰濂溪書室。子孫繁衍分徙揚州、溢都。未幾宋南遷徙至浙東山陰、柯峰亭之陽。所居地曰螺螄湖主人，建周惠王廟，奉為香火院。四世祖諱慶避兵入城居會稽縣鏡水里。洪武辛酉徙居於永昌坊。按：敕命載沂國公諱茂嫡母孫氏，元左丞相女，封太夫人，係延祐二年所封。沂國公之父失考，俟確查全譜載入可也。

大清道光四年（1824年）歲次甲申秋九月裔孫五十房文灝遵照老簿謄錄。

民國三十二年（1943年）歲次癸未六月玄孫嵩堯恭錄待印以子孫。

周氏本支世系

遷浙一世祖

茂，字元泊。元封沂國公。配司馬氏、施氏，元封一品夫人。合葬。

二世祖

萬，字無咎，官生。授淮安府同知。配錢氏。合葬。

三世祖

壽，字葆真。進士。授高安丞。累官浙江儒學副提舉。配朱氏。合葬。

四世祖

附錄二　周氏淵源考

慶，字德芳。明贈資政大夫，福建布政使司布政使。配程氏，明封太夫人。子四。合葬紹興破塘殷家塢山麓。

謹按：德芳公始由紹興府山陰縣遷入會稽縣籍。

五世祖

叔莊，字玄童。授北京順天府大興縣第六箱萬石長。配王氏。子二。合葬紹興林家灣。兼祧五世祖。

頤，字養浩。明選貢。歷任山西道監察御史，山東、江西布政使司左參議，福建布政使司布政使。子憲、宣，孫五，曾孫四，玄孫四。配余氏、魯氏、鄭氏。明封夫人。合葬紹興黃祊嶺。

六世祖

宗，字承甫。授大興縣第五箱萬石長。配柳氏。子三。合葬紹興林家灣。

七世祖

富，字富□。配鐘氏。子一。合葬紹興林家灣。

八世祖

順，字慎齋。配袁氏。子三。合葬紹興林家灣。

九世祖

字南坡，號敏庵。吏員，冠帶散官。生於明嘉靖四年（1525年）乙酉。配陳氏。子四。合葬紹興黃祊嶺。

謹按：兼祧五世祖養浩公傳四世而至玄孫健二受門婿王文美之誘，盜賣黃祊嶺墳山。經慎齋公、南坡公起訴本縣莊大令，文美斃於獄，健二科徒刑，絕嗣。合族公議以南坡公兼祧。斃後葬養浩公墓側。南坡公多才尚義，名譽日隆，為□排陷，屏跡山居不入城市。友兼至子孫皆享大年，今云仍繁衍甲於全族，皆公之德澤也。

十世祖

廷孝，字宇明。上壽鄉賓。生於明嘉靖二十九年（1550年）庚戌，壽九十。配胡氏。子二。合葬紹興三凰山。

十一世祖

懋章，字奕庵，號宜迪。例贈承德郎、州同知，上壽鄉賓。生於明萬曆廿七年（1599年）己亥八月廿四日，壽九十四。公為宇明公次子。配王氏，壽百歲。子四。合葬紹興釣魚臺。

謹按：奕庵公胞兄懋文，字李庵，授山西大寧縣知縣，升揚州府同知。贈父宇明公如其官。十一世祖妣王太夫人享壽百齡，今紹城寶祐橋河沿吾家老宅猶存橫額，曰「百歲壽母之門」，老宅大廳額曰「錫養堂」，其右新廳曰「誦芬堂」，而族人則統稱曰「百歲堂」。今散布蘇浙科名宦者皆百歲堂一支之後裔也。按察簿百歲王太夫人九月初六日生辰，為明萬曆某年則未詳。

十二世祖

汝相，字公佐，號覺軒。生於明崇禎五年壬申。配倪氏、陳氏。子六。合葬紹興石臍。

十三世祖

熙祚，覺軒公第六子。字竹莊。生於清康熙壬戌（1682年）七月二十日。配徐氏。子二。合葬紹興中灶山。

十四世祖

步超，竹莊公長子。字孟班。生於清康熙辛卯（1711年）十一月十二日。配陳氏、孫氏、倪氏。子三。合葬紹興鴨嘴橋。

十五世祖

應麟，字孔錫，號紅雪。生於清乾隆元年丙辰（1736年）十一月初五日，薨於乾隆癸卯（1783年）十二月十九日，年四十八歲。公為孟班公長子，陳太夫人出。

附錄二　周氏淵源考

配魯氏。生於清乾隆九年甲子（1744年）十月三日，薨於乾隆辛卯（1771年）五月二十四日。景商公生母也。元配陳氏，繼配俞氏、王氏。子一。合葬紹興鴨嘴橋，佃張長雲、張長慶。

十六世高祖

文灝，字景商。清贈中憲大夫。生於清乾隆辛卯（1771年）五月初三日寅時，薨於清道光壬辰（1832年）十一月二十八日丑時，年六十二歲。

配魯氏。清贈淑人。生於乾隆丙戌（1766年）七月十八日午時，薨於清道光癸巳（1833年）六月二十日卯時。子三。合葬紹興石臍唐家澳，佃金阿貢，子華林。

十七世曾祖

元棠，字笑岩。邑庠生，清封中憲大夫，晉封資政大夫。生於乾隆辛亥（1791年）九月初八日丑時，薨於咸豐辛亥（1851年）八月初六日寅時，年六十一歲。著有《海巢書屋詩鈔》。公為景商公長子。

配史氏。清封淑人，晉封夫人。生於乾隆乙卯（1795年）十一月初六日酉時，薨於道光丙戌（1826年）十一月初十日未時，年三十二歲。子二。合葬紹興外凰，佃朱蘭生又王阿富。

十八世祖考妣

光勳，字樵水。邑庠生，清封中憲大夫，晉封資政大夫。生於嘉慶己卯（1819年）正月十九日戌時，薨於咸豐辛亥（1851年）九月十九日酉時，年三十三歲。公為笑岩公長子。

配樊氏。清封淑人，晉封夫人。同邑邑庠生樊公維城女，江蘇甘草司巡檢文煒、銅山縣知縣變胞姊。生於嘉慶戊寅（1818年）十一月十二日酉時，薨於咸豐庚申（1860年）正月二十日午時，年四十三歲。欽旌節孝，紹城百歲堂老宅名臺門額曰一門三節，太夫人其一也。子五。合葬紹興紅桃子山掛壁燈，佃朱蕙生，又曰王鶴中，子阿富。謹按：紅桃子山即外凰山笑岩公墓山腳。

十九世考妣

昂駿，字霞軒。國學生。歷任江蘇江都、如皋、儀征等縣知縣，花翎升用同知直隸州。清封中憲大夫，晉封資政大夫。生於道光己亥（1839 年）六月初三日戌時，薨於光緒辛巳（1881 年）九月初四日酉時，年四十三歲。公為樵水公次子。

配鄭氏諱，字南濱，福建侯官鄭公興宗女，江蘇、東臺縣知縣仁昌胞妹，花翎三品銜江蘇知府仁壽胞姊。生於道光戊戌（1838 年）正月初五日酉時，薨於光緒戊寅（1878 年）六月十二日丑時，年四十二歲。子三：長炳豫；次龢鼐，出嗣胞伯晉侯；三嵩堯。合葬揚州平山堂西北蔡家山，佃羅永富。

謹按：霞軒公居官清正、愛民如子，每事躬親，不避嫌怨。經兩江總督沈文肅公明保，交軍機處存記。薨後為儀征縣城隍神士人，確有所見。吾家世居紹興，自公初遷淮安，繼遷揚州，應為遷居江都始祖。謹按：鄭太夫人德行純備、孝慈賢淑，與霞軒公孝友根諸，天性仁德，布於戚族，同為斯世所布。太夫人幼受舅氏十三峰草堂張春巒先生（振）親授六法，工花卉。中年多病，不輕作，故世鮮傳本。男嵩堯恭識。

以上祖宗考妣諱字官爵、生沒年月、墓地所在，或錄之百歲堂祭簿，或本諸見聞，謹述大略，以示孫曾毋忘木本水源所自。時中華民國三十二年（1942 年）癸未六月，第二十世裔孫嵩堯恭識。

二十世以下附記於後

二十世

嵩堯，字峋芝，號薰士，晚號芝叟。清邑庠生，光緒丁酉科舉人。內閣中出升內閣侍讀，調郵傳部路政司郎中，參議廳長，江蘇道尹；歷充漕運總督、江淮巡撫、江北提督總文案，江西都督、江蘇督軍祕書處長，陸海軍大元帥統率辦事處祕書長，封邦辦浦口商埠事宜。二等大授嘉禾章、二等文虎章。生於同治癸酉（1873 年）閏六月十八日辰時。

附錄二　周氏淵源考

娶樊氏諱韶，字姒音。同邑樊祥霖女。生於同治甲戌（1874年）八月十五日丑時，卒於民國癸亥（1923年）正月十三日未時。清封淑人，晉封太夫人。葬江都平山堂西北蔡家山先塋之東。

二十一世

恩夔，字鐵仙。國學生，江蘇州同分蘇縣知事。生於光緒癸巳（1893年）十二月初十日酉時。

妻王氏碧瑛，同邑王寬甫女。生於光緒甲午（1894年）十月廿五日子時，歿於民國癸亥（1923年）二月十三日午時。葬揚州蔡家山。子二，女一華。

繼配陸氏，江寧陸子才女。生光緒丙午（1906年）六月三十日亥時。子六，女一華紱。

附錄三　周同宇訪談錄

▌1. 我們家族親屬中對總理影響、幫助較大的幾個人

　　總理幼年時期對他影響較大的是兩個母親——生母萬氏和過繼母親陳氏。

　　我祖父有四個兒子，按大排行是四、七、八和十一。我父親排七。最小的十一叔身體不好，剛結婚一年就患了重病，因沒有後代他心裡很難過。當時上一輩人中只有總理一個大男孩，他還不滿周歲，母親雖然捨不得，但還是把他過繼給了十一叔，使十一叔在彌留之際有所安慰，使十一嬸有所寄託。

　　外祖父姓萬，家住清江浦。外祖父在清江浦做了30多年官，頗得人心。他朋友多，交際廣，經常要參加社會上的活動。母親在萬家很受寵，外祖父最喜歡她，在親友交往中，經常帶她一同去，這對母親影響很大，使她視野開闊，性格開朗，不像大家閨秀，足不出戶。環境的影響，生活的磨練，使她鍛鍊得精明強幹。母親生了我們兄弟三人，總理是老大，雖然從小過繼他人，母親仍最喜歡他，出門辦事總是帶著他，這對總理影響也很大。

　　記得總理6歲時隨兩個母親搬到清江浦外祖父家居住。外祖父家人多，關係複雜，矛盾重重，經常請母親去調解糾紛。我母親處理問題時總是先耐心聽情況，然後再發表意見，因此解決問題很順利。總理常隨母親同去，學到了不少東西，我想他處理問題堅定、果斷就是從母親那裡學到的。這可以從後來處理兩個母親的喪事上看出來：總理9歲時兩個母親相繼去世，當時家中除我們哥仨之外只有一個殘廢叔叔，一個嬸母和一個叔伯哥哥，家中事情都要總理來管。萬家對辦母親的喪事要求很嚴，不顧我家已破落的境況，堅持按封建家族的一套非常隆重的舊規矩來辦，不但買了楠木棺材，還提出出殯時要有多少人吹打，多少和尚唸經，多少人送葬。但是我家沒有錢，辦不成，只得將母親的棺木寄存在清江浦一個庵內。直到二十多年後，父親積蓄多年，才將母親的靈柩移回淮安安葬。陳家對過繼母親的喪事沒有提出什麼要求，總理就做主一切從簡，當即將過繼母親的靈柩送回淮安與十一叔合

附錄三　周同宇訪談錄

葬。兩個母親處理章法繁簡迥然不同，招來了很多非議，但總理一概置之不理。在封建社會中對於一個9歲的孩子來說是很了不起的。以後全家搬回淮安，由於兩個母親的喪事，欠下了很多債務，都是由總理處理的。我所以了解這些情況，一方面是從總理寫的一篇《念娘文》中了解的。這篇文章是1920年總理在天津檢查廳被拘留期作的。他被釋放後就拿來給我看，並對我說：「弟弟呀，娘的事情你一點兒也不知道，這篇文章你好好看一看。」我看了幾遍，從中了解了母親對他的影響。這與在外婆家聽到的大致相符。

我們有一個表哥叫陳式周（陳氏母親的內侄），在家鄉時與總理經常來往。總理去法國時陳在上海，對總理有過不少幫助，1924年以後失去聯繫。解放後總理託外婆家的表兄打聽陳式周的下落，1965年才得到消息。他派成元功同志去看望時得知陳式周1953年到了北京，1954年春天就病逝了，留下兩個兒子都在北京工作。以後總理忙於處理「文革」中的事情沒能與這兩兄弟取得聯繫。我是1978年才與他們聯繫上，從交談中聽到了過繼母親的家世：過繼母親陳氏娘家在寶應，出身書香門第，從小受到其父的教誨與薰陶，是一個富有才學的女子。她年輕守寡，總理是她唯一的依靠，因此對總理寄以很大的希望。總理很小的時候就開始念書、寫字、背詩詞、讀小說。陳氏母親親自教他，使他的理解能力和接受能力從幼兒時代就得到很好的鍛鍊。可以說在念書方面總理的基礎知識能這麼扎實是與過繼母親的教育和培養分不開的。

兩個母親死後總理能離開偏僻的家鄉，走進一個新天地，接受一種嶄新的教育，全在於四伯父的幫助。可以說四伯父的培養對於總理的一生都是有影響的。

總理在家鄉時有事總是寫信與四伯父商量（母親去世時，父親從湖北趕回來，但因他膽子小，能力差，不能給總理什麼幫助），總理的文筆很好，備受四伯父的賞識和鍾愛，他自己沒有子女，覺得這個侄子很有培養前途。1910年四伯父託人把總理接到瀋陽。當時四伯父在度支司做事，因文字好，總有事做。他到過瀋陽、天津、哈爾濱、吉林等地做事，對東北很熟悉，知道哪些地方有好學校。那時奉天有兩個比較有名的書院，一個在遼陽，一個

在鐵嶺。因鐵嶺離瀋陽近，三伯父又在鐵嶺工作，所以總理就入了鐵嶺書院念書。1962年總理到東北視察，與鄧大姐專程去鐵嶺看了龍首山。傳說那裡有個銀崗書院，究竟有沒有這個書院，總理是否在那裡念書就不清楚了。總理在這裡讀書的時間並不長，到夏天就轉到瀋陽東關模範學校念書了。那裡有思想開明的教師，總理在這所學校裡就讀了梁啟超、康有為、章太炎、陳天華等人的文章和他們出版的報紙。

總理從東關模範學校畢業後考入南開學校，最初的費用是靠四伯父幫助，但因四伯父收入少，家庭負擔重，所以總理的學費常常不能及時交付。學校方面了解到他的家庭經濟困難，又看到他的學習成績優異，就破例免收學費，總理是這所私立學校中第一個也是唯一享受免費的學生。

二伯父這個人也很好，顧大局，在經濟上幫助過總理，對總理有一定的影響。1927年底總理從香港到上海時去看過二伯母。二伯父去世較早。

此外總理的一些老師、同學對他的影響與幫助也很大，其中有常策歐、張瑞峰、李福景、張鴻誥和伉乃如（化學老師）等。

2. 我的父親

1918我在家鄉親戚的資助下到北京找父親，對父親的情況才有所了解。父親原在北京京兆尹府做外收發，職業不穩定，經常失業。1922年他離開北京到東北齊齊哈爾，四伯父介紹他到煙酒事務局做辦事員，生活逐漸穩定下來。1931年「九一八」事變後他才回到吉林四伯父家，四伯父要我帶父親和四伯母先回天津。1932年夏四伯父也離開東北回到天津，因他聯繫廣、熟人多，很快就在天津民政局找到事做，並且託人推薦父親去深縣縣政府做小職員。四伯父到天津後我就離家去上海找組織，但一直沒有找到。當時鄧大姐的母親在杭州司馬渡巷蓮如庵當醫生，我去杭州找她，她說她也失去了聯繫，當時是組織上把她和夏之栩的母親安頓在那裡的。我沒有別的辦法只好又回上海，在朋友的幫助下學會了開汽車。因無保人，仍舊謀事無著，1933年我回到天津。這年夏天四伯父病故，總理是被通緝的著名人物，父親與他人商量，決定在訃告上署上了總理的小名大鸞的名字，代為表達總理對四伯父的

哀悼之情。四伯父去世後，在他的朋友幫助下父親去安徽謀事。1935年為葬母回到清江浦，以後又輾轉上海，生活一直很清苦。抗戰爆發後，漢口八路軍辦事處成立，父親和鄧媽媽一起到那裡。武漢撤退時，組織上派朱端綏姐妹保護兩位老人經長沙—衡陽—桂林到了重慶，住在紅岩。1941年鄧媽媽去世，1942年父親去世，總理和大姐為二老立了碑。解放後（大概是1958年）總理派童小鵬同志去將兩位老人的墓和碑深埋了。

母親去世時父親才34歲，因無錢沒有再結婚。他一生清苦、顛簸，晚年生活才安定下來，總理對他是很同情的。

3. 總理旅日回國後的有關情況

總理對四伯父很有感情，1917年去日本前專程到瀋陽向四伯父告別。1919年4月由日本回國坐船到大連，首先赴瀋陽看望四伯父，然後去哈爾濱東華學校看望鄧潔民（1917年總理曾到哈爾濱幫助鄧等籌備建立東華學校），他曾對我說差點留在哈爾濱教書。五四運動的消息傳來後總理才趕回天津。我記得總理是坐火車回來的，我去車站幫助領取行李。拿回來的行李是幾個柳條箱，裡面裝著中文、日文的書籍和雜誌。記得其中有種雜誌名叫「改造」，還有河上肇著的書。

4. 總理旅日旅歐時的主要經濟來源

總理旅日旅歐時經濟上得到過老師和同學的幫助，最主要是南開學校的董事長嚴範孫的幫助。嚴老特別喜歡總理，總理去日本主要是嚴的幫助。總理在日本學習期間，嚴曾去美國，路過日本特意去看他，並在經濟上幫助他。總理與李福景去歐洲時護照上寫的是：周李二人去英國留學。後來之所以到法國是因為英國的物價太貴，費用太大。旅歐期間嚴老曾讓他的兒孫想辦法資助總理，他在家信中常常問到周的生活情況。此外李福景的父親對總理也有幫助。旅歐期間總理主要靠自己向報社投稿，用稿費的收入維持生活。他曾為天津《益世報》等幾家報社寫文章，同時也向上海的《時事新報》等投稿（我沒有查過上海報紙）。英礦工罷工時他曾專門到英國去了解情況，寫

報導。到柏林後因物價便宜，生活寬裕多了，他給我寄過不少東西，我只保存下了明信片。

5.1928 年總理和大姐去蘇聯途中的情況

　　1928 年總理和大姐去蘇聯參加中共六大，途中受到日本特務盯梢，在大連時被公安局找去談話。總理謊稱是到東北看望舅父。為甩「尾巴」，他從長春下車，轉長吉路到吉林市。最初住在旅館，為迷惑敵人他給我寫了一張便條，其意是：特意來看舅父，不知家中住宿是否方便。用的是一個化名，但我認得總理筆跡，立刻明白怎麼回事，馬上和四伯父商量。四伯父要他們回家來住，我立即去旅館將他和大姐接回家中。那天總理與四伯父長談至深夜。第二天一早總理一人先走了。他是從長春換車到哈爾濱，住在二哥恩溥處。隔了一天我送大姐也到了哈爾濱二哥家。在火車站找到李立三同志，他們一起去蘇聯的。

　　1930 年總理去莫斯科向共產國際報告中國執行六大決議情況及其他問題。這次回國路過東北是張鴻誥先生招待的。走時張老用小車送他到車站，但總理不讓他進站，說：「我對生死置之度外，不能牽連你。」當時張在哈爾濱電業局做技師長。

6. 其他

　　1927 年底總理從香港回到上海，我曾去找過他。我在上海住在鐘善路，很多同志都住在那裡。後來組織上考慮我住在那裡不合適，就讓我轉到一個同志家中住。

　　1928 年初我脫離組織回到吉林，到 1946 年在北平透過葉帥找到總理，總理一見面就嚴厲地批評了我。後以軍調部讓我在天津辦「民生貨站」掩護革命工作。我在天津認識了一位搞兵運的地下黨員，曾幫助、支援、掩護過他。

附錄三　周同宇訪談錄

　　總理對親屬要求嚴格，曾多次批評我，記得解放初我見到總理，他和我談了一個晚上，最後問我今後打算怎麼辦。我說：從頭做起。總理對這句話還是滿意的。後來范文瀾同志給我開了介紹信，讓我到華北大學學習。

附錄四　周嵩堯談周恩來的親屬

總理的同姓旁系血親及其配偶：

胞弟恩壽，字同宇；胞侄榮慶、秉鈞、秉華；胞侄女秉德、秉儀；胞弟媳王氏榮慶之母，王氏秉德等之母。以上均在北京，無須詳敘。

胞嬸楊氏，年74，月領公糧，住淮安駙馬巷。堂侄爾輝，年17，爾（萃）年12，均入小學，皆楊氏之孫，其母（陶）氏。

堂兄恩夔，年58，揚州書報閱覽室，住揚州彌陀巷32號，是我之子。堂弟恩霆，年42，住上海，耳聾。大英，年40餘，原在漢口鐵路，久無信。堂侄華禹，年36，向為人經手貿易，今失業，住揚州雙巷53號（凡華字皆我之孫輩）。華寶，年33，第三野戰軍政治部員，隨同出發。華田，年27，鎮江小學教員，其婦洪金聲，任校長。華東，年25（以下均未娶），店員，浦鎮南門鼓樓街長春堂藥號。華璋，年22，遠東飯店。華琪，年19，店員，揚州左衛街文海書社。華瑞，年17，學習店員，揚州轅門橋百貨商店。華凱，年14，住揚州彌陀巷，揚州小學六年級生。爾鎏，年22，隨第四野戰軍出發。爾圻，年齡等未知其詳，傳聞已故。爾張，同上。爾均，同上，亦隨四野出發。堂侄女華，年39，住鎮江，一子二女。華紱，年11，住彌陀巷，揚州小學四年級。堂侄女婿包允禎，年42，鎮江中國銀行員。堂侄孫國鎮，年14，失學，原小學四年級，揚州雙巷。堂侄孫女國盛，年13，失學，同上。又堂嫂陸氏，年45，恩夔妻。

從堂弟恩燦，年51，娶馬氏，揚州瓊花觀小學教員。從堂侄慶榮，年20餘，娶（王）氏，均在揚州有小職業。

以上皆在八等親以內，即五世以內，亦古時所謂五服以內，五服外遠房本家太多，不列。

從堂姊妹尚有九房之女四人，夫家姓名不詳，年皆三四十外，……

五房有一女，年近50，嫁過兩次，原嫁方氏後未詳，聽說到北京來過一次，算起來是堂妹；又有一子，未知下落，名恩煦。

附錄四　周嵩堯談周恩來的親屬

大房有兩孫女，長華，長榮，皆已嫁人，不知下落。算起來是堂侄女，年皆四十內，三十外。

二房有一孫女，即恩霆之女。其妻馬氏已離婚赴臺灣，此女亦未知下落，年十餘歲。

總理的異姓旁系血親（八等親以內）：

曾祖母樊太夫人娘家。樊明五，年50餘，曾充蔣政府參事。明耀，年50餘，上海某煤行經理。華堂，年40餘，曾在上海浙江實業銀行任庶務科長。皆樊太夫人內侄孫，我的表弟，樊府男子僅存此三房，他們多有子女，但名字、年齡、職業都不清楚。樊明麗，年50餘，嫁吳文熙，曾任杭州市政府科員。樊華麗，他（她）本人年40餘，嫁某姓不記得，曾任上海教育局視察。皆樊太夫人內侄孫女，我的表妹，他們亦皆有子女，不清楚。以上均久不通信，所寫皆解放前之事。我的原配樊氏，即樊太夫人胞侄孫女，恩夔之母，華璋等之祖母是也。

祖母魯太夫人娘家。魯覺侯，年約70，魯太夫人堂內侄，紹興汽車公司職員，小和子。又魯學平，年20餘，小和之孫，從斐列賓（菲律賓）來已赴該管機關登記。學海，年30餘，覺侯子，上次來信，曾充紹興郵政局員，今失業。又魯彥本，魯太夫人胞內侄，越齡之孫，住紹興皋埠，名、業、年齡待查。

生母萬太夫人娘家。老輩死亡略盡，後嗣分散凋零，僅知一人；萬敘生，年50餘，腦筋腐舊，文理欠通，上次來京，總理勸其回揚，曾充蚌埠中國銀行點票員，今失業，住揚州安東巷。我的胞姊嫁萬太夫人的胞兄立，有一女，小名黑子，今年52歲。嫁江西鐘一栞（琴），揚州未解放，他（她）到南昌尋夫，久無訊息。萬家下一輩，都是「方」字為名，「生」字為號。

嗣母陳太夫人娘家。僅存一人（卻非血親），陳石逸，名式周，年70左右，前數年寶應有解放消息，他遷揚州，到我家來，我亦去訪他，不久即回寶應。

6. 其他

以上樊魯二家，凡是真正血親，都已全數開列，若不在此單之內，除非是後出小輩，否則即是轉彎抹角的沾親，惟萬府總該尚有些人，我曾問過敘生，他亦說不清楚，如有信來，可交我考核或問總理。

又魯太夫人堂內侄魯彥本，字德甫，年齡未詳，職業景況均未悉。住杭州建國南路125號。他前託陶念新來候我，託他函知德甫，將他祖父名號寫來。

凡紹興皋埠魯姓，不知住址者，有信皆可寄紹興子余路清風里四號王貺甫轉。

總理沒有胞姑母，亦沒有胞姐妹。

堂姑母七八家，多無後。今惟紹興王家，王貺，年50上下，任紹興人民代表協商委員會副主席及紹興工商分會主委，住紹興子余路清風里4號，有妻子女。王瑾，年40外，有妻子女，無業，依兄貺養贍。王遠，年40外，有妻子，瞽目，依兄貺養贍。以上皆我的堂妹婿之子。王貺的妹夫章濬源，說是曾任法官，前有信來，經人事處覆信令來，現已入華大學習，年40餘。王逸鶴，年33，貺妹，嫁沈長泰，年33，南京大學經濟系講師。王去病，年29，貺妹，學會計，失業，嫁張福履，年39，浙幹校學習。王逸鳴，年25，北京最高檢察署研究生，貺最小之妹。均是王貺後母之女，無血親關係。另外又有一個王遠，年40外，來信說是老三房女婿王言伯之子，大約是妾所生，現隨軍任文化彈唱之事，亦無血親關係。

他如鄭姓。是我的母舅家，人狠（很）多，大半曾在南京偽政府任事，今多不通音問。鄭澤遠，我的表侄，年30，誠實可靠，曾在法院任職，今失業，住揚州花園巷10號。他的胞侄崇樸，年19，隨第二野戰軍任教員出發。崇實，年50外，曾任泰州金庫辦事員，解放後失業，前兩月來京求見，今未知在京否？他的為人我不深知。

屠姓是老五房娘家，恐已無人。

曾姓，是三房娘家，無後，只存堂房一二人，前年在揚州一會，後不知何往。

附錄四　周嵩堯談周恩來的親屬

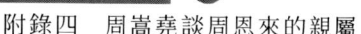

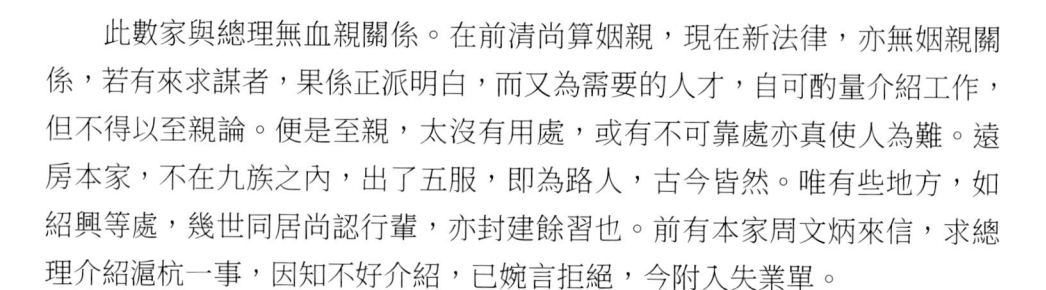

此數家與總理無血親關係。在前清尚算姻親，現在新法律，亦無姻親關係，若有來求謀者，果係正派明白，而又為需要的人才，自可酌量介紹工作，但不得以至親論。便是至親，太沒有用處，或有不可靠處亦真使人為難。遠房本家，不在九族之內，出了五服，即為路人，古今皆然。唯有些地方，如紹興等處，幾世同居尚認行輩，亦封建餘習也。前有本家周文炳來信，求總理介紹滬杭一事，因知不好介紹，已婉言拒絕，今附入失業單。

失業的人：

今又將單內失業或最窘的人，另開一單以備遇機安插。又失學的小孩二人附之。

周恩霔，年42，耳聾，曾為律師，住上海，今久無訊息。

周文炳，年50餘，曾充小學教師，今失業。此乃遠房本家，住紹興讓檐街三號，景況甚窘，一妻一女，女充小學教員。

周華禹，年36，曾在警界及鄉鎮公所辦事，揚州淪陷後為人經手貿易，今失業，住揚州雙巷53號，景況甚窘，其子國鎮，年14，失學，侄女國盛，年12，失學。

魯學平，年29，新從斐律賓（菲律賓）遊（留）學畢業來京，在教育部登記，現回紹興，聞回京後擬赴東北，定有工作。

魯學海，年30餘，上次來信呈總理，未知有無奉批，曾在紹興郵局任局員，解放後失業，景況甚窘。

魯彥本，年齡、職業待查，住杭州建國南路125。

萬敘生，年50餘，曾任蚌埠中國銀行員，後失業，住揚州安樂巷，一妻一女。景況甚窘。厚官，年50餘，女性，姓名、關係未明，住上海，失業，甚窘。

王謹，年40外，向無恆業，恐無用處，住紹興子余路清風里4號。

王去病，女性，年29，曾學會計，今失業；張福履，去病之夫，年39，浙幹部（校）學習。

以上皆有血親關係，詳見前，或血親配偶。如王去病，非血親；張福履，非血親配偶，係連類而入。

鄭澤遠，年 30，曾在南昌法院任校錄、收發等職，今失業，住揚州花園巷 10 號，甚窘。

鄭崇實，年 50 外，曾任泰州支庫員，今失業，住北京北河沿椅子胡同 13 號余宅。

趙芝芳，女性，年 32 歲，鎮江縣立女子中學畢業，江蘇省土地測量訓練所畢業，歷充鎮江縣清丈大隊繪圖員，土地局繪算員，地政局繪圖員；江蘇省地政局繪算班技術員，土地測量總隊檢查員。今失業，景況甚窘，倒是技術有用人才，是我的孫女婿包允楨之甥女，通訊處：鎮江中國銀行包甲林收轉。此人未列單內，亦未見過，是包允楨函薦。

以上皆非血親關係。不過擇其失業而稍有用者列入；其非沾親之年世誼，人太多，不列。

附錄五　有關周恩來祖父的名字和官職的考證

附錄五　有關周恩來祖父的名字和官職的考證

在迄今（1997 年）為止公開發表的有關文字記載中，周恩來祖父的姓名均被寫作「周殿魁」。

中央文獻出版社 1989 年 3 月出版的《周恩來年譜（1898—1949）》一書第 1 頁「誕生」中寫「祖籍浙江紹興。祖父周殿魁曾任山陽縣知事，在周恩來出世後不久病故，家境逐漸破落」。

中央文獻出版社和人民出版社 1989 年 2 月合作出版的《周恩來傳》（1898—1949）一書第 1 頁「童年」中寫「但到周恩來的祖父周殿魁（字攀龍）一輩時，他這一支家族就離開紹興，遷到了淮安」。又寫「周殿魁因為當師爺來到淮安，晚年有很短的時間做了淮安府山陽縣（1914 年改名為淮安縣）的知縣」。

從以上記載中我們可以看出，周恩來的祖父名周殿魁，曾經任過山陽縣知縣。此定論均來自於周恩來生前的自述。如：

1946 年 9 月周恩來和美國記者李勃曼談話中說道：「我的祖父名叫周殿魁，生在浙江紹興。」「到了祖代。兩家（周家和萬家——周秉宜注）都搬到江蘇淮陰、淮安當縣官，因此結了姻親。」

1964 年 8 月 2 日周恩來對周家親屬的談話中也說：「我們這同一個祖父名攀龍，號雲門，字殿魁。這名字有封建思想，想中科舉，結果是秀才還是舉人，不清楚了。」又說：「我祖父從紹興師爺升為縣知事。」

淮安地區有關研究人員根據此一說法，曾去翻閱過淮安府志，但均沒有找到有關周殿魁做知縣的記錄。淮安中共黨史資料辦公室的孫芝瑤在《周恩來家世、童年和故鄉研究中的幾個問題》一文中介紹說：

「我們查閱了《淮安府志》和《山陽縣志》，《淮安府志》始修於光緒七年（1881 年），刻成於光緒十年（1884 年）。這部府志第 13 卷第 10 至

附錄五　有關周恩來祖父的名字和官職的考證

48頁記載了順治二年（1645年）到光緒九年（1883年）所屬各縣歷任知縣的姓名、籍貫、文化程度和任署時間。」「而山陽（淮安）縣歷任知事中卻沒有周攀龍。」又說：「在周恩來祖父可能任職的時間內，『山陽縣志』有兩部，一為《重修山陽縣志》，一為《續纂山陽縣志》。《重修山陽縣志》始修於同治九年（1870年）刻成於同治十二年（1873年）。」「《續纂山陽縣志》始修於民國八年（1919年）刻成於民國十年（1921年），仿重修本體例和文筆，從同治十二年（1873年）記敘至宣統三年（1911年）。重修本沒有周攀龍任山陽縣令的記載，續纂本亦然。」

與此同時，淮安的研究者們卻在《淮安府志》中查到了周殿魁擔任過巡檢的記載：

《淮安府志》鹽城縣條目「上岡司巡檢」：周殿魁，會稽人，光緒中任。

阜寧縣條目「草堰司巡檢」：周殿魁，會稽人，光緒中任。

由此，淮安的研究者認為：周恩來的祖父周雲門（周殿魁）生前並沒有做過知縣，只做過巡檢。此結論有史料為證，似應屬確鑿無誤。

但周秉宜卻認為以上結論仍有可探討之處。原因有三：

1.《淮安府志》的記載只到光緒九年（1883年）為止。1883年周恩來的祖父周雲門39歲。從1884年到1898年即周雲門40歲到54歲的時間內，《淮安府志》的記載是中斷的。而這段時間，恰恰是周雲門最有可能擔任知縣的年齡段。

2.《山陽縣志》從重修本（1873年刻成）到續纂本（1921年刻成）均沒有周雲門擔任山陽縣志的記載，固已證實，但不等於周雲門沒有在其他縣任過職。

3. 19世紀的中國有嚴格的等級制度，男婚女嫁很講究門當戶對。周雲門的親家萬青選曾做過幾任知縣，代理過淮安知府，徐州運河同知。假如周雲門的官職與萬青選相差太遠，這門親事則很難做成。

1996年10月，周秉宜參與《周恩來家世》寫作後，得到1897年《周嵩堯中舉資料》（影印本）1冊，周秉宜反覆認真研究，發現在此資料中，有周嵩堯的「胞伯叔」一欄：「晉侯，提舉銜兩淮候補鹽運判。聯駿，提舉銜縣丞。起魁，花翎江蘇同知前代理安東、阜寧、桃源等縣知縣；海州直隸州知州。子龐，藍翎五品銜從九品前署丹陽縣典史。」在周嵩堯的父輩中，周晉侯行大，周嵩堯的父親周昂駿行二，周聯駿行三，周恩來的祖父行四，周子龐行五。周嵩堯在「胞伯叔」一欄中所填，正是依照大三、四、五的順序排列，那麼，老四周起魁的位置，正是周恩來的祖父的位置。周起魁應該就是周恩來的祖父。

而另外，周殿魁卻在「嫡堂叔」一欄中：「嫡堂叔殿魁，理問銜，現任江寧布政使司倉大使。」

從以上資料看，周恩來的祖父應該是周起魁而不應是周殿魁。周起魁曾任「代理安東、阜寧、桃源等縣知縣。海州直隸州知州」。

1997年9月3日，周秉宜向中央文獻研究室李海文提出以上推論。9月4日，李海文即前往中央地方志領導小組辦公室資料室查閱有關地方志。民國十五年（1926年）所編的《泗陽縣志》包括了晚清末年的官職。泗陽縣即桃源縣，因為湖南省也有一個桃源縣，故於1914年將江蘇桃源縣改為泗陽縣。在《泗陽縣志》（影印本）中，查到有「周雲門，浙江紹興人。桃源縣令，光緒廿一年任」。而安東、阜寧兩縣和海州（今連雲港），因為目前尚無1870年以後的記載，故無從查找。但僅桃源縣志一例，已可確定周恩來的祖父就是周起魁（雲門）。

後李海文又電話通知了淮安周恩來紀念館的秦九鳳。秦九鳳遂翻閱了存於周恩來紀念館的《周氏宗譜——老八房祭簿》。其中周恩來的祖父一欄中寫有「駿龍，又名攀龍，字雲門。五十房笑岩孫，樵水四子，生於道光甲辰年六月廿七日寅時，配魯氏，子貽賡、貽能、貽奎、貽淦，江蘇候補同知」。而在「駿龍」二字的右上角，則清楚地注有小字「更名起魁」。也就是說，周恩來的祖父原名駿龍，又名攀龍，後則更名起魁。周恩來的祖父叫周起魁。

附錄五　有關周恩來祖父的名字和官職的考證

至此，關於周恩來的祖父名叫「周起魁」而不叫「周殿魁」以及他「是否曾任過知縣」這一長達20年的疑問終於得到了明確的答案。

那麼，為什麼周恩來對他祖父的名字會有這個錯誤的印象呢？周秉宜以為有以下兩個原因：

1. 周家老一輩人的名字都比較多。周起魁有3個名字：駿龍、攀龍、起魁。他的兄弟們也都有3—4個名字。在封建社會，做晚輩的對長輩的名字都要迴避，不允許直呼其名，即使在行文中使用，也只能寫長輩的「字」，實在躲避不開，則要求在長輩名字前加一個「諱」字，以示歉意。如周恩來1939年在紹興添寫《周氏宗譜——老八房祭簿》時，寫自己是「五十房樵水公曾孫，雲門公長孫，懋臣公長子」。樵水是周光勛的字，雲門是周起魁的字，懋臣是周劭綱的字。周恩來出生不久，祖父周起魁就去世了。家中大人提起他又有諸多忌諱。周恩來12歲就離開了家鄉，幾年以後又參加了革命工作，對祖父曾經更名的事未必知道得那麼清楚。

2. 1939年3月，周恩來回紹興省親時，曾見過《周氏宗譜——老八房祭簿》。周秉宜在參與《周恩來家世》寫作後亦得一份影印件，果然看見在周恩來祖父的譜名「駿龍」右上側，有一行小字「更名起魁」，然而左上側也有一行小字「更名殿魁」。左右兩行小字距離「駿龍」二字都很貼近，不相上下，的確容易讓人分辨不清。但從通篇人物更名的情況看，譜名的右上側才應是本人的更名。而左上側則應是左邊另一人的更名。排在周駿龍左邊的，是他的堂弟周駿聰。周駿聰「更名殿魁」。所以說，這是周恩來在看家譜時，把左右看混淆了。

周駿聰這一欄寫：「駿聰，更名殿魁（此4個小字位於駿聰右上側）。字子明。五十房笑岩孫、水心長子；生於道光甲辰年八月廿八日酉時。配夏氏。江蘇候補從九品。」周殿魁正是從九品「巡檢」。因此，可肯定周殿魁就是周駿聰。

附錄六　續在家譜上的「恩勤」是誰？

　　1939 年 3 月 29 日下午，周恩來以國民政府軍事委員會政治部中將副部長和中國共產黨與國民黨談判首席代表身分回浙江紹興祭祖、掃墓後回到周氏紹興老宅百歲堂。周家族長周希農太公即將紹興周氏家譜《老八房祭簿》拿給周恩來看。周恩來在看到自己譜系應是笑岩公長子樵水，樵水公之四子雲門，雲門之次子懋臣，即是自己父親時，隨即欣然提筆將自己和恩煥等 16 人續寫到家譜上（包括鄧穎超和周恩彥的妻子葛少文）。其中第五行他寫的是「恩勤，字，五十房，樵水公曾孫，雲門公孫，煥臣公子，生於光緒壬寅年」。光緒壬寅年即光緒二十八年（1902 年）。

　　這周恩勤到底是誰呢？許多人到目前為止還弄不清。因查遍周家「恩」字輩，也沒有一個叫「周恩勤」的。但是，如果按周恩來填寫的內容，他應該是周恩來的八叔周貽奎（字煥臣）的兒子，可是煥臣公只有一個兒子，即周恩碩，字潘宇。經秦九鳳調查採訪，在清末，中國醫療衛生條件還很差，嬰幼兒成活率很低，所以，周恩碩小時，父母怕他長不大，就給他做了個「關目」，即請人在他的臂膀上用針刺上了「周恩碩」三個黑字，表示他已受過「墨刑」，他就可以避開一切神魔鬼怪，長活人間。這樣，就給他起個乳名叫「大黥」，黥就是墨刑的意思。「黥」與「勤」同音。小時候，周恩來他們兄弟在一起玩時，就常叫他「大勤」。秦九鳳經與周恩碩的兩個兒子周爾輝、周爾萃同志核實，他們的父親是獨子，並沒有夭折的伯伯或叔叔，他們的爸爸比七伯（周恩來）小四歲，所以，周恩來續寫在紹興周氏家譜《老八房祭簿》上的「恩勤」就是指的周恩碩。不過周恩來在旅日求學的 1918 年 1 月 9 日日記中曾寫著「上月接八弟來信說，鯨弟已經到了南京」，他這裡的「八弟」是指自己的胞弟周恩溥，「鯨弟」就是指的周恩碩。但不知周恩來是寫「黥」的筆誤還是因為當時淮安一些人也把「鯨」誤讀為「勤」（秦九鳳在建國前讀私塾時，老師還把「鯨魚」讀成「勤魚」）的原因而寫成「勤」。由於周恩來他們小時在一起時常呼乳名，喊習慣了，「周恩碩」這一名字在他的腦海裡反而印象不深，連周恩碩的「字」他也記不得，這樣他在 1939 年續家

附錄六　續在家譜上的「恩勤」是誰？

譜時就只好把他的「勤弟」寫成「恩勤」了。由此推斷,「恩勤」就是指的「周恩碩」。

附錄七　1766—1992年周氏家族大事記

1766年（乾隆三十一年）周恩來的太高祖母魯氏出生。

1771年（乾隆三十六年）周恩來的太高祖周文灝（字景商）五月初三（農曆）生於浙江紹興。

1791年（乾隆五十六年）九月初八（農曆）周恩來的高祖周元棠（字笑岩）出生於紹興。

1796年（嘉慶元年）十一月初六（農曆）周恩來的高祖母史氏出生於浙江紹興。

1806年（嘉慶十一年）周恩來的太高祖周文灝將百歲堂西院誦芬堂典出。

1807年（嘉慶十二年）周恩來的高祖周元棠16歲前往紹興西南漓渚村六峰山下家塾館教書並開始寫詩。後將22歲以前的詩編為《海巢書屋詩稿》。

1811年（嘉慶十六年）春末夏初　周恩來的高祖周元棠離開六峰山前往福建隨館學幕。

1817年（嘉慶二十二年）周恩來的高祖周元棠26歲中秀才。

1818年（嘉慶二十三年）十一月十二日（農曆）周恩來的曾祖母樊氏出生於紹興。

1818年（嘉慶二十三年）周恩來的外祖父萬青選出生。

1819年（嘉慶二十四年）周恩來的曾祖父周樵水出生於紹興。

1821年（道光元年）周恩來的高祖周元棠30歲開始致力於經濟性理之學。

1822年（道光二年）周恩來的曾叔祖周光燾出生於紹興。

附錄七　1766—1992年周氏家族大事記

1826年（道光六年）十一月初十（農曆）周恩來的高祖母周元棠夫人史氏去世，終年30歲。後周元棠娶繼室。

1832年（道光十二年）十一月二十八日（農曆）周恩來的太高祖周文灝去世，終年62歲。

1833年（道光十三年）六月廿日（農曆）周恩來的太高祖母周文灝夫人魯氏去世，享年67歲。

1836年（道光十六年）九月十七日（農曆）周恩來的大祖父周晉侯出生於紹興。

1839年（道光十九年）六月初三（農曆）周恩來的二祖父周昂駿出生於紹興。

1839年（道光十九年）9月　周恩來的曾祖父周光勛（周樵水）和弟弟周光燾用260兩白銀從胡幹臣手中買下淮安駙馬巷的房子。

1840年第一次鴉片戰爭，1842年清朝政府和英國簽定第一個不平等條約，開通寧波等五個通商口岸。從此，中國逐步淪為半封建、半殖民地的社會。

1842年（道光二十二年）九月十五日（農曆）周恩來的三祖父周聯駿出生於紹興。卒年不詳。

1844年（道光二十四年）六月廿七日（農曆）周恩來的祖父周起魁出生於紹興。是年八月廿八日（農曆）周恩來的大叔祖、周光燾的長子周殿魁出生於紹興。

1846年（道光二十六年）八月廿八日（農曆）周恩來的五祖父周子龐出生於紹興。卒年不詳。

1847年（道光二十七年）二月廿九日（農曆）周恩來的二叔祖、周光燾的次子周駿皆出生於紹興。是年　周恩來的曾祖父周樵水28歲，中秀才。

1850年（道光三十年）12月10日洪秀全在廣西桂平起義，1953年占領南京，定都南京，頒布《天朝田畝制度》。1853年派兵北伐，自揚州、浦

口北上，經安徽、河南北上。同時派兵西征，溯江而上午後克安慶、九江、漢口、漢陽、合肥、武昌等地。

1851年（咸豐元年）二月十五日（農曆）周恩來的三叔祖、周光燾的三子周駿發出生於紹興，成年後從紹興遊幕到清淮一帶，住淮安周宅。

1851年（咸豐元年）淮河被迫改道，由洪澤湖南下，流入長江。清政府廢漕運，改海運。

是年八月初六（農曆）周恩來的高祖周元棠去世，終年60歲。

是年九月十九日（農曆）周恩來的曾祖父周樵水去世，終年32歲，葬紹興。後周恩來的大祖父、二祖父周晉侯、周昂駿隨其大舅樊文煒、二舅樊燮去安徽、江蘇一帶生活和學習。周嵩堯說：「吾家世居紹興，自公初遷淮安，繼遷揚州，應為遷居江都始祖。」

1853年（咸豐三年）洪秀全領導的太平天國在南京定都，命林鳳祥、李開芳率軍從浦口渡江北伐，不久打到安徽蚌埠一帶，北方蘇、魯、皖、豫、鄂等省，捻軍得太平軍之威勢，活躍起來。

1855年（咸豐五年）黃河在蘭考北岸銅瓦廂決口，奪大清河由山東利津入海。但淮河入海道已被淤塞，高出兩岸平地，淮河不可能重複故道。

1856年（咸豐六年）4月 太平軍解鎮江之圍，擊破曾國藩駐紮在揚州一帶的江北大營。是年，太平天國發生內訌，韋昌輝在南京屠殺東王楊秀清家屬、部眾幾萬人，石達開率將士20萬左右出走。清軍反擊，加強、重建江北、江南大營。1858年太平軍再破江北大營。

1860年（咸豐十年）正月廿日（農曆）周恩來的曾祖母周樵水的夫人樊氏去世，終年42歲。

是年 捻軍李大喜、張宗禹率步騎兵各萬餘由邳縣、宿遷一帶東進，正月二十七日攻陷桃源縣城（今泗陽），捻軍據縣城眾興鎮三日，然後東下破清江浦。火燒清河縣城。周恩來嗣母陳三姑的父親陳沅百餘間房子被燒毀，為避兵亂，從清河縣城遷到寶應。

附錄七　1766—1992年周氏家族大事記

是年5月（陽曆）太平軍再破江南大營，占蘇州，直逼上海。第二次鴉片戰爭爆發，10月清政府分別與英國、法國簽定北京條約。

1861年（咸豐十一年）11月　太平軍占領紹興，周元棠著作手稿遭毀，僅剩《海巢書屋詩稿》。

是年7月　周恩來的外祖父萬青選任江蘇清河縣知縣。之後歷任鹽城、安東知縣，三次任清河知縣，時間長達10年。

1863年（同治二年）周昂駿娶同在江北大營遊幕的鄭仁壽之胞姐鄭氏。

大約1863年（同治二年）秋天，周起魁19歲，隨二哥周昂駿北上淮安，隨館學幕。

是年12月　清軍攻陷蘇州。

1863—1865年（同治二年—同治四年）周恩來的外祖父萬青選任江蘇鹽城知縣。

1864年（同治三年）春　清軍攻陷杭州，7月攻陷南京。

是年　周恩來的大伯父、二爺爺周昂駿之長子周炳豫在江蘇出生。

是年　周恩來的二爺爺周昂駿入淮安府幕掌刑名。鄭仁壽入漕運總督署幕，做總文案達40年之久，歷任漕運總督皆「多勸公出任，公以性剛，不能唯阿取容，皆因不出」。

1865年（同治四年）朝廷復行漕運。

是年10月　紹興周家族長周東輝在紹興打官司。周恩來的大爺爺、二爺爺周晉侯、周昂駿亦在淮安起訴，以配合周東輝。

1868年（同治七年）1月5日（農曆十二月十一日）周恩來的二伯父、二爺爺周昂駿之次子周龢鼐出生於淮安。

1869年（同治八年）秋　周恩來的二祖父周昂駿離淮安應揚州府聘，周恩來的祖父周起魁接淮安府幕刑名席。

1870年（同治九年）4月　周恩來的二祖父周昂駿致信江寧的周左泉，清淮的周晉侯、周起魁，告紹興盜墳一案已結束。

1871年（同治十年）左右　周恩來的祖父、27歲的周起魁回紹興和魯登四之女魯大姑成親。

1871年（同治十年）10月28日（農曆九月十五日）周恩來的三伯父、五爺爺周子龐之長子周濟渠出生於紹興。

1871年—1874年（同治十年—十三年）周恩來的外祖父萬青選任清河知縣。

1872年（同治十一年）9月18日（農曆八月十六日）周恩來的四伯父、祖父周起魁之長子周貽賡出生。

是年　周恩來的二祖父周昂駿任江都縣知縣。1875年受到上司表揚。

1873年（同治十二年）5月14日（農曆四月十八日）周恩來的五伯父、三爺爺周聯駿之子周貽鼎出生。

是年　閏六月（農曆六月十八日）周恩來的六伯父、二爺爺周昂駿之三子周嵩堯出生於江蘇。

1874年（同治十三年）7月11日（農曆五月廿八日）周恩來的生父（行七）、祖父周起魁之次子周劭綱出生。

是年6月28日（農曆五月十五日）周恩來的大爺爺周晉侯回紹興，重新給祖墳立碑。

是年周恩來的二姑母、大爺爺周晉侯之女周桂珍出生。

1876年（光緒二年）3月27日（農曆三月初二）周恩來的八伯父、祖父周起魁的三子周貽奎出生。幼年患腿疾，行動不便。

是年　周恩來的三叔祖、周光熹孫子周貽寬出生。

是年　周恩來的岳母揚振德在長沙出生於破落的書香門第，長大後研習中醫。

附錄七　1766—1992年周氏家族大事記

1877年（光緒三年）冬至　周恩來的母親萬冬兒出生。周恩來的八伯母楊氏出生於寶應農村。

1878年（光緒四年）4月6日（農曆三月初四）周恩來的嗣父（行十一）、祖父周起魁之四子周貽淦出生。

是年　周恩來的嗣母陳氏出生於寶應。

是年　周恩來的二祖母鄭氏去世。後，周恩來二爺爺周昂駿和爺爺周合買淮安城內駙馬巷的一幢房子。

1879年（光緒五年）周恩來的十三叔、五爺爺周子龐之次子周貽震出生。

1879年　周恩來曾祖母的二弟樊燮任沛縣知縣。

1880年（清光緒六年）4月7日周恩來的從堂叔周嘉琛，字衡峰，號笑如。生於淮陰。

1881年（光緒七年）周恩來的十五叔、五爺爺周子龐之三子周貽升出生。

是年　周恩來的二祖父周昂駿在儀征知縣任上去世，葬揚州。其妾王氏（亞老太）回到淮安駙馬巷，20世紀40年代去世。周恩來二伯父周龢鼐過繼給大祖父周晉侯。六伯父周嵩堯由其二舅漕運總督總文案鄭仁壽撫養。

1884年（光緒十年）停止漕運。淮安開始衰敗。

是年　周恩來祖母魯氏的父親魯登四從福建退職回到紹興皋埠鎮。

1886年（光緒十二年）周恩來曾祖母的二弟樊燮任銅山縣知縣。

1890年初（光緒十六年）周恩來的父親周劭綱、三伯父周濟渠、四伯父周貽賡、五伯父周貽鼎、六伯父周嵩堯回紹興參加縣試。只有四伯父周貽賡考中秀才。周嵩堯考中第一名後，在淮安帶十一弟周恩來嗣父周貽淦遊泮宮。

是年　周恩來外祖父萬青選任淮安府同知，官到正五品，分管水利。

是年4月（閏二月）周恩來祖母的父親魯登四在紹興分家，周恩來的四伯父貽賡回紹興代表父親周起魁做中人出席了分家儀式。魯登四的家訓：

6. 其他

「務當誼篤親親，顧全大局，勿以錙銖而起爭競，勿因小節而致摧殘。」後周貽賡在紹興跟隨其舅父魯小和學習錢穀。

1891年（光緒十七年）周恩來的六伯父周嵩堯回紹興參加鄉試，未中。後回淮安一邊教書一邊繼續複習功課。

1892年（光緒十八年）周恩來外祖父萬青選代理淮安知府。

是年　周恩來的表哥、十三舅萬立鋐之子萬敘生出生於清江浦（淮陰）。

1893年光緒十九年　周恩來的四伯父周貽賡出師，開始師爺生涯。

是年或之前　周恩來五伯父周貽鼎娶萬青選之女萬十三姑。

1894年（光緒二十年）1月16日　周恩來的四哥、六伯周嵩堯之子周恩夔出生於淮安。

是年至1997年　周恩來外祖父萬青選任徐州府運河同知。水利專家。

是年　中日甲午戰爭爆發

是年　周恩來的五哥、五伯父周貽鼎之長子周恩煥出生於淮安。

是年　周恩來的二伯父周龢鼐27歲中舉，後到漕運總督公署做文案。之後周恩來的大爺爺周晉侯去世（時間不詳）。

是年　周恩來的外祖父、前代理淮安知府萬青選任徐州運河同知。

1895年（光緒二十一年）4月17日　中日《馬關條約》簽訂，中國承認朝鮮為「完全無缺之獨立自主」；中國割讓臺灣全島及所有附屬島嶼，賠償日本軍費平銀2萬萬兩。

是年　周恩來的祖父周起魁任桃源縣（今泗陽）知縣一年。

1897年　周恩來的六伯父周嵩堯24歲中舉，中舉後到漕運總督公署任文案。

約於1897年（光緒二十三年）周恩來父親與母親萬青選之女萬氏（十二姑）結婚。在此前後，周恩來大姑媽嫁給萬青選的第十八子萬立鈁。

393

附錄七　1766—1992年周氏家族大事記

　　1898年（光緒二十四年）3月4日　周恩來的外祖父萬青選去世，享年80歲。一生為官30年，生了32個子女，成家的有17個。

　　是年3月5日　周恩來（行七）出生於淮安，其父周劭綱24歲，在高郵縣做事。半年後，周恩來的十一叔周貽淦去世，周恩來過繼給周貽淦為子，由嗣母陳氏撫養。他稱陳氏為「娘」，稱萬氏為「乾娘」。

　　1899年（光緒二十五年）周恩來的胞弟周博宇（恩溥，行八）出生於淮安。周劭綱25歲。

　　是年2月19日　周恩來的表妹、十八舅萬立之女萬貞出生於清江浦（淮陰）。

　　1900年左右　周恩來的祖父周起魁去世。

　　1900年（光緒二十六年）周恩來六伯周嵩堯（峋芝）將紹興百歲堂內老宅一所一門三節臺門租給周滌初。

　　1901年（光緒二十七年）周恩來的從堂叔周嘉琛21歲中舉。

　　是年　周恩來姑母長子王貺甫在紹興出生。

　　是年　周恩來的岳母揚振德和鄧忠庭（河南光山人）在廣西南寧結婚。

　　1902年（光緒二十八年）周恩來的九弟、五伯父周貽鼎之次子周恩宏出生於淮安。

　　是年，周恩來的十弟、八伯周貽奎之子周恩碩出生於淮安。

　　1903年（光緒二十九年）周恩來的二伯父周龢鼐去河南巡撫陳夔龍處做總文案。

　　1904年（光緒三十年）2月4日　周恩來的夫人鄧穎超出生於廣西南寧。

　　是年　2月23日　周恩來的胞弟周同宇（恩壽，行十二）出生於淮安。周恩來的父親周劭綱29歲，在武漢做事。周恩來的母親和十八舅萬立鈞合買樂透中頭獎1萬元，每人分5000元。

是年　周恩來的三伯父周濟渠娶錢能訓之妹錢馥蘭為妻。錢能訓送妹妹到淮安時，曾輔導周恩來書法。

是年秋　周恩來的生母萬十二姑帶陳氏及周恩來三兄弟回清江浦萬家。後將周貽奎一家三口接來同住過一段時間。

1905年（光緒三十一年）清政府撤消設在淮安的漕運總督，改為江淮巡撫，設在清江。從此清江浦地位高於淮安。淮安淪為三等小縣。

是年　錢能訓任巡警部左參議、左丞，巡警部改為民政部，錢能訓任右丞。

是年　萬十二姑和陳氏帶周恩來三兄弟從萬家遷出，到清江浦陳家花園住。

是年11月24日　周恩來的十三弟、三伯周濟渠之子周恩彥出生於淮安。

是年　周恩來的三叔祖、周光燾的三子周駿發去世於淮安駙馬巷周家院，終年44歲。周駿發的兒子周貽寬、孫子周燦恩仍住在淮安周宅。

1906年（光緒三十二年）農曆元宵節後　陳三姑在陳家花園自立家塾館。恩來、恩溥兄弟及十八舅的女兒萬懷芝、萬芳貞在家塾裡念書。

1907年（光緒三十三年）清政府將江淮巡撫改江北提督，是年袁世凱任命親信王士珍為江北提督。1910年王士珍請辭。

是年　徐世昌任命錢能訓為為奉天參贊、藩司及順天府尹。

春　周恩來的生母萬氏在清江浦去世，終年29歲。外婆提出厚葬的要求，因無力達到，只好將靈柩停放在寺廟中。陳氏帶周恩來到寶應侄子陳佰容家治病。周恩來和陳佰容的弟弟陳式周成為朋友。

是年　周恩來的二伯父周龢鼐在江蘇巡撫陳夔龍處任總文案。

1908年（光緒三十四年）初　周恩來的六伯父周嵩堯接江淮巡撫暨江北提督府總文案席。約三個月左右，由江北提督王士珍保舉，進京覲見慈禧太后和光緒皇帝。以中書舍人升內閣侍讀。後調補郵傳部郎中掌路政司。

附錄七　1766—1992年周氏家族大事記

　　是年7月28日（陰曆六月十九日）周恩來的嗣母陳氏在清江浦去世，終年29歲。周恩來簡葬，將母親與父親合葬。

　　是年9月　周恩來的四伯父周貽賡北上奉天，任奉天省度支司俸餉科正司書。

　　是年11月左右　周恩來帶兩個弟弟回淮安與八伯父母在一起生活。得到正在淮安一帶做師爺，住在駙馬巷周宅的五伯父周貽鼎的資助。到表舅龔蔭蓀家寄讀，讀到剛問世的《革命軍》等禁書。龔蔭蓀多次去過日本，結交同盟會會員。在中國國內，奔波於上海、武漢、南京、蘇州等地，變賣家產，支持孫中山革命。1909年秋天，龔家被抄後由祖母袁氏帶領全家遷移清江浦，寄居萬家。

　　是年　開始修建天津到南京浦口的（津浦）鐵路，1912年全線通車。

　　1909年（宣統元年）初　周恩來的三伯父周濟渠北上奉天投奔錢能訓。5月周濟渠任鐵嶺稅捐局主任。

　　是年10月　周恩來的三伯父周濟渠去湖北辦賑捐一案，在武漢見到周劭綱。

　　是年　周恩來三兄弟和八伯父一家靠典當衣物生活，同時四伯父周貽賡寄錢回來，五伯父周貽鼎（周恩來的十三姨父）也給一些接濟。

　　1910年（宣統二年）初　周恩來和父親周劭綱隨三伯父周濟渠到遼寧鐵嶺。周恩來入鐵嶺銀岡書院讀書。

　　是年秋　周恩來到奉天（今瀋陽），隨四伯父周貽賡生活，入奉天省官立第六兩等小學堂（後改名奉天省立東關第一模範兩等小學堂）讀書。了解到1905年日俄戰爭時，中國人受蹂躪的情況。立下「為中華之崛起」的讀書志向。

　　是年　周恩來的胞弟11歲的周博宇留淮安附馬巷家中，失學，在家學珠算。6歲的周同宇由姨母萬十四姑撫養。

是年　周恩來的三伯父周濟渠定居天津，1912 年任奉直隸勤業道委充水產股科員。1914 年到奉天任蒙廳長委辦鐵嶺稅捐徵收局局長，家眷留在天津。

是年　因鄧忠庭流放新疆，楊振德帶鄧穎超到天津。楊行醫供鄧穎超讀書。

1911 年（宣統三年）徐世昌密薦錢能訓任陝西布政使，並護理巡撫。從此錢能訓躋身於督撫封疆大吏之列。

辛亥革命　結束了中國二千年的帝制統治。

是年　周恩來的二伯父周龢鼐從南京搬到北京，賦閒在家。

1912 年（民國元年）初　周恩來的三弟周同宇 8 歲回到淮安附馬巷和周貽奎一家一起生活，開始做家務。四伯父周貽賡按時寄錢回家。

是年　周恩來的二伯父周龢鼐退職，閒居天津，轉而做些生意。周恩來的六伯父周嵩堯退職回到淮安，另租《老殘遊記》作者劉鶚家房產閒居。

1913 年（民國二年）錢能訓任熊希齡內閣的內務部次長。2 月，周恩來的四伯父周貽賡調往天津長蘆鹽運司榷運科任科員。周恩來隨四伯父一起遷到天津。秋天考入南開學校。後，周恩來的五伯父周貽鼎搬到天津，工作不詳，生活富裕，1932 年前去世。和三伯父周濟渠、四伯父周貽賡往來較多。

是年　周恩來的六伯父周嵩堯應江西督軍李純聘，任江西督署祕書處長。後進京調任袁世凱大帥府辦事處祕書長。

是年　周恩來的二姑母周桂珍病故紹興，終年 39 歲。

是年秋　鄧穎超考入直隸第一女子師範屬小學（免食宿、學費）。

1914 年（民國三年）錢能訓任政事堂右丞協助徐世昌處理政務，深得袁世凱的賞識。周恩來的四伯父周貽賡娶楊氏。

附錄七　1766—1992 年周氏家族大事記

　　1915 年（民國四年）夏　周嵩堯因反對袁世凱稱帝辭去祕書長職。後任江蘇督軍李純祕書長，平息了江、浙兩省軍閥的一場戰爭，保護人民的生命財產免遭戰火。周恩來認為這是他做的兩件好事。

　　1916 年（民國五年）3 月　周恩來的四伯父周貽賡去奉天省任奉天全省清丈總局西豐清丈支局第一科科員。他隻身前往，夫人楊氏留在天津，照顧侄兒。周恩來在南開住校。3 月 31 日周恩來作文《稟家長書》，致信四伯父。

　　是年　錢能訓升任軍政院院長。

　　是年　周恩來的三伯父周濟渠任津浦鐵路局局長祕書，時常接濟周恩來。

　　是年夏　周恩來的同胞二弟周博宇（17 歲）在十三舅萬立鈜（在山東臨沂公署工作）的資助下到天津，入南開學校學習。

　　1917 年（民國六年）夏　周恩來在南開學校畢業。秋天赴日本留學，受到三伯父周濟渠的接濟。為辦理簽證曾去北京，住在二伯父周龢鼐家中，並受到他的資助。臨出國前，去瀋陽和四伯父周貽賡告別。不久，四伯父周貽賡到黑龍江赴任。

　　是年 11 月　馮國璋代理大總統時，錢能訓任王士珍內閣的內務總長。

　　是年　周恩來的二伯父周龢鼐應江蘇督軍李純聘任江蘇督署祕書處長。

　　是年底　周恩來的八伯父周貽奎在淮安因貧病而去世，終年 41 歲。周恩來的十弟八伯父周貽奎之子周恩碩到天津，入南開學校學習。後因被抓壯丁，逃回淮安。

　　1918 年（民國七年）1 月 2 日　周恩來在東京焚香閱讀帶來的母親（陳氏）的詩本。

　　是年 1 月　周劭綱來到北京在京兆尹公署做外收發。周恩來的三弟周同宇（15 歲）從淮安來到北京、天津。1921 年入南開學校學習。

　　是年　2 月，王士珍下臺，錢能訓為內務總長兼代國務總理。3 月，段祺瑞任總理，錢仍任內務總長。9 月 4 日徐世昌被選為大總統，10 月 10 日就職，錢能訓暫代總理。

6. 其他

是年7月26日　周恩來在東京寫日記：「母親（陳氏）亡後十週年忌辰。」

是年7月28日　周恩來啟程回國，8月1日到天津，見四姨（即周貽賡的夫人楊氏）、三伯父母、四妹、葉太伯母等。8月到北京看望大哥、父親。8月末返回日本。

1919年（民國八年）1月24日　鄭仁壽歿淮安家中，享年80歲。

是年　5月，周恩來從日本回國，先去哈爾濱看望在黑龍江省財政廳工作的四伯父周貽賡。後聞五四運動爆發、立刻趕回天津投入愛國學生運動，主編《天津學生聯合會會報》，在直隸第一女子師範學習的鄧穎超任「女界愛國同志會」講演隊隊長。9月，周恩來入南開大學學習，同月周恩來、鄧穎超等20名青年創建「覺悟社」。

是年6月10日　錢能訓因處理五四運動不力下臺。1924年6月5日於北京病故，享年55歲。

是年　時任臨榆縣令的周嘉琛支持朱啟鈐主持修建北戴河第一個公園——蓮花石公園，兩次布告民眾，明令禁止汽車、摩托車在海濱行駛，禁止民眾上山砍柴、伐木、採藥、打獵和挖土取石等。使蓮花山的優美環境保持至今。周嘉琛在內邱、臨榆等縣任縣知事期間，與周恩來的二伯父周龢鼐、三伯父周濟渠、四伯父周貽賡、五伯父周貽鼎、父親周劭綱都有過交往。

1920年（民國九年）1月29日　周恩來和于方舟、郭隆真、張若茗4人代表天津市學生向省長請願遭拘捕。一起被捕的陶尚釗與周恩來是表親。7月17日被釋放。時已被南開大學開除。在獄中寫《念娘文》。

是年　周恩來的十三弟、三伯周濟渠之子周恩彥考入南開中學。

是年　10月18日，周恩來為赴歐留學，離津赴滬，在濟南得到從堂叔周嘉琛（時任山東省民政廳長）的資助，在上海得到二伯父周龢鼐、表哥陳式周的資助。11月7日陳式周送他上了船。周恩來由上海乘法國郵船「波爾多斯」號，12月13日前後抵法國馬賽港。翌晨，換乘火車抵巴黎。在法國，周恩來與陶尚釗共策救國事宜。用酒精爐燒開水時，陶尚釗因補注酒精，引燃衣服，延燒全身，醫治無效，齎志而歿。周恩來諸人料理後事。

附錄七　1766—1992年周氏家族大事記

是年　鄧穎超到北京師大附小任教。

1921年1月30日（民國十年）周恩來在英國致信表兄陳式周：「英之成功，在能以保守而整其步法，不改常態，而求漸進的改革；俄之成功，在能以暴動施其『迅雷不及掩耳』之手段，而收一洗舊弊之效。若在吾國，則積弊既深，似非效法俄式之革命，不易收改革之效；然強鄰環處，動輒受制，暴動尤貽其口實，則又以穩健之說為有力矣。執此二者，取俄取英，弟原無成見，但以為與其各走極端，莫若得其中和以導國人。至實行之時，奮進之力，則弟終以以為勇宜先也。」

是年　周恩來的二伯父周龢鼐病逝上海，享年53歲。夫人程儀貞和13歲的兒子周恩霔相依為命。

1922年（民國十一年）1月21日　周恩來從倫敦到巴黎的碼頭上給從堂叔周嘉琛之子周毓澧（1899年出生）寄明信片。1938年左右，周毓澧在山東益都縣任稅務局長。

是年2月　周恩來的父親周劭綱為感謝南開大學校董嚴修資助兒子周恩來能赴法國留學，特地到天津嚴修家中當面向嚴老先生致謝。秋天，周劭綱經由四哥貽賡介紹，到齊齊哈爾市煙酒事務局做辦事員。

是年　鄧穎超回到天津在達仁女校任教。

1923年（民國十二年）春　周恩來與鄧穎超確定戀愛關係。

是年　周恩來的從堂叔周嘉琛任北洋政府內務部民政司司長。1928年，北洋政府垮臺後，賦閒在家，經商。1931年九一八後，周恩來的四伯父周貽賡、父親周劭綱回到天津，多有來往，並接濟周恩來的二弟周博宇。1944年病故，享年64歲。四個女兒後均參加新中國建設。

1924年（民國十三年）1月，鄧穎超加入共青團。9月，周恩來從法國回到廣州，先後任中共廣東區委員會委員長、常委兼軍事部長、黃埔軍校政治部主任等職。

是年，周恩來的四伯父周貽賡從黑龍江調往吉林任吉林省財政廳支用科科長。楊氏因侄子們畢業，到吉林與四伯父周貽賡團聚。

1925年（民國十四年）3月，鄧穎超轉為共產黨員。8月，周恩來與鄧穎超在廣州結婚。夫婦生活中總結八互：互敬、互愛、互信、互勉、互助、互讓、互諒、互慰。

是年10月　鄧穎超從廣州發來電報，讓周同宇陪同母親楊振德一起來廣州。楊先照顧因打胎身體虛弱的鄧穎超，後到執信中學任校監。

1926年1月　周同宇進入黃埔軍校第四期政治科學習，同年6月畢業。

是年12月　周恩來為組織上海工人第三次武裝起義到上海，與在申新九廠當職員的表弟龔仁甫聯繫上。1927年4月蔣介石叛變革命後，龔仁甫被開除出廠。1942年，龔仁甫勞累吐血而亡，終年44歲。1952年周恩來見到表姐龔志如說：「我多次打聽，都沒有查到他的下落……」

1927年（民國十六年）春，周恩來在上海領導工人第三次武裝起義，與父親周劭綱見面。周劭綱幫助兒子做些祕密通訊聯絡工作。4月，鄧穎超在廣州難產，在楊振德陪伴下從廣州脫險來到上海，與周恩來團聚。5月，周恩來鄧穎超到武漢。7月底，周恩來到南昌領導八一起義。11月，從汕頭、香港回到上海，與鄧穎超團聚。

20世紀20年代末　周貽寬從淮安移居揚州，家境貧寒。1927年左右和30年代，周恩來的父親周劭綱幾次去揚州，均在貽寬家中住過。周貽寬1940年左右於揚州去世。享年60餘歲。

1928年初　周恩來任中共中央政治局常委，弟弟周同宇在上海做地下工作，提出讀書太少，想去念書。雖經兄嫂勸阻而無效，離開了革命隊伍，自行脫黨。

是年（民國十七年）4月　周恩來、鄧穎超遭到日本特務跟蹤盤查，周恩來謊說是去吉林看望舅父騙過了敵人。後在周貽賡安排下，周恩來先離開吉林，周貽賡又派周同宇護送鄧穎超前往哈爾濱住周博宇家。周恩來怕牽連弟弟，讓他倆以字為名。周恩來、鄧穎超在周博宇、周同宇掩護下平安出境，赴莫斯科出席中共六大。

附錄七　1766—1992年周氏家族大事記

是年12月　周恩來到天津處理中共順直省委的問題，被軍警扣留，周恩來的三伯父周濟渠將他接回來。1929年，周濟渠調往南京任津浦鐵路總務處文管課課員。

1930年、1931年　周恩來在上海和陳式周聯繫上。陳式周掩護過周恩來。1931年底，周恩來離開上海前往江西革命根據地，陳式周攜家眷返回家鄉寶應，失去聯繫。1949年後，陳式周住在北京兒子家中。1954年，陳式周病故，享年72歲。兩人始終沒有聯繫上。

1931年（民國二十年）2月　周劭綱到上海住四川北路永安里44號二嫂程儀貞（即十四弟周恩霔）家中，幫兒子做點通訊聯絡的工作。

是年6月21日　中共中央總書記向忠發被捕叛變。同住機關的楊振德、夏娘娘為掩護周恩來夫婦，不願撤離而被捕，周恩來、鄧穎超曾隱藏在程儀貞、周恩霔母子家中。12月，周恩來到江西中央蘇區。

是年「九一八」事變，日本占領東北。

1932年（民國二十一年）4月　鄧穎超到江西中央蘇區。揚振德住杭州馬渡巷蓮如庵行醫。

是年春　周恩來的四伯父周貽賡不願給日本人做事，從吉林回到天津，在天津財政廳工作。夏，幫助周劭綱到河北深縣縣政府做小職員。

1933年（民國二十二年）夏天　周恩來的四伯父周貽賡在天津病故，享年61歲。周恩來的父親周劭綱在報上登訃告時，署上恩來的小名大鸞。周劭綱將小兒子周同宇過繼給楊氏。不久，周劭綱在周貽賡的朋友幫助下，去安徽謀一差事。

1934年5月，楊振德到中央蘇區瑞金紅軍醫院任醫生。10月，紅軍長征後被捕，關在九江反省院。1937年7月，全民抗戰爆發後出獄，1938年到武漢，與女兒、女婿團聚。

1935年（民國二十四年）周劭綱到清江浦，將妻子萬氏20多年以前停放在寺廟中的靈柩遷回淮安，歸葬在淮安東門外周家塋地。

是年　周恩來的三伯母錢氏病故南京。周濟渠退休到武漢兒子周恩彥家住。

1936年（民國二十五年）周恩來的三伯父周濟渠病故武漢，享年63歲。

1937年「八一三」後　日寇迫近杭州，時任大明電氣公司和華光電燈公司的共管處（後該處轉為大明電氣公司）會計、科長的王貺甫將兩臺發電機拆往嵊縣隱藏。

1937年冬　日軍占領揚州，沒收了周嵩堯在淮安的田產。周嵩堯和周恩夔拒絕給日本人做事，生活日漸貧困，周嵩堯妻子孫氏、孫兒媳、孫女先後病逝。周恩夔為生存跑單幫，因腿腳不便而作罷。妻子做小生意。他開辦私塾、賣畫勉強維持生活。

是年　周恩來表弟萬敘生因銀行被日本人接管，不願為日本人做事，帶著家眷離開揚州下鄉逃難，在饑寒交迫中熬到全國革命勝利。

1938年初　日軍占領淮安城。楊氏與兒子周恩碩、兒媳陶華和兩個幼年孫子到淮寶縣林集區鄉間，住在棄用牛棚內。不得已楊氏帶著全家回城居住，給人洗衣、縫補為生。城裡、鄉下「兩頭跑」。

1938年（民國二十七年）周恩來在武漢見到十三弟周恩彥，將電臺在他家隱藏。

是年　5月，在周恩來的安排下，父親周劭綱到武漢。8月，周劭綱和鄧穎超的母親楊振德在八路軍辦事處副官長袁超俊的帶領下，隨著部分工作人員和家屬，從武漢撤退到湘鄉、衡陽、桂林、貴陽。

是年　周博宇再次失業，經周嘉琛介紹到山東做文書工作。

1939年（民國二十八年）3月28日　周恩來回到紹興拜望姑父王子余。在表弟王貺甫、表侄王慕向（又名王戍）陪同下，與周氏族曾祖周希農、周文炳，族叔周嘉璋、周金麟祭掃了周氏十四世祖、十五世祖、十六世祖周景商（即周文灝）、十七世祖周元棠（笑岩）（周恩來高祖）和周氏十八世祖周樵水（周恩來曾祖）墓，續譜。會見在紹興的親友並題字，鼓勵他們堅持

抗戰、堅持學習、進步。周恩來把祭祖多餘的錢救濟族人祥婆婆。1939年3月30日，得知族人延祜早逝無子，其兄延春將子嘉璋過繼於延祜遺孀趙氏為子。在族人要求下周恩來在《合約繼書》上列名簽字補證。抗戰期間，百歲堂餓死的有三人：周金麟、延祜夫人和祥婆婆。

是年，到八路軍駐桂林辦事處的鄉下大院子裡看望避難的周恩彥夫人葛少文和6個孩子。

1939年4月　周恩霆從上海到重慶，在八路軍辦事處做文祕工作。因身體不好，9月離開重慶，回到上海。

1940年（民國二十九年）秋　周恩來的父親周劭綱隨一批家屬轉移到重慶住紅岩村。

是年　周恩來的十弟周恩碩在家鄉淮安參加革命，1943年犧牲。終年38歲。

是年　1940年浙江杭嘉湖相繼淪陷，周恩來的姑父準備以身殉國，舉家搬到鄉下張墅。1941年4月17日，日寇侵占紹興，王子余拒絕當紹興維持會長。日寇占領電廠，其子王貺甫辭職閒居，變賣器具度日。1943年電廠歸民營，王貺甫回廠任祕書。1944年8月8日王子余病世，享年71歲。1946年王貺甫被聘為電廠副經理。

1941年12月16日（民國三十年）周恩來的岳母楊振德病故紅岩，享年65歲，安葬於紅岩墓地。

是年　周恩彥夫人葛少文在戰亂中病逝，終年30餘歲。不久兩歲的兒子夭折。

1942年（民國三十一年）6月下旬　周恩來因病住院手術。7月5日，周恩來的父親周劭綱生病，7月10日，病逝，享年69歲。13日，周恩來得知父親去世已三日，悲痛欲絕，慟哭不已，趕回辦事處，為父親守靈至拂曉。周劭綱的喪事公布後，蔣介石等國民政府的要人致函或到紅岩村弔唁。毛澤東獲悉致唁電。18日安葬於紅岩墓地。

1942年（民國三十一年）左右　周恩來的大伯父周炳豫病死在揚州一座破廟裡，終年78歲。

1943年（民國三十二年）周同宇舉家到天津與楊氏一起生活。10月，周恩來的四伯母楊氏在天津病故，享年54歲。

1944年12月2日　日軍發動豫湘黔戰役，是日占領獨山。周恩彥因公務在身，夫人病故，家中一個小腳嬸姆帶著5個孩子，走了兩個多月到貴陽才與父親會合。

1944年底　周博宇貧病相加，在山東濰坊病逝，終年45歲。

1945年　抗日勝利後，周恩來透過組織讓華中分局五分區委給八伯母楊氏一家撥救濟糧。

1945年秋　在重慶紅岩村，與周恩彥長談。要他認清形勢，不要做對不起人民的事。建議將周恩彥兩個兒子送往延安就讀。後未能成行。

1946年（民國三十五年）在北京軍調處的葉劍英給周恩來三弟周同宇一些錢，讓他開辦民生貨棧，購買解放區緊缺物資，透過地下黨運往解放區。

是年春　在上海周公館見到周恩霔的兒子周爾霆、周爾均，要他倆在上海讀書。1949年6月周爾霆、周爾均參加人民解放軍。1954年周爾霆以調幹生入南開大學，畢業後分配在對外友協工作。

是年6月11日　周恩來致信四哥嫂周恩夔（周嵩堯的獨生子）、陸淑珍夫婦信：「人生賴奮鬥而存。」「舊社會日趨沒落，吾家亦同此命運，理有固然，寧庸回戀。」1947年周恩夔在《蘇北日報》找到校對工作。

1946年　周恩來在南京當面鼓勵堂弟周恩燦（周貽寬之子）做一個自食其力的人。周恩燦回到揚州在學校教書。

1946年6月　周恩霔程繡雲夫婦到淮陰蘇皖邊區任劇團編導，因肺病復發，12月回到上海。

1947年或1948年初　周恩來二弟周博宇兒子周榮慶被國民黨抓壯丁。

附錄七　1766—1992年周氏家族大事記

　　1947年（民國三十六年）7月　周同宇在天津被捕。夫人王士琴帶著4個孩子（秉德、秉均、秉宜、秉華）擔驚受怕。三個月後周同宇被周恩來的老師伉乃如和同學常策歐、吳玉如保出。

　　1948年2、3月間　濰坊解放，周博宇夫人王蘭芳參軍，參加常（樂）濰（縣）戰役。先做後勤工作，後任幼兒園保育員。1949年，隨幼兒園進了北平，在中央軍委保育院工作。

　　1949年（民國三十八年）春　周同宇到北京進華北人民革命大學學習。1950年分配到北京鋼鐵局工作。

　　是年　南方各地為迎接解放，周恩彥被公推為粵漢鐵路局衡陽應變委員會的副主任。受到特務監視。

　　是年4月某星期天下午　周恩來、鄧穎超和周恩壽登門看望周嘉琛的兒女們，安慰重病臥床的周毓燕（當時25歲左右），後給周毓燕妻子劉淑媛介紹工作，解決了生計。1953年周毓燕病癒，在建設部任會計。1958年響應號召下放杭州工作。

　　是年　周同宇、王士琴的三個孩子周秉德、秉鈞、秉宜住在西花廳。周恩來歷來認為家庭問題是社會問題的一部分，從不把家庭承擔的責任推向社會。由於國是繁忙，家事多由鄧穎超出面處理。

　　是年紹興解放前夕　周恩來表弟王貺甫任臨時救濟委員會副主任，與游擊隊、解放軍聯繫，護廠。1949年7月，王貺甫與壽積明等發起籌建民間的魯迅文化館，保護三味書屋。8月籌備成立工商聯。10月2日任紹興市「勞資關係委員會」副主任。1951年市工商聯成立，任主任委員。1952年2月被選任紹興市副市長，分管文教衛生工作。從1951年開始，帶頭捐贈家中所藏書字畫。1952年兼任魯迅紀念館內內的文物管理小組組長。1953年12月，王貺甫任經理的大明公司首先公私合營。他的6個子女均加入共產黨。

　　是年10月　廣州解放，周恩來收到周恩彥以子女名義的電報，回電：「請到原單位報到。」周恩彥回到衡陽，為廣州鐵路分局財務科副科長。1951年12月因擔任過國民黨區分部委員被捕並判處7年徒刑，先後在瀋陽、內蒙古

勞動改造。1953 年周同宇給他寄錢。1957 年 1 月提前釋放，住在兒子、女兒家。

是年冬　周恩來邀六伯父周嵩堯進京，安排周嵩堯住遠東飯店，為照顧他的起居，隨行的孫子周華章在飯店工作。周恩來讓祕書何謙給周嵩堯寫信，請他介紹一下周家的各方親屬。

是年　周同宇的夫人王士琴到北京女四中擔任高中俄文老師。

1950 年 1 月　周恩來委託六伯父周嵩堯與祖母的孫侄魯覺侯取得聯繫，婉言謝絕魯覺侯在北京解決兒子工作的要求。

是年 8 月 25 日　周恩來在西花廳見表兄萬敍生，稱讚了他不給日本人做事。鼓勵他現在工作是為人民服務。萬敍生回家後參加街道居委會組建工作，不向他人透露他與周恩來的親戚關係。

是年秋天　接八伯母楊氏和其孫子爾輝到北京，住在國務院機關事務管理局的惠中飯店。不久，楊氏返回淮安，因是烈屬，由政府每月發撫卹金（或實物）。1952 年後楊氏、兒媳陶華、孫子周爾萃三人每月 45 元。侄子周爾輝留在北京念中學，一切費用由周恩來負擔。後侄子周爾萃後在淮安參加空軍。

是年　鄧穎超參加周嘉琛女兒周毓濟的婚宴，贈詞：「相愛始終，服務人民。」1959 年周毓濟隨丈夫調寧夏銀川小學任教。

是年下半年或 1951 年　收到族人周希農來信，得知 1941 年紹興淪陷後，周希農失業在家，長子失業，無力完稅。周恩來兩次匯錢，繳百歲堂的房產稅。

建國初期　周毓澧從山東回到北京，在街道服務社幫忙，有時挎籃子賣小百貨。得到周恩來的表揚。

1950 年前後　周恩來的親戚中很多人失業，生活無著，寫信求助，或要求介紹工作。周恩來建議他們應靠自己努力，向當地政府登記，由地方政府量才使用，做自食其力的勞動者，以期為人民服務。

附錄七　1766—1992年周氏家族大事記

建國初期　周恩來得知王子余的小女兒王逸鳴大學畢業，分配到最高檢察署研究室工作，動員年輕人應到基層法院工作。

1951年6月　周嵩堯由政務院常務副祕書長齊燕銘推薦，政務院總理周恩來批准，被正式聘為中央文史館館員。周恩來幾次將周嵩堯請到西花廳來，向他請教清末民初政府各級機構之建制、各級官吏工資之安排等。

是年　收到表姐龔志如失業救助信，回信感謝了當年龔家對他的關心和照顧，並寄來50萬元（舊幣，相當50元）。要她向地方政府登記，量才使用。不久龔志如找到保育員工作。

1951年、1952年　王士琴先後生了幼子周秉和、幼女周秉建。鄧穎超出錢請了兩位保姆，並請到西花廳來吃便飯，說：「我工作這麼忙，身體又不好，所以只好把你們請來幫忙。以後就請你們多費心了。」平日，鄧穎超常派工作人員去周同宇家看望。

1952年3月　周嵩堯的獨生子周恩夔在揚州去世，享年59歲。周恩來同意周嵩堯曾孫周國鎮從揚州到北京上學。

是年8月　周恩來設家宴祝六伯周嵩堯80壽初度。

是年　周恩來在上海見到表姐龔志如，鼓勵她敬業，為人民服務。

1953年　周恩來八伯母到北京看病，住惠中飯店，提出要修祖墳。周恩來派人送她回去時，特向縣委轉達三項要求：一、從現在起，八嬸的生活由我來照顧，縣政府就不要再管了。二、淮安附馬巷的房子不准修理、不准組織人參觀；三、平掉祖墳，把墳地交集體耕種。

1952年夏　支持姪女周秉德不上高中，入北京師範學校（中專）學習。1955年秉德參加工作。

是年9月2日　周恩來六伯周嵩堯病故，享年80歲。周恩來主持入殮，鄧穎超代為送葬。

50年代初　周恩來派衛士成元功到周恩霔家看望二伯母。鄧穎超到上海時，也代表周恩來去看望過二伯母。

6. 其他

1954年10月　周恩來接見參加工商聯代表大會代表，見到參加會的表弟王貺甫。鼓勵他走社會主義道路。得知族人周尚麟生活困難，讓王貺甫帶回300元給周尚麟。

是年　解放軍實行義務兵役制，裁減女兵，周博宇夫人王蘭芳復員。後到河南焦作與兒子周榮慶一起生活。1975年病逝，享年69歲。

1955年　全國幹部由供給制改為薪金制，因周同宇孩子多，周恩來每月給他100元，以補家用。

1956年9月　周恩霔任上海參事室參事。1983年病故上海，享年75歲。

是年秋天　周恩來的一位族叔從紹興來北京找周恩來，希望能介紹個好工作。周恩來在西花廳召開20多人親屬的家庭會議，說：「我們共產黨是唯物主義者，我們要承認家族之間的關係。但是，我們不能像國民黨那樣搞裙帶風。」表揚周毓禮自食其力。周毓禮1961年去世，享年62歲。

是年　全國掀起社會主義改造高潮，王貺甫推動全市工商業實現公私合營。大明公司由公私合營轉變為國營。組建「中國民主建國會」紹興市委會，連續任主任委員。

是年底　周恩來的八伯母楊氏病故於淮安，享年79歲。周恩來於10月29日、12月14日，1957年3月13日、4月17日致信淮安縣人民委員會，就楊氏治療、安葬一事表示感謝，其費用由周恩來匯給淮安人民委員會，以後，楊氏的兒媳陶華的生活費由周恩來負擔（每月寄45元）。

1958年6月29日　周恩來得知淮安縣委準備修周家老宅致信王汝祥併縣委同志：「由我寄錢給你們先將屋漏的部分修好，然後將除陶華住的房屋外的全部房院交給公家處理，陶華也不再收房租。」隨信附50元。1985年8月15日，陶華病世，享年81歲。

1958年　淮安縣委想請周恩來幫助上工業項目。周恩來只給江蘇省委寫了一封信，特別說明：「我的看法，由於遠在北京，而且對淮安建設也是初次聽到，不一定對，你們千萬不要以為這是什麼成熟的意見，更非組織上的意見。寫出僅供參考，並請酌辦。」

附錄七　1766—1992年周氏家族大事記

　　1959年　周恩來表弟王貺甫將周恩來1939年來紹時的題詞，動員王家親屬捐獻給魯迅紀念館。

　　是年10月　鄧穎超到紹興，和王貺甫共進午餐，爾後到家中探望。

　　是年12月　周恩來接見參加民建、工商聯代表會議代表時，特意見表弟王貺甫。

　　是年　周同宇因身患胃病，調內務部任專員。

　　1960年9月　周恩來到廬山開會，得知表妹萬貞的消息，到廬山植物園宿舍看望。

　　是年　紹興魯迅紀念館負責修復周恩來祖宅百歲堂。王貺甫將工商聯修房時拆換下來的兩支粗大屋梁送至百歲堂。

　　是年　周恩來兩次接見赴京的淮安縣委負責同志，一再叮嚀：「要把房子（故居）拆掉。」對淮安縣委的同志帶了家鄉的特產小吃茶饊，周恩來付錢，同時讓辦公室寫信批評。淮安想辦個紗廠，周恩來說：「要顧全大局，全國一盤棋，要服從省裡的統一安排。」

　　1961年春節期間　周恩彥的兒子周保章（因病從部隊轉業到工廠當工人）在西花廳住了七天。周恩來要求他堅持在基層工作，做普通勞動者。

　　1961年2月3日除夕　祕書何謙安排周同宇一家及在京侄子們共20多人與周恩來夫婦一起吃年夜飯。

　　是年　周恩彥重病，鄧穎超兩次寄錢、寄藥。周恩彥1962年病故。終年56歲。

　　是年7月1日　周恩來為侄子周爾輝和孫桂雲結婚設簡單的便宴，得知孫桂雲已經調到北京工作，說：「我想方設法減少北京人口。」後周爾輝、孫桂雲回到淮安，分別當中學老師、小學老師。

　　是年夏　因經濟困難，增加城市徵兵名額、減少農村招兵數，周恩來希望幹部帶頭送子女參軍，他動員高中畢業的侄子周秉鈞參軍。後周秉鈞考入空軍第三航校成為飛行員。

1962 年 11 月 25 日　在西花廳和周恩彥的大兒子周保昌談話。

1963 年春節　周恩彥的女兒周保莊夫婦路過北京，在西花廳住了三天。

是年 6 月　周同宇提前辦理退休手續。周恩來對同宇的經濟補貼提高到每月 200 元，幾乎是周恩來工資的一半。

1964 年春節　表兄萬敘生在掃雪時突發病而故，因工作一貫表現好，為他開了追悼會。周恩來得知後寄了 150 元錢作為追悼會的開支。

是年 8 月　周恩來兩次在與親屬談話，教育他們要過好五關：思想關、政治關、社會關、家庭關、生活關。要周同宇輔導孩子們的功課，做對社會有益、力所能及的工作。

是年 10 月 1 日　周恩來、鄧穎超支持侄女周秉德與民主人士沈鈞儒的孫子沈人驊談戀愛。是日鄧穎超到沈謙（沈人驊父親）家參加婚禮。後周秉德從北京到沈人驊所在的西安工作。1974 年初隨軍（夫）回北京工作。

是年　周恩來派總理辦公室主任童小鵬前往重慶，將周劭綱的棺柩、鄧穎超的母親的棺柩及其他 12 個大人、3 個小孩合葬，將原墓地交地方使用。

是年底　周恩來要回淮安探親的侄兒周爾萃，平掉周家祖墳，棺木就地下沉，退葬還田。事畢後，爾萃寫信匯報：祖墳占地不足一畝，共葬 13 口棺木。全部深埋到一公尺以下了。周恩來立即寄去 70 元錢，並附言：「此款用作支付平墳勞力的工資和償付被踐踏的青苗費。」

1965 年夏　鼓勵侄女周秉宜考工藝美術學院，說：「中國的商品包裝設計粗糙，影響換匯率。我們還需要在包裝設計上下很大功夫才行。」

是年夏　周恩來鼓勵侄子周秉華到農村插隊，後周秉華被選中參軍入伍。

1966 年夏　有人動員周秉華參加群眾組織，他寫信給鄧穎超問如何參加「文革」。周秉華看了只是抄《人民日報》社論的回信，沒有一句鼓勵的話，悟出：這事得慎重，不能盲目跟著跑。

周恩來家世

附錄七　1766—1992年周氏家族大事記

是年8月　王貺甫受到衝擊，膀胱癌治療拖延停頓。9月被掃地出門。1967年3月病逝。1978年，紹興縣委、縣政府為王貺甫平反昭雪，舉行追悼會。

1968年2月　周恩來在「拘留」周同宇的報告上寫「拘捕審查」。

是年　周恩來支持侄女（周同宇的小女兒）周秉建到內蒙牧區插隊。秉建寫信反映挖內人黨擴大化的情況。

是年　周恩來鼓勵（周同宇的小兒子）侄子周秉和到陝北插隊。

1968年、1969年　王士琴工資有限，給獄中的周同宇送東西，6個孩子分別在西安、廣東、河北、四川、延安、內蒙工作或插隊。鄧穎超把侄女、侄子秉德、秉鈞找到西花廳來商量，她說：「秉德負責秉和的生活費，秉鈞負責秉宜的生活費，我來負責秉建。我們是想讓你們也為媽媽分憂，養成對弟弟妹妹的責任心。」

是年年底　周秉和反映延安問題，1970年3月召開「延安地區插隊青年座談會」，1970年6月召開「全國知青上山下鄉工作會議」。

1969年2月　周恩來一向宣傳計劃生育，對23歲的侄子周秉華說：「我要你帶頭，25歲之前不談戀愛，過30歲再結婚。一個世紀出生三代人，這對民族和國家是貢獻。」秉華談戀愛8年，1977年春節周秉華和李玉澍結婚。

1970年10月2日　周恩來對侄子周秉鈞和他的女朋友劉軍鷹說：「你和秉鈞的關係，既不要因為他的伯父是總理，也不要因為他父親蹲班房而有什麼影響。你們完全要從對對方的認識、感情上去確定你們的關係。」

1971年初　得知周秉和、周秉建被部隊招兵，鄧穎超分別致信周秉和、周秉建，要他倆脫去軍裝，繼續插隊。

1972年2月春節期間　周恩來建議回家探親的秉建：找一個內蒙族的青年。王昭君不是做了蒙古人的媳婦嗎？

是年 7 月 14 日　周恩來會見來中國參觀、探親美籍中國學者參觀團和美籍中國學者訪問團,和團內錢文訓叔侄孫、放射物理學教授錢家其談到錢能訓。

1973 年 4 月　周恩來接見王貺甫的妹妹,肯定了王貺甫與黨同心同德。

是年 11 月 17 日　國務院辦公室給淮安縣委打來電話,正式傳達周總理關於處理舊居的三條指示:一、不要讓人去參觀;二、不准動員住在裡面的居民搬家;三、房子壞了不准維修。

1974 年春夏　周恩來對周同宇的大兒子秉鈞說:「雖然你們父親那時(1928 年)脫了黨,但我相信他不會出賣我們,實際上他還掩護了我們。」給弟弟一家巨大的安慰。

是年 6 月 1 日　周恩來因患癌症,住進 305 醫院,當天手術。

1975 年 4 月末　周同宇釋放回家。同年 7 月 2 日中央專案審查小組辦公室,為周同宇作了結論。1979 年中央組織部為周同宇徹底平反,恢復名譽。後當選為第五、六屆全國政協委員。

是年 5 月 1 日前後　周恩來在醫院和秉建通電話,鼓勵她在內蒙古大學學好蒙文。

1976 年 1 月 8 日　周恩來病逝,鄧穎超規定在外地的親屬不准放下工作到北京奔喪。1 月 10 日,周秉德沈人驊夫婦、周秉鈞劉軍鷹夫婦、周秉宜任長安夫婦、周秉華、周秉和、周秉建、周爾輝孫桂雲夫婦、周爾鎏王章麗夫婦、周爾均鄧在軍夫婦、周華章侯雲珍夫婦、周保章參加遺體告別。周秉德夫婦、周秉鈞夫婦、周秉建、周爾輝、周爾鎏、周保章、周華章 9 人參加遺體火化。13 日晚輩親屬參加太廟的告別活動,15 日參加追悼會。會後鄧穎超與親屬工作人員、醫務人員、談話。她對親屬說:你們伯伯一再叮囑我,死後不留骨灰。把我們的骨灰撒到祖國的大好山河,這是一場革命。從土葬到火葬是場革命。從火葬保留骨灰到不保留骨灰也是一場革命。我們是唯物主義者。你們伯伯講過,把我的骨灰撒到土地裡可以做肥料,撒到水裡可以餵魚,這

附錄七　1766—1992年周氏家族大事記

也是為人民服務。活著為人民服務，死後也為人民服務。物質不滅，生生不已。談話後，與親屬一一握手。

是年底　淮安縣委根據廣大人民群眾的願望，經省、地委有關部門批准，對周恩來故居進行了初步整修。1978年底將故居重新修建，恢復到1910年周恩來離開淮安時的舊貌，並於1979年3月5日正式開放。

1977年　為實現周恩來殉葬改革的遺願，鄧穎超委託在杭州工作的周嘉琛次子周毓燕、劉淑媛夫婦回到紹興平掉16世祖周景商、18世祖周樵水的墳，成為村民的菜地。平墳的工作所花費用，鄧穎超要求周家親屬共同分擔，以共盡晚輩的責任。

1979年10月2日，周秉建和蒙古青年拉蘇榮結婚。鄧穎超得知他們工資低，負擔重，支援400元。今日鄧穎超對6對12個侄子侄女夫婦說：你們要記住只有工作上的甜蜜，才有生活上的甜蜜。

1982年4月28日，周同宇夫婦和孩子們去中南海西花廳看望鄧穎超。鄧穎超說：「你們伯伯（指周恩來）當時對同宇問題的處理，我都不清楚內情，直到最近我才弄明白，是『四人幫』發難。伯伯把同宇交北京衛戍區監護審查，是他採取的保護幹部的一種措施。如果讓同宇落在『紅衛兵』或『四人幫』手裡，那他就不會有今天，可能叫你死無對證了。」1985年5月13日，周同宇病逝，享年82歲。

1982年7月11日，鄧穎超約周秉德周秉鈞到西花廳，向他們講了她於6月17日做的遺囑內容。

80年代，周爾輝的夫人孫桂雲生病，鄧穎超將她接到北京治病，住西花廳。

1990年5月19日，周同宇夫人王士琴帶著孩子們到西花廳看望鄧穎超。

1991年7月27日，鄧穎超住院。

1992年3月7日，周秉德、周秉鈞到醫院看望鄧穎超。

1992年7月11日　鄧穎超病逝，享年88歲。7月18日骨灰撒向天津海河入海口。

附錄八 世系表

附錄八　世系表

周敦頤—周澳世系表

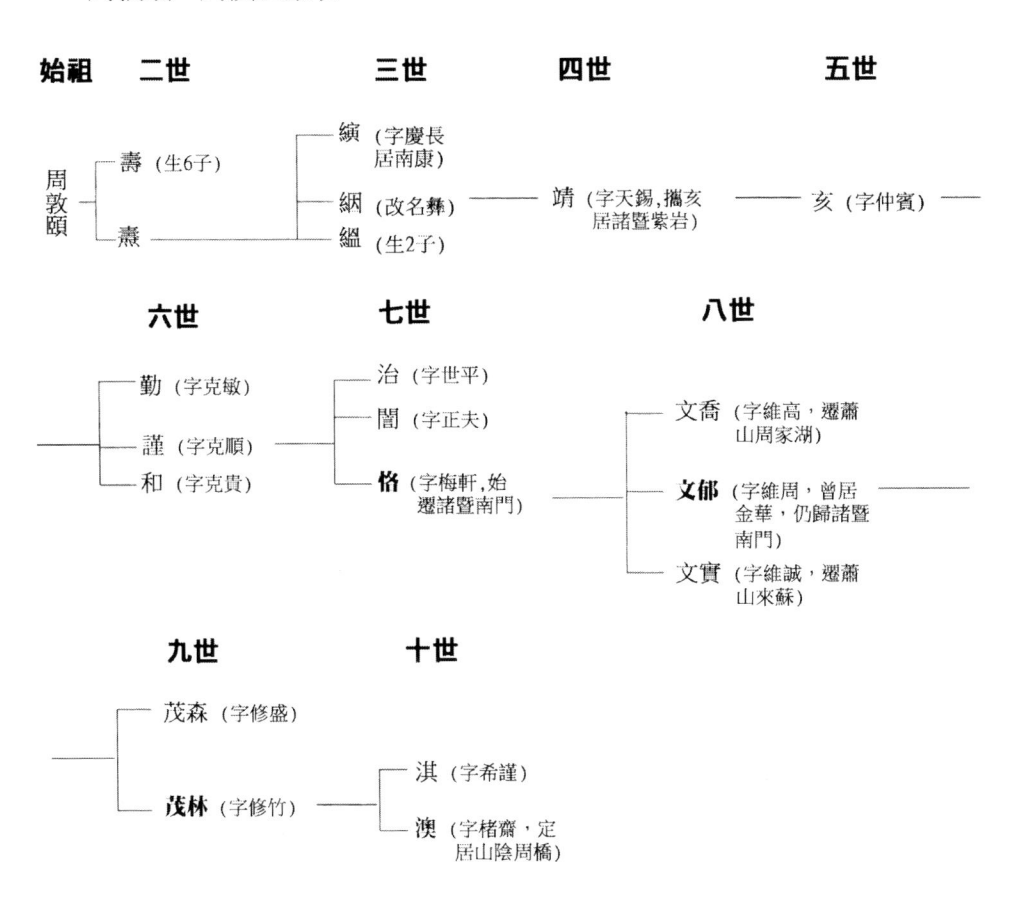

```
始祖      二世              三世                    四世                           五世

         ┌ 壽（生6子）┬ 縝（字慶長，居南康）
周敦頤─┤           ├ 綱（改名彝）──── 靖（字天錫，攜亥居諸暨紫岩）──── 亥（字仲賓）
         └ 燾       └ 縕（生2子）
```

```
六世              七世                        八世

      ┌ 勤（字克敏）    ┌ 治（字世平）          ┌ 文喬（字維高，遷蕭山周家湖）
  ────┼ 謹（字克順）    ├ 閭（字正夫）          ├ **文郁**（字維周，曾居金華，仍歸諸暨南門）
      └ 和（字克貴）    └ **怡**（字梅軒，始遷諸暨南門）──┤
                                               └ 文寶（字維誠，遷蕭山來蘇）
```

```
九世              十世

      ┌ 茂森（字修盛）
  ────┤                     ┌ 淇（字希謹）
      └ **茂林**（字修竹）──┤
                             └ 澳（字楮齋，定居山陰周橋）
```

寶祐橋周氏山陰先祖世系表

附錄八　世系表

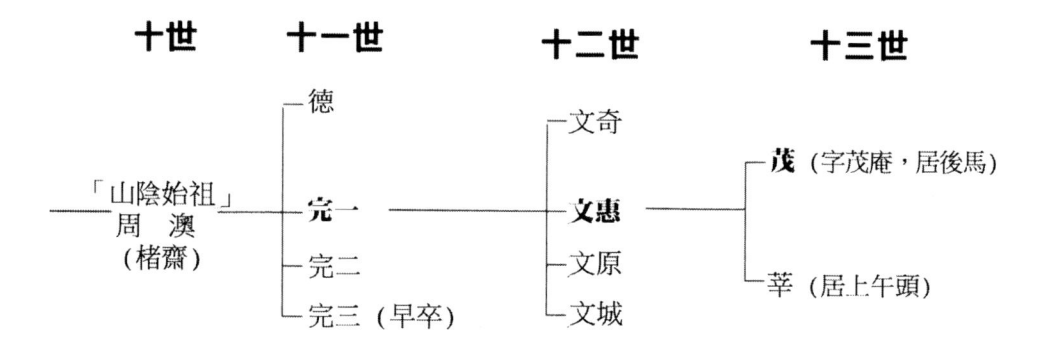

```
  十世           十一世         十二世          十三世
                 ┌ 德          ┌ 文奇
                 │             │              ┌ 茂（字茂庵，居後馬）
「山陰始祖」─── 完一 ─────── 文惠 ──────── │
  周　澳          │             │              └ 莘（居上午頭）
  （楮齋）        ├ 完二        ├ 文原
                 │             │
                 └ 完三（早卒） └ 文城
```

紹興寶祐橋周氏五十房世系簡表（一）

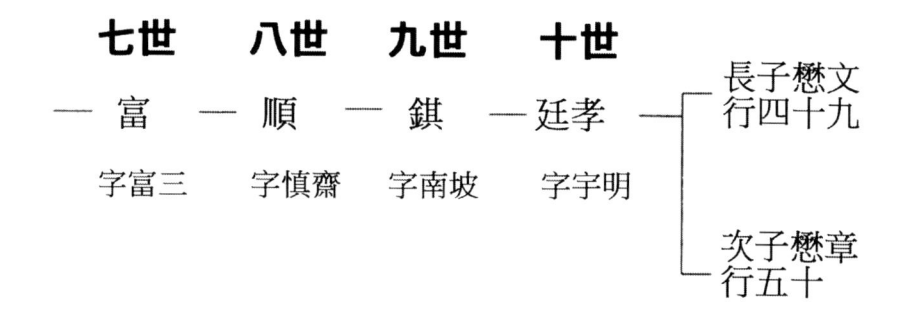

```
  一世      二世      三世      四世      五世      六世
  茂   ──  萬   ──  壽   ──  慶   ──  叔莊  ──  宗   ──
 字元泊    字無畠    字葆真    字德芳    字玄童    字承甫

  七世      八世      九世      十世
 ── 富 ── 順 ── 鎮 ── 廷孝 ──┬ 長子懋文
                                │  行四十九
    字富三   字慎齋  字南坡  字宇明 │
                                │
                                └ 次子懋章
                                   行五十
```

紹興寶祐橋周氏五十房世系簡表（二）

十一世　十二世　十三世　十四世　十五世　十六世

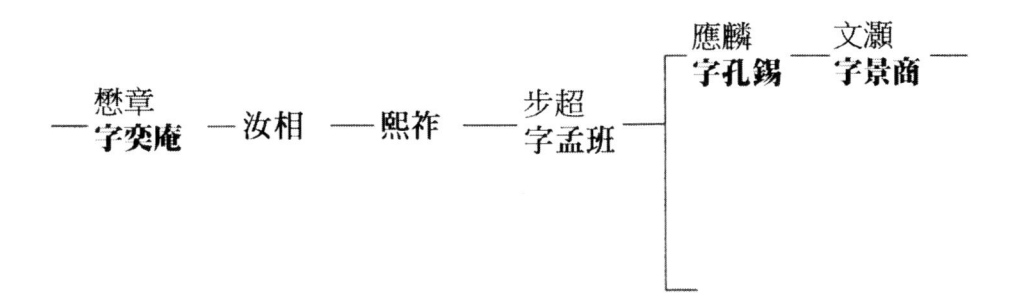

```
                                      ┌─ 應麟      ─ 文灝
                                      │  字孔錫      字景商
─ 懋章 ── 汝相 ── 熙祚 ── 步超 ──┤
  字奕庵                    字孟班
```

十七世　十八世　十九世　二十世　二十一世

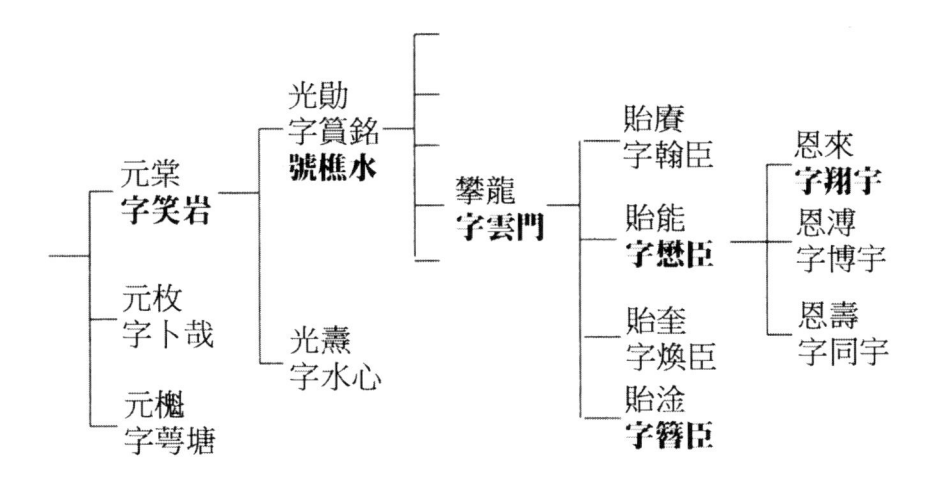

```
           ┌─ 光勛    ┌─             ┌─ 貽賡       ┌─ 恩來
           │  字簣銘  │                 字翰臣      │  字翔宇
           │  號樵水  │               ├─ 貽能       ├─ 恩溥
┌─ 元棠 ──┤          ├─ 攀龍 ────┤   字懋臣  ──┤  字博宇
│  字笑岩  │          │  字雲門      ├─ 貽奎       └─ 恩壽
│          │          │                 字煥臣         字同宇
├─ 元枚    └─ 光燾    └─             └─ 貽淦
│  字卜哉     字水心                       字簦臣
│
└─ 元樾
   字蕚塘
```

從周恩來高祖到周恩來侄輩世系表

周恩來家世

附錄八　世系表

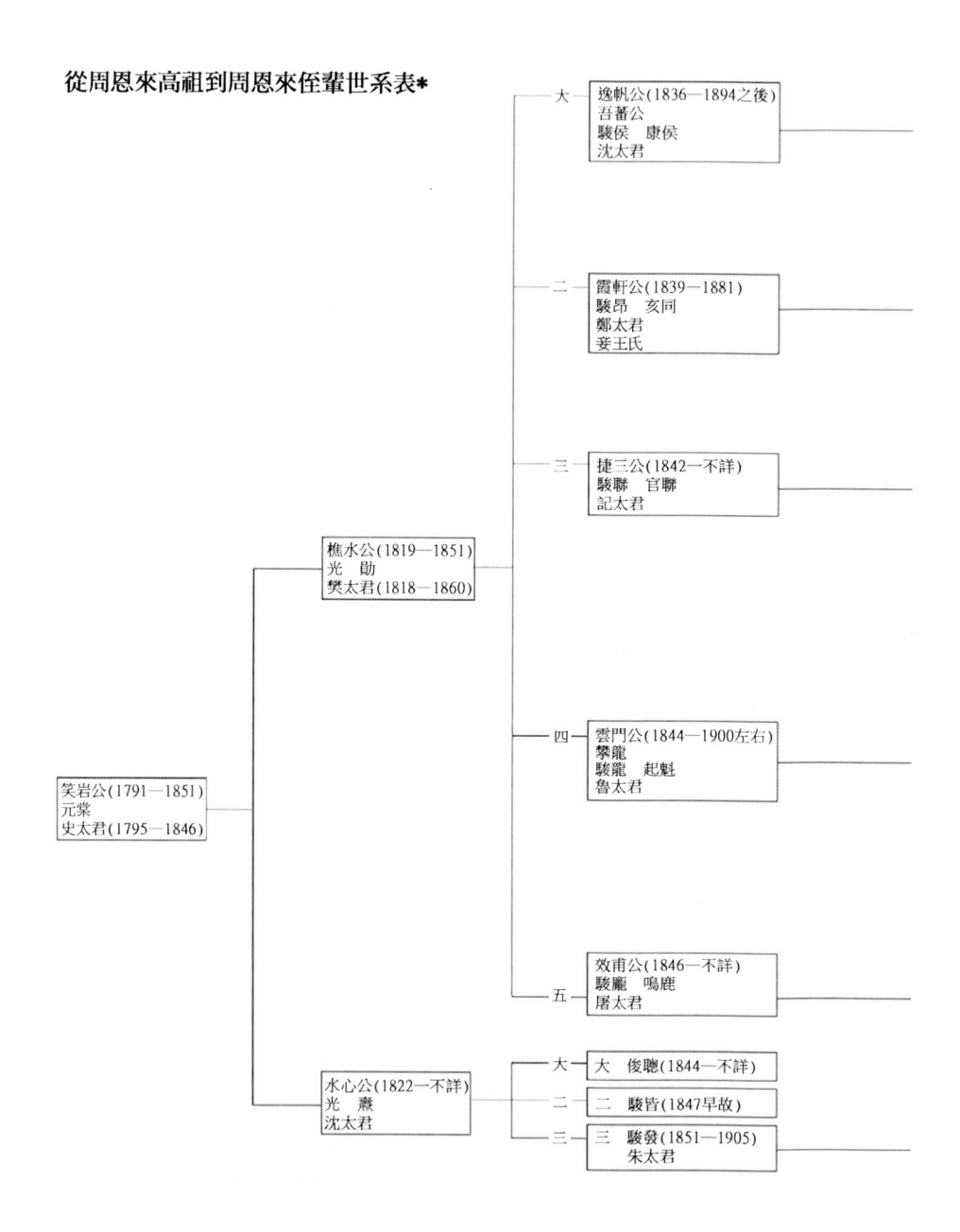

從周恩來高祖到周恩來侄輩世系表*

```
                                          ┌─ 大 ─ 逸帆公(1836—1894之後)
                                          │      吾蕃公
                                          │      駿侯　康侯
                                          │      沈太君
                                          │
                                          ├─ 二 ─ 霄軒公(1839—1881)
                                          │      駿昂　亥同
                                          │      鄭太君
                                          │      姜王氏
                                          │
                                          ├─ 三 ─ 捷三公(1842—不詳)
                         ┌─ 樵水公(1819—1851)│     駿聯　官聯
                         │   光　勳         │      記太君
                         │   樊太君(1818—1860)│
                         │                 ├─ 四 ─ 雲門公(1844—1900左右)
                         │                 │      攀龍
                         │                 │      駿龐　起魁
  笑岩公(1791—1851)       │                 │      魯太君
    元棠           ──────┤                 │
  史太君(1795—1846)       │                 └─ 五 ─ 效甫公(1846—不詳)
                         │                        駿龐　鳴鹿
                         │                        屠太君
                         │
                         └─ 水心公(1822—不詳)┌─ 大 ─ 俊聰(1844—不詳)
                             光　燾         ├─ 二 ─ 駿皆(1847早故)
                             沈太君          └─ 三 ─ 駿發(1851—1905)
                                                   朱太君
```

420

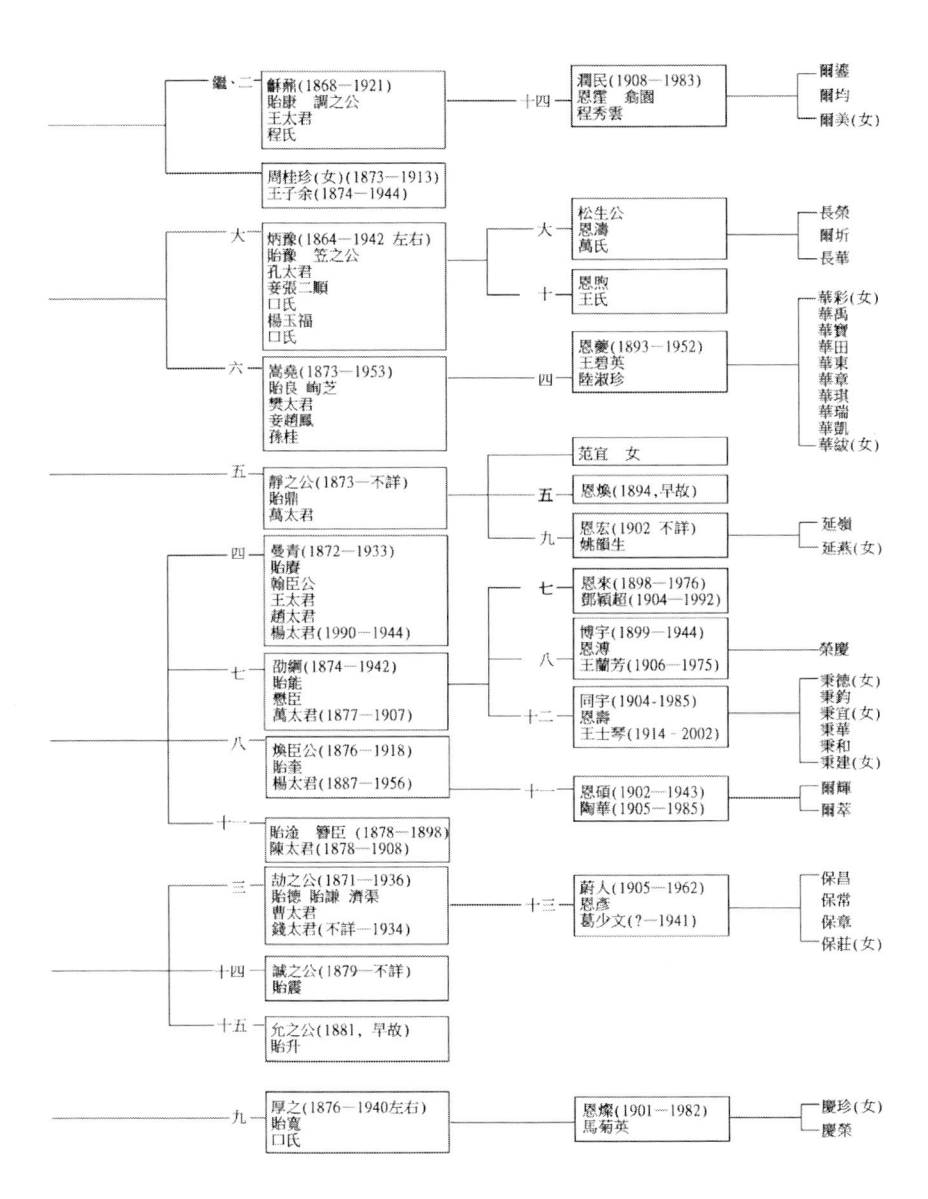

6. 其他

- 繼、二 — 蘇鬆(1868—1921) / 貽康 調之公 / 王太君 / 程氏
  - 十四 — 潤民(1908—1983) / 恩霨 倉園 / 程秀雲
    - 爾鎏
    - 爾均
    - 爾美(女)
- 周桂珍(女)(1873—1913) / 王子余(1874—1944)
- 大 — 炳豫(1864—1942 左右) / 貽豫 笠之公 / 孔太君 / 妾張二順 / 口氏 / 楊玉福 / 口氏
  - 大 — 松生公 / 恩濤 / 萬氏
    - 長榮
    - 爾圻
    - 長華
  - 十 — 恩煦 / 王氏
- 六 — 嵩堯(1873—1953) / 貽良 峋芝 / 樊太君 / 妾趙鳳 / 孫桂
  - 四 — 恩夔(1893—1952) / 王碧英 / 陸淑珍
    - 華彩(女)
    - 華禹
    - 華寶
    - 華田
    - 華東
    - 華章
    - 華琪
    - 華瑞
    - 華凱
    - 華紋(女)
- 五 — 靜之公(1873—不詳) / 貽鼎 / 萬太君
  - 范宜 女
  - 五 — 恩燠(1894,早故)
  - 九 — 恩宏(1902 不詳) / 姚韞生
    - 延孅
    - 延燕(女)
- 四 — 曼青(1872—1933) / 貽磨 / 翰臣公 / 王太君 / 趙太君 / 楊太君(1990—1944)
  - 七 — 恩來(1898—1976) / 鄧穎超(1904—1992)
  - 八 — 博宇(1899—1944) / 恩溥 / 王蘭芳(1906—1975)
    - 榮慶
  - 十二 — 同宇(1904—1985) / 恩壽 / 王士琴(1914-2002)
    - 秉德(女)
    - 秉鈞
    - 秉宜(女)
    - 秉華
    - 秉和
    - 秉建(女)
- 七 — 劭綱(1874—1942) / 貽能 / 懋臣 / 萬太君(1877—1907)
- 八 — 煥臣(1876—1918) / 貽奎 / 楊太君(1887—1956)
  - 十一 — 恩碩(1902—1943) / 陶華(1905—1985)
    - 爾輝
    - 爾萃
- 十一 — 貽淦 簪臣(1878—1898) / 陳太君(1878—1908)
- 三 — 劼之公(1871—1936) / 貽德 貽謙 濟渠 / 曹太君 / 錢太君(不詳—1934)
  - 十三 — 蔚人(1905—1962) / 恩彥 / 葛少文(?—1941)
    - 保昌
    - 保常
    - 保章
    - 保莊(女)
- 十四 — 誠之公(1879—不詳) / 貽震
- 十五 — 允之公(1881,早故) / 貽升
- 九 — 厚之(1876—1940左右) / 貽寬 / 口氏
  - 恩燦(1901—1982) / 馬菊英
    - 慶珍(女)
    - 慶榮

附錄九　紹興師爺

附錄九　紹興師爺

　　「紹興師爺」的名聲，在清代的官場可謂無人不知、無人不曉。民間亦多流傳其逸事與笑話。近人柴萼《梵天廬叢錄》嘗謂：「至清末，始稍稍凌夷，然『紹興師爺』之名，猶婦豎皆知也。」可是，人們知其名易，而知其實難。尤其因為其總是以「故事」或者「笑話」的方式流傳，其本來的面目已被嚴重地歪曲。20世紀40年代末，有一本《紹興概況調查》說：「紹興師爺的特點是，通文達理，處世接物，機警圓滑，計策甚多，博得長官的信託倚賴，一般老百姓到衙門裡去，見了很是畏懼。」「紹興師爺」讓一般老百姓感到「很是畏懼」，雖然事出有因，但說一般老百姓到衙門裡去「見了」云云，卻查無實據。民國以來，小說和戲劇描寫師爺其人其事，所在多有；時下一些影視劇也出現了師爺的形象。戲劇中將師爺從「幕後」搬到前臺，有它的合理性，但其情境大抵不是當時衙門中的事實。實際上，在縣官老爺坐堂聽訟之時，堂上並沒有師爺的位置，站在縣官老爺邊上的人物，是縣官的一名稱為「值堂」的家人（或曰長隨）和一名值堂的書吏。負責記錄犯人與證人的口供的招房書辦，則「設桌檐下」，似已不在堂內。手執殺威棍的皂隸，也並非像戲劇中所演的那樣站立在大堂兩側，而是「站廊候喚」；巡風二名則站立月臺之下。其餘書、快等役，非奉呼喚，不許近堂。「衙門人」總是擺出一副高人一等、盛氣凌人的做派，把無知無識的「愚民」弄得手足無措，在清代確實是普遍的情形，但衙門有衙門的規矩。師爺雖係地方官的座上客，但他們作為主人的「客」，也要受到許多拘束，並非隨心所欲。一般地說，普通老百姓到衙門裡去是見不到師爺的。

　　本文僅對「紹興師爺」的下述問題：一、佐治；二、賓師；三、遊幕；四、仁恕，做一些闡述，以說明紹興師爺在衙門中的工作、身分、職業關係，以及為人們常所誤會之處。

附錄九　紹興師爺

1. 佐治

　　臨民者曰官，佐治者曰幕。官幕同舟，相互利用，是清代地方行政的一個特色。「紹興師爺」就是清代地方官私人所聘請的、用以「佐治」的幕友。

　　「佐治」是佐助主人治理百姓的意思。紹興師爺在衙門中是「佐」主人之「治」，所以與公務密切聯繫在一起，與一般寄食於衙門之中以詩酬唱為能事的幫閒有著明顯的區別。清代地方衙門的公務，可分為吏、戶、禮、兵、刑、工六個方面。當時地方衙門中有所謂「六房」，就是將這六個方面的公務，分作相應的六個辦事部門。事實上，「六房」在清代已為「成說」，在政務較為簡單的地方，衙門中大抵分作六房的設置，而在政務較為繁雜的地方，則往往在六房之外再設「招房」「承發房」等房科。清代地方行政有督、撫、司、道、府、州、縣等層級，每個層級衙門內的諸房設置也參差不齊。房科的設置，係根據政務的繁簡情況；房科的增設，意味著行政分工的細密化。

　　上述諸方面的公務，可以歸納為兩個大的方面，即所謂「刑名」和「錢穀」。從字面意義看，「刑名」與「錢穀」兩大方面政務，似乎就是上述諸政中的「刑」與「戶」；或者按照現在的解釋，即「司法」和「財政」。這樣的理解，如果指的是地方行政的實質，可謂毫無歧義。傳統國家政治的實質在於為了維護既得的政治利益而控制社會，行政就是實施控制的具體過程或曰具體體現，既透過行政來控制社會以保證政局的穩定，又透過行政從社會獲得運轉國家機器的物質資源。因此，在吏、戶、禮、兵、刑、工六政中，「刑」和「戶」是兩個基本的，也是主要的政務。這也就是清代地方官的兩個基本的、主要的職責。他們聘請「紹興師爺」，以佐地方之「治」，也就是要完成這兩個任務。所以，清代的師爺以「刑名師爺」和「錢穀師爺」最為著名。

　　將吏、戶、禮、兵、刑、工諸政務劃分為「刑名」與「錢穀」兩部分，並不意味著「刑名師爺」和「錢穀師爺」所佐理的政務就是六政意義上的「刑」與「戶」，這一方面可以從上述敘述中直接看出。雖然刑名與錢穀或者說「司法」與「財政」是行政的實質所在，但刑、錢師爺所處理的公務，並不以六政意義上的「刑」「戶」為限，他們還要處理「吏」「禮」「兵」「工」等

政務。至於這些政務如何歸屬於「刑名」與「錢穀」，大體上可以說，「吏」「禮」和「兵」歸諸刑名，「工」則歸諸錢穀，但實際情形並非如此簡單。刑名和錢穀對之吏工六政，事實上有許多交叉。比如科舉考試，按照公務的歸類屬刑名師爺處理，但所使用的財物又由錢穀師爺辦理。在師爺的幕務中，財政包括財物的收支管理，是錢穀師爺的主要職能，但錢穀師爺的職能事實上還包括司法的職能。司法的職能主要由刑名師爺承當，但司法事務在清代地方衙門又分「案件」與「詞訟」兩部分。簡單點說，凡可以由本衙門審斷的官司，屬「詞訟」；需要報送上司衙門審批的官司，則屬「案件」。「案件」由刑名師爺處理，「詞訟」則由刑、錢師爺分別處理。有些官司一經發生，就屬於「案件」，如命盜重案，一旦報縣，縣衙門就得通報上司衙門和有關的平行衙門；又如生員斥革，也須報上司批准，二者都屬「案件」。在清代州縣衙門的司法事務中，「案件」固然重要，但畢竟是少數，多數屬「詞訟」。這些詞訟就由刑、錢師爺分別處理。如何分別？王又槐《辦案要略》說：「夫刑、錢之分，須視其告者來意，為著何事。如意在爭田房、索錢債、交易稅契等類，內有一二語牽涉鬥毆無傷、賭博無據以及別項不法之事，並干連墳山爭繼者，皆歸錢穀；苦告鬥毆、奸偽、墳山爭繼者、婚姻及有關綱常名教一切重事，詞內有錢債應追、田產不清等類，應歸刑名。」這段話的意思或可如此理解：凡詞訟涉及社會治安，歸刑名師爺處理；一般的民事糾紛，則歸錢穀師爺處理。「刑名師爺」與「錢穀師爺」的幕務職能雖各有側重；前者側重於社會的治安，後者側重於財政的管理，但二者共同承擔著民間訴訟的處理。

由於刑名和錢穀既是全部的地方政務兩大分類，又是行政的實質之所在，地方官的政績與前程如何，也就在很大程度上取決於刑名師爺和錢穀師爺的佐治本領。所以，在清代的所謂「幕席」中，「刑名」和「錢穀」稱之為「大席」或「正席」；其他諸如「書啟」「征比」「掛號」「朱墨」「帳房」「閱卷」等，則屬於「小席」或「雜席」。

清代的師爺以紹興人著稱，原因就在於當時全國各地上下衙門的幕中大席，多由來自浙江紹興府的人士所充任。清代有句民諺——「無紹不成衙」，說的就是當時全國各地衙門中多有「紹興師爺」的情形。在此，還可再舉下

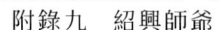

列三段記述說明這個情況：（一）梁章鉅《浪跡續談》：「世人每笑紹興有『三通行』，……如刑名錢穀之學，本非人人皆擅絕技，而竟以此橫行各直省。」（二）羅信北《公餘拾唾自序》：「天下刑名、錢穀幕友，盛稱浙江山陰、會稽。父詔其子，兄勉其弟，幾於人人誦法律之書……」（三）范寅《越諺》：「作幕，分刑名、錢穀兩學，越士救貧多業化。」可見，清代的師爺之所以紹興人著稱，一在「多」，人多則形成規模而有群體的力量，為世人所矚目；二在「要」，處在刑、錢首席，既「專為主人計考成」，又在同行中高人一等。在清代地方行政中，紹興師爺真好比是地方官的左膀右臂，地方官則透過這兩隻手，來操縱吏、戶、禮、兵、刑、工等房科書吏，以及「三班衙役」，從而完成整個行政過程和行政任務。不過，事實上即使是刑、錢師爺，也並非全係紹興人。梁章鉅指出紹興師爺對於「刑名錢穀之學，本非人人皆擅絕技，而竟以此橫行各直省」，乃「名過其實」，也係實情。

2. 賓師

「紹興師爺」在清代地方衙門中是「佐治者」，但它與「佐貳官」「佐雜官」一類官又不同：前者是幕，後者是官。從清代地方行政的實際情況看，佐貳、雜職官員雖係正印官的僚職，但日常行政與他們無甚關係，因而幾無權力可言，其地位和作用與正印官的幕友相比，不可以道里計。當然，佐貳雜職亦有聘請師爺佐助為理的，但這大抵僅限於與正印官不同城而事有專司的官員，以及因正印官暫缺而由佐雜代理者。在佐貳雜職之幕友與正印官之幕友之間，自然因為其主人的地位懸殊而有高下的差別，但幕友與官員之間的關係，無論正堂衙門還是佐雜衙門，都是一樣。

大家都知道「幕客」「幕賓」和「幕僚」等稱謂，清人在文獻中常用這些稱謂來稱述地方官的佐治者。然而，對於清代來說，這些稱謂是舊名詞，「幕友」一詞才是清人自己發明的新概念。清代的幕友從職能和地位上與以前朝代的幕賓、幕客有相同之處，但有一個顯著的區別：以前的「幕客」「幕賓」或者「幕僚」是官員，而清代的幕友不是官員。誠然，在清代以前，所謂「幕客」「幕賓」，也有官職不明確者；清代也存在具有某種官銜或官職

的幕友，但二者的差異還是顯而易見的。例如唐代方鎮幕府招延幕職，其具體的官職需要奏請朝廷，得到朝廷的正式任命，而後才能明確；這中間從制度上講，存在著一個由「客」到「官」的過程；在這個過程中，也出現了未等朝廷任命而所延之士已辭去的情況，但有一點是確定的，即所延之士最終有一個官職，即使奏請朝廷僅僅是一個手續，也得履行。清代在督撫衙門也出現了帶有官銜甚至官職而身為幕友的情況，其形成的途徑有兩個：一是奏調屬員；一是留用候補官員。其實，在清代地方司道府縣衙門，擁有某個官銜而身為幕友者也所在多有。清代以幕為業者，往往透過「捐納」而獲得一官半職，又不去實任，依然以佐幕為生，便形成了上述情形。候補官員和「服制」的官員，因為候補無期或者生活無著而暫時去做幕友的，也形成了上述的情形。然而，有一點也是確定的，即清代的官與幕是相分離的，無論是督撫衙門還是州縣衙門，幕友的官銜與佐幕不存在必然的關係。在清代，雖然有人不斷地建議仿照以前的制度，把幕友改為「幕職」，也就是把幕友納入官僚制度的範圍之內，但始終沒有成功。雖然亦有一些幕友因為諸如河防、軍功等而被「保舉」入官，但幕友與入仕之途始終沒有直接地聯結起來。這彷彿現代的鐵路，兩根軌道缺一不可，但始終平行不交。不過，清代把幕友稱之「幕客」「幕賓」等等，倒亦不僅僅是用典，在「賓客」這一身分上，清代的幕友與以前朝代的「幕客」「幕賓」和「幕僚」基本上相同，而且還保留著官員招延幕客的一些禮儀，即所謂「待之以賓，則有幣聘之隆；尊之以師，則有束脩之奉」。

  清代幕友制也有它的現實模式。清代的地方官因「迴避」制度，要到500里之外的地方去署職。由於背井離鄉，一般都把家眷帶到做官的地方去一起生活。子弟尚幼，則一般在衙署內設「家塾」請塾師課讀。塾師與居停的關係就是所謂「賓」「東」關係。這雖然是古已有之的制度，但在清代地方衙門中，這種關係與官員延聘幕友的「賓」「主」關係是混在一起的，幕友在主人家的地位，與塾師完全一樣。在有關幕友生活的文獻中，幕友往往稱主官為「主人」「東家」和「居停」等，主人稱幕友則「西席」「老夫子」等，幕友從主人那裡獲得的酬金，也叫「束脩」或「脩金」。可見，清代衙門中的官幕之間所採取的關係方式，就是家塾中的塾師與東家的關係。衙門中家

附錄九　紹興師爺

塾的教師，因主人的關係，而有「師爺」的稱呼。稱幕友為「師爺」，大抵由此而來。在紹興人那裡，為了與以教讀為業的師爺相區別，有「幕師爺」之名謂，以稱以刑名、錢穀為業者。這種區別，也反映出「紹興師爺」與其主人的關係，是以家塾中「西席」與「東家」為關係模式的。有意思的是——原本屬於教師爺的稱呼最後倒成了幕友的專利，尤其是在清代中後期，衙門中稱之為「教讀」的家塾教師，被排在了幕友的行列，算作幕中的一個席位。「教讀」雖關係重大，但與「佐治」無關，排在幕友之列不免牽強。它本應有獨立的位置，卻居然列在幕中的「小席」，環境使然也乎？

清代之所以發明「幕友」一名，來指稱地方衙門中的佐治者，原因大體如此。清代有位紹興人道：「今自制府、中丞、司、道以下州郡縣，受馬幣、應是聘者，率呼之曰『友』。『友』於義何居？曰以屬則僚，以德則師，以禮則賓。僚近乎卑，師過於尊，賓介乎尊與卑之間，故曰『友』之云爾。」簡言之，「五倫」之一的朋友關係是清代師爺與主官之間的關係方式。

「紹興師爺」多居幕中大席，在師爺之中享有特殊地位，與主人之間的關係亦非小席師爺可比。實際上，在師爺之中真正與主人可以平起平坐的，或者說真正享有賓師之位，也就是刑、錢師爺。這不僅因為刑、錢師爺作為主官的左右手，處理著一應政務，更重要的是「考成」所繫，主人的仕途前程取決於刑、錢師爺的作為。而「紹興師爺」也義不容辭地以為仕者師，以至形成所謂「幕派」。羅信北《公餘拾唾自序》說：「余仕浙，諗知若曹積習至嚴且忌。凡呈稟批札等事，如尼父制《春秋》，主人莫敢贊一辭。即甚不愜，必親與婉商，求再酌，主人不能舉筆，一舉筆則以為暴其短，而袚被去矣，此所謂幕派也云云。」不過，一位紹興師爺這樣敘述過幕中處境：「……今則所以待幕者，不過適子之館，授子之餐；計正務之繁簡，定分俸之多寡；以虛情小惠為牢籠，以聲音笑貌為恭敬，而所謂『禮賢下士，忠心重祿』，未之聞也；『謀其身家，援其緩急』，未之見也。」這位紹興師爺意在說明他的幕主對他的所謂「有知音之感」，實際上並非那麼回事。把上引兩段話加以對照，不難看出官幕之間存在著隔閡。雖然在幕中也不乏賓主之間彼我同心、相得益彰的情形，但由於官幕之間「其初本以利交」——賓利主之脩，主利賓之才，要達到「主賓相得」，殊非易事。

3. 遊幕

紹興師爺到衙門去佐治，用他們的行話說，叫做「作幕」。他們通常又把作幕稱之為「遊幕」。作幕而稱之為「遊」，大體有兩個意思：一是指他們離開紹興故里，而到外地衙門去工作；二是指他們在作幕生涯中總是不斷地更換工作地點，隨人浪跡於各地的衙門之間。

既然以佐治為工作，紹興人離開自己的故土家園也就成為必然。紹興人也在本地作幕，但即使整個浙江省的上下衙門全由他們「承包」，其就業範圍也十分有限。清代十八直省，外地的衙門畢竟占極大多數。

紹興人作幕，由於以刑名、錢穀為專門，所以一般都要經過「學幕」。學幕可分祖傳和師承兩種方式，然紹興人以拜師學幕為主要模式。從文獻中，可以看到許多所謂「父詔其子，兄勉其弟」的「世幕」現象，但即使是舉家業幕，也往往是「教既受於父兄，學或成於伯叔」。叔姪之間雖有長幼名分，但在幕業之中人們更看重的是其師徒關係。質言之，師傅的名氣和地位，乃門徒就業的主要依靠。

衙門多在外地，紹興人學幕也多在外地。這倒不僅僅是因為「菩薩遠的靈」，主要原因在於學幕也和學習其他行業一樣，是學用結合的，即現在大家熟知的所謂「從做中學，從學中做」。從理論上講，學幕要先讀律，後辦案，也就是先讀《大清律例》，而後再練習辦理刑、錢公事。不過，實際上學幕有速成的辦法，即從抄寫「成案」中熟悉律例及其應用。學幕一般以三年為期，三年中要學的東西還很多，然而三年之中要學會如何處理具體的公事和辦成相應的公文，即所謂「辦案」，也並非易事。實心實意教育徒弟的師爺，通常要讓徒弟盡快接觸實際的公事，並在實踐中對徒弟加以嚴格的指點。所以，實習比讀書更重要。這樣，待在紹興家裡，靠家裡幾本成案彙編和所謂「枕中祕笈」之類的書，以及「函授」之類的辦法都行不通。學業中有句話，叫做「師傅領進門，修行靠自身」，學幕也不例外。學幕是否有成，名師固然重要，終究要靠自己眼觀六路、耳聽八方的用心和觸類旁通、舉一反三的領悟，這就決定了學幕必須隨師而學。當時把學幕者，叫做「帽辮子」，即「喻其不與師離也」。

附錄九　紹興師爺

　　紹興師爺各省皆有，紹興人自然可以憑藉各種社會關係去攀援，到各地去學幕；各省皆有名幕，皆是一方的名師。但正如現代的大學有所謂名牌，幕學也有正宗之說。幕學的正宗有兩處：一是保定，一是蘇州，二者又以直隸保定為尚。這兩處地方，之所以為幕學之正宗，與它們的政治地位有關。蘇州在清代一直是江蘇布政司的所在地，此地是所謂「天下四聚」之一，其政治、經濟、文化影響所及，幾乎涉及全國；撫、司、道、府、縣衙門林立且集中，加上地處當時全國社會經濟最發達的區域，政務殷繁；又處南北交通之孔道，是紹興人北上南下的必經之所，幕學師徒聚集於此，勢所必然。由此之故，蘇州及其周圍的常州、松江、湖州、杭州諸府人氏，也都趨之若鶩。抑或由此，紹興人以在常州府及其附廓縣武進縣學幕為「紹興師爺」的正宗。

　　在紹興人心目中，幕學之正宗主要在北方的保定。康熙八年（1669年），直隸巡撫移駐保定，直隸始稱省，保定也就成了直隸省省會。這裡衙門林立，與蘇州相差無幾。由於直隸省的政治地位，保定，更確切地說，保定府所在地清苑縣城，成了僅次於京城的各地官員交往匯聚之所。如果說蘇州主要由於其經濟的發達而成為當時全中國最具影響力的地方之一，清苑縣城則主要依靠其政治上首屈一指的地位而成了當時全中國各地官員眾望所歸之地。再加上與京城毗鄰，與朝廷溝通方便，這裡便「天然」地成了幕學師徒的聚居地。從清代中葉始，紹興人就在這裡辦「習班」，大規模地培訓師爺。這種由「帽辮子」式的師徒相傳，發展為學校式的規模培養，說明官場對於師爺的需要。而「習班」之出現在保定，與保定一呼百應的政治地位，以及幕師爺可以透過官場的關係網，易於將門徒推薦給全國各地衙門，從而使幕業子弟得到就業等因素，是緊密相關的。紹興師爺來自紹興，但正宗的紹興師爺出於保定。

　　保定府也就由此而成了紹興人的僑寓地，而且往往由僑寓而寄籍，最後定居於此。清末曾入張之洞幕的許同莘說：「北省幕友，多籍保定，其先亦紹興人。」在民國《清苑縣志》中，其先為紹興人而入志者就有十多人，其中有仕績而入名臣傳者有七人，占總數的六分之一。而這些名臣，其先人主要是作幕的紹興人。近人謝宗陶《說保陽年俗》云：「保定居本省中部，位於大陸，接近農村，復以省會故，當時南來官幕，恆多落戶其間（浙人尤多，

皆當時刑錢老夫子後裔）。故今日之習俗，殆為鄉農與浙紹之混合體。」移風易俗到如此程度，紹興人移居保定的人數規模可見一斑。

事實上，保定的情況不過較為突出罷了。清代全國各省會城市，都是紹興師爺的僑寓之處。由於紹興師爺總是常年在外地遊幕，往往把家眷攜到作幕的地方。又由於作幕要隨主官更調而更調，或者主官調向別處而需要另覓新主，工作上具有很大的流動性，所以紹興師爺又不是把家眷帶著走，而是選擇一個相對穩定的地方作為僑寓之所。一般地說，省城就是最佳的僑寓地，無論是生活還是覓館，都最為方便。因此，紹興師爺往往以省城為中心，以一省為遊幕的範圍。而由於僑寓的相對穩定，年長日久，也就轉為定居，成為當地人，以至於「後人或不憶其先世」。

紹興人定居於外地而成為外鄉人，原因很複雜。從個別情況看，大體有兩個原因：一是在老家無田無地，甚至沒有親人，而無家可歸；一是子弟已獲得很好的發展，特別是在外地生長的子弟入仕為官，既以所寄之籍而「通籍」，又使家庭成了當地的勢宦人家，回鄉倒反而顯得陌生而侷促。從總體上看，由於紹興人在外地僑寓而聚居，形成了一個相對獨立且自足的社會生活體系。由於紹興人一般在五方雜處的都市中生活，與官府有著特殊的關係，在眾多的社會力量中間，往往技高一籌；又是在官府中討生活，與當地的土著保持有一定的距離，並沒有受到土著的排擠。更重要的是，紹興人往往透過家族、同鄉、師徒等種種關係，聯結成一個出入相望、得失相援、生死相助的生活集體。章學誠說，其「章氏族黨，宦遊四方，所在輒成聚落」，其在京師，「萃處尤眾」，因而有「公會」之設，以「會章氏之族人也」。雖然紹興人各有其族，其在外地不見得都與章氏宗族在京師那樣設會相聚，但紹興人之「世幕」，就是以家族力量為紐帶的。而且，幕中同行，還可以透過義結金蘭，擴大其社會聯繫。再者，紹興人還以「鄉緣」作為聯結的紐帶。紹興人很看重同鄉關係。章學誠在所撰《蔣南河先生家傳》中記述，「山東遊幕多鄉人，一人不得所」，山陰蔣五賦「若由己陷之」。嘗有鄉人攜家到濟南而客死者，五賦即「倡眾醵金助」。這樣的事例，在紹興師爺群體中所在多有。當時有所謂「到處認同鄉」之說，意謂紹興師爺以同鄉關係在官幕

附錄九 紹興師爺

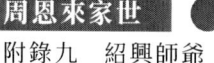

之間呼朋引類。這雖然係基於職業，但利益相關，原本並不密切的同鄉關係，在遊幕的職業生活中變得相當親密，以至於牢不可破。

事實上，家族關係、同鄉關係又往往是與師徒關係結合在一起的。而師徒之間的相互援引，則是紹興師爺在幕業中最普遍、最顯著的職業聯繫。據許仲元《三異筆談》記載：山陰人王某，因「工奏摺，刑、錢均擅，居滇久，尤熟其風土人情，遂執梃為幕賓盟長」，雲南一省的幕友，都由其點定，「其在門下士」。周詢《蜀海叢談》記載：「川省刑、錢幕友，十九皆為浙籍。浙籍中又分紹興、湖州兩幫。兩幫中頗各樹黨援，互相汲引。大致督署及布、按兩司之刑、錢係何幫之人，則何幫人中得館較易也。」徐珂《清稗類鈔》記載：「山陰任筱棠觀察之齡，初治申韓家言，久幕於湘，郡邑幕僚，大率為其門徒。」任筱棠，名麟，紹興府山陰縣人，久幕於湘，且長期佐巡撫幕。陳天錫《遲莊回憶錄》云：「湘省名幕有『鄔一王二潘三馮四』之稱，……四人者，皆為任筱棠（麟）之高足。」而位在「四名幕中之第一人」的鄔同壽，就是任氏之同鄉。當時有幕業中人曾作《論時下幕習之壞》一篇云：「今世之人家子弟，讀書不佳，往往改而學幕，或則刑名，或則錢穀。將學幕時，預擇一省中之有名老幕而從之……初處適館，名曰『出手』，例由其師吹薦。倘非師薦，如醫生不送招牌然，不但無人延聘，即有人延聘亦斷斷不能行其道。何也？幕友所恃，全憑聲氣……而就幕之人，卒未有能不從先生，以試其無師之學者，則非例案中有別解也，有淵源無淵源之別耳。曾從師者，為有淵源，出就館則他署之幕友，非吾同門即為先生之同門，或為先生之同盟之弟子，自然情誼相洽，指臂相連。倘其人不從師，或所從非本省有名老幕，則一切公事盡形隔膜，雖在院司衙門尚不可，何況州縣。我等之所以必先從師者在此。」這就是紹興師爺在清代官場之中聲名之盛的主要原因。

不過，客居異地而不歸，並非其初衷。事實上，紹興人總是千方百計地回到老家去的。紹興人到外地遊幕，實是不得已而為之的事。章學誠說：「吾鄉……地僻，人工不脩。土之所出，不足食土之人。秀民不得業，則往往以治文書律令，托官府為幕客。」而在紹興師爺心目中，托足官府，為人作嫁，乃「讀書無成，迫於饑寒」所致。他們的人生理想也是學而則仕。所以，他們在入幕之初，多半有過三番五次回鄉趕考的經歷，而且，於遊幕欲罷不能

3. 遊幕

之中，總是以脩脯所得，捐一個一官半職，以解心頭的渴望，最終目的則在於：在功德圓滿之後，能夠因此，紹興人在遊幕生活中，總是不忘故里。曾佐姚啟聖幕的會稽人謝羽辛，晚年居江寧，轉徙揚州，欲返會稽不果。章學誠在其《傳》中記：「每語子弟，他日毋忘故鄉。」《會稽秦氏宗譜序》云：「紹興俗樸，厚重氏族。……語及家世，必冠以族居之地曰『某鄉某氏』。間有徙居出其鄉者，歲時之祭必與，不敢以為遠。述家世，必從其朔。或有客他郡，經數世已著籍其地，子孫之生長於外者，未嘗一歸省邱墓，而與鄉人語，猶自道其家世族居之地曰『吾某鄉某氏』也，其不忘祖也蓋如是。」

紹興人之不數典忘祖，表現在遊幕的紹興師爺中，就是在僑寓之所總是保持紹興的生活習俗，連一口「紹興話」總是不願意改。關於紹興人之說「紹興話」，梁章鉅在《浪跡續談》中說：紹興人是「無一人肯習官話而不操土音者」，並且以此通行全國，成為「紹興三通行」之一。周作人也曾著文談道：「紹興話並不特別難懂，它只是吳語的東邊的一支，但與普通話總差得很多，在大多數人聽去很是彆扭的吧。而且他們（指紹興師爺——引者注）偏要強調這個，對於來請教他的東家特別非說老紹興腔不可，或者懂得幾句藍青官話，這時候反而收起來不用了。」不過，梁氏說紹興人無一人肯「習」官話，後來大概有所改變。周作人說他見到的紹興師爺，是「見同鄉打官話，對外省人說紹興話」。然而，我們從紹興師爺非說紹興話不可的現象中，不是正可以尋找到保定的習俗居然成為「鄉農與浙紹之混合體」的原因嗎？

當然，紹興師爺在官場中總是講他的一口鄉談，還別有妙處。眾所周知，官場通行的是官話。可紹興師爺卻反其道而行之。其實，講官話或者講土語，與佐治並無直接關係。從紹興師爺方面看，這不過是一種「包裝」而已，目的在於顯示自己是原裝的正牌貨。但這畢竟是「商家」的一廂情願。如果顧客對貨色有充分的認識，當然不會被包裝所矇蔽。正如問題總帶有正反兩個方面。紹興師爺之講紹興話，還有官員方面的原因。恰如當下人們購物講究買名牌，官員聘請師爺佐幕也是這種心理。既然對師爺並無了解，別人推薦的話大約全如現在的促銷廣告，又非請幾位師爺不可，那就只好從眾，購買大家公認的名牌。名牌貨的質量總是更強一些，聘而佐之，自然保險一些。只是當時的官員並不像現在的顧客那麼容易上當。如果還以現在顧客的購物

附錄九 紹興師爺

狀況作比,那麼,清代官員似乎在看重名牌的背後,更看重商家「三年保固」的承諾。紹興師爺在清代官場因為職業的關係,聯結成了一張張所謂「聚集省會,引類呼朋,與上下衙門往來結交,因之盤踞把持,勾連串合」的關係網。這張網原本是附著在官僚關係之上的,但由於「官有黜陟,幕無黜陟」,以及幕友透過上司衙門「勒薦」幕友等等原因,而反客為主,成為清代官僚政治中一層穩定的基礎。何桂芳《請查禁謀薦幕友片》指出:「各省州縣到任,院司幕友必薦其門生故舊,代辦刑名、錢穀。該州縣不問其人例案精熟與否,情願厚出束脩,延請入幕,只因上下通聲氣、申文免駁詰起見,而合省幕友從此結黨營私,把持公事,弊端百出,不可枚舉。」正可謂官幕同舟,相得益彰,紹興師爺之「不肯習官話而操土音」,以及勾連串合、結黨營私,固然有其自身的職業原因,但問題的根源卻在官場本身。

4. 仁恕

紹興師爺之刻薄人命,可以說是盡人皆知。通常人們把紹興師爺稱之為「刀筆吏」,用意就在「刀筆」二字上。據云紹興師爺在詞訟上弄刀筆,有所謂「事出有因,查無實據」之說。且不管這句著名的公文用語,其意涵究竟是什麼,紹興師爺之刀筆殺人,似乎不僅「事出有因」——因為紹興師爺以佐理「刑名」出名,刀筆之下生殺人命,而且「查有實據」——其定人於死罪,在文獻中所在多有,更有清末浙江巡撫幕中的紹興師爺章介眉,「性吝刻,工刀筆」,革命黨人秋瑾就是死在他那個「先斬後奏」的壞主意之下的事例,「紹興師爺」真真是十惡不赦了。關於紹興師爺刀筆殺人的事例,確實不少,人們所津津樂道者,幾乎都在於此。然而,對此需要提出疑問——這難道就是有清一代紹興師爺的全部作為嗎?或者說,拿這些事例來評估判斷紹興師爺的真相就充分了嗎?當然,作為茶餘飯後之談助,無論如何演義,都無傷大雅,也不乏興味,但人云亦云,甚至以訛傳訛,對之於學術,那就不夠負責。竊以為,對於紹興師爺需要時下一些人經常說的「平常心」,既不把它神祕化,也不把它簡單化。

4. 仁恕

事實上，紹興師爺在「刀筆」之下，既有「殺人」的一面，還有「生人」的一面。《會稽陶氏族譜》記載：「化鵬，字培風，一字裴風，弱冠遊京師，隨伯兄從事部曹，鬱鬱無所遇。……歸。既乃習律學，遊上元袁簡齋大令幕。端謹有老成度，簡齋目為鐵面。……在通州時，有沿海搶奪案，株連甚夥。剖析冤滯，牘上大府，三駁輒堅持不屈，全活五人，得不興大獄。」同譜又載：「駿，字東皋。……自杭、湖、金、嚴、處等郡，及青田、太平、黃岩、建德、烏程、海鹽、會稽、嵊縣、鄞、仁（和）、錢（塘）等邑，皆先後以禮為羅，致之幕下。所至案法明允，獄無冤抑。逮佐首郡，平反尤多。每定讞，必委曲詳核然後已。」諸如此類，亦不勝枚舉。誠然，將這類事例全部舉出，也不足以證明紹興師爺皆仁人君子，正如以章介眉之徒不足以證明紹興師爺全係「劣幕」或者「惡幕」。我們在此舉例以證，只是要說明紹興師爺並非全是章介眉之徒。紹興師爺是良莠不齊的，但良中有莠，或者莠中有良，總是有其良善的一面。至於名幕汪輝祖「治刑名佐吏，凡二十六年，入於死者六人而已」，而有「佐人為治，疑難紛淆，一覽得要領。尤善治獄，平情靜慮，俾境揣形，多所全活」之類的定評，昭揭於史，在此毋庸贅述。

徐哲身《紹興師爺軼事》記載：光緒十一年，浙江巡撫劉秉章接到按察司送來的這麼一件公事：一個漁民，為報生母之仇，殺死了其父之妾。殺人償命，這樁命案的審斷不言而喻。但結果因為一位姓年的紹興師爺出計，將讞詞中「情有可原，法無可赦」一句，上下文一調，變為「法無可赦，情有可原」，那位漁民便免了死罪。徐哲身繫紹興府嵊縣人，他說這件翻案之事，起心於他在浙江省營務處當差的父親。其父因為那位漁民是一位有名的孝子，而有心救之，故有先商之於劉中丞，後找年師爺出計之事。言之鑿鑿，其事之真實性大約毋庸置疑。在這件事中，年師爺雖非主角，出計亦非其主動，但畢竟起了關鍵的作用。有人從這件事情中看到：紹興師爺最會舞文弄墨。然而，我們應該進一步提問：他們舞的是什麼文、弄的是什麼墨，僅僅是盡殺人之能事嗎？

梁章鉅《退庵隨筆》卷四記載：「今世司刑之官，多為『救生不救死』之說，不知起於何時；佐刑幕者尤持此論，牢不可破。」佐刑幕者尤持此論，可證之於汪輝祖《佐治藥言》。其「求生」條云：「法在必死，國有常刑，

附錄九　紹興師爺

原非幕友所敢曲縱。其介可輕可重之間者，所爭止在片語，而出入甚關重大，此處非設身處地誠求不可。誠求反覆，必有一線生機可以藉手。」再可證之於費山壽《官幕同舟錄自序》，其云：「山讀書未成去而讀律。山陰沈鏡湖先生……教山治獄以『仁恕』為主，如法而止，無過於情。情有可原，當於法外求生，不可於法中求盡。無枉無縱，仍不馘於法，期合乎『哀矜勿喜』之義而已。」還可證之於紹興人人以「公門中好修行」為勸勉的風尚。

　　紹興師爺之所以力求以仁恕治獄，與他們佐刑幕的職業息息相關。他們之所以為官員所聘任，或者說，清政府之所以需要他們佐理刑名，在於他們熟悉與掌握清朝律例案的運用。他們的本領，就在於明確具體的案情，找出相應的律例，在案情與律例之間做出「恰當」的組合，以達到治獄的情真罪當。這也是大家熟悉的所謂「以事實為依據，以法律為準繩」。因此，他們不免要對人命重案做出極刑的判決。把人的生死作為職業，即使是針對命盜重犯，儘管「法在必死，國有常刑」，紹興師爺並不諱言其非。紹興有句民諺，叫做「作幕吃兒孫飯」，意思是作幕如同作孽，有傷陰騭。即使佐刑名數十年而入人於死者「六人而已」的汪輝祖，亦承認「幕中無心之過，所在多有」，所以他不願子孫更習此業。然而，紹興師爺以仁恕治獄，無論是來自佛道合一的因果報應的壓力，還是源於儒家仁治的政治理念，至少他們在治獄之中存有因果報應的恐懼心理，使他們在處理人命重案之時能夠保持一種謹慎的態度，而不致有恃無恐，以致草菅人命，總是值得賞識的！而這一點，恰恰被那些傳聞軼事所掩蓋。

　　對人命重犯加以「求生」，並不等於不判以死刑，因為「法在必死，國有常刑」。紹興師爺大抵採取這樣的心態對待之，即所謂「求其生而不得，則死者與我兩無憾也」。紹興師爺龔萼說過：「刑名、錢穀之事，實為官聲民命所關，則哀矜而勿喜，求其生而不得，方可死之。」然而，正是一個「求」字，反映了紹興師爺在職業中，對生命有一種至高的尊重。這是一種精神，也是一種境界。

　　汪輝祖說：「誠求反覆，必有一線生機可以藉手」，與他在 26 年的刑名師爺生涯中「入死者六人」的事實相對照，顯然不是案案都要「出」人之

罪，而是講求一種求生的精神。顯然，正是因為具有這種精神，他才會有「尤善治獄，平情靜慮，俟境揣形，多所全活」的業績。試想，假如沒有這種精神，「輕心鍛鍊，草率粗略」，其治獄又會是何種結局呢？

　　本文因為篇幅所限，只能就上述方面做一簡略說明。讀者諸君如欲對「紹興師爺」做較為系統的了解，可參閱拙著《官府、幕友與書生——「紹興師爺」研究》。

周恩來家世

第一版後記

第一版後記

　　中華民族有 5000 年以上的文明歷史，可是由於長期找不到先祖的生活遺蹟，不少歷史學家不承認炎帝、黃帝、堯、舜、禹，認為這只是一種傳說，更不要說有巢氏、燧火氏、伏羲氏、神農氏。是啊，到埃及可以看到古老的金字塔，到希臘可以看到大理石的巍峨建築，儘管已是殘垣斷壁，但可以證明他們曾有幾千年的輝煌。而在中國卻找不到這樣的古蹟。中國的文明發源於黃河流域和長江流域，先祖們或住窯洞，或住干欄式的房屋。在黃土高原，由於水土流失，地貌發生了很大的變化，六七千年人類活動的遺蹟很難保存至今，唯有黃帝陵前那株有五千年左右的「黃帝手植柏」默默地向人們講述歷史。中國自從有了秦磚漢瓦之後，中國的建築兩千年來都是磚木結構，這種建築一般存在幾百年，屢建屢毀，屢毀屢建，所以在中國很難看到埃及、希臘那樣古老、壯觀的建築。雖然考古發掘黃河流域的仰韶文化、長江流域的河姆渡文化是 7000 年的歷史，由於宣傳不夠，世界公認兩河流域文化是 7000 年，埃及文化是 6000 年，而中國文化只有 4000 年。

　　受自然條件的限制，我們的先祖沒有巍峨的建築，可是中國人十分聰明，很早就發明了文字。著名老作家，金文研究學者駱賓基認為在伏羲氏時代就已有了文字。現在考古發掘從陶器上發現了一百多個字，但是人們能認識（破譯）的還不多。駱賓基研究金文後認為在殷墟發現的青銅器不少是夏代的。但是他的研究成果在中國沒有得到學術界的認可，而在韓國卻有幾百人的研究會專門學習、研究他的著作。

　　有文字就有記載，文字和歷史是不可分的。中國歷朝歷代都重視修史，自古以來，國有國史，縣有縣志，家有譜牒。近百年來中國由於受人欺凌、戰亂、瘟疫、自然災害不斷，地方上已有幾十年、近百年沒有修史了。盛世修史，粉碎「四人幫」後，國泰民安，經濟發展，各地都組織人力修縣志、地方志。但是相對來說對宗譜的研究不夠。為什麼？曰：反封建。在封建社會以人的血緣關係為紐帶，呼朋引類，結黨營私，成為阻礙社會前進的一大頑症。從這點講，反對的應該、有理。但是在宗譜中也記載了許多正史所沒

第一版後記

有的東西，是正史的補充，特別是研究歷史人物的不可缺少的材料。隨著工業的發達，商品的流通，人口移動日益頻繁，大家庭從 19 世紀末開始瓦解，大家庭的成員星散各地，現在大家庭在城市已不復存在。中國有句俗話「遠親不如近鄰」就是反映了這個事實。現在對宗譜的研究已帶有搶救的性質，《周恩來家世》就是這樣一個有益的嘗試。

《周恩來家世》記述了周恩來家族 33 代，近千年的歷史，涉及數百人，寫出傳記者百餘人，為研究周恩來提供了家庭背景、人文環境的資料。當我們看完書稿，掩卷沉思，第一個想法就是這本書動手太晚了，如果鄧穎超、周同宇、王貺甫在世，很多問題可以迎刃而解，不必費這麼多的周折。現在編這本書已是搶救，非做不可了。

由李海文於 1995 年發起組織紹興、淮安、北京三地的研究人員寫作，紹興方面由張能耿牽頭，淮安方面由秦九鳳牽頭。經三地研究人員的通力合作，終於取得了今天這個成果。

紹興、淮安、北京三地的同仁毫無保留地提供材料，交換意見，從大量的原始材料和口碑材料中去偽存真，去粗取精，反覆商榷、研究，三地來往信件百餘封，在紹興舉行座談會（有金經天、俞昌泰、裘士雄、沈建中、梁志明等七八個同仁參加），大家暢所欲言，各抒己見，才有今天的這本書。但仍有個別問題因史料的缺少，難以定論；有少數問題因參與寫作的同仁意見不盡一致，我們都在書中一一講明，在正文只取一種說法；也希望知情人能提供新的材料，糾正書中的謬誤，以便後人進一步研究。

這本書之所以能完成，這是粉碎「四人幫」後全中國開展研究周恩來生平和思想的成果；這是紹興的同仁 40 年來不斷收集材料，不斷研究的結果；這是淮安的同仁 20 年來調查研究的成果。

紹興關於周恩來在紹史蹟的調查有過四次。早在 1959 年，在中共建國十週年之際，那時有一個寫回憶錄的高潮。借這個東風，紹興的同仁就開始收集材料。50 年代末 60 年代初，參與這項工作的有紹興魯迅紀念館的張能耿、章貴（閏土的孫子）等，其成果主要表現在兩方面：一、蒐集到了寶祐橋周氏世代珍藏的《周氏破塘祖塋祭簿》和《老八房祭簿》。在《老八房祭簿》

中還有周恩來手跡一頁，珍貴異常。二、蒐集到了1939年周恩來在紹興題詞多幅。又訪問了陳山、王貺甫、蔣桐生、陸與可、孫胡法、祝更生、周文炳等有關人物。得到浙江省省長周建人、浙江省文化局副局長許欽文、紹興市工商聯主任王貺甫的支持。在周建人領導和支持下紹興修復了周恩來祖居百歲堂（主體部分）。

第二次調查是在粉碎「四人幫」到20世紀70年代末，參加這次調查的人先後有金經天、張能耿、裘士雄、章貴、許宋奎、方杰、劉有成、陳惟予、沈建中、謝德銑、王德林、陳佐林、朱元桂、楊德禮等。這次調查先後得到了當時的中共浙江省委宣傳部商景才、謝蘭生，中共紹興地委副書記、專員吳書福和紹興縣委領導王尊賢、沈祖倫、崔樹桐、倪煥銓等的大力支持。參加這次調查的同仁廣泛走訪周恩來的親屬和知情人。調查由紹興開始，而後推及到淮安、杭州、蕭山、嘉興、蘭溪、天台、諸暨、武漢、上海、天津、北京、東北等地。經這些調查，基本上弄清楚了周恩來與紹興的關係，搶救了不少鮮為人知的材料。並新發現和徵集到不少珍貴的照片和實物資料。在這基礎上，在百歲堂布置了「周恩來總理紀念展覽」，供遊人瞻仰。

第三次調查在20世紀80年代初，由黨史系統為主組織進行，以調查1939年周恩來浙江之行為主要內容。參與這項工作的，主要是紹興市委黨史研究室和紹興縣委黨史研究室、諸暨縣委黨史研究室，他們先後訪問了楊源時、樂培文、周迪道、章宗義（六齡童）、陳山、倪寒若、王去病、王戍、王京、王儉、夏高陽、郭子韶、劉久洲、宋子亢、陸與可、史美鈺、陳香珍等人，獲得調查材料近30萬字，還查閱了黃紹竑關於周恩來的回憶及當年報刊資料，獲得黨史有關照片59幅。發現了敵偽檔案中有關周恩來皖浙之行的內容。先後參加調查的，有楊伯心、董光楚、王文全、黃平、陳章興、魏偉、余一苗、趙玲華等，王文全、陳章興等，寫出較詳細的調查報告。

繼三次調查之後，由於紹興寶祐橋河沿周恩來祖居百歲堂的對外開放，又有紹興市文物管理處的朱雲珍、王足、樓隆春、李建明調查。同時張能耿在魯雲海的陪同下，從諸暨楓橋周恩來表弟魯學琪處，徵集得皋埠魯家的《利字分書》，豐富了皋埠魯氏表親的材料。此次為編寫「家世」，對過去的調

第一版後記

查材料又作了必要的核對和補充調查,調查、採訪了周思英、周思源、周毓淦、周桂英、周毓鑑、周華夫、陳文惠、駱昌泉、宋子亢等,收集到大量原始資料及口碑資料。並經諸暨安華鎮鎮長和豐江村周紅光協助下,從周柏琴處看到了諸暨豐江周《周氏宗譜》。

從第一次調查史料蒐集文物到這次編寫「家世」,前後歷時近40年。在這40來年裡,調查人員曾先後訪問周恩來族人、親戚、朋友、部屬和戰友不下百餘人,收集到大量資料。但是因為沒有看到後馬的周氏宗譜,對後馬的周氏沒有排出較詳細的世系表,是本書的遺憾。

《周恩來家世》的編寫,得到了中共紹興市委、紹興市人民政府、紹興市政協、中共紹興市委宣傳部領導的贊同和支持。中共紹興市委副書記沈才土、紹興市政協主席戴本妥、紹興市委宣傳部部長季章拉、副部長尹凌雲、市委宣傳部理論科科長柳巨波、紹興市文化局副局長陳華忠、紹興縣政協副主席章榴先、紹興越文化研究所所長李月兔,均給予種種的支持和協助。

紹興市文物管理處主任高軍、紹興縣華舍鎮領導俞水林、周信祥、陳吉安及宣傳委員朱偉萍;齊賢鎮黨委書記章長勝、鎮長章阿牛、宣傳委員王阿厚;皋埠鎮委書記賀曉敏、鎮長張金林、宣傳委員毛海美及張續紅;諸暨市的安華鎮鎮長陳國鎮、楓橋鎮鎮長方建明和紹興縣後馬村村委主任周紀根、諸暨市安華鎮豐二村村委主任周紅光、豐江周《周氏宗譜》收藏者周柏琴等也給予了很多支持與幫助。金經天提供了所掌握的調查材料。

照片的拍攝、翻拍等方面,得到紹興魯迅紀念館、王養吾、章關甫、李奎懋、鐘守成、李操、裘士雄、謝湧濤、柳巨波等的許多幫助。

調查編寫中得到了紹興縣齊賢鎮人民政府、皋埠鎮人民政府和紹興華宇印染紡織集團公司董事長、總經理周松祥和華港染織集團公司董事長、總經理肖國英和紹興金銀飾品廠廠長俞承祝的資助。

淮安方面的調查是從1977年初開始,中共淮安縣委成立了《周總理與故鄉》編寫組,明確規定採訪對象以周恩來的親屬、晚輩為主;採訪的重點是周恩來在淮安時的童年生活,及其對親屬、晚輩的教育,對故鄉幹部的教

導，對故鄉建設和群眾生活的關懷。編寫組有狄仁康（組長）、邢熙坤、盧再彬、張人權、朱國瑾、楊大生等人，從周恩來的誕生地淮安，及其童年曾生活過的地方淮陰、寶應開始，逐步擴展，走向全國各地，歷時一年多，涉足18個省市，行程一萬多公里，接觸了數百人，搶救了一大批資料。除周恩來的親屬外，還有周恩來故居的老鄰居、96歲高齡的張老太、周恩來在瀋陽東關模範學校讀書時的老師、年逾九旬的張鏡玄、同學盧廣績，並查閱了有關檔案資料。編寫組收集到不少周恩來家族從其祖父開始定居江蘇後三代人的情況。及萬氏、陳氏家族的情況。這可以說是淮安的第一次調查。

周恩來故居開放以來，1990年周恩來紀念館建成後周氏親屬不少人回故鄉訪問，也送去了許多鮮為人知的資料。如秦九鳳從周華凱處徵集到周嵩堯寫的《周氏淵源考》，從浙江圖書館古籍部徵集到的周和鼎、周嵩堯、周家琛的中舉資料等。

周恩來祖居管理處和周恩來故居紀念館，經過長時間的努力，徵集到不少文物及萬氏家族的字畫，從而訂正、補充了史料和口碑材料的不足。

在本書編寫過程中得到周恩來故居管理處、周恩來紀念館、周恩來少年讀書處等單位的幫助，劉麗麗幫助提供照片。

周恩來的侄女周秉宜（周同宇之女）從1993年開始潛心研究周恩來家世。5年來，她自費在北京、紹興、淮安、鐵嶺、瀋陽、天津、廣州、南京、保定、石家莊等城市進行了廣泛的採訪。採訪對象達100多人次。其中有原重慶八路軍辦事處張穎、袁超俊、顏太龍、吳宗漢、劉三元等；原武漢八路軍辦事處朱慧等；原西花廳工作人員成元功、張樹迎、張永池等；廣泛地採訪周恩來的親屬，及鄭仁壽的後代鄭約之、沙青，尤其是和王士琴、周華章做過多次的交談與探討。嚴修的孫子嚴仁賡和鐵嶺的李奉佐提供了歷史資料。共整理採訪記錄60多萬字。並對採訪和收集的資料進行了反覆的分析與求證，尤其對周家旁系親屬如樊家、鄭家、魯家和周家的橫向關係做了思考和研究，又結合自己對周氏家族特點的了解，終於對周氏家族100多年來從周元棠到周恩來（青年）五代人的歷史演進有了一個比較清晰的概念。但仍因苦於有關證明材料的欠缺而不能貿然動筆。

周恩來家世

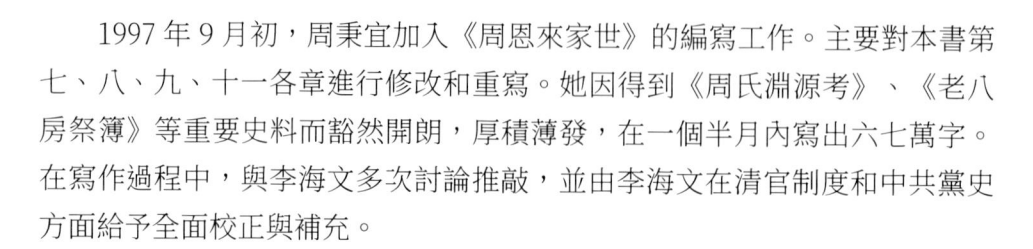

第一版後記

　　1997年9月初，周秉宜加入《周恩來家世》的編寫工作。主要對本書第七、八、九、十一各章進行修改和重寫。她因得到《周氏淵源考》、《老八房祭簿》等重要史料而豁然開朗，厚積薄發，在一個半月內寫出六七萬字。在寫作過程中，與李海文多次討論推敲，並由李海文在清官制度和中共黨史方面給予全面校正與補充。

　　經過一年多的時間，在大家的努力下，這本書終於以一個真實、豐滿和完整的輪廓，以一個比較扎實和成熟的學術面目面對廣大讀者。

　　透過這些歷史的畫卷，我們可以從家庭和社會演進的角度看到一代偉人周恩來是如何走出封建家庭，投身轟轟烈烈的大革命，成為一名堅定的無產階級革命戰士。

　　周恩來生前十分重視對家庭的教育和改造。周家是個封建大家族。中共建國以後，周恩來並沒有簡單地採取和封建家庭劃清界限、一刀兩斷的辦法來對待親屬，而是熱心地幫助大家。周家幾房數十人乃至上百人，從清朝遺老周嵩堯到新社會出生的小侄女周秉建，他都分別給予了相應的幫助和教育，以使大家族中的每一個成員都能放棄傳統的家庭觀，走上自食其力和為大眾服務的新的人生之路。正如他在1964年8月初對親屬的談話中所說：「要否定封建的親屬關係，不是消滅他們，而是要救他們。」「我希望你們能跟著我一起背叛封建家庭，投降無產階級，走一條革命的道路。」

　　1959年4月29日，周恩來在全國政協舉行的茶話會上還講過這樣一段話：「收集舊社會的典型事蹟也很有價值，如近百年來有代表性的人物、家庭和家族的情況就值得研究。看看他們是如何發生、發展和衰亡的。」從這個意義上說，對周恩來家世的研究也是研究周恩來思想的一個重要和不可或缺的部分。

　　鑑於時間倉促，有些親屬還沒有找到，有很多資料也尚待進一步挖掘。還有一些問題因史料的缺乏而難以定論。此書僅作為對周恩來家世的初步探索。

4. 仁恕

　　在成書過程中得到周秉德、周秉鈞、周爾輝、周爾萃、周爾均、周爾鎏、周保莊、周保昌、周保常、周保章、周華凱、周毓滄、周華章、王士琴、王蘭芝、朱鐘則、陳萊官等周恩來親屬的幫助。周秉宜幾年來的研究採訪，在經濟上得到丈夫任長安的全力支持；李海文得到嚴佑民、天津王緒周、李愛華、九江吳金標等同仁的幫助。

　　對曾經支持過調查研究、幫助過《周恩來家世》編寫的人員和單位，均一併致以謝意。

　　李海文　張能耿

　　周秉宜　秦九鳳

　　附記：

　　由於參與本書編寫的人員很多，又由於在成書的過程中經過多次修改，且從全書的謀篇布局考慮，對部分稿件進行編並，故刪去了原附於篇末的作者姓名。為了比較清楚地反映出每位作者為本書所做的工作，特將寫作情況簡列如下：

　　此書於1996年秋由張能耿組織紹興的同仁寫出本書的一、二、三、四、五、十章的全部內容及六、七、八各章的部分內容。參與的作者有（以文章出現先後為序）：

　　鄒志方　周敦頤、周長發、周元棠

　　張能耿　周敦頤到周靖世系表，二世、三世小傳，周靖，五世、六世小傳，周治、周誾、周恪及八世至十世小傳，南門族世系表，周澳，紹興周橋族世系表，十一、十二小傳，周恩來和魯迅的革命友誼，周慶，五世到十世小傳，寶祐橋周氏世系表《周氏破塘祖塋祭簿》、《老八房祭簿》介紹，周懋章，十二世到十四世小傳，五十房世系表，周文灝，周左泉、周樵水和他的五個兒子，周延春，百歲堂，周嘉璋，周金麟，周希農，周文柄，魯登四及其後代，魯氏世系表，魯小和，陶堰，1939年周恩來在紹題詞

　　楊士安　諸暨和紫岩的歷史和現狀，諸暨南門概況，周謹到周慶世系表

第一版後記

方彩琴　諸暨南門族後裔的遷徙

陳逸　歷史文化名城紹興

金建華　周橋簡介

張異　周恩來和魯迅屬周橋同宗

俞昌泰　周茂小傳，後馬介紹

何信恩　後馬周氏歷代名人，周桂珍

孫偉良　上午頭，寶祐橋河沿的變遷（與梁志明合寫）

章貴　百歲堂修復記

裘士雄　中共建國初期周恩來匯款繳故居房產稅，周嵩堯給魯覺侯的三封信

王文全　周恩來1939年回紹抗戰三晝夜

梁志明　周恩來1939年在紹祭祖與續譜

楊伯心　周希農兒媳陳芝年訪談錄

謝誦濤　王子余，周恩來與紹興家鄉戲，從火珠巷到光明路

王足　王貺甫

陳永良　皋埠鎮

陶馨遠　周恩來和陶尚釗是祖表親

秦九鳳組織淮安的同仁寫了七、八、九、十三各章的內容，參與的作者有：

秦九鳳　周光燾、周駿發、周貽寬、周恩燦、周嘉琛、周晉侯、周昂駿、周聯駿、周子龐、淮安、周劭綱、萬十二姑、周貽奎、陳沅和陳氏、周貽賡、周貽奎和楊氏、周龢鼐、周嵩堯、周濟渠、周貽鼎、萬青選及其後代、龔蔭蓀及其後代、周同宇、周恩濤、周恩夔、周恩煥、周恩宏、周恩勤、周恩碩和陶華、周恩彥、周恩煦、陳式周，和張人權合寫周博宇

李瀟　周殿魁

楊大生　周恩來故居

王旭尶　周恩霪

毛鼎來　文渠

盧再彬　周恩來的十條家規，參加陳氏、陳式周的寫作

淮陰周恩來少年讀書處　萬家世系表

由李海文組織北京的作者有：

周秉德　從高祖到周恩來世系表

方銘、成也竟、鄭淑雲　周恩來與鄧穎超

廖心文　整理周同宇訪談錄

李海文　大事記

郭潤濤　紹興師爺

　　1997年4月稿件陸續收齊，由李海文負責全書的謀篇布局，組織並自己寫了部分第二稿（四易其稿）。

　　9月周秉宜加入後，寫了樊氏、樊文煒、樊燮、周嘉琛的子女、周起魁、鄭仁昌、鄭仁壽、周貽賡夫人楊氏、王蘭芳、王士琴、萬貞、有關周恩來祖父的名字和官職的考證；對周嘉琛、周晉侯、周昂駿、周炳豫、周貽鼎、周劭綱、周貽賡、周濟渠、周貽淦、陳式周、周博宇、周恩夔、大事記做了許多重要增補，修改並寫出第二稿；對周八太、萬十二姑、周嵩堯、周恩燦等做了部分增補與修改。

　　全書由李海文定稿。

周恩來家世

再版後記

再版後記

此次再版，由李海文、秦九鳳修訂。2008年2月6日陳式周之子陳萊官審定秦九鳳寫的《周恩來嗣母陳氏》一文時，將其爺爺陳源的名字改為陳沅。此次採納了他的意見。由李海文兩次修改，審定全書。第一次修改是從2013年底開始到2015年8月完成，因忙於《「四人幫」上海餘黨覆滅記》的寫作和《在歷史巨人身邊——師哲回憶錄》的修訂、再版，此項工作只能斷斷續續地進行。事隔5個月後又做了第二次修改。

李海文增寫了《錢能訓》《周恩來的岳母楊振德》，增訂了《大事記》。秦九鳳增寫了《龔志如》《續在家譜上的「恩勤」是誰？》，並提供照片。

本次修訂得到周秉德、周秉宜、周保章、周爾鎏、周爾均、陳萊官、李玉樹、周華凱、錢家、楊士安、李鳳翔、喬寶華、黃向才、王艾村、紹興周恩來紀念館的幫助，周秉德、周保章、周爾鎏、周爾均、丁龔敏、錢家、紹興魯迅紀念館、楊士安、秦九鳳等提供照片。在此一併表示感謝。

利用再版之機，對古文幾處斷句的爭論，特別請教於郭慶山、戚燕平先生，他們是北京師範大學、中醫學院資深的中文副教授。在此表示感謝。

感謝兄嫂李海淵、秦吉瑪的邀請，在侄子李征的安排下我和先生嚴曉江到博鰲千舟灣小住。此處空氣清新，環境優美，頓覺神清氣爽，身體大好，頭腦清晰，大大提高工作效率。這裡遠離城市的喧囂和霧霾，專心致志修改書稿，對書中眾多人物進行橫向、縱向比對，思考、研究，發現了幾處錯誤，均已更正，並在幾處增加了畫龍點睛之筆，將周恩來成長的環境交代得更加周全，終於完滿完成了任務。

感謝嚴曉江幾十年如一日地對我的支持、鼓勵與幫助，家和萬事興。

感謝出版社的厚愛，感謝鄭闓琦、周春、李文君等同仁的努力。沒有他們的努力，也不可能有此次的再版和如此精美的印製。

最後，感謝讀者。真誠希望他們能對我的書提出寶貴意見。因為最終，一本書是在讀者那裡實現它的價值的。

李海文

國家圖書館出版品預行編目（CIP）資料

周恩來家世 / 李海文 主編. -- 第一版.
-- 臺北市：崧燁文化，2019.09
　　面；　公分
POD 版

ISBN 978-957-681-837-0(平裝)

1. 周恩來 2. 傳記

782.887　　　　　　　　　　　　　　　108008999

書　　名：周恩來家世
作　　者：李海文 主編
發 行 人：黃振庭
出 版 者：崧燁文化事業有限公司
發 行 者：崧燁文化事業有限公司
E - m a i l：sonbookservice@gmail.com
粉 絲 頁：　　　　網　址：
地　　址：台北市中正區重慶南路一段六十一號八樓815室
8F.-815, No.61, Sec. 1, Chongqing S. Rd., Zhongzheng Dist., Taipei City 100, Taiwan (R.O.C.)
電　　話：(02)2370-3310　傳　真：(02) 2370-3210

總 經 銷：紅螞蟻圖書有限公司
地　　址: 台北市內湖區舊宗路二段121巷19號
電　　話:02-2795-3656 傳真:02-2795-4100　網址：
印　　刷：京峯彩色印刷有限公司（京峰數位）

本書版權為九州出版社所有授權崧博出版事業股份有限公司獨家發行電子書及繁體書繁體字版。若有其他相關權利及授權需求請與本公司聯繫。

定　　價：650元
發行日期：2019年09月第一版
◎ 本書以POD印製發行